Das Instrumentarium der politischen und wirtschaftlichen Risikoabsicherung zur Investitions- und Handelsförderung in Afrika

Europäische Hochschulschriften

European University Studies

Publications Universitaires Européennes

Reihe V	**Volks- und Betriebswirtschaft**
Series V	Economics and Management
Série V	Sciences économiques

Band/Volume **3436**

Manuel Fröling

Das Instrumentarium der politischen und wirtschaftlichen Risikoabsicherung zur Investitions- und Handelsförderung in Afrika

PL ACADEMIC RESEARCH

Bibliografische Information der Deutschen Nationalbibliothek
Die Deutsche Nationalbibliothek verzeichnet diese Publikation in der Deutschen Nationalbibliografie; detaillierte bibliografische Daten sind im Internet über http://dnb.d-nb.de abrufbar.

Zugl.: Leipzig, Univ., Diss., 2014

15
ISSN 0531-7339
ISBN 978-3-631-65510-8 (Print)
E-ISBN 978-3-653-04894-0 (E-Book)
DOI 10.3726/ 978-3-653-04894-0

PL Academic Research ist ein Imprint der Peter Lang GmbH.
Peter Lang – Frankfurt am Main · Bern · Bruxelles · New York · Oxford · Warszawa · Wien

Diese Publikation wurde begutachtet.

www.peterlang.com

Vorwort

Diese Arbeit ist eine von der Fakultät für Geschichte, Kunst- und Orientwissenschaften der Universität Leipzig angenommene Dissertation, die von Professor Dr. Helmut Asche und Professor Dr. Katja Werthmann begutachtet wurde. Die Verteidigung der Arbeit fand am 27. Juni 2014 statt.

Beiden Gutachtern gilt mein besonderer Dank. Vor allem bedanke ich mich bei meinem Doktorvater, Herrn Professor Dr. Helmut Asche, für seine Unterstützung und sein persönliches Engagement bei der Betreuung dieser Arbeit.

Mein größter Dank gilt meiner Ehefrau Friederike, der ich diese Arbeit widme.

Erlangen, Juli 2014 — Manuel Fröling

Inhaltsverzeichnis

Tabellenverzeichnis

Abbildungsverzeichnis

Abkürzungsverzeichnis

ABl	Amtsblatt der Europäischen Union
Abs.	Absatz
A-Drs.	Ausschussdrucksache(n)
AEUV	Vertrag über die Arbeitsweise der Europäischen Union
Afreximbank	African Export and Import Bank
AG	Aktiengesellschaft
AHK Südliches Afrika	Deutsche Industrie- und Handelskammer für das südliche Afrika
AKA	AKA-Ausfuhrkreditgesellschaft mbH
AllgBed-APG	Allgemeine Bedingungen für APG
AllgBed-APG-light	Allgemeine Bedingungen für APG-light
AllgBed-FG	Allgemeine Bedingungen für Fabrikationsrisikodeckungen
AllgBed-FKG	Allgemeine Bedingungen für Deckungen für gebundene Finanzkredite
AllgBed-G	Allgemeine Bedingungen für Lieferantenkreditdeckungen
AllgBed-I	Allgemeine Bedingungen für Investitionsgarantien
AllgBed-L	Allgemeine Bedingungen für Leistungsdeckungen
AllgBed-ungeb.FKG	Allgemeine Bedingungen für die Übernahme von Garantien für Forderungen aus Ungebundenen Finanzkrediten
APG	Ausfuhr-Pauschal-Gewährleistung
APG-light	Ausfuhr-Pauschal-Gewährleistung-light
Art.	Artikel
ATI	African Trade Insurance Agency
BDI	Bundesverband der Deutschen Industrie e. V.
BGB	Bürgerliches Gesetzbuch
BMWi	Bundesministerium für Wirtschaft und Energie beziehungsweise Bundesministerium für Wirtschaft und Technologie

BMZ	Bundesministerium für wirtschaftliche Zusammenarbeit und Entwicklung
BRIC-Länder	in der Praxis gebräuchlicher Ausdruck für die Länder Brasilien, Russland, Indien und China
BT-Drs.	Bundestagsdrucksache(n)
Bund	Bundesrepublik Deutschland
bzw.	beziehungsweise
CIRR	Commercial Interest Reference Rate (deutsch: kommerzieller Referenzzinssatz)
DAC	Development Assistance Committee (deutsch: Ausschuss für Entwicklungshilfe)
ECA	Export Credit Agency (deutsch: staatliche Exportkreditagentur)
EG-Vertrag	Vertrag zur Gründung der Europäischen Gemeinschaft
ERP	European Recovery Program (deutsch: Europäisches Wiederaufbauprogramm)
etc.	et cetera
EU	Europäische Union
Euler Hermes	Euler Hermes Aktiengesellschaft
f.	die folgende
ff.	die folgenden
Fn.	Fußnote
GG	Grundgesetz
ggf.	gegebenenfalls
GIZ	Deutsche Gesellschaft für Internationale Zusammenarbeit GmbH
GTAI	Germany Trade and Invest – Gesellschaft für Außenwirtschaft und Standortmarketing mbH
GUS	Gemeinschaft Unabhängiger Staaten
Haushaltsgesetz des Bundes 2014	Gesetz über die Feststellung des Bundeshaushaltsplans für das Haushaltsjahr 2014
HIPC	Heavily Indebted Poor Countries (deutsch: hochverschuldete Entwicklungsländer)
hrsg.	herausgegeben

Hs.	Halbsatz
HWWI	Hamburgisches WeltWirtschaftsInstitut gemeinnützige GmbH
IFC	International Finance Corporation (deutsch: Internationale Finanz-Corporation)
IHKG	Gesetz zur vorläufigen Regelung des Rechts der Industrie- und Handelskammern
IMA	Interministerieller Ausschuss
i.V.m.	in Verbindung mit
IWF	Internationaler Währungsfonds
KfW	Kreditanstalt für Wiederaufbau
KMU	Kleinstunternehmen sowie kleine und mittlere Unternehmen
L/C	letter of credit (deutsch: Akkreditiv)
lit.	littera (= Buchstabe)
LSP	Grundsätze der Leitsätze für die Preisermittlung auf Grund von Selbstkosten
MIGA	Multilateral Investment Guarantee Agency (deutsch: Multilaterale Investitions-Garantie-Agentur)
Mio.	Million(en)
Mrd.	Milliarde(n)
Nr.	Nummer(n)
o. Ä.	oder Ähnliches
ODA	Official Development Assistance (deutsch: öffentliche Entwicklungszusammenarbeit)
OECD	Organisation for Economic Co-operation and Development (deutsch: Organisation für wirtschaftliche Zusammenarbeit und Entwicklung)
ORIO	De faciliteit Ontwikkelingsrelevante Infrastructuurontwikkeling (handelsbezogene Entwicklungshilfekredite des niederländischen Außenministeriums)
PwC	PricewaterhouseCoopers Aktiengesellschaft Wirtschaftsprüfungsgesellschaft

Rn.	Randnummer(n)
S.	Seite(n)
Tz.	Textziffer(n)
u. a.	und andere
UFK-Garantien	Garantien für Ungebundene Finanzkredite
URL	Uniform Resource Locator (deutsch: einheitlicher Quellenanzeiger)
vgl.	vergleiche
WTO	World Trade Organization (deutsch: Welthandelsorganisation)
z. B.	zum Beispiel
Ziff.	Ziffer
ZIM	Zentrales Innovationsprogramm Mittelstand
zzgl.	zuzüglich

1 Einleitung

1.1 Problemstellung

Die wirtschaftlichen Aktivitäten deutscher Unternehmen in den afrikanischen Ländern bewegen sich auf einem nur geringen Niveau. Offensichtlich wird das, wenn man die Zahlen zum deutsch-afrikanischen Außenhandel näher betrachtet. Sowohl die deutschen Ausfuhren nach Afrika als auch die afrikanischen Einfuhren nach Deutschland liegen in einem niedrigen einstelligen Prozentbereich.[1] Der überwiegende Anteil der Außenhandelsaktivität deutscher Unternehmen in Afrika konzentriert sich zudem auf nur wenige Länder. Vor allem Südafrika zählt neben einigen nordafrikanischen Ländern wie Ägypten, Algerien, Marokko und Tunesien zu den wichtigsten Außenhandelspartnern.[2] Auch als Investitionsstandort rufen die meisten afrikanischen Länder bei den deutschen Unternehmen kein großes wirtschaftliches Interesse hervor.[3] Der regionale Schwerpunkt der deutschen Unternehmen liegt dabei, wie im Bereich des Außenhandels, nur auf einigen wenigen Ländern.[4]

---

1 Die deutschen Ausfuhren nach Afrika beliefen sich im Jahr 2012 auf 21,9 Mrd. Euro. Das entspricht einem Anteil an den gesamten deutschen Ausfuhren von gerade einmal rund 2,0 %. Alleine der Anteil Südafrikas an den gesamten deutschen Ausfuhren nach Afrika belief sich im Jahr 2012 auf 40,2 %. Die afrikanischen Einfuhren nach Deutschland lagen im Jahr 2012 bei 24,1 Mrd. Euro, was einem Anteil von 2,7 % an den Gesamteinfuhren nach Deutschland entspricht. Eigene Berechnung auf Basis der veröffentlichten Daten zum Außenhandel; vgl. Statistisches Bundesamt 2014, S. 34 ff.

2 Gemessen an den deutschen Ausfuhren nahm im Jahr 2012 Südafrika in der Rangfolge Platz 28 ein, gefolgt von Ägypten (Platz 47), Algerien (Platz 55), Marokko (Platz 57) und Tunesien (Platz 62). Näheres zur Rangfolge der Handelspartner im Außenhandel siehe Statistisches Bundesamt 2014, S. 46 ff.

3 Der unmittelbare Bestand der deutschen Direktinvestitionen in den Ländern des afrikanischen Kontinents belief sich im Jahr 2012 auf 8,5 Mrd. Euro. Das entspricht einem Anteil von nur 0,7 %, gemessen an dem unmittelbaren Gesamtbestand deutscher Direktinvestitionen im Ausland. Eigene Berechnung auf Basis der Bestandserhebung über Direktinvestitionen der Deutschen Bundesbank; vgl. Bundesbank 2014, S. 12 ff.

4 Aufgrund seiner vergleichsweise guten wirtschaftlichen Rahmenbedingungen wird Südafrika als Investitionsstandort von deutschen Unternehmen favorisiert. Die unmittelbaren deutschen Direktinvestitionen in Südafrika beliefen sich im Jahr 2012 gemäß der von der Deutschen Bundesbank publizierten Bestandserhebung über Direktinvestitionen auf rund 5,0 Mrd. Euro. Gemessen an dem unmittelbaren Gesamtbestand

Es gibt verschiedene Gründe für die insgesamt geringe Außenhandels- und Investitionstätigkeit deutscher Unternehmen in Afrika. Die überwiegende Mehrheit der afrikanischen Staaten verfügt über ein unterentwickeltes Rechtssystem. Aufgrund der schwachen institutionellen Rahmenbedingungen in vielen Ländern Afrikas kann der Schutz von Eigentumsrechten häufig nur unzureichend gewährleistet werden, was insbesondere bei ausländischen Investoren zu einem hohen Maß an Unsicherheit führt.[5] Neben der Rechtsunsicherheit erschweren die bürokratischen Hemmnisse sowie die weit verbreitete Korruption in vielen afrikanischen Ländern ein wirtschaftliches Engagement. Zudem weisen die meisten afrikanischen Länder gravierende wirtschaftliche Strukturprobleme, wie eine mangelhafte Infrastruktur, eine niedrige Produktivität sowie eine häufig nicht ausreichende Zahl an lokalen qualifizierten Mitarbeitern, auf.[6] Die wirtschaftliche Instabilität in diesen Ländern führt dazu, dass sie in einem hohen Maße krisenanfällig sind. Globale Krisen, wie die jüngste Finanz- und Wirtschaftskrise, treffen in Afrika vor allem die armen Bevölkerungsschichten hart.[7] Auch wenn in einigen insbesondere rohstoffreichen afrikanischen Ländern in den vergangenen Jahren wirtschaftliche Rekord-Wachstumsraten[8] erzielt wurden, zeigt unter anderem der Bericht über die menschliche Entwicklung in

---

der deutschen Direktinvestitionen in Afrika entspricht das einem Anteil von 58,6 %. Des Weiteren gehören Ägypten mit rund 1,0 Mrd. Euro und Libyen mit 906 Mio. Euro an unmittelbaren deutschen Direktinvestitionen zu den präferierten Investitionsstandorten in Afrika. Eigene Berechnung auf Basis der Bestandserhebung über Direktinvestitionen der Deutschen Bundesbank; vgl. Bundesbank 2014, S. 17 f.

5 Siehe hierzu unter anderem die Ausführungen von Riese 2004, S. 12 ff.

6 Die schwachen wirtschaftlichen Verhältnisse in vielen afrikanischen Ländern erschweren die Markterschließung deutscher Unternehmen. Die Autoren Mair/Tull (2009) sehen daher nur begrenzte Chancen für deutsche Unternehmen in Afrika. Sie geben zu bedenken, dass die deutsche Wirtschaft vor allem hochwertige Konsum- und Investitionsgüter herstellt und dass deren Bezug eine gewisse Kaufkraft voraussetzt, die abgesehen von Südafrika in den nächsten zehn bis zwanzig Jahren nur in wenigen afrikanischen Staaten entstehen wird. Vgl. Mair/Tull 2009, S. 29.

7 Zu den Auswirkungen der globalen Finanz- und Wirtschaftskrise 2008/2009 in Afrika siehe Asche 2011, S. 19 ff.; Wohlmuth 2012, S. 1 ff.

8 Für einen Überblick über die Wachstumsraten des realen Bruttoinlandsprodukts der afrikanischen Länder siehe die folgende Internetseite: URL: <http://www.africaneconomicoutlook.org/en/data-statistics/table-2-real-gdp-growth-rates-2003-2013/> (zuletzt geprüft am 06.07.2014). Für nähere Informationen über die makroökonomische Entwicklung der Region Subsahara-Afrika sowie zur Bewertung der sozio-ökonomischen Performanz von 42 subsaharischen Ländern Afrikas siehe Kappel/Pfeiffer 2013, S. 7 ff.

Afrika auf, dass vor allem die Region südlich der Sahara nach wie vor von großer Ernährungsunsicherheit geprägt ist.[9] Des Weiteren tragen immer wieder politische Konflikte zu einem negativen Gesamtbild Afrikas bei. So gehörte der afrikanische Kontinent im Jahr 2013 zu den Regionen mit den meisten kriegerischen Konflikten.[10]

Vor diesem Hintergrund erstaunt es nicht, dass nur wenige deutsche Unternehmen den Schritt nach Afrika wagen. Insbesondere kleine und mittlere Unternehmen schrecken vor einem wirtschaftlichen Engagement in diesen Ländern zurück. Vielmehr liegen die Standortpräferenzen deutscher Unternehmen in den aufstrebenden Regionen Asien und Osteuropa.

Jedoch entstehen auch auf dem afrikanischen Kontinent interessante Märkte der Zukunft.[11] Während die deutschen Unternehmen die wirtschaftlichen Möglichkeiten in Afrika bislang nur verhalten wahrnehmen, haben in den letzten Jahren vermehrt Unternehmen aus China das wirtschaftliche Potenzial Afrikas, insbesondere im Rohstoffbereich, erkannt.[12]

Um die deutschen Unternehmen bei ihrem Schritt in Auslandsmärkte, wie in Afrika, zu unterstützen, wurde hierzulande ein umfangreiches Fördersystem im Bereich der Außenwirtschaft geschaffen. Dieses Unterstützungssystem ist auch unter dem Begriff Außenwirtschaftsförderung[13] bekannt. Die Außenwirtschaftsförderung kann gemäß der nachstehenden Abbildung in zwei Hauptsegmente, die Handelsförderung und die Förderung von Direktinvestitionen, gegliedert werden.[14]

---

9 Vgl. Africa Human Development Report 2012, S. 1 ff.

10 Kriegerische Konflikte gab es im Jahre 2013 in den folgenden Ländern des afrikanischen Kontinents: Ägypten, Algerien, Äthiopien (Ogaden), Demokratische Republik Kongo (Ostkongo), Libyen, Mali, Mosambik, Nigeria (Boko Haram), Somalia, Sudan (Darfur), Sudan (Südkordofan- und Blauer Nil-Konflikt), Südsudan, Tunesien, Uganda (LRA) und Zentralafrikanische Republik. Vgl. AKUF 2013, ohne Angabe von Seitenzahlen. Zu den sicherheitspolitischen Herausforderungen in Afrika siehe auch Fischer/Buchholz 2012, S. 545 f.

11 Siehe hierzu unter anderem die Studien von Böhmer/Hoch/Schlesinger/Weiß/Winter 2012, S. 43 ff., S. 58 ff.; Böll/Ehlers/Hackenbroch/Kalhöfer/Stumpf 2013, S. 5 ff.

12 Weiterführende Informationen über das Engagement Chinas in Afrika siehe Asche/Schüller 2008, S. 16 ff.

13 Näheres zur Begrifflichkeit der „Außenwirtschaftsförderung" siehe Habuda/Hilpert/Martsch/Ochel 1998b, S. 3 f.; Ramsteck 2009, S. 5; Schultes 2011, S. 349 ff.

14 Vgl. Schultes 2003, S. 4 f.

Abbildung 1: Begriffliche Strukturierung der Außenwirtschaftsförderung[15]

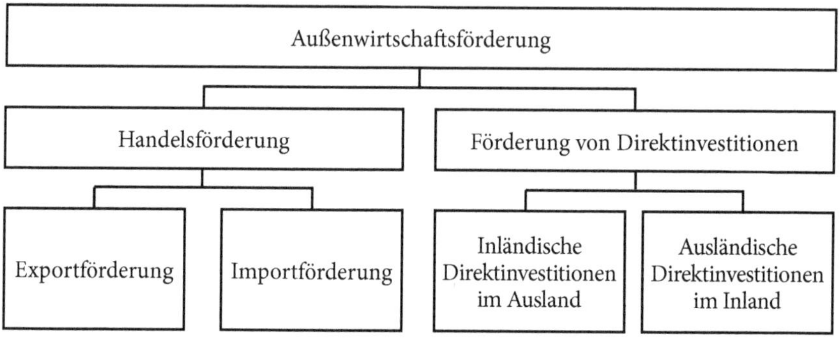

Die Handelsförderung kann, wie die Abbildung 1 zeigt, wiederum in den Bereich Export- und Importförderung unterteilt werden. Neben dem Begriff der Handelsförderung umfasst die Außenwirtschaftsförderung auch die Förderung von Direktinvestitionen, genauer die Förderung von inländischen Direktinvestitionen im Ausland und die Förderung von ausländischen Direktinvestitionen im Inland.

In Deutschland ist die Außenwirtschaftsförderung durch eine Vielzahl von Akteuren gekennzeichnet. Die Maßnahmen zur Förderung der Außenwirtschaft werden auf der staatlichen Ebene sowohl vom Bund als auch von den Bundesländern und den Kommunen angeboten.[16] Neben den staatlichen Anbietern sind auf dem Gebiet der Außenwirtschaftsförderung verschiedene Institutionen aus der Privatwirtschaft tätig.

Zu den wichtigsten Institutionen im Bereich der Außenwirtschaftsförderung gehören die staatlichen Einrichtungen, die Auslandsvertretungen des Auswärtigen Amtes und die Germany Trade and Invest – Gesellschaft für Außenwirtschaft und Standortmarketing mbH[17], sowie die staatlich mitfinanzierten Einrichtungen der Wirtschaft, die Außenhandelskammern.[18] In diesem Zusammenhang spricht man auch von dem so genannten Drei-Säulen-Konzept.[19] Neben diesen

15 Darstellung übernommen von Schultes 2003, S. 5.

16 Näheres zur föderalen Struktur der Außenwirtschaftsförderung siehe Hauser 2006, S. 81 ff.

17 Nachfolgende Bezeichnung auch GTAI.

18 Näheres zu den genannten Institutionen der Außenwirtschaftsförderung siehe Schultes 2011, S. 354 ff.; Ramsteck 2009, S. 6 ff.

19 Für Näheres zu dem Drei-Säulen-Konzept siehe die Ausführungen von Schultes 2003, S. 49 f.; Schultes 2011, S. 354; Koch 2006, S. 151 f.

drei Institutionen vereinigt das Außenwirtschaftsportal iXPOS[20], welches auf Initiative des BMWi[21] im Jahr 2001 geschaffen wurde, das außenwirtschaftlich relevante Förderangebot von über 70 Organisationen, die deutsche Unternehmen bei ihren wirtschaftlichen Vorhaben mit ausländischen Geschäftspartnern unterstützen.[22]

Insbesondere Kleinstunternehmen sowie kleine und mittlere Unternehmen, aber auch viele Großunternehmen meiden trotz der bestehenden Fördermaßnahmen den Markteintritt in schwierige Regionen, allen voran Afrika.[23] Diese Unternehmen sind aus den verschiedensten Gründen nicht bereit, die mit dem Auslandsgeschäft verbundenen Risiken zu tragen.[24] Um die Auslandstätigkeit deutscher Unternehmen aber auch in risikoreicheren Auslandsmärkten zu unterstützen, stellt der Bund als einer der wichtigsten Anbieter im Bereich der Außenwirtschaftsförderung zur Absicherung von Risiken des Auslandsgeschäftes deutscher Unternehmen drei Instrumente bereit. Zu diesen drei Förderinstrumenten, die nach dem Grundsatz der Subsidiarität nur in solchen Marktsegmenten zur Verfügung gestellt werden dürfen, in denen kein ausreichendes Angebot

---

20 Das Internetportal „iXPOS" ist ein Service der GTAI und hat zum Ziel, die Unternehmen über die vielfältigen Förderprogramme im Rahmen der Außenwirtschaftsförderung zu informieren. Für Näheres siehe die Internetseite des Außenwirtschaftsportals. URL: <http://www.ixpos.de/IXPOS/Navigation/DE/Meta/ueber-ixpos.html> (zuletzt geprüft am 06.07.2014).

21 Am 17. Dezember 2013 wurde das Bundesministerium für Wirtschaft und Technologie in das Bundesministerium für Wirtschaft und Energie umbenannt. Aus Gründen der Einheitlichkeit wird in dieser Arbeit ausschließlich die Abkürzung BMWi verwendet.

22 Die Zahl der Institutionen, die im Bereich der Außenwirtschaftsförderung tätig sind, wurde in der Studie von Haunschild/Hauser/Günterberg/Müller/Sölter (2007) über die Bedeutung der außenwirtschaftlichen Aktivitäten für den deutschen Mittelstand auf rund 300 geschätzt. Allein auf Bundes- und Länderebene existieren nach der Studie über 140 unterschiedliche Förderprogramme zur Unterstützung des Mittelstands im Ausland. Vgl. Haunschild/Hauser/Günterberg/Müller/Sölter 2007, S. 171.

23 Gemäß der Bestandserhebung über Direktinvestitionen der Deutschen Bundesbank haben in Afrika 808 deutsche Unternehmen im Jahr 2012 investiert. In Asien waren es dagegen 5.035 Unternehmen. Vgl. Bundesbank 2014, S. 17, 21.

24 Zur Erklärung, warum bestimmte Unternehmen überhaupt auf ausländischen Märkten tätig werden, bestehen in der wissenschaftlichen Literatur verschiedene Internationalisierungstheorien. Für einen Überblick über die zentralen Außenhandelstheorien und die Theorien der internationalen Direktinvestitionen siehe Holtbrügge/Welge 2010, S. 51 ff.; Meckl 2010, S. 35 ff.

der privaten Kreditversicherer vorhanden ist, zählen die Exportkreditgarantien, die Garantien für Ungebundene Finanzkredite[25] und die Investitionsgarantien, die unter dem Dach der so genannten Auslandsgeschäftsabsicherung der Bundesrepublik Deutschland gebündelt sind.

Abbildung 2: Förderinstrumente der Auslandsgeschäftsabsicherung des Bundes[26]

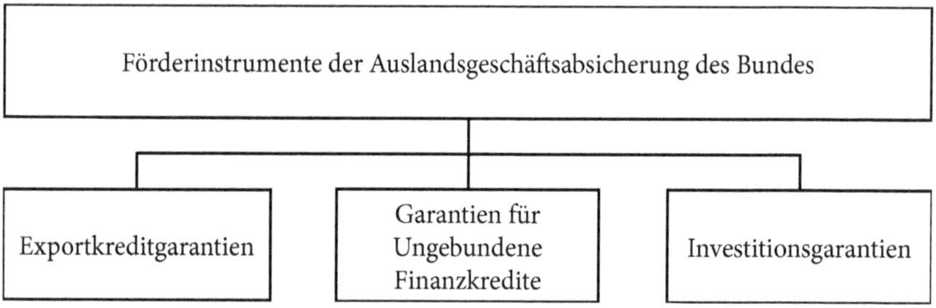

Durch diese drei verschiedenen Gewährleistungen[27] des Bundes lassen sich besondere mit dem Auslandsgeschäft verbundene Risiken politischer und teilweise auch wirtschaftlicher Natur absichern. Auf diese Weise fördert der Bund, dass deutsche Unternehmen in Regionen wie Afrika trotz der erhöhten Risiken geschäftlich tätig werden.[28]

Die Exportkreditgarantien des Bundes zählen zu den bekanntesten Instrumenten der deutschen Außenwirtschaftsförderung.[29] Mit Hilfe dieses staatlichen Förderinstrumentariums können exportierende Unternehmen und exportfinanzierende Banken wirtschaftliche und politische Risiken von Exportgeschäften absichern. Die staatlichen Exportkreditgarantien lassen sich sowohl bei klassischen Exportgeschäften als auch bei komplexen Auslandsgeschäften, wie internationale Projektfinanzierungen[30], einsetzen. Einen geringeren Bekanntheitsgrad

---

25 Nachfolgende Bezeichnung auch UFK-Garantien.

26 Eigene Darstellung.

27 Der Begriff der Gewährleistung bezieht sich auf verschiedene Arten öffentlicher Haftungszusagen. Unter diesen Sammelbegriff fallen auch die Exportkreditgarantien, die Garantien für Ungebundene Finanzkredite und die Investitionsgarantien des Bundes. Siehe hierzu betreffend die Exportkreditgarantien die Ausführungen von Dickertmann 1996, S. 109 ff.; Mendler 1992, S. 14 ff.

28 Vgl. mit Bezug zu den Exportkreditgarantien des Bundes Felbermayr/Yalcin/Heiland 2011, S. 1; Scheibe 2011, Rn. 2; Moltrecht/Kolberg/Kuhn 2014, Register B, Tz. 11.

29 Vgl. Haunschild/Hauser/Günterberg/Müller/Sölter 2007, S. 179.

30 Zu den Grundzügen der Projektfinanzierung im Bereich der Exportkreditgarantien des Bundes siehe Wendland 2012, S. 2 ff.

weisen hingegen die UFK-Garantien und die Investitionsgarantien auf. Mit den UFK-Garantien sichert die Bundesregierung unter anderem Finanzierungen von Rohstoffprojekten im Ausland, die der Erhöhung der Versorgungssicherheit der Bundesrepublik Deutschland mit Rohstoffen dienen, gegen politische und wirtschaftliche Risiken ab.[31] Neben den Absicherungsmöglichkeiten im Bereich des Außenhandels bietet der Bund für Unternehmen, die im Ausland Direktinvestitionen vornehmen und dabei Schutz vor politischen Risiken suchen, die Investitionsgarantien an.[32]

Ergänzend zur Primärfunktion der Risikoabsicherung weisen die staatlichen Förderinstrumente der Auslandsgeschäftsabsicherung auch eine wichtige Finanzierungsfunktion auf. So werden die Exportkreditgarantien des Bundes häufig von Banken bei der Vergabe von Krediten zur Finanzierung der Exportgeschäfte vorausgesetzt.[33] Dies ist beispielsweise der Fall bei in schwierigen Märkten wie in Afrika getätigten Exportgeschäften im Investitionsgüterbereich mit längerfristigen Kreditlaufzeiten. Ebenso leisten die UFK-Garantien und die Investitionsgarantien neben der Risikoabsicherung einen wichtigen Beitrag zur Finanzierung des Auslandsvorhabens, da auch die Gewährung von einer dieser Bundesdeckungen[34] oftmals Voraussetzung für eine Kreditgewährung durch die Banken ist. Überdies dürfte sich die staatliche Absicherung des Auslandsgeschäftes stets positiv auf die Konditionen der Finanzierung auswirken.

Die vorliegende Arbeit behandelt die drei genannten Förderinstrumente der Auslandsgeschäftsabsicherung des Bundes. Da eine Beschreibung dieser Absicherungsinstrumente ohne Fokus auf eine Zielregion inhaltsleer bliebe, legt diese Arbeit den regionalen Fokus auf die afrikanischen Länder.[35] Die Auswahl der Zielregion bietet sich in besonderer Weise an, da die in den afrikanischen

31 Vgl. Rohstoffstrategie der Bundesregierung 2010, S. 10.

32 Neben den Investitionsgarantien des Bundes stehen den Unternehmen auch ähnliche Angebote der Multilateral Investment Guarantee Agency (MIGA) zur Verfügung. Näheres zur MIGA siehe Rindler 1999, S. 54 ff.; Experteninterview mit PricewaterhouseCoopers 2010, Anhang G, Fragen 12 ff.

33 Zur Finanzierungsfunktion der Exportkreditgarantien des Bundes siehe Janus 2011, Rn. 3; Dickertmann 1996, S. 118.

34 Der Begriff der „Bundesdeckungen“ wird im Rahmen dieser Arbeit als Synonym für die Instrumente der Auslandsgeschäftsabsicherung des Bundes verwendet.

35 Ebenso Schultes (2003), der die deutsche Außenwirtschaftsförderung unter Berücksichtigung der Aktivitäten und Programme in Japan untersucht. Vgl. Schultes 2003, S. 3.

Ländern tätigen deutschen Unternehmen in der Regel einem besonders schwierigen politischen und wirtschaftlichen Umfeld ausgesetzt sind.

1.2 Aktueller Forschungsstand

Die Literatur zu den Instrumenten der Auslandsgeschäftsabsicherung des Bundes ist breit gefächert. Die meisten Beiträge beschäftigen sich mit der Funktionsweise der staatlichen Exportkreditgarantien. Eine Erklärung hierfür ist, dass die Exportkreditgarantien des Bundes im Vergleich zu den Garantien für Ungebundene Finanzkredite und den Investitionsgarantien, gemessen an den Antragszahlen und dem ausgereichten Deckungsvolumen, das mit Abstand wichtigste Förderinstrument der Auslandsgeschäftsabsicherung darstellen.[36]

Die umfangreichsten Informationen über die drei Förderinstrumente bietet das Sammelwerk von Moltrecht/Kolberg/Kuhn (2014). Ergänzend hierzu liegt eine Reihe von weiteren deskriptiven Publikationen vor, wie von Janus (2011, 2010) über die Exportkreditgarantien des Bundes sowie von Prechtl (2008) über die Investitionsgarantien. Des Weiteren werden die Förderinstrumente der Auslandsgeschäftsabsicherung in verschiedenen Lehrbüchern im Rahmen des Themas „Außenhandelsfinanzierung" vorgestellt, so in Büter (2013), Bernstorff (2008, 2007), Häberle (2002) und Matschke/Olbrich (2000).

Neben der deskriptiven Literatur zu den deutschen Instrumenten der Auslandsgeschäftsabsicherung existieren verschiedene Forschungsbereiche.

Ein zentraler Bereich beschäftigt sich mit den Arbeitsplatzeffekten der Exportkreditgarantien in Deutschland. Hierzu gehören unter anderem die Studien von Felbermayr/Yalcin/Heiland (2011), Weidig/Jens/Haker/Mohr (2000) und Halfen (1991). Obwohl sich die Studien hinsichtlich ihres konzeptionellen Ansatzes zum Teil unterscheiden, kommen sie jeweils zu dem Ergebnis, dass die Übernahme von Exportkreditgarantien des Bundes positive Effekte auf den deutschen Arbeitsmarkt hat. Für die Bundesregierung sind derartige Studien von besonderem Interesse, da gerade durch die Bereitstellung der Exportkreditgarantien zusätzliche Exporte und ein damit verbundener positiver Beschäftigungseffekt in Deutschland erzielt werden sollen. Vergleichbare Untersuchungen über die Beschäftigungseffekte der Garantien für Ungebundene Finanzkredite und der Investitionsgarantien des Bundes gibt es nicht.

Des Weiteren liegen Studien vor, welche die ordnungspolitischen Besonderheiten der Exportkreditgarantien des Bundes behandeln. Menck (2005a, 2005b) geht

---

36 Siehe hierzu auch Kapitel 5, welches den Umfang, die Entwicklung sowie die Struktur der Auslandsgeschäftsabsicherung des Bundes behandelt (Portfoliobetrachtung).

unter anderem der Frage nach, wie die Exportkreditgarantien aus ordnungspolitischer Sicht zu bewerten sind. Der Autor sieht in der Bereitstellung der Exportkreditgarantien die Gefahr von Wettbewerbsverzerrungen, da ohne die Gewährung der staatlichen Risikoabsicherungsinstrumente die Exportgeschäfte nicht getätigt würden. Etwas ältere Studien zu dieser Thematik wurden von den Autoren Richter/Schneider (1996) und Dickertmann (1996) veröffentlicht. Richter/Schneider (1996) behandeln die Frage, ob und mit welcher Zielrichtung der Staat in das Exportkreditversicherungsgeschäft eingreifen sollte. Dickertmann (1996) beleuchtet die Exportkreditgarantien des Bundes aus subventionstheoretischer und subventionspolitischer Sicht und beschäftigt sich mit der Frage der Subventionswertermittlung von derartigen Gewährleistungsübernahmen.

In den letzten Jahren wurden vermehrt auch die entwicklungspolitischen, ökologischen und menschenrechtlichen Aspekte im Zusammenhang mit dem Angebot der Auslandsgeschäftsabsicherung des Bundes untersucht. Hierzu gehören unter anderem die Studien von Schöne-Alaluf/Bittner/von Waldenfels (2011), Scheper/Feldt (2010) und Freytag/Voll (2008). Die globalen Umwelt- und Sozialstandards im Bereich der Exportkreditgarantien des Bundes werden von Schöne-Alaluf/Bittner/von Waldenfels (2011) beleuchtet. Die Autoren Scheper/Feldt (2010) nehmen eine Bestandsaufnahme der deutschen Exportkredit- und Investitionsgarantien aus menschenrechtlicher Perspektive vor. Die Studie von Freytag/Voll (2008) beschäftigt sich mit der Frage, ob die Investitionsgarantien auch ein geeignetes Mittel der Entwicklungspolitik darstellen.

Andere Studien wiederum vergleichen die Förderinstrumente der Auslandsgeschäftsabsicherung des Bundes mit den Instrumentarien anderer Länder. Hierzu zählt unter anderem die rechtsvergleichende Untersuchung des deutschen Systems der Exportkreditförderung mit dem amerikanischen im Lichte des WTO-Subventionsübereinkommens von Wolfram (2004). Auch die Arbeiten der Autoren Martinius (1996) und Bödeker (1992) können diesem Forschungsbereich zugeordnet werden. Martinius (1996) untersucht die Unterschiede der staatlichen Exportkreditversicherungen der Länder Deutschland und Frankreich sowie deren gemeinschaftsrechtliche Bewertung. Bödeker (1992) vergleicht die Rechtsgrundlagen und Vertragsgestaltungen sowie die Funktionsweise von Exportkreditversicherungssystemen in Deutschland, Frankreich, Großbritannien, den Vereinigten Staaten von Amerika und Japan.

Die vorliegende Arbeit unterscheidet sich hinsichtlich der Behandlung der Förderinstrumente der Auslandsgeschäftsabsicherung des Bundes inhaltlich von den genannten Untersuchungen, wie die nachfolgenden Ausführungen zum Gang der Arbeit deutlich machen.

1.3 Gang der Arbeit

In dieser Arbeit werden die drei Förderinstrumente der Auslandsgeschäftsabsicherung des Bundes, die Exportkreditgarantien, die Garantien für Ungebundene Finanzkredite sowie die Investitionsgarantien, eingehend untersucht. Neben der Beschreibung der drei Bundesgarantien versucht die Arbeit zu klären, welche Bedeutung die Förderinstrumente der Auslandsgeschäftsabsicherung für die in Afrika tätigen deutschen Unternehmen haben.

In diesem Zusammenhang ist von besonderem Interesse, wie die auslandstätigen deutschen Unternehmen die Unterstützungsmaßnahmen bewerten und ob sie diesbezüglich Verbesserungsbedarf für ihre Geschäfte in Afrika sehen. Denn es ist anzunehmen, dass durch eine weitergehende Optimierung der Förderinstrumente der Auslandsgeschäftsabsicherung des Bundes auch das Ziel eines gesteigerten wirtschaftlichen Austausches Deutschlands mit den Ländern des afrikanischen Kontinents erreicht werden könnte. Vor diesem Hintergrund stellt sich dann die Frage, auf welche Weise eine solche Verbesserung des Förderinstrumentariums erfolgen sollte. Um diese Forschungsfrage angemessen beantworten zu können, wurde folgender Aufbau der Arbeit gewählt:

- **Kapitel 2** behandelt die Frage nach den wirtschaftspolitischen Gründen für die Bereitstellung der Förderinstrumente der Auslandsgeschäftsabsicherung des Bundes. Schließlich kommt es durch das Angebot der drei Förderinstrumente zu einer staatlichen Intervention in das Marktgeschehen, die in einem marktwirtschaftlichen System wie dem der Bundesrepublik Deutschland grundsätzlich rechtfertigt werden sollte.
- In **Kapitel 3** werden die rechtlichen und organisatorischen Grundlagen der Förderinstrumente der Auslandsgeschäftsabsicherung des Bundes dargestellt.
- Die Beschreibung der drei Förderinstrumente der Auslandsgeschäftsabsicherung ist Inhalt des **4. Kapitels**. Neben den grundlegenden Begrifflichkeiten im Zusammenhang mit den Förderinstrumenten beziehen sich die Ausführungen auf den Deckungsgegenstand, die gedeckten Risiken, die Voraussetzungen für die Nutzung der Förderinstrumente, das Antrags- und Entscheidungsverfahren, die vom Deckungsnehmer zu entrichtenden Bearbeitungsgebühren und das Entgelt sowie das Entschädigungsverfahren im Schadensfall.
- **Kapitel 5** geht auf den Umfang, die Entwicklung und die Struktur der drei Förderinstrumente ein. Dabei ist von besonderem Interesse, inwieweit die Fördermaßnahmen des Bundes bei Auslandsgeschäften deutscher Unternehmen in den Ländern des afrikanischen Kontinents zur Anwendung kommen.

Um die quantitative Bedeutung der Förderinstrumente zu ermitteln, wurden die in diesem Zusammenhang publizierten Jahresberichte ausgewertet.

- In **Kapitel 6** werden die wesentlichen Ergebnisse einer für diese Arbeit durchgeführten Umfrage unter in Afrika tätigen deutschen Unternehmen über die Instrumente der Auslandsgeschäftsabsicherung des Bundes dargestellt.
- In **Kapitel 7** werden einige ausgewählte Empfehlungen zur Verbesserung der Förderinstrumente der Auslandsgeschäftsabsicherung des Bundes erörtert. Neben Vorschlägen der befragten Unternehmen werden Empfehlungen von interviewten Experten besprochen. Ausführliche Gespräche fanden in diesem Zusammenhang unter anderem mit Vertretern der mit der Geschäftsführung der Förderinstrumente beauftragten Mandatare des Bundes, der Euler Hermes Aktiengesellschaft und der PricewaterhouseCoopers Aktiengesellschaft Wirtschaftsprüfungsgesellschaft, sowie mit Vertretern des BMWi, welches innerhalb der Bundesregierung für die Förderinstrumente federführend zuständig ist, statt.
- Die Zusammenfassung der Ergebnisse erfolgt in **Kapitel 8**.

2 Gründe für die Bereitstellung der Auslandsgeschäftsabsicherung des Bundes

2.1 Spezifische Risiken von Auslandsgeschäften

Ein Grund für die Bereitstellung der Förderinstrumente der Auslandsgeschäftsabsicherung des Bundes sind die spezifischen Risiken der Auslandsgeschäfte.[37] Diese Risiken von Auslandsgeschäften unterscheiden sich grundsätzlich von den Risiken des Inlandsgeschäftes. Die Ursache für die besondere Risikostruktur von Auslandsgeschäften liegt im Umstand der Grenzüberschreitung. So können im Auslandsgeschäft verschiedene Risiken, wie Wechselkursrisiken, auftreten, die im Inlandsgeschäft keine Rolle spielen. Hinzu kommt die Schwierigkeit der Bewertung von Risiken im Auslandsgeschäft. Schließlich entstehen bei Auslandsgeschäften Informationsbarrieren durch die fremde Sprache, Kultur und Rechtsprechung. Daher wird auch die Eintrittswahrscheinlichkeit eines möglichen Schadensfalles bei einem Auslandsgeschäft grundsätzlich höher bewertet als bei einem Inlandsgeschäft.[38]

Die verschiedenen Risiken, denen im Ausland tätige Unternehmen ausgesetzt sind, treten vornehmlich in Schwellen- und Entwicklungsländern auf, in denen instabile politische und wirtschaftliche Verhältnisse vorherrschen. Deutsche Unternehmen, die in solchen Ländern geschäftlich tätig sind, versuchen sich daher in der Regel gegen einen möglichen Zahlungsausfall des ausländischen Geschäftspartners abzusichern. Die Risiken von Auslandsgeschäften, die zu einem Zahlungsausfall für das deutsche Unternehmen führen können, sind für ein Unternehmen sehr vielfältig und können je nach Land, Sektor und Branche sowie der Form des Markteintritts in unterschiedlichem Ausmaß auftreten. In der Literatur findet sich eine Vielzahl von Versuchen, die spezifischen Risiken von Auslandsgeschäften terminologisch zu erfassen.[39] Häufig werden die spezifischen Risiken von Auslandsgeschäften in verschiedene Risikoarten, die so ge-

---

37 Siehe hierzu auch die Ausführungen mit Fokus auf das staatliche Engagement im Bereich der Ausfuhrgewährleistungen von Beyfuß 1989, S. 564 f.; Halfen 1991, S. 4 ff. Eine offizielle Begründung oder Rechtfertigung für die Bereitstellung des Förderinstrumentariums der Auslandsgeschäftsabsicherung seitens der Bundesregierung gibt es nicht. Siehe Experteninterview mit dem BMWi 2011, Anhang E, Frage 6.

38 Vgl. Strunz/Dorsch 2009, S. 263.

39 Für Informationen über die Vielzahl von Risiken im Zusammenhang mit Exportgeschäften siehe unter anderem Backhaus/Molter 1989, S. 54 f.; Häberle 2002, S. 9 ff.;

nannten wirtschaftlichen und politischen Risiken, unterteilt.[40] Auch private und staatliche Exportkredit- und Investitionsversicherer nehmen eine solche Differenzierung vor. Bei den Förderinstrumenten der Auslandsgeschäftsabsicherung des Bundes wird ebenfalls zwischen wirtschaftlichen und politischen Risiken unterschieden.[41]

Die wirtschaftlichen Risiken werden dabei der Sphäre des privaten ausländischen Vertragskontrahenten zugerechnet.[42] Hierzu zählt unter anderem das Insolvenzrisiko des jeweiligen ausländischen Geschäftspartners. Je schlechter die Kreditwürdigkeit des Vertragspartners, desto höher ist das wirtschaftliche Risiko. Um das wirtschaftliche Risiko des ausländischen Schuldners angemessen bewerten zu können, wird eine Bonitätsprüfung auf Basis möglichst testierter Jahresabschlüsse und aktueller Zwischenzahlen durchgeführt.[43] Des Weiteren können Faktoren wie die Marktposition des ausländischen Schuldners oder dessen Geschäftsführungsqualitäten in die Prüfung aufgenommen werden.

Neben den wirtschaftlichen Risiken sind die Unternehmen bei ihren Auslandsgeschäften auch durch politische Risiken[44] gefährdet. Die politischen Risiken haben im Gegensatz zu den wirtschaftlichen Risiken ihren Ursprung in der staatlichen Sphäre des jeweiligen Landes, in dem das deutsche Unternehmen seine Auslandsgeschäfte tätigt.[45] Zu diesen politischen Risiken zählen unter

---

Matschke/Olbrich 2000, S. 61 ff. Näheres zu den Risiken von Direktinvestitionen im Ausland siehe unter anderem Backhaus/Braun 2005, S. 17 ff.

40 Zur Begründung, weshalb zwischen wirtschaftlichen und politischen Risiken bei Exportgeschäften unterschieden wird, siehe Osinski 2003, S. 127 f.

41 Im 4. Kapitel sind die Grundzüge der Instrumente der Auslandsgeschäftsabsicherung des Bundes beschrieben. Dort wird auch auf die gedeckten Risiken eingegangen; siehe Gliederungspunkte 4.1.3, 4.2.3, 4.3.3.

42 Betreffend die wirtschaftlichen Risiken von Exportgeschäften siehe Häberle 2002, S. 13 ff.

43 Zur Bonitätsprüfung auf dem Gebiet der Exportkreditgarantien siehe auch Stöckl-Pukall 2012, S. 4.

44 Neben dem Begriff des „politischen Risikos“ wird in der Literatur häufig auch der Begriff des „Länderrisikos“ verwendet. Dieser Begriff wird in der Literatur jedoch nicht einheitlich benutzt. So gibt es Definitionen, die sich auf den Risikostatus einer Volkswirtschaft beziehen. Andere Definitionen wiederum beziehen sich auf besondere Formen von Auslandsgeschäften und bestimmen den Länderrisikobegriff im Zusammenhang mit Exportgeschäften oder Direktinvestitionen im Ausland. Für nähere Informationen zu dem Begriff Länderrisiko siehe unter anderem die Ausführungen von Bernstorff 2008, S. 34 ff.; Neumair 2006, S. 715 ff.; Meckl 2010, S. 265 ff.

45 Betreffend die politischen Risiken von Exportgeschäften siehe Häberle 2002, S. 36 ff.

anderem kriegerische Auseinandersetzungen, Aufruhr oder Revolution, Zahlungsverbote oder Moratorien, die Unmöglichkeit der Konvertierung und des Transfers sowie die Gefahr von hoheitlichen Maßnahmen wie Verstaatlichung oder Enteignung.

Sowohl die wirtschaftlichen als auch die zuletzt genannten politischen Risiken können die erfolgreiche Durchführung eines Auslandsgeschäftes gefährden. So kann bei Exportgeschäften zwischen privatrechtlichen Unternehmen die Erfüllung des abgeschlossenen Liefervertrages aufgrund von politischen oder wirtschaftlichen Risiken verhindert oder beeinträchtigt werden und es auf Seiten des Exporteurs zu einem Forderungsausfall kommen. Auch andere Formen von Auslandsgeschäften, wie die Durchführung von Auslandsinvestitionen, sind durch wirtschaftliche und politische Risiken gefährdet.[46]

Während die wirtschaftlichen Risiken beispielsweise anhand von Geschäftsberichten der ausländischen Schuldner beurteilt werden können, lassen sich die politischen Risiken nur schwer ermitteln.[47] Zwar gibt es verschiedene qualitative und quantitative Verfahren[48] zur Bewertung dieser landesspezifischen politischen Risiken. Aussagen über die zukünftige wirtschaftliche und insbesondere politische Entwicklung in den Zielländern können jedoch nur schwer getroffen werden. Entsprechend waren auch die Auswirkungen des politischen Umbruchs in Nordafrika und dem Nahen Osten nicht absehbar.[49]

---

46 Siehe unter anderem die Ausführungen von Bungenberg (2012), der verschiedene Beispiele für investitionsbeeinträchtigende politische Risiken im Rohstoffsektor benennt und unter anderem auf die Verstaatlichungen im Bereich der Erdölindustrie in Libyen im Jahr 1969 und in Algerien 1971 eingeht. Siehe Bungenberg 2012, S. 132 ff.

47 Zu den Problemen der Kalkulation von politischen Risiken bei Auslandsgeschäften siehe unter anderem die Ausführungen von Schwab 1989, S. 101 ff.; Schickinger 1999, S. 120 ff.; Gordon 2008, S. 93 f.

48 Zur Bewertung der länderspezifischen Risiken von Auslandsgeschäften können qualitative Verfahren zur Anwendung kommen. Bei den qualitativen Verfahren handelt es sich um Länderanalysen, die über die politischen und wirtschaftlichen Perspektiven der einzelnen Zielländer informieren. Neben den qualitativen Verfahren gibt es verschiedene quantitative Verfahren, die zur Bewertung der länderspezifischen Risiken herangezogen werden können. Näheres zu den einzelnen Verfahren siehe unter anderem Burger/Ulbrich/Ahlemeyer 2010, S. 637 ff.; Meckl 2010, S. 266 ff.; Ditté 2009, S. 303 ff.

49 Vgl. Fischer/Buchholz 2012, S. 547. Neben den sozialen Problemen, wie der hohen Arbeitslosigkeit, war unter anderem Auslöser für die politischen Umbrüche in der Region die Selbstverbrennung des tunesischen Gemüsehändlers Mohammed Bouazizi am 17. Dezember 2010. Für einen Überblick über die Publikationen, die

Insoweit verwundert es nicht, dass der private Versicherungsmarkt die Sicherungsbedürfnisse der deutschen auslandstätigen Unternehmen nicht vollständig abdecken kann. Die Versicherungskapazitäten der privaten Anbieter sind insbesondere für Auslandsgeschäfte in riskanten Auslandsmärkten begrenzt. Sofern der private Versicherungsmarkt keine ausreichenden Absicherungsmöglichkeiten anbietet, stellt der Bund unter Beachtung des Subsidiaritätsprinzips die Instrumente der Auslandsgeschäftsabsicherung zur Absicherung von wirtschaftlichen und politischen Risiken verschiedener Formen von Auslandsgeschäften zur Verfügung.[50] Auf diese Weise unterstützt der Bund die Realisierung von Auslandsgeschäften, die ohne eine entsprechende Förderung aufgrund des fehlenden privatwirtschaftlichen Versicherungsangebotes eventuell nicht durchgeführt worden wären. Allerdings werden durch die staatliche Bereitstellung der Risikoabsicherungsinstrumente die Hemmnisse bei Außenhandels- und Investitionsgeschäften im Ausland lediglich in ihren negativen Auswirkungen eingeschränkt und nicht deren eigentliche Ursachen, die wirtschaftlichen und politischen Probleme des jeweiligen Ziellandes, bekämpft.[51]

Das Vorliegen von spezifischen Risiken von Auslandsgeschäften allein legitimiert aus ordnungspolitischer Sicht jedoch nicht die staatliche Bereitstellung der Förderinstrumente der Auslandsgeschäftsabsicherung und damit einen Eingriff in das Marktgeschehen.[52] Vielmehr haben die Risiken von Auslandsgeschäften eine wichtige ökonomische Funktion. Denn die Unternehmen werden nur diejenigen Auslandsmärkte erschließen, die einen aussichtsreichen Ertrag erwarten lassen. Die Bereitstellung von staatlichen Absicherungsinstrumenten könnte hingegen Unternehmen zu stark risikobehafteten Auslandsgeschäften ermutigen. Derartige Fehlallokationen von Ressourcen könnten zu Wohlfahrtsverlusten führen.[53] Daher ist aus ordnungspolitischer Sicht vielmehr eine privatwirtschaftliche Lösung wünschenswert.

---

sich mit dem so genannten „Arabischen Frühling“ seit der tunesischen Revolution 2010/2011 befassen, siehe unter anderem Siebold 2012, S. 1 ff.

50 Um mögliche Fehlinterpretationen der beiden Risikoarten zu vermeiden, ist in den Allgemeinen Bedingungen für die verschiedenen Deckungsformen im Bereich der Exportkreditgarantien sowie für die UFK-Garantien und die Investitionsgarantien genau geregelt, welche Arten von Risiken abgedeckt werden.

51 Vgl. Halfen 1991, S. 7.

52 Vgl. Halfen 1991, S. 7, S. 178 f.

53 Siehe Menck 2005b, S. 4.

2.2 Marktversagen als Begründung staatlicher Intervention

Um einen staatlichen Eingriff in Form der Bereitstellung der Instrumente der Auslandsgeschäftsabsicherung des Bundes in einem marktwirtschaftlichen System wie dem der Bundesrepublik Deutschland zu rechtfertigen, wird üblicherweise auch auf ein Versagen des privaten Kreditversicherungsmarktes verwiesen.[54]

Den Ausgangspunkt der Theorie des Marktversagens für die Analyse staatlichen Handelns bildet das Modell der vollständigen Konkurrenz, welches bis heute als Standardmodell der ökonomischen Theorie gilt und als Referenzmaßstab zur Bestimmung von Versagen auf Märkten[55] verwendet wird.[56] Das Modell der vollständigen Konkurrenz ist Bestandteil des Theoriegebäudes der paretanischen Wohlfahrtsökonomik.[57] Die paretanische Wohlfahrtsökonomik versucht durch das mikroökonomische Instrumentarium Bedingungen für die Maximierung der gesamtgesellschaftlichen Wohlfahrt abzuleiten.[58] Die Annahmen des

---

54 Vgl. Alsem/Antufjew/Huizingh/Koning/Sterken/Woltil 2003, S. 7 ff.; Herger 2008, S. 25.

55 Unter einem Markt versteht man in der Ökonomie sämtliche Austauschprozesse, die sich aus dem Zusammentreffen von Anbietern und Nachfragern ergeben. Als Anbieter und Nachfrager können einzelne Personen oder Kollektive auftreten, wobei die Marktakteure nicht unbedingt an einem räumlichen Ort, sondern auch dezentral zusammentreffen können. Getauscht werden im Grunde Verfügungsrechte und nicht die Güter und Dienstleistungen an sich. Näheres zu dem Koordinationsmechanismus „Markt" siehe unter anderem Fritsch 2011, S. 6 ff.

56 Vgl. Fritsch 2011, S. 25 ff. Zur Theorie des Marktversagens siehe die Ausführungen von Donges/Freytag 2009, S. 169 ff.; Eickhof 1995, S. 1 ff.; Brümmerhoff 2011, S. 56 ff.

57 Zu den Grundlagen der wohlfahrtsökonomischen Theorie gehören die folgenden vier Annahmen: (1) Im Mittelpunkt der Betrachtung steht der so genannte „methodologische Individualismus". Danach steht das Verhalten der einzelnen Wirtschaftssubjekte im Vordergrund, wobei die Wohlfahrt für ein Kollektiv aus dem Aggregat des individuellen Nutzenniveaus resultiert. (2) Des Weiteren wird ein eigennütziges Verhalten der Individuen unterstellt, das heißt die Individuen wählen die Alternative aus, die sie am vorteilhaftesten empfinden. (3) Die Individuen handeln rational, wägen die vorhandenen Alternativen gegeneinander ab und entscheiden sich für diejenige Alternative, bei der sie für sich das höchste Nutzenniveau erwarten. (4) Die ökonomische Theorie ist eine Tauschtheorie. Damit ist gemeint, dass soziale Beziehungen zwischen den einzelnen Individuen als System von Leistung(en) und Gegenleistung(en) betrachtet werden. Näheres zu den vier Annahmen der wohlfahrtsökonomischen Theorie siehe Fritsch 2011, S. 21 ff.

58 Vgl. Fritsch 2011, S. 21.

Modells der vollständigen Konkurrenz sind in der nachstehenden Abbildung zusammengefasst.[59]

Abbildung 3: Annahmen des Modells der vollständigen Konkurrenz[60]

1.	Gegebene Ressourcenausstattung
2.	Konstante Produktionstechnik (keine Verfahrensinnovation) und konstante Produktpalette (keine Produktinnovation)
3.	Gegebene und im Zeitablauf konstante Präferenzen
4.	Formale Freiheit der Wahl zwischen Alternativen (Produktionsfreiheit, Investitionsfreiheit, Freiheit der Berufswahl, freie Konsumwahl)
5.	Homogenität der Güter (keine sachlichen, persönlichen und räumlichen Präferenzen)
6.	Atomistische Marktstruktur (sehr viele kleine Anbieter und Nachfrager mit jeweils geringem Marktanteil)
7.	Vollständige Markttransparenz (vollständige und kostenlose Information sämtlicher Marktakteure über Gutseigenschaften und Preise)
8.	Unbegrenzte Mobilität sämtlicher Produktionsfaktoren und Güter, insbesondere freier Marktzu- und -austritt
9.	Unbegrenzte Teilbarkeit sämtlicher Produktionsfaktoren und Güter
10.	Unendliche Reaktionsgeschwindigkeit (kein Zeitbedarf für Anpassungsprozesse)
11.	Keine unfreiwilligen Austauschbeziehungen (Abwesenheit technologischer externer Effekte)

Gelten die in der Abbildung 3 aufgezählten Annahmen des Modells der vollständigen Konkurrenz, sind auch die drei wohlfahrtsökonomischen Marginalbedingungen[61] für ein gesamtgesellschaftliches Wohlfahrtsmaximum erfüllt.[62] In einer

59 Für Näheres zu den Annahmen des Modells der vollständigen Konkurrenz siehe Fritsch 2011, S. 25 ff.

60 Abbildung in Anlehnung an Fritsch 2011, S. 26.

61 Die drei wohlfahrtsökonomischen Marginalbedingungen sind im Einzelnen: (1) Die Grenzraten der Faktorsubstitution sollen für alle Produktionsfaktoren gleich sein (Produktionsoptimum). (2) Die Grenzraten der Gütersubstitution zwischen allen Individuen sollen sich decken (Tauschoptimum). (3) Die Grenzraten der Gütersubstitution sollen mit der Grenzrate der Transformation zwischen den Gütern übereinstimmen (simultanes Produktions- und Tauschoptimum). Näheres zu den drei wohlfahrtsökonomischen Marginalbedingungen siehe Fritsch 2011, S. 27 ff, 47 ff.

62 Vgl. Fritsch 2011, S. 45.

solchen erstbesten, verzerrungsfreien Wirtschaft bringt der Marktmechanismus pareto-optimale Ergebnisse[63] hervor.[64] Staatliche Eingriffe in das Marktgeschehen, wie die Bereitstellung der Förderinstrumente der Auslandsgeschäftsabsicherung des Bundes, sind in dieser skizzierten Modellwelt ökonomisch nicht sinnvoll, da sie zu einer sinkenden gesamtwirtschaftlichen Wohlfahrt führen.[65]

Die vorstehenden Annahmen des Modells der vollständigen Konkurrenz treffen in der Realität jedoch ausgesprochen selten zu, weshalb häufig Einwände hinsichtlich der Eignung der paretanischen Wohlfahrtsökonomik und des Modells der vollständigen Konkurrenz als Referenzsystem zur Beurteilung realer

---

63 Gemäß dem Pareto-Kriterium ist ein Zustand optimal, wenn kein Individuum mehr besser gestellt werden kann, ohne die Nutzenposition eines anderen Individuums zu verschlechtern. In der Regel gibt es eine Vielzahl von Zuständen, die gemäß den drei Marginalbedingungen als optimal gelten können. Allerdings existiert im Rahmen des Modells der vollständigen Konkurrenz keine Lösung, um das Optimum Optimorum eindeutig zu bestimmen. Näheres über das Pareto-Kriterium siehe Fritsch 2011, S. 23 ff.; zur Frage nach dem Optimum Optimorum siehe Fritsch 2011, S. 40 f.

64 Auch im Rahmen der traditionellen Außenhandelstheorie wurde unter Berücksichtigung der Annahmen des Modells der vollständigen Konkurrenz die Vorteilhaftigkeit eines unbehinderten internationalen Güteraustausches belegt. Beeinträchtigungen des Wettbewerbs können jedoch zur suboptimalen Ressourcenallokation führen und staatliche Eingriffe in den marktwirtschaftlichen Steuerungsprozess rechtfertigen. Vgl. Habuda/Hilpert/Martsch/Ochel 1998b, S. 4 ff. Moderne Außenhandelstheorien versuchen, den Außenhandel zu erklären, ohne auf bestimmte Annahmen des Modells der vollständigen Konkurrenz zurückzugreifen. So gehen unter anderem die Autoren Habuda/Hilpert/Martsch/Ochel (1998b) im Rahmen der Rechtfertigung staatlicher Maßnahmen im Bereich der Außenwirtschaftsförderung auf die Defizite der traditionellen Außenhandelstheorien ein und begründen die staatlichen Fördermaßnahmen mit dem so genannten Transaktionskostenansatz, der zur Neuen Institutionenökonomik zählt. Aus dem Transaktionskostenansatz lassen sich unter anderem die staatlichen Instrumente zur Abdeckung der Risiken von Exporten und Auslandsinvestitionen sowie die Förderung von Importen ableiten. Vgl. Habuda/Hilpert/Martsch/Ochel 1998b, S. 7 ff.

65 Staatliche Fördermaßnahmen wirken sich in einer idealen, pareto-effizienten Modellwelt wohlfahrtsmindernd aus. Siehe hierzu unter anderem die Ausführungen von Böheim/Gretschmann 1998, S. 34 f.; Gumpold 1995, S. 18 ff. Siehe ebenfalls die Ausführungen von Haniotis/Schich (1995), die aufzeigen, dass bei symmetrischer Informationsverteilung der Versicherungsmarkt ein effizientes Ergebnis hervorbringt und einen staatlichen Eingriff überflüssig macht. Siehe Haniotis/Schich 1995, S. 7 ff.

Marktprozesse erhoben werden.[66] Dabei können Abweichungen von den Annahmen des Modells der vollständigen Konkurrenz nicht gleich als Anlass für die Legitimation staatlicher Eingriffe genommen werden. So sind Unvollkommenheiten auf dem Markt vielfach ein Grund dafür, dass Anbieter neue Produkte oder Produktionsweisen schaffen.[67] Es gibt aber Fälle, in denen Märkte nicht existieren oder nur unzureichend funktionieren und infolgedessen die Preise ihre Koordinationsaufgabe nicht oder nur unvollkommen erfüllen. Zu solchen Fällen des allokativen Marktversagens zählen unter anderem externe Effekte, Unteilbarkeiten und Marktmacht sowie Informations- und Anpassungsmängel.[68] Hinsichtlich der vom Bund bereitgestellten Förderinstrumente der Auslandsgeschäftsabsicherung werden in erster Linie Informationsmängel als Ursache für ein mögliches Vorliegen von Marktversagen vorgebracht.[69] Informationsmängel können nach Fritsch (2011) in Form von Unkenntnis oder Unsicherheit auftreten.[70]

Bei Vorliegen von Unkenntnis[71] kann die fehlende Information zwischen den Marktteilnehmern beschafft und auf diese Weise beseitigt werden. Von

66 Zu den Kritikpunkten am Modell der vollständigen Konkurrenz gehören unter anderem der Nirwana-Vorwurf, das Problem des Zweitbesten sowie der statische Charakter des Modells der vollständigen Konkurrenz. Näheres zur Kritik an dem Modell der vollständigen Konkurrenz siehe Fritsch 2011, S. 57 ff.

67 Vgl. Donges/Freytag 2009, S. 169 ff.

68 Vgl. Fritsch 2011, S. 72 ff.; Brümmerhoff 2011, S. 56 ff.

69 Vgl. Mildner 2007, S. 74 ff.; Alsem/Antufjew/Huizingh/Koning/Sterken/Woltil 2003, S. 15 ff.

70 Siehe ausführlich Fritsch 2011, S. 247 ff.

71 Fritsch (2011) unterscheidet zwischen drei verschiedenen Formen von Unkenntnis, die jeweils zu Fehlfunktionen des Marktes führen können. Dabei handelt es sich um die Nutzenunkenntnis, die Preisunkenntnis und die asymmetrische Information. Unkenntnis ist auf Versicherungsmärkten in Form von asymmetrischer Informationsverteilung zu beobachten, also dem Umstand, dass der eine Marktpartner besser als der Akteur auf der Marktgegenseite informiert ist. Dies kann zu Beeinträchtigungen des Marktes in Form von adverser Auslese (adverse selection) oder in Form von moralischem Risiko (moral hazard) führen. Für Näheres zu den Begriffen der asymmetrischen Informationsverteilung sowie der Nutzenunkenntnis und der Preisunkenntnis siehe Fritsch 2011, S. 247 ff., S. 284 f. Zur Begründung des staatlichen Ausfuhrgewährleistungsangebotes führt Halfen (1991) unter anderem die Funktionsmängel der Versicherungsmärkte in Form von adverse selection und moral hazard an. Siehe hierzu ausführlich Halfen 1991, S. 7 f., S. 179 ff.

Unsicherheit[72] spricht man hingegen, wenn eine Entscheidung unter Risiko zu treffen ist. Das bedeutet, dass die zukünftige Entwicklung auch unter großem, mit Kosten verbundenem Aufwand nicht mit vollkommener Gewissheit prognostiziert werden kann. Unternehmerische Entscheidungen, wie die Überlegung, die Ware in das Ausland zu exportieren oder im Ausland zu investieren, sind mit Unsicherheit behaftet.[73] Eine solche im Rahmen der Auslandsgeschäfte aufkommende Unsicherheit kann durch entsprechende Absicherungsmöglichkeiten auf dem privaten Versicherungsmarkt reduziert werden. Es gibt aber durchaus Auslandsgeschäfte, die mit derart hohen Risiken behaftet sind, dass der private Kreditversicherungsmarkt keine adäquate Risikoabsicherung anbietet (Marktversagen). Insoweit stellt sich dann die Frage, ob aufgrund eines fehlenden privaten Kreditversicherungsmarktes der Staat in das Marktgeschehen eingreifen und ein über das private Versicherungsangebot hinausgehendes Angebot bereitstellen sollte. Ob der Staat die Grenzen der Versicherbarkeit durch die Bereitstellung von Förderinstrumenten der Auslandsgeschäftsabsicherung erweitern sollte, ist allerdings umstritten.[74]

Gegen die staatliche Intervention in das Marktgeschehen in Form der Bereitstellung der Förderinstrumente der Auslandsgeschäftsabsicherung des Bundes spricht die Gefahr von potenziellen Wettbewerbsverzerrungen im

---

72 Unsicherheit kann nach Fritsch (2011) in unternehmerische und nicht-unternehmerische Unsicherheit unterteilt werden. Die Herausforderung für den Entscheidungsträger bei Vorliegen der unternehmerischen Unsicherheit besteht darin, die gegebene Menge an Ressourcen möglichst gewinnbringend einzusetzen. So sind beispielsweise unternehmerische Investitionsentscheidungen mit Risiken verbunden, deren Ausgang nicht mit Sicherheit vorausgesagt werden kann. Um derartige Risiken zu reduzieren, besteht die Möglichkeit der kommerziellen Absicherung. Ein mögliches Marktversagen bei unternehmerischer Unsicherheit wird insbesondere damit begründet, dass die Entscheidungsträger aus gesamtwirtschaftlicher Sicht zu risikoavers seien. Das Problem ist jedoch, dass eine solche Form des Marktversagens kaum nachgewiesen werden kann. Nicht-unternehmerische Unsicherheiten beziehen sich auf Risiken, die als Begleiterscheinung des Lebens auftreten und nicht mit der Möglichkeit zur Gewinnerzielung verbunden sind. Vgl. Fritsch 2011, S. 271 ff.

73 Zur Begründung von staatlichen Fördermaßnahmen aufgrund von Unsicherheit siehe die Ausführungen von Gumpold 1995, S. 11; Habuda/Hilpert/Martsch/Ochel 1998b, S. 5.

74 Zur Frage, wie sich die Staatstätigkeit bei der Versicherung von Exportkrediten rechtfertigen lässt, siehe Richter/Schneider 1996, S. 70 ff.

internationalen Handel.[75] Diese Verzerrungen im internationalen Wettbewerb treten insbesondere dann auf, wenn keine gemeinsamen zwischenstaatlichen Regelungen im Bereich der Förderinstrumente der Auslandsgeschäftsabsicherung vereinbart werden. In einem solchen Fall können staatliche Maßnahmen, wie beispielsweise die Bereitstellung der Exportkreditgarantien des Bundes, den Wettbewerb zwischen Anbietern auf den Märkten für Waren und Dienstleistungen verfälschen. Diese Beeinträchtigung des Wettbewerbs kann zur Folge haben, dass im Konkurrenzkampf um ein bestimmtes Geschäft sich nicht zwangsläufig derjenige durchsetzt, der bessere Qualität und einen niedrigeren Preis der exportierten Waren und Dienstleistungen offeriert, sondern der Exporteur, der die für den Besteller günstigste staatliche Unterstützung des Geschäftes anbieten kann.[76]

Die Befürworter der staatlichen Bereitstellung der Förderinstrumente der Auslandsgeschäftsabsicherung hingegen verweisen in diesem Zusammenhang zum einen auf die weitreichende internationale Regulierung, welche vor allem auf dem Gebiet der Exportkreditgarantien einen entscheidenden Beitrag zur Vermeidung solcher Wettbewerbsverzerrungen leistet.[77] Zum anderen führen sie häufig wettbewerbspolitische Argumente an, die nach ihrer Ansicht ein staatliches Eingreifen auf dem privaten Versicherungsmarkt legitimieren.[78] So verfügen die meisten Industrieländer sowie vermehrt auch Schwellen- und Entwicklungsländer über ein ähnliches Förderinstrumentarium, um ihre Unternehmen dabei zu unterstützen, in neue Auslandsmärkte einzutreten und ihre Stellung in diesen Märkten zu verbessern.[79] Durch das Angebot der Förderinstrumente der Auslandsgeschäftsabsicherung werden, so auch die Auffassung der Bundesregierung, gleiche Wettbewerbsvoraussetzungen, ein so genanntes „Level playing field"[80], für deutsche Unternehmen im internationalen Wettbewerb gewährleistet.[81] Ohne die Bereitstellung derartiger staatlicher Förderinstrumente

---

75 Zur Kritik eines staatlichen Eingreifens aufgrund eines fehlenden Versicherungsangebotes siehe unter anderem Mendler 1992, S. 131 ff.; Menck 2005a, S. 49; Menck 2005b, S. 4; Martinius 1996, S. 6 f.

76 Vgl. Wolfram 2004, S. 19.

77 Für Näheres zu den internationalen rechtlichen Rahmenbedingungen, die es auf dem Gebiet der Auslandsgeschäftsabsicherung des Bundes zu berücksichtigen gilt, siehe Gliederungspunkt 3.1.2.

78 Betreffend die staatlichen Exportkreditgarantien siehe Wolfram 2004, S. 16 f.

79 Vgl. Moltrecht/Kolberg/Kuhn 2014, Register G, Tz. 474 ff.; Büter 2013, S. 393.

80 Für Näheres zum Konzept des „Level playing field" siehe Mildner 2007, S. 184 ff.

81 Siehe Experteninterview mit dem BMWi 2011, Anhang E, Frage 2 ff.

müsste man eine Benachteiligung der heimischen Unternehmen gegenüber ausländischen Unternehmen, die von ihrem jeweiligen Heimatland bei ihrer Auslandsgeschäftstätigkeit unterstützt werden, befürchten. Dabei könnten nicht nur einzelne Aufträge im Ausland durch eine unzureichende staatliche Unterstützung verloren gehen.[82] Eine ausbleibende Förderung könnte auch ein Signal für ausländische Besteller sein, zukünftig gleich nach Lieferanten in anderen Ländern mit besserer staatlicher Außenwirtschaftsförderung zu suchen.[83] Jedoch birgt auch diese Argumentation die Gefahr, dass die Länder der Versuchung erliegen, die Fördermaßnahmen nicht nur zum Ausgleich von Nachteilen im internationalen Wettbewerb zur Verfügung zu stellen, sondern auch zur Schaffung von Wettbewerbsvorteilen für heimische Unternehmen gegenüber ausländischen Konkurrenten. In einem solchen wirtschaftlichen Umfeld könnte es zu einem zwischenstaatlichen Förderwettlauf kommen, bei dem marktentscheidende Faktoren, wie die Qualität und der Preis von Waren und Dienstleistungen, bei der Vergabe von Aufträgen in den Hintergrund treten würden.[84] Vielmehr würde die Höhe der staatlichen Förderung den Ausschlag dafür geben, welches Unternehmen den Zuschlag für den Auftrag erhält. Mögliche subventionspolitische Gegenmaßnahmen des Auslands hätten dann wiederum neue Wettbewerbsverzerrungen zur Folge. Allerdings ist die Gefahr eines solchen zwischenstaatlichen Förderwettlaufs in den letzten Jahrzehnten durch die Vereinbarung von verschiedenen internationalen Regelungen verringert worden.[85]

Des Weiteren spricht gegen einen staatlichen Markteingriff in Form der Bereitstellung der Instrumente der Auslandsgeschäftsabsicherung des Bundes, dass sich die Förderinstrumente negativ auf die Zielländer auswirken könnten. So wird im Zusammenhang mit der Bereitstellung der Förderinstrumente kritisiert, dass den ökologischen, sozialen und entwicklungspolitischen Folgen der geförderten Auslandsvorhaben in den Zielländern nicht ausreichend Rechnung

82 Vgl. Kruse 2003, S. 85 f.

83 Siehe hierzu auch die Ausführungen von Schickinger 1999, S. 127.

84 Zur Problematik des internationalen Subventionswettlaufs siehe Berthold/Donges 1996, S. 494.

85 Trotz der bestehenden internationalen Regelungen beklagen deutsche Unternehmen häufig, dass ihre Wettbewerbsfähigkeit gegenüber ausländischen Konkurrenten, die nicht an entsprechende internationale Vorgaben gebunden sind, beeinträchtigt wird. Insbesondere die großen Volkswirtschaften wie die BRIC-Länder sollten daher zukünftig in den bestehenden Rahmen der internationalen Vorgaben einbezogen werden. Siehe BMWi-Ergebnisprotokoll Workshop V 2012, S. 1 ff.; Schöne-Alaluf/Bittner/von Waldenfels 2011, S. 123 ff.

getragen wird.[86] Diese Kritik ist jedoch in diesem Ausmaß nicht länger begründet, da bei den größeren staatlich unterstützten Auslandsvorhaben bereits Prüfungen gemäß den Empfehlungen des Rates der Organisation für wirtschaftliche Zusammenarbeit und Entwicklung[87] zur gemeinsamen Herangehensweise bei der eingehenden Umwelt- und Sozialprüfung bei staatlich geförderten Exportkrediten (englisch: Recommendation of the council on Common Approaches for officially supported export credits and environmental and social due diligence[88]) durchgeführt werden.[89]

Zudem ist im Zusammenhang mit den Exportkreditgarantien des Bundes zu bedenken, dass die Absicherung von Exportgeschäften mit Vertragspartnern des öffentlichen Sektors aus Niedrigeinkommensländern bewirkt, dass diese Länder zur Durchführung des Geschäftes zu viele Kredite aufnehmen und infolgedessen sich übermäßig verschulden und zahlungsunfähig werden. Dem kann jedoch entgegengehalten werden, dass insbesondere bei Entwicklungsländern, die im Rahmen der HIPC-Initiative[90] von Schuldenerlassen profitieren, der Internationale Währungsfonds und die Weltbank bemüht sind, eine erneute Überschuldung zu vermeiden. Um eine nachhaltige Vergabe von Krediten an Niedrigeinkommensländer zu gewährleisten, kommen im Rahmen der Vergabe von Exportkreditgarantien des Bundes unter bestimmten Voraussetzungen die

86 Vgl. Wolfram 2004, S. 20 f.

87 Nachfolgende Bezeichnung OECD (englisch: Organisation for Economic Co-operation and Development).

88 Nachfolgende Bezeichnung auch OECD-Umwelt- und Sozialleitlinien. Diese Leitlinien sind in der Praxis zudem unter dem Begriff „Common Approaches" bekannt.

89 Näheres zu den OECD-Umwelt- und Sozialleitlinien siehe Gliederungspunkt 3.1.2.3.

90 Im Rahmen der Entschuldungsinitiative der Weltbank und des Internationalen Währungsfonds zur Armutsbekämpfung in hoch verschuldeten Entwicklungsländern (englisch: Heavily Indebted Poor Countries, auch als HIPC bezeichnet) wurden seit 1996 verschiedenen Ländern sowohl bilaterale als auch multilaterale Schulden in dem Umfang erlassen, der für die Wiederherstellung eines tragfähigen Schuldenniveaus erforderlich ist. Die Befreiung von Schulden im Rahmen dieser so genannten HIPC-Initiative ist an verschiedene Voraussetzungen gebunden. So wird unter anderem der Erlass von Schulden nur bewilligt, wenn das jeweilige Land Armutsbekämpfungsprogramme erstellt und diese umsetzt. Ferner sind die Länder verpflichtet, die Gelder, die durch die Schuldenbefreiung freigesetzt werden, für die Armutsbekämpfung einzusetzen. Aktuelle Informationen zu der HIPC-Initiative siehe auch auf der nachfolgenden Internetseite. URL: <http://www.bmz.de/de/was_wir_machen/themen/entwicklungsfinanzierung/entschuldung/instrumente/hipc_initiative/index.html> (zuletzt geprüft am 06.07.2014).

so genannten Leitlinien und Prinzipien zur Förderung einer nachhaltigen Kreditvergabe an Niedrigeinkommensländer (englisch: Principles and Guidelines to Promote Sustainable Lending Practices in the Provision of Official Export Credits to Low-Income Countries[91]) der OECD zur Anwendung.[92]

Hinsichtlich der Investitionsgarantien wird kritisiert, dass staatlich unterstützte Direktinvestitionen im Anlageland die dort ansässigen Unternehmen vom Markt verdrängen.[93] Der Bund fördert jedoch nur Investitionen im Ausland, die auch eine positive Wirkung auf das Anlageland erwarten lassen.[94] Des Weiteren stehen im Bereich der Investitionsgarantien die so genannten Investitionsförderungs- und -schutzverträge[95] in der Kritik. Es wird argumentiert, dass die bilateralen Verträge die ausländischen Regierungen in den Zielländern zu opportunistischem Verhalten verleiten könnten, indem diese, anstatt sich um eine gute Regierungsführung zu bemühen und ausländische Investoren anzuwerben, sich darauf verlassen, dass ausländische Regierungen das politische Risiko tragen und die Investitionen subventionieren.[96] Diese Kritik ist jedoch ebenfalls nicht ohne Weiteres berechtigt. Schließlich sind in vielen Schwellen- und Entwicklungsländern, mit denen die Bundesregierung Investitionsförderungs- und -schutzverträge abgeschlossen hat, Reformen zur Verbesserung der wirtschaftlichen Lage durchgeführt worden.

Die am häufigsten vorgebrachten Argumente, die für die Bereitstellung der staatlichen Förderinstrumente sprechen, sind, dass diese einen wichtigen Beitrag zur Erschließung von Absatzmärkten gerade in Schwellen- und Entwicklungsländern leisten sowie die Aufrechterhaltung von Geschäftsverbindungen zu ausländischen Vertragspartnern in wirtschaftlichen Krisenphasen[97] ermög-

---

91 Nachfolgende Bezeichnung auch Sustainable Lending Practices.

92 Näheres zu den Sustainable Lending Practices siehe Gliederungspunkt 3.1.2.3.

93 Vgl. Freytag/Voll 2008, S. 303.

94 Siehe hierzu auch Gliederungspunkt 4.3.4.2.

95 Zur Bedeutung der Investitionsförderungs- und -schutzverträge auf dem Gebiet der Investitionsgarantien siehe Gliederungspunkt 4.3.4.3.

96 Vgl. Freytag/Voll 2008, S. 302 f.

97 Die jüngste Finanz- und Wirtschaftskrise hat gezeigt, wie schnell die privaten Exportkreditversicherer in Krisenphasen das Angebot an Absicherungsmöglichkeiten für die Exportwirtschaft reduzieren. Angesichts der schwierigen Rahmenbedingungen in der Krise wurden verschiedene Maßnahmen der Bundesregierung umgesetzt und ein erweitertes staatliches Absicherungsangebot bereitgestellt. Siehe hierzu auch die Ausführungen über die staatliche Exportkreditversicherung während der Finanz- und Wirtschaftskrise von Professor Dr. Thomas Straubhaar, abgedruckt im Jahresbericht der Exportkreditgarantien 2008, S. 18 f.

lichen und im Ergebnis zur Erhaltung und Schaffung von Arbeitsplätzen in Deutschland beitragen.[98] Lediglich im Bereich der Exportkreditgarantien des Bundes liegen ökonometrische Studien zur Evaluierung von Beschäftigungseffekten vor.[99] Diese Studien kommen jeweils zu dem Ergebnis, dass die Exportkreditgarantien des Bundes einen positiven Effekt auf die Beschäftigung in Deutschland haben. Die Autoren Habuda/Hilpert/Martsch/Ochel (1998a) weisen jedoch zu Recht darauf hin, dass im Rahmen der Überlegung für oder gegen den Einsatz bestimmter staatlicher Fördermaßnahmen neben dem vermuteten Nutzen immer auch die auftretenden Kosten der Förderinstrumente in das Entscheidungskalkül einbezogen werden sollten.[100] Die Feststellung, dass die Förderinstrumente eine positive Beschäftigungswirkung für den deutschen Arbeitsmarkt entfalten, reicht demzufolge nicht aus, um einen staatlichen Eingriff in das Marktgeschehen zu rechtfertigen. Der Einsatz der Förderinstrumente führt vielmehr nur dann zu einer Wohlfahrtssteigerung und ist damit aus ordnungspolitischer Sicht gerechtfertigt, wenn der Nutzen der öffentlichen Fördermaßnahmen die mit dem staatlichen Eingriff verbundenen Kosten übersteigt.[101] Im Bereich der Instrumente der Auslandsgeschäftsabsicherung des Bundes existieren jedoch keine solchen Kosten-Nutzen-Analysen, weshalb auch die Frage nach der Zulässigkeit der Bereitstellung der Fördermaßnahmen nicht eindeutig beantwortet werden kann.

---

98 Siehe Experteninterview mit dem BMWi 2011, Anhang E, Frage 2 ff.

99 Zu den ökonometrischen Studien gehört die Studie von Felbermayr/Yalcin/Heiland (2011). Des Weiteren existieren ältere Studien von Weidig/Jens/Haker/Mohr (2000) sowie Halfen (1991), die eine andere empirische Methodik verwenden. Die aufgezählten Studien beziehen sich ausschließlich auf die Exportkreditgarantien des Bundes. Die jüngste Studie von Felbermayr/Yalcin/Heiland (2011) kommt unter anderem zu dem Ergebnis, dass im Jahr 2010 insgesamt 240.638 Beschäftigte direkt und indirekt in Deutschland von Exportkreditgarantien betroffen waren. Vgl. Felbermayr/Yalcin/Heiland 2011, S. 27 f. Vergleichbare empirische Studien zur Messung von Beschäftigungseffekten im Zusammenhang mit UFK-Garantien sowie Investitionsgarantien liegen nicht vor.

100 Vgl. Habuda/Hilpert/Martsch/Ochel 1998a, S. 26.

101 Siehe auch die Ausführungen von Mendler 1992, S. 147 ff.

3 Rechtliche Grundlagen und Aufbau der Auslandsgeschäftsabsicherung des Bundes

3.1 Rechtliche Grundlagen

3.1.1 Nationale rechtliche Grundlagen

3.1.1.1 Gesetzliche Ermächtigung

Gemäß Art. 115 Abs. 1 GG bedürfen die Übernahmen von Bürgschaften, Garantien oder sonstigen Gewährleistungen, die zu Ausgaben in künftigen Rechnungsjahren führen können, einer der Höhe nach bestimmten oder bestimmbaren Ermächtigung durch Bundesgesetz. Diese vorgeschriebene Ermächtigung durch ein Bundesgesetz ist jährlich im Haushaltsgesetz der Bundesrepublik Deutschland unter § 3 „Gewährleistungsermächtigungen" niedergelegt – aktuell im Gesetz über die Feststellung des Bundeshaushaltsplans für das Haushaltsjahr 2014[102]. Auch in § 39 der Bundeshaushaltsordnung finden sich nähere Regelungen in Bezug auf Art. 115 Abs. 1 GG.[103]

Für die Übernahme der staatlichen Instrumente der Auslandsgeschäftsabsicherung sind im jährlichen Haushaltsgesetz des Bundes zwei Ermächtigungsrahmen festgesetzt, die den Höchstbetrag, bis zu dem die Bundesdeckungen übernommen werden dürfen, vorgeben. Ein Ermächtigungsrahmen bezieht sich auf die Exportkreditgarantien und der zweite auf die Übernahme von Garantien für Ungebundene Finanzkredite, Investitionsgarantien sowie anderen Gewährleistungen des Bundes.

Der Ermächtigungsrahmen für Exportkreditgarantien wurde, wie § 3 Abs. 1 S. 1 Ziff. 1 des Haushaltsgesetzes des Bundes entnommen werden kann, für das Jahr 2014 auf 165 Mrd. Euro festgesetzt. Gegenüber dem Jahr 2013 hat der Gesetzgeber den Ermächtigungsrahmen um 20 Mrd. Euro angehoben, um weiterhin ausreichende Mittel für staatliche Exportkreditabsicherungen bereitstellen zu können.[104]

---

102 Nachfolgende Bezeichnung auch Haushaltsgesetz des Bundes 2014.

103 Vgl. Testorf 2002, S. 313.

104 Für das Jahr 2013 wurde der Ermächtigungsrahmen für die Exportkreditgarantien auf 145 Mrd. Euro festgelegt. Zum Jahresende war der Ermächtigungsrahmen mit Haftungsbeträgen in Höhe von insgesamt 129,1 Mrd. Euro belegt. Der Ermächtigungsrahmen war damit zu rund 89 % ausgenutzt. Vgl. Bundesministerium der Finanzen 2014b, S. 29. Nähere Informationen über die Ausnutzung des Ermächtigungsrahmens für die Exportkreditgarantien siehe auch Gliederungspunkt 5.1.2.

Der Ermächtigungsrahmen für die Garantien für Ungebundene Finanzkredite, die Investitionsgarantien sowie die weiteren Gewährleistungen wurde gemäß § 3 Abs. 1 S. 1 Ziff. 2 lit. a) bis d) des Haushaltsgesetzes des Bundes 2014 auf 65 Mrd. Euro festgesetzt. Im Vergleich zum Vorjahr 2013 entspricht das einer Erhöhung um 5 Mrd. Euro.[105]

Die tatsächliche Höhe des Betrages, zu dem der jeweilige Ermächtigungsrahmen ausgenutzt wurde, resultiert jedoch nicht aus den summierten Einzelbelastungen eines Haushaltsjahres.[106] Vielmehr werden gemäß § 3 Abs. 2 des Haushaltsgesetzes des Bundes 2014 die aufgrund der Ermächtigungen früherer Haushaltsgesetze übernommenen Gewährleistungen auf die Höchstbeträge der Ermächtigungsrahmen angerechnet, soweit der Bund noch in Anspruch genommen werden kann oder soweit er in Anspruch genommen worden ist und für die erbrachten Leistungen keinen Ersatz erlangt hat. Die Ermächtigungsrahmen können darüber hinaus nach dem so genannten Revolvingprinzip bis zur festgelegten Höhe wiederholt in Anspruch genommen werden.[107] Gemäß § 3 Abs. 5 des Haushaltsgesetzes des Bundes 2014 ist Voraussetzung hierfür, dass eine übernommene Gewährleistung auf den Höchstbetrag nicht mehr anzurechnen ist. Dies ist dann der Fall, wenn der Bund ohne Inanspruchnahme von der Haftung frei wird oder Ersatz für erbrachte Leistungen erlangt hat. So stehen beispielsweise Beträge erneut zur Ausnutzung für Exportkreditgarantien zur Verfügung, wenn Geschäfte, die in voller Höhe auf den Ermächtigungsrahmen angeschrieben wurden, enthaftet worden sind.[108]

3.1.1.2 Ministerielle Richtlinien

Die Übernahme sowohl der Exportkreditgarantien als auch der Investitionsgarantien hat der Bund in Richtlinien geregelt, die das BMWi im Einvernehmen mit dem Bundesministerium der Finanzen, dem Auswärtigen Amt und dem Bundesministerium für wirtschaftliche Zusammenarbeit und Entwicklung

---

105 Der im Haushaltsgesetz des Bundes 2013 für die Übernahme von UFK-Garantien, Investitionsgarantien und anderer Gewährleistungen des Bundes festgelegte Ermächtigungsrahmen belief sich auf 60 Mrd. Euro. Der Bestand dieses Ermächtigungsrahmens lag am 31.12.2013 bei rund 41,7 Mrd. Euro. Der Ermächtigungsrahmen war damit zu rund 70 % ausgenutzt. Vgl. Bundesministerium der Finanzen 2014b, S. 29.

106 Vgl. Kageneck 1991, S. 19; Moltrecht/Kolberg/Kuhn 2014, Register B, Tz. 53.

107 Vgl. Moltrecht/Kolberg/Kuhn 2014, Register B, Tz. 31.

108 Vgl. Moltrecht/Kolberg/Kuhn 2014, Register B, Tz. 57.

erlassen hat.[109] Für die Gewährleistungen im Zusammenhang mit förderungswürdigen Ausfuhren (Exportkreditgarantien) der Bundesrepublik Deutschland finden die Richtlinien für die Übernahme von Exportkreditgarantien in der ab dem 4. Juni 2014 geltenden Fassung Anwendung.[110] Für die Investitionsgarantien gelten die Richtlinien für die Übernahme von Gewährleistungen für Direktinvestitionen im Ausland, die in ihrer Neufassung am 1. September 2004 in Kraft getreten sind.[111]

Die Richtlinien haben den Rang von Verwaltungsvorschriften des Bundes. Sie binden die Verwaltung, zielen auf eine einheitliche Verwaltungspraxis ab und geben den verantwortlichen Entscheidungsträgern Hilfen im Umgang mit den Förderinstrumenten.[112]

Für die Garantien für Ungebundene Finanzkredite des Bundes existieren keine Richtlinien.

3.1.1.3 Allgemeine Bedingungen

Für die Exportkreditgarantien kann nach Ziff. 5.3 der Richtlinien für die Übernahme von Exportkreditgarantien das BMWi im Einvernehmen mit dem Bundesministerium der Finanzen wiederkehrende Vertragsbestimmungen durch die Aufstellung Allgemeiner Bedingungen generell regeln. Entsprechend wurden im Bereich der Exportkreditgarantien für die wichtigsten Deckungsformen Allgemeine Bedingungen abgefasst.[113] Es handelt sich bei diesen Bedingungen

---

109 Näheres zu den Richtlinien für die Übernahme von Exportkreditgarantien sowie den Richtlinien für die Übernahme von Gewährleistungen für Direktinvestitionen im Ausland siehe unter anderem Moltrecht/Kolberg/Kuhn 2014, Register B, Tz. 79 ff.; Janus 2011, Rn. 13 ff.

110 Die Richtlinien vom 4. Juni 2014 sind unter anderem auf der von der Euler Hermes Aktiengesellschaft und der PricewaterhouseCoopers Aktiengesellschaft Wirtschaftsprüfungsgesellschaft betriebenen Internetseite AGA-Portal verfügbar. URL: <http://www.agaportal.de/pdf/formulare/richtlinien_ekg.pdf> (zuletzt geprüft am 06.07.2014).

111 Die Richtlinien wurden in ihrer Neufassung vom 1. September 2004 im Bundesanzeiger Nr. 163 vom 31. August 2004 veröffentlicht und sind auf der Internetseite AGA-Portal verfügbar. URL: <http://agaportal.de/pdf/dia_ufk/formulare/dia_richtlinien.pdf> (zuletzt geprüft am 06.07.2014).

112 Vgl. Moltrecht/Kolberg/Kuhn 2014, Register B, Tz. 81.

113 Allgemeine Bedingungen liegen im Bereich der Exportkreditgarantien des Bundes für folgende Deckungsformen vor: Allgemeine Bedingungen für die Ausfuhr-Pauschal-Gewährleistung (AllgBed-APG) in der Fassung von Februar 2014, Allgemeine Bedingungen für die Ausfuhr-Pauschal-Gewährleistung-light (AllgBed-APG-light)

um Allgemeine Geschäftsbedingungen im Sinne des § 305 Abs. 1 S. 1 BGB.[114] Darüber hinaus können im Einzelfall durch so genannte Besondere Bedingungen einzelne Bestimmungen ausgeschlossen, ergänzt oder abgeändert werden.[115] Auch im Rahmen der Investitionsgarantien und der Garantien für Ungebundene Finanzkredite des Bundes wurden Allgemeine Bedingungen erlassen. Für die Investitionsgarantien gelten die Allgemeinen Bedingungen in der Fassung von September 2004, für die UFK-Garantien die Allgemeinen Bedingungen für die Übernahme von Garantien für Forderungen aus Ungebundenen Finanzkrediten in der Fassung von Februar 2009.

In den verschiedenen Allgemeinen Bedingungen sind unter anderem die Gewährleistungs- beziehungsweise Garantiefälle beschrieben. Des Weiteren regeln sie die Voraussetzungen, die der Deckungsnehmer im Hinblick auf einen Entschädigungsanspruch zu erfüllen hat, und die Verpflichtungen, denen er insoweit nachkommen muss. Die Allgemeinen Bedingungen sind im Unterschied zu den zuvor dargestellten Richtlinien Bestandteil des Vertrages, den der Bund bei Übernahme einer Bundesdeckung mit dem Antragsteller schließt. Dieser Vertrag ist auf dem Gebiet der Exportkreditgarantien und der Garantien für Ungebundene Finanzkredite als Gewährleistungsvertrag[116] bekannt. Die Bezeichnung „Gewährleistungsvertrag" leitet sich aus Art. 115 GG und § 39 Bundeshaushaltsordnung ab, die von sonstigen Gewährleistungen sprechen. Nach Ziff. 3 der Allgemeinen Verwaltungsvorschriften zu § 39 Bundeshaushaltsordnung handelt es sich bei den sonstigen Gewährleistungen um Verträge, die ähnlichen wirtschaftlichen Zwecken wie Bürgschaften und Garantien dienen. Bei den Investitionsgarantien spricht man hingegen von einem so genannten Garantievertrag.[117] Die Bezeichnung „Garantievertrag" leitet sich ebenfalls aus Art. 115 GG und

---

in der Fassung von Februar 2014, Allgemeine Bedingungen für Deckungen für gebundene Finanzkredite (AllgBed-FKG) in der Fassung von Februar 2014, Allgemeine Bedingungen für Lieferantenkreditdeckungen (AllgBed-G) in der Fassung von Februar 2014, Allgemeine Bedingungen für Leistungsdeckungen (AllgBed-L) in der Fassung von Februar 2014 sowie Allgemeine Bedingungen für Fabrikationsrisikodeckungen (AllgBed-FG) in der Fassung von Mai 2014.

114 Vgl. Wolfram 2004, S. 75.

115 Vgl. Moltrecht/Kolberg/Kuhn 2014, Register B, Tz. 111.

116 Zu dieser Bezeichnung siehe die jeweiligen Allgemeinen Bedingungen der Exportkreditgarantien (mit Ausnahme der Allgemeinen Bedingungen für die Ausfuhr-Pauschal-Gewährleistung und die Ausfuhr-Pauschal-Gewährleistung-light, in denen – abweichend von der Praxis – der Begriff „Pauschalvertrag" verwendet wird) und der UFK-Garantien.

117 Vgl. Moltrecht/Kolberg/Kuhn 2014, Register I, Tz. 34.

§ 39 Bundeshaushaltsordnung ab. Gemäß Ziff. 2 der Allgemeinen Verwaltungsvorschriften zu § 39 Bundeshaushaltsordnung sind Garantien selbstständige Verträge, mit denen der Bund ein vermögenswertes Interesse der Garantieempfängerin oder des Garantieempfängers dadurch sichert, dass er verspricht, für ein bestimmtes Ergebnis einzustehen, insbesondere die Gefahr eines künftigen, noch ungewissen Schadens ganz oder teilweise zu übernehmen.

3.1.2 Internationale rechtliche Rahmenbedingungen

Die Instrumente der Auslandsgeschäftsabsicherung des Bundes, die zur Förderung der deutschen Außenwirtschaft bereitgestellt werden, haben den Charakter von Subventionen beziehungsweise Beihilfen.[118] Als solche können sie Wettbewerbsverzerrungen zwischen Staaten hervorrufen und den freien Handel beeinträchtigen.[119] Um die Gefahr eines Subventionswettlaufs zwischen einzelnen Ländern zu begrenzen und möglichst gleiche Wettbewerbsbedingungen zu schaffen, wurden in den vergangenen Jahrzehnten verschiedene internationale Regelungen aufgestellt, die bei der Bereitstellung der Förderinstrumente der Auslandsgeschäftsabsicherung des Bundes zu berücksichtigen sind. Hierzu gehören die Regelungen der Berner Union, dem weltweit größten Zusammenschluss

---

118 Der Beihilfecharakter der Instrumente der Auslandsgeschäftsabsicherung des Bundes ist umstritten. Eine Auffassung bestreitet den Beihilfecharakter mit dem Argument, dass durch die Bereitstellung der Förderinstrumente positive finanzielle Auswirkungen auf den Bundeshaushalt erzielt würden. Nach einer anderen Ansicht ist der Beihilfecharakter jedoch unter anderem aus dem Grund gegeben, weil jederzeit mögliche Schadenszahlungen die Einnahmen überschreiten könnten. So können die Instrumente der Auslandsgeschäftsabsicherung des Bundes dann eine Subventionswirkung entfalten, wenn sich der Vorteil, den der Begünstigte aus den vorgenannten Förderinstrumenten zieht, nicht voll in den Kosten, die ihm für die Inanspruchnahme der Förderinstrumente auferlegt werden, widerspiegelt. Nach Meißner (1997) ist diese Art der Förderung mit einer direkten Zuwendung vergleichbar. Vgl. Meißner 1997, S. 5 f. Nähere Ausführungen dazu betreffend die Exportkreditgarantien siehe unter anderem Schickinger 1999, S. 120 ff., betreffend die Investitionsgarantien siehe unter anderem Salow 1984, S. 49. Näheres zu den verzerrenden Wirkungen von Subventionen im Allgemeinen sowie der Subventionierung des Außenhandels im Besonderen siehe unter anderem Göcke 2007, S. 9 ff.; Dieckheuer 2001, S. 177 ff.

119 Vgl. Ehlers 2004, S. 288; Meckl 2010, S. 293.

von Exportkredit- und Investitionsversicherern, sowie weitere Regelungen der Welthandelsorganisation[120], der OECD und der Europäischen Union[121] (siehe Abbildung 4).

Die nachfolgenden Ausführungen zeigen, dass insbesondere im Bereich der Exportkreditgarantien des Bundes eine weitreichende internationale Regulierung besteht. Dagegen existiert eine mit den Exportkreditgarantien vergleichbare internationale Koordination und Harmonisierung im Bereich der UFK-Garantien sowie der Investitionsgarantien bislang nicht.[122]

Abbildung 4: Internationale Rahmenbedingungen[123]

Internationale Zusammenarbeit im Hinblick auf die Instrumente der Auslandsgeschäftsabsicherung des Bundes			
Berner Union	WTO	OECD	EU

• Value Statements
• Guiding Principles
• Operational Guidelines
	• Subventionsübereinkommen	• OECD-Konsensus
		• weitere OECD-Vereinbarungen
		  • Sustainable Lending Practices
		  • Umwelt- und Sozialleitlinien
		  • Empfehlung zur Korruptionsbekämpfung
		  • Leitsätze für multinationale Unternehmen
			• Kommissionsmitteilung für das kurzfristige Geschäft
			• Richtlinie 98/29/EG des Rates der EU
			• EU-Verordnung Nr. 1219/2012

3.1.2.1 Regelungen der Berner Union

Die Berner Union, die auch unter dem Namen „International Union of Credit & Investment Insurers" bekannt ist, ist der älteste und weltweit größte internationale

120 Nachfolgende Bezeichnung auch WTO (englisch: World Trade Organization).

121 Nachfolgende Bezeichnung auch EU.

122 Im Bereich der UFK-Garantien gibt es bisher keine vergleichbare Regulierung auf internationaler Ebene, wie dies bei den Exportkreditgarantien der Fall ist. Allerdings existieren verschiedene internationale Initiativen für freien Handel und Transparenz im Rohstoffbereich. Siehe hierzu auch die Ausführungen von Heitzer 2012, S. 43 ff.; Hartmann 2012, S. 29 ff.; Pitschas 2012, S. 57 ff.; Proelß 2012, S. 161 ff. Auch der internationale Grad der Harmonisierung bei den Investitionsgarantien ist nicht mit dem bei den Exportkreditgarantien vergleichbar, wie die nachfolgenden Ausführungen zeigen.

123 Eigene Darstellung.

Zusammenschluss privater und staatlicher Exportkredit- und Investitionsversicherer.[124] Bei der Berner Union handelt es sich um einen privatrechtlichen Verein Schweizer Rechts, der bereits im Jahre 1934 gegründet wurde.[125] Die Berner Union hat ihren statuarischen Sitz in Bern.[126] Das Generalsekretariat befindet sich in London.[127]

Zu den Gründungsmitgliedern dieser Vereinigung zählen vier Exportkreditversicherungsgesellschaften aus den Ländern Frankreich, Italien, Spanien und Großbritannien.[128] Der Berner Union gehören derzeit 49 Versicherer an, von denen die meisten aus Industrieländern, aber auch einige aus Schwellen- und Entwicklungsländern stammen.[129] Unter den Mitgliedern der Berner Union finden sich sowohl staatliche beziehungsweise im staatlichen Auftrag handelnde als auch rein privatwirtschaftlich agierende Versicherungsgesellschaften. Zu den deutschen Mitgliedern der Berner Union gehören die beiden privaten Unternehmen Euler Hermes Aktiengesellschaft[130] und PricewaterhouseCoopers Aktiengesellschaft Wirtschaftsprüfungsgesellschaft[131], die der Bund mit der Geschäftsführung der Förderinstrumente der Auslandsgeschäftsabsicherung beauftragt hat. Die beiden einzigen afrikanischen Mitglieder der Berner Union sind der multilaterale Versicherer, die African Trade Insurance Agency, sowie die Export Credit Insurance Corporation of South Africa Ltd. Weitere afrikanische Kreditversicherer schließen sich neben anderen Kreditversicherern in dem Prager Club der Berner Union zusammen.[132] In diesem Club versammeln sich die neu gegründeten Kreditversicherer und solche, die aufgrund ihres geringen Geschäftsvolumens die Voraussetzungen der Mitgliedschaft in der Berner Union bisher nicht erfüllen.[133]

---

124 Vgl. Wolfram 2004, S. 24.

125 Siehe Art. 1.04 Statutes of the International Union of Credit and Investment Insurers.

126 Siehe Art. 1.05 Statutes of the International Union of Credit and Investment Insurers.

127 Siehe die Ausführungen über die Berner Union im Jahresbericht der Exportkreditgarantien 2007, S. 59.

128 Vgl. Gumpold 1996, S. 3.

129 Siehe hierzu auch die Mitgliederliste der Berner Union im Berne Union Yearbook 2014, S. 102.

130 Nachfolgende Bezeichnung auch Euler Hermes.

131 Nachfolgende Bezeichnung auch PricewaterhouseCoopers oder kurz PwC.

132 Siehe hierzu auch die Mitgliederliste des Prager Club im Berne Union Yearbook 2014, S. 102.

133 Vgl. Moltrecht/Kolberg/Kuhn 2014, Register G, Tz. 409.

Die Ziele der Berner Union sind in ihren Statuten festgehalten.[134] Dabei geht es unter anderem um die internationale Anerkennung vernünftiger und allgemeingültiger Standards im Bereich der Exportkredit- und Investitionsversicherung, die Förderung des gegenseitigen Informations- und Erfahrungsaustausches unter den Mitgliedern der Berner Union sowie um die Beratung und Unterstützung auf dem Gebiet der Versicherung von Exportkrediten und Auslandsinvestitionen.[135] Für die Mitglieder der Berner Union ist der Austausch von Informationen über Zahlungserfahrungen mit ausländischen Schuldnern von besonderer Bedeutung, da auf diese Weise die Bonität der Kreditnehmer sowie die Erfolgsaussichten der Durchsetzung fälliger Zahlungsansprüche besser beurteilt werden können.[136] Des Weiteren profitieren die Mitglieder von der fachkundigen Beratung durch die Berner Union, beispielsweise im Bereich der prozessualen und außerprozessualen Durchsetzung ausstehender Forderungen im Ausland.[137]

Die Mitglieder der Berner Union haben sich auf die so genannten „Value Statements", die „Guiding Principles" und die „Operational Guidelines" verständigt.[138]

In den im Oktober 2004 verabschiedeten Value Statements der Berner Union haben sich die Mitglieder verpflichtet, bei ihrer Tätigkeit ethische und umweltrelevante Aspekte zu berücksichtigen.[139]

Auf den Value Statements bauen die von den Mitgliedern der Berner Union Ende 2006 verabschiedeten zehn Guiding Principles[140] auf.[141] In diesen Guiding Principles ist unter anderem die Verpflichtung zu einer nachhaltigen Förderung des internationalen Handels und der grenzüberschreitenden Investitionsprojekte unter Berücksichtigung des geltenden Rechts und der relevanten internationalen Vereinbarungen statuiert.[142] Zudem haben sich die Mitglieder in den Guiding Principles verpflichtet, die Risiken, die sie übernehmen, sorgfältig zu bewerten und zu steuern. Des Weiteren wurde sich dazu verpflichtet, auch den Umweltschutz betreffende Aspekte zu berücksichtigen sowie den internationa-

---

134 Siehe Art. 2.01 (i) bis (iii) Statutes of the International Union of Credit and Investment Insurers.

135 Vgl. Wolfram 2004, S. 24.

136 Vgl. Wolfram 2004, S. 24.

137 Vgl. Wolfram 2004, S. 25.

138 Vgl. Scheibe 2011, Rn. 52; Moltrecht/Kolberg/Kuhn 2014, Register G, Tz. 398 ff.

139 Vgl. Berne Union Yearbook 2014, S. 141.

140 Vgl. Berne Union Yearbook 2014, S. 141.

141 Vgl. Moltrecht/Kolberg/Kuhn 2014, Register G, Tz. 398.

142 Vgl. Moltrecht/Kolberg/Kuhn 2014, Register G, Tz. 408.

len Kampf gegen Korruption und Geldwäsche im Rahmen der Versicherung von Exportgeschäften und Auslandsinvestitionen zu unterstützen.[143]

Auf Basis dieser Guiding Principles wurden im Jahre 2008 die Operational Guidelines konzipiert.[144] Es existieren Operational Guidelines für das kurzfristige staatliche Exportkreditgarantiegeschäft, das mittel- bis langfristige Exportkreditgarantiegeschäft und das Investitionsgarantiegeschäft.[145] In diesem Zusammenhang hat die Berner Union verschiedene Ausschüsse eingerichtet, die sich jeweils mit dem kurzfristigen Exportkreditgarantiegeschäft, dem mittel- bis langfristigen Exportkreditgarantiegeschäft und dem Investitionsgarantiegeschäft befassen. Die Mitgliedschaft in den Ausschüssen setzt voraus, dass die Exportkredit- und Investitionsversicherer ein bestimmtes Geschäftsvolumen in dem jeweiligen Geschäftszweig nachweisen können.[146] Die von den Mitgliedern der Berner Union verabschiedeten Richtlinien für kurzfristige Exportkreditgarantiegeschäfte (ST[147] Operational Guidelines) beziehen sich auf Exportgeschäfte mit einer Kreditlaufzeit von unter zwei Jahren, die Richtlinien für mittel- bis langfristige Exportkreditgarantiegeschäfte (MLT[148] Operational Guidelines) auf Geschäfte mit einer Laufzeit von zwei Jahren und länger.

Sämtliche Richtlinien der Berner Union haben den Rang eines rechtlich unverbindlichen „Gentlemen‘s Agreements“.[149] Obwohl die Richtlinien der Berner Union nur diesen rechtlich unverbindlichen Charakter aufweisen, werden sie von den Mitgliedern der Berner Union grundsätzlich respektiert und angewendet.[150] Der wesentliche Grund hierfür besteht in dem gemeinsamen Interesse der Mitglieder, einen zwischenstaatlichen Konditionenwettlauf zu verhindern. Verstöße gegen die Richtlinien könnten von anderen Mitgliedern nicht nur kritisiert, sondern auch mit wirtschaftlichen Gegenmaßnahmen, die ihrerseits einen Verstoß gegen die Richtlinien darstellen könnten, beantwortet werden.

---

143 Vgl. Moltrecht/Kolberg/Kuhn 2014, Register G, Tz. 408.

144 Vgl. Moltrecht/Kolberg/Kuhn 2014, Register G, Tz. 398.

145 Die Operational Guidelines sind unter anderem auf der Internetseite der Schweizerischen Exportrisikoversicherung abrufbar. URL: <http://www.serv-ch.com/de/international/berner-union/> (zuletzt geprüft am 06.07.2014).

146 Vgl. Moltrecht/Kolberg/Kuhn 2014, Register G, Tz. 397.

147 Short term export credit insurance (deutsch: kurzfristige Exportkreditversicherung).

148 Medium/long term export credit insurance/lending (deutsch: mittel-/langfristige Exportkreditversicherung/-finanzierung).

149 Vgl. Scheibe 2011, Rn. 52.

150 Vgl. Wolfram 2004, S. 26.

3.1.2.2 Regelungen der WTO

Das Instrumentarium der Exportkreditgarantien des Bundes wird oftmals in die Nähe einer Subvention gerückt oder als solche bezeichnet.[151] Aus rechtlicher Sicht darf es sich jedoch bei dem Förderinstrumentarium nicht um eine solche handeln, da die Welthandelsorganisation ihren Mitgliedern, zu denen auch die Bundesrepublik Deutschland gehört, gemäß Art. 3.1 lit. a) des Übereinkommens über Subventionen und Ausgleichsmaßnahmen der Welthandelsorganisation[152] (englisch: Agreement on Subsidies and Countervailing Measures [ASCM]) Subventionen, die rechtlich oder tatsächlich von einem Ausfuhrgeschäft abhängig sind, verbietet.[153] Die Klassifizierung einer verbotenen Exportsubvention erfolgt unter anderem anhand der in Anhang I des WTO-Subventionsübereinkommens enthaltenen Beispielliste von Ausfuhrsubventionen.[154] Gemäß Art. 3.1 lit. a) in Verbindung mit lit. j) der Beispielliste stellen staatliche Exportkreditgarantie- und Exportkreditversicherungsprogramme verbotene Exportsubventionen dar, soweit die operativen Kosten und Entschädigungsleistungen die Prämieneinnahmen langfristig übersteigen.

Für die Exportkreditgarantien des Bundes bedeutet dies, dass sie so zu konzipieren sind, dass die Leistungen zu Entgeltsätzen angeboten werden, die langfristig zur Deckung der Kosten und Schadenszahlungen führen.[155] Man spricht in diesem Zusammenhang auch von dem so genannten „Grundsatz der Selbsttragung“[156]. Die Frage, ob die Exportkreditgarantien des Bundes dem im WTO-Subventionsübereinkommen verankerten Selbsttragungsgrundsatz gerecht werden, ist jedoch umstritten. Es existiert bisher keine international verbindliche Methode, die tatsächliche Selbsttragung zu messen.[157]

---

151 Vgl. Scheibe 2011, Rn. 46.

152 Nachfolgende Bezeichnung auch WTO-Subventionsübereinkommen.

153 Siehe ausführlich Wolfram 2004, S. 48 f., 211 ff.

154 Vgl. Tietje 2003, S. 22 ff.

155 Auch wenn die UFK-Garantien und Investitionsgarantien nicht unmittelbar in den Anwendungsbereich des WTO-Subventionsübereinkommens fallen, verfolgt der Bund das Ziel, dass sich das Instrumentarium auf lange Sicht selbst trägt. Nach Auskunft des Bundes war dies bei beiden Förderinstrumenten im Jahr 2013 der Fall. Nähere Ausführungen dazu betreffend die UFK-Garantien siehe Jahresbericht der Exportkreditgarantien 2013, S. 81, betreffend die Investitionsgarantien siehe Jahresbericht der Investitionsgarantien 2013, S. 13.

156 Für Näheres zum Grundsatz der Selbsttragung siehe Moltrecht/Kolberg/Kuhn 2014, Register G, Tz. 29 ff.

157 Vgl. Moltrecht/Kolberg/Kuhn 2014, Register G, Tz. 30.

In der Literatur wurden zwei verschiedene Ansätze entwickelt, wie zu prüfen ist, ob das deutsche System der Exportkreditgarantien des Bundes gegen den im WTO-Subventionsübereinkommen verankerten Grundsatz der Selbsttragung verstößt – die ex-ante und die ex-post Analyse[158].

Nach der ex-ante Analyse würde das Förderinstrumentarium gegen den Selbsttragungsgrundsatz verstoßen, wenn die kalkulierbaren Gesamtausgaben für die gegenwärtig übernommenen Exportkreditgarantien über den kalkulierbaren Gesamteinnahmen für diese Exportkreditgarantien liegen.[159] Dies ließe sich feststellen, wenn die Wahrscheinlichkeit der Inanspruchnahme der Exportkreditgarantien des Bundes quantifizierbar wäre und die zu erwartenden Gesamtausgaben den Gesamteinnahmen gegenüber gestellt werden könnten.[160] Das Problem ist jedoch, dass sich die zu erwartenden Betriebskosten und Verluste nicht präzise abschätzen lassen, weil keine Daten vorliegen, die eine Beurteilung der Schadenswahrscheinlichkeit ermöglichen.[161] Aufgrund der fehlenden Informationen kann daher mit Hilfe der ex-ante Analyse nicht abschließend beurteilt werden, ob die deutschen Exportkreditgarantien des Bundes mit dem Selbsttragungsgrundsatz vereinbar sind oder gegen diesen verstoßen.[162]

Die ex-post Analyse bezieht sich hingegen auf die Gesamteinnahmen und -ausgaben der in der Vergangenheit übernommenen Exportkreditgarantien des Bundes.[163] Bei der ex-post Analyse wird zunächst das finanzielle Ergebnis der Exportkreditgarantien des Bundes der vergangenen Jahre betrachtet. Die Abbildung 5 verdeutlicht, dass die Exportkreditgarantien des Bundes in den 1980er und 1990er Jahren den Bundeshaushalt regelmäßig mit Defiziten belasteten. Sowohl die internationale Verschuldungskrise vieler Entwicklungsländer Anfang der 1980er Jahre als auch die Zahlungsschwierigkeiten einiger Länder des ehemaligen Ostblocks in den 1990er Jahren führten dazu, dass der Bund hohe Entschädigungszahlungen für staatlich abgesicherte Exportgeschäfte leisten musste.[164] Das kumulierte Defizit wuchs in dieser Zeit bis auf 13,5 Mrd. Euro

---

158 Nähere Ausführungen dazu siehe Lefèvre 1977, S. 170 ff.; Wolfram 2004, S. 345 ff.

159 Vgl. Wolfram 2004, S. 346.

160 Vgl. Wolfram 2004, S. 346.

161 Besonders kontrovers wird in diesem Zusammenhang die Frage nach der Kalkulation des politischen Risikos diskutiert. Zur Problematik der Kalkulierbarkeit der politischen Risiken im Kontext der Exportkreditgarantien des Bundes siehe Kageneck 1991, S. 39 ff.; Martinius 1996, S. 16; Wolfram 2004, S. 346 ff.; Janus 2011, Rn. 19.

162 Vgl. Wolfram 2004, S. 350.

163 Vgl. Wolfram 2004, S. 351 ff.

164 Vgl. Janus 2011, Rn. 21.

an.[165] Seit 1999 sind jedoch wieder Überschüsse an den Bundeshaushalt überwiesen worden, so dass das aufgelaufene Defizit kontinuierlich abgebaut werden konnte. Auch im Jahr 2013 wurde ein positives Jahresergebnis in Höhe von 580,9 Mio. Euro erzielt.[166] Dies ließ den kumulierten finanziellen Überschuss für den Bundeshaushalt Ende 2013 auf rund 3,6 Mrd. Euro ansteigen.[167]

Abbildung 5: Ergebnis und Saldo der Exportkreditgarantien des Bundes[168]

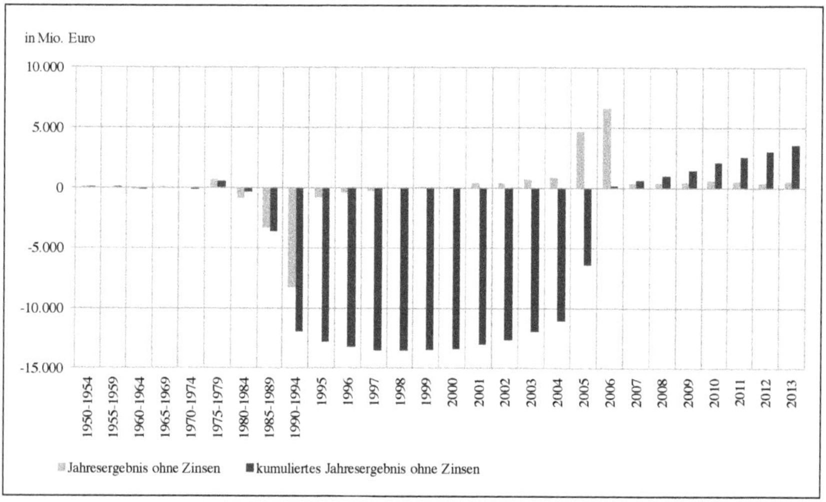

Das Jahresergebnis der Exportkreditgarantien des Bundes gibt aber allein noch keine eindeutigen Hinweise darauf, ob der Selbsttragungsgrundsatz in der Vergangenheit tatsächlich berücksichtigt wurde. Schließlich stellen die Exportkreditgarantien nach Ziff. 5 der Allgemeinen Verwaltungsvorschriften zu § 39 Bundeshaushaltsordnung eine Eventualverbindlichkeit des Bundes dar. Das bedeutet, dass die Übernahmen von Exportkreditgarantien zunächst nicht ausgabewirksam sind, da hieraus keine unmittelbare Zahlungsverpflichtung des Bundes resultiert. Erst im Schadensfall kann es zu Belastungen des Haushaltes kommen.

165 Vgl. Jahresbericht der Exportkreditgarantien 2013, S. 71.

166 Vgl. Jahresbericht der Exportkreditgarantien 2013, S. 71.

167 Vgl. Jahresbericht der Exportkreditgarantien 2013, S. 71.

168 Abbildung auf Basis der veröffentlichten Daten im Jahresbericht der Exportkreditgarantien 2013, S. 85, sowie eigener Berechnungen. Das hohe Jahresergebnis aus den Jahren 2005 und 2006 resultierte aus vorzeitigen Rückzahlungen aufgrund von Umschuldungsabkommen. Vgl. Jahresbericht der Exportkreditgarantien 2006, S. 2.

Daher ist es grundsätzlich auch möglich, dass ein Defizit im Zusammenhang mit der Vergabe der Exportkreditgarantien des Bundes in einem bestimmten Geschäftsjahr aus der Deckung von Exportgeschäften vorangegangener Jahre resultiert.[169] Vorstellbar ist auch, dass über mehrere Jahre ein positives finanzielles Ergebnis erzielt wurde, obwohl genau die in diesen Jahren übernommenen Deckungen in späteren Jahren zu Verlusten führen.

Die vom Bund bei den Exportkreditgarantien durchgeführte kassenmäßige Betrachtung nach kameralistischer Rechnungslegung ermöglicht nur die Feststellung über die in den einzelnen Geschäftsjahren entstandenen Gewinne und Verluste.[170] Wie hoch die möglichen langfristigen Betriebskosten und Verluste sind, lässt sich allein durch die Betrachtung der finanziellen Ergebnisse der Exportkreditgarantien nicht beurteilen, weil weder die Daten vorliegen noch entsprechende Berechnungen durchgeführt werden.[171] Insofern eignet sich auch die ex-post Analyse nicht zur Feststellung, ob der Grundsatz, dass sich das Instrumentarium auf lange Sicht selbst zu tragen hat, erfüllt wird.[172]

Ob das System der Exportkreditgarantien des Bundes mit dem im WTO-Subventionsübereinkommen verankerten Selbsttragungsgrundsatz vereinbar ist, kann folglich weder mit Hilfe der ex-ante Analyse noch anhand der ex-post Analyse eindeutig beurteilt werden. Aus diesem Grund ist auch eine Weiterentwicklung des kameralistischen Systems der Bundesrepublik Deutschland hin zu einer Rechnungslegung, die eindeutige Aussagen zur Selbsttragung des Instruments ermöglicht, wünschenswert.[173]

3.1.2.3 Regelungen der OECD

Das wohl wichtigste internationale Regelwerk zur Wahrung von fairen Wettbewerbsbedingungen unter den verschiedenen staatlichen Exportkreditversicherungssystemen ist das Übereinkommen über öffentlich unterstützte

---

169 Vgl. Wolfram 2004, S. 354.

170 Siehe auch Moltrecht/Kolberg/Kuhn 2014, Register G, Tz. 30.

171 Vgl. Wolfram 2004, S. 354.

172 Vgl. Wolfram 2004, S. 357.

173 Siehe in diesem Zusammenhang auch die Rede „Die moderne ECA: Staatliche Exportförderung nach marktmäßigen Prinzipien" von Hans Janus, Mitglied des Vorstands der Euler Hermes Aktiengesellschaft, vom 25. Juni 2008 – verfügbar auf der nachfolgenden Internetseite des BMWi. URL: <http://www.bmwi.de/DE/Service/Veranstaltungen/Dokumentation/exportkreditgarantien-2008,did=254574.html> (zuletzt geprüft am 06.07.2014).

Exportkredite der OECD (englisch: Arrangement on officially supported export credits[174]).[175]

Dieses zwischenstaatliche Übereinkommen wurde im Jahre 1978 verabschiedet und findet auf öffentlich unterstützte Exportkredite – sei es durch eine Finanzierung aus öffentlichen Mitteln oder eine staatliche Exportkreditversicherung – mit einer Kreditlaufzeit von mindestens zwei Jahren und auf Entwicklungshilfekredite, die an Exporte aus dem Geberland gebunden sind, Anwendung.[176] Zu den derzeitigen Teilnehmern an diesem OECD-Konsensus gehören Australien, die Mitgliedstaaten der Europäischen Union, Japan, Kanada, Südkorea, Neuseeland, Norwegen, die Schweiz und die Vereinigten Staaten von Amerika.[177]

Die Vorschriften des OECD-Konsensus finden Anwendung auf Forderungsdeckungen für Exportgeschäfte mit einer Kreditlaufzeit von mindestens zwei Jahren und damit nur auf einen Teilbereich des Leistungsangebotes im Rahmen

---

174 Nachfolgende Bezeichnung auch OECD-Konsensus. Die aktuelle Version des OECD-Konsensus ist auf der Internetseite der OECD abrufbar. Im Rahmen dieser Arbeit wurde aus dem OECD-Konsensus in der Fassung vom 15. Januar 2014 zitiert. URL: <http://www.oecd.org/trade/exportcredits/theexportcreditsarrangementtext.htm> (zuletzt geprüft am 06.07.2014).

175 Die Verständigung auf den OECD-Konsensus erfolgte in einer Zeit, in der die Leistungsbilanzprobleme im Anschluss an die Ölkrise der 1970er Jahre einige Länder dazu bewogen, die Zinssätze zur Finanzierung der Exporte unter das Marktniveau zu senken. Diese Maßnahme führte dazu, dass die staatlich subventionierten Exportkredite im Vergleich zu Finanzierungen über den Kapitalmarkt günstiger angeboten werden konnten. Infolgedessen drohten die Länder, die im Bereich der Exportfinanzierung nicht entsprechend subventionierten und somit eine Benachteiligung ihrer Exporteure befürchteten, mit wirtschaftlichen Gegenmaßnahmen. Außerdem mussten die subventionierenden Staaten hohe fiskalische Kosten tragen, die gepaart mit einer generell hohen Verschuldung der Staaten untragbar wurden. Die fiskalischen Probleme in den subventionierenden Staaten und die Androhung von wirtschaftlichen Gegenmaßnahmen seitens der nicht subventionierenden Länder führten schließlich zu dem OECD-Konsensus für öffentlich unterstützte Exportkredite. Zur Geschichte des OECD-Konsensus siehe unter anderem Hombach 1984, S. 12 f.; Martinius 1996, S. 8 f.; Moltrecht/Kolberg/Kuhn 2014, Register G, Tz. 96 ff.

176 Siehe Art. 2, Art. 5 lit. a) und b) OECD-Konsensus.

177 Siehe Art. 3 OECD-Konsensus.

der Exportkreditgarantien des Bundes.[178] Der Konsensus bezieht sich nicht auf Exportkredite für militärische Ausrüstungen und landwirtschaftliche Erzeugnisse.[179] Auch findet der OECD-Konsensus keine Anwendung bei den Investitionsgarantien und den Garantien für Ungebundene Finanzkredite des Bundes, da beide Förderinstrumente keine Exportkredite absichern. Der Konsensus enthält einheitliche Mindeststandards bezogen auf die verschiedenen Zahlungsbedingungen, wie An- und Zwischenzahlungen in Höhe von mindestens 15 % des Auftragswertes[180], maximale Kreditlaufzeiten gestaffelt nach Ländergruppen, Rückzahlungsfristen und -modalitäten, Mindestzins- und -prämiensätze, Begrenzung mitfinanzierter örtlicher Kosten und Verfahrensregeln, insbesondere Notifikationen.[181] Darüber hinaus gibt es spezielle Sektorvereinbarungen

---

178 Unter dem Begriff der Exportkreditgarantien versammelt sich ein breites Spektrum an Deckungsformen. In den Anwendungsbereich des OECD-Konsensus fallen ausschließlich die Forderungsdeckungen für Exportgeschäfte mit einer Kreditlaufzeit von mindestens zwei Jahren. Die Forderungsdeckungen für Geschäfte mit einer Kreditlaufzeit von weniger als zwei Jahren sowie verschiedene Neben- und Sonderdeckungsformen unterliegen nicht den Vorschriften des OECD-Konsensus. Näheres zu den Begrifflichkeiten und den Deckungsformen im Bereich der Exportkreditgarantien des Bundes siehe Gliederungspunkt 4.1.

179 Siehe Art. 5 lit. c) OECD-Konsensus.

180 Im deutschen System ist die Bezugsgröße für die notwendige Anzahlung der „Auftragswert". Bei dem Auftragswert handelt es sich um die zwischen dem Deckungsnehmer und dem ausländischen Schuldner für Lieferungen und Leistungen vertraglich vereinbarte (deckungsfähige) Geldforderung. Dabei können im Einklang mit den nationalen und internationalen Regelungen neben Lieferungen beziehungsweise Leistungen mit Ursprung in Deutschland auch ausländische Zulieferungen und insbesondere örtliche Kosten in die Deckung einbezogen werden. Damit weicht das deutsche System von den Vorschriften des OECD-Konsensus ab. In dem Konsensus ist die Bezugsgröße für die Höhe der Anzahlung der so genannte „Exportauftragswert". Dabei handelt es sich um den vom Käufer oder im Namen des Käufers für die exportierten Waren und/oder Dienstleistungen zu zahlenden Gesamtbetrag ohne örtliche Kosten. Siehe Annex XIV lit. e) OECD-Konsensus. Dementsprechend heißt es in Art. 10 lit. a) OECD-Konsensus auch, dass die Käufer von Waren oder Dienstleistungen, für die öffentliche Unterstützung gewährt wird, bei oder vor Beginn der Kreditlaufzeit eine Anzahlung von mindestens 15 % des Exportauftragswertes leisten müssen. Näheres zur Berücksichtigung von ausländischen Zulieferungen und örtlichen Kosten auf dem Gebiet der Exportkreditgarantien des Bundes siehe Gliederungspunkt 4.1.4.4.

181 Für detaillierte Informationen über die zulässigen Zahlungsbedingungen bei der Übernahme von Exportkreditgarantien des Bundes siehe Kapitel 2 OECD-Konsensus. Siehe auch Moltrecht/Kolberg/Kuhn 2014, Register G, Tz. 90 ff., 132 ff.; Stumpenhusen 2014, S. 2 ff.

innerhalb des OECD-Konsensus für öffentlich unterstützte Exportkredite mit Sonderregeln für Schiffe, Kernkraftwerke, zivile Luftfahrtzeuge, Projekte in den Bereichen erneuerbare Energien und Wasser sowie den Eisenbahnsektor.[182] Sofern der Bund Exportgeschäfte in Deckung nimmt, die als Projektfinanzierung ausgestaltet sind, kommen flexible Konsensusvorschriften zur Anwendung.[183]

Bei dem OECD-Konsensus handelt es sich um ein rechtlich unverbindliches „Gentlemen's Agreement"[184] zwischen den Teilnehmern, weshalb die Sanktionsmöglichkeiten begrenzt sind.[185] Zwar ist der OECD-Konsensus für die EU-Mitgliedstaaten bindend.[186] Er kann jedoch nicht vorschreiben, welche Förderinstrumente ein Staat anbieten darf, wie seine Risikobereitschaft auszusehen hat und welche Anforderungen er an die nationale Wertschöpfung stellen sollte.[187] Da der Konsensus kein Rechtsakt[188] der OECD ist, können sich auch andere Länder außerhalb der OECD diesem anschließen.

Neben dem OECD-Konsensus für öffentlich unterstützte Exportkredite existieren weitere Regelungen auf der Ebene der OECD, die im Zusammenhang mit der Bereitstellung der Förderinstrumente der Auslandsgeschäftsabsicherung des Bundes zu berücksichtigen sind.

Dazu zählen unter anderem die Sustainable Lending Practices der OECD.[189] Diese im Januar 2008 in Kraft getretenen OECD-Leitlinien und -Prinzipien kommen bei der Vergabe von öffentlich unterstützten Exportkrediten an öffentliche Besteller in Niedrigeinkommensländern mit Kreditlaufzeiten von

---

182 Siehe Annex I bis V OECD-Konsensus.

183 Siehe hierzu die Ausführungen in Hermesdeckungen Spezial – Flexible Konsensusvorschriften für Projektfinanzierungen 2014, S. 2 ff.

184 Zur Rechtsnatur des OECD-Konsensus siehe auch Wolfram 2004, S. 29 ff.

185 Aufgrund des rechtlich unverbindlichen Charakters des OECD-Konsensus besteht nur die Möglichkeit des so genannten „Matching". Danach ist es den Teilnehmerstaaten des OECD-Konsensus erlaubt, eine staatliche Exportkreditförderung zu den gleichen Konditionen wie andere Staaten anzubieten. Dieser Anpassung an das nicht OECD-Konsensus-konforme Angebot eines Mitbewerbers müssen zwingend Konsultationsverfahren vorgeschaltet sein. Weitere Erklärungen zum Matching im Rahmen des OECD-Konsensus siehe unter anderem Moltrecht/Kolberg/Kuhn 2014, Register G, Tz. 190 ff.; Wolfram 2004, S. 44.

186 Vgl. Scheibe 2011, Rn. 53.

187 Vgl. Moltrecht/Kolberg/Kuhn 2014, Register G, Tz. 8.

188 Siehe Art. 2 OECD-Konsensus.

189 Die Sustainable Lending Practices sind auf der Internetseite der OECD abrufbar. URL: <http://www.oecd.org/general/oecdcountriesagreesustainablelendingprinciplesforofficialexportcredits.htm> (zuletzt geprüft am 06.07.2014).

einem Jahr und länger zur Anwendung.[190] Auch wenn diese Leitlinien nicht darauf abzielen, staatlich unterstützte Exportkredite für öffentliche Schuldner aus Niedrigeinkommensländern zu unterbinden, handelt es sich dennoch um eine besondere Einschränkung im Rahmen der Übernahme von Exportkreditgarantien des Bundes für den genannten Bestellerkreis. Betroffen von diesen Vorschriften sind insbesondere auch Exportgeschäfte mit öffentlichen Bestellern aus den afrikanischen Niedrigeinkommensländern.[191] Die UFK-Garantien und die Investitionsgarantien fallen nicht in den Anwendungsbereich der Sustainable Lending Practices.

Des Weiteren sind bei den Exportkreditgarantien des Bundes die OECD-Umwelt- und Sozialleitlinien zu beachten.[192] Eine überarbeitete Fassung dieser OECD-Empfehlung wurde im Juni 2012 vom OECD-Rat verabschiedet.[193] Durch diese Leitlinien wurde die Möglichkeit einer vergleichbaren und einheitlichen Prüfung von Umwelt- und Sozialaspekten bei der Übernahme von Exportkreditgarantien geschaffen.[194] Auf diese Weise können Wettbewerbsverzerrungen auf dem Gebiet der Umwelt zwischen Exporteuren aus verschiedenen OECD-Ländern vermieden werden.[195] Die OECD-Umwelt- und Sozialleitlinien sind für das deutsche Förderinstrumentarium der Exportkreditgarantien bindend. Sie werden unabhängig davon, dass die Umweltstandards des jeweiligen Landes, in das exportiert wird, zu beachten sind, für alle Projekte und projektbezogenen Lieferungen und Leistungen mit einer Kreditlaufzeit von mindestens

---

190 Weitergehende Kommentierung zu den Leitlinien und Prinzipien zur Förderung einer nachhaltigen Kreditvergabe an Niedrigeinkommensländer siehe Moltrecht/Kolberg/Kuhn 2014, Register G, Tz. 83 ff.

191 Zu den Schwierigkeiten bei den mit einer Exportkreditgarantie des Bundes abgesicherten Geschäften in Ländern des afrikanischen Kontinents siehe auch die Ausführungen von Bischoff 2012, S. 14.

192 Die OECD-Umwelt- und Sozialleitlinien sind auf der Internetseite der OECD abrufbar. URL: <http://www.oecd.org/tad/xcred/oecd-recommendations.htm> (zuletzt geprüft am 06.07.2014).

193 Zu den Anfängen der nationalen Umsetzung der OECD-Umwelt- und Sozialleitlinien in Deutschland siehe auch die Ausführungen von Schaper 2004, S. 9 f.

194 Zur Frage, wie sich die Umwelt- und Sozialstandards bei der staatlichen Exportkreditversicherung auf die betroffenen deutschen Unternehmen auswirken, siehe Schaltegger/Schock/Buttscher 2009, S. 1 ff.

195 Vgl. Jahreswirtschaftsbericht des BMWi 2013, S. 71.

zwei Jahren und einem Auftragswert von über 10 Mio. Sonderziehungsrechten[196] (in Deutschland gegenwärtig umgesetzt mit einem Wert von 15 Mio. Euro) angewendet.[197] Die OECD-Umwelt- und Sozialleitlinien enthalten keine eigenen Prüfstandards, sondern verweisen auf international gültige Standards, wie die Safeguard Policies der Weltbank und die IFC Performance Standards.[198] Bei der Prüfung werden sowohl die ökologischen als auch die sozialen Auswirkungen der Projekte begutachtet.[199]

Obwohl die Garantien für Ungebundene Finanzkredite sowie die Investitionsgarantien nicht in den Anwendungsbereich der OECD-Umwelt- und Sozialleitlinien fallen, werden bei beiden Bundesgarantien die Leitlinien bei der jeweiligen Umweltprüfung im Rahmen des Antrags- und Entscheidungsverfahrens über die Übernahme der Förderinstrumente zugrunde gelegt.[200]

Ebenfalls ist die Empfehlung der OECD zur Korruptionsbekämpfung bei öffentlich unterstützten Exportkrediten, die so genannte „OECD Recommendation on Bribery and Officially Supported Export Credits", zu beachten.[201] Diese Vereinbarung wurde durch den OECD-Rat im Dezember 2006 verabschiedet. Nach dieser OECD-Empfehlung sind die Mitgliedstaaten der OECD aufgefordert, angemessene Maßnahmen zur Korruptionsbekämpfung bei der Übernahme von Exportkreditgarantien zu ergreifen. Die Bundesregierung hat die Empfehlung zur Korruptionsbekämpfung umgesetzt.[202] Infolgedessen müssen seit Anfang 2007 die deutschen exportierenden Unternehmen und exportfinanzierenden Banken bei ihrem Antrag auf Übernahme einer Exportkreditgarantie eine Erklärung zur

---

196 Bei den Sonderziehungsrechten handelt es sich um eine Recheneinheit des Internationalen Währungsfonds. Nähere Einzelheiten zu den Sonderziehungsrechten finden sich auf der Internetseite des Internationalen Währungsfonds. URL: <http://www.imf.org/external/np/exr/facts/sdr.htm> (zuletzt geprüft am 06.07.2014).

197 Siehe ausführlich Walz 2013, S. 2 ff.

198 Vgl. AGA-Report 2012, Nr. 217, S. 2.

199 Näheres zur Bewertung der OECD-Umwelt- und Sozialleitlinien aus Sicht der Exporteure siehe Schöne-Alaluf/Bittner/von Waldenfels 2011, S. 128 f.

200 Siehe auch BT-Drs. 17/2693, S. 2.

201 Das Action Statement on Bribery and Officially Supported Export Credits ist auf der Internetseite der OECD abrufbar. URL: <http://search.oecd.org/officialdocuments/displaydocumentpdf/?doclanguage=en&cote=td/ecg%282006%2924> (zuletzt geprüft am 06.07.2014).

202 Vgl. Jahresbericht der Exportkreditgarantien 2013, S. 32.

Korruptionsprävention[203] abgeben.[204] Dabei muss der Antragsteller unter anderem erklären, dass der Abschluss des Ausfuhr- beziehungsweise Darlehensvertrages nicht durch strafbare Handlungen herbeigeführt worden ist.[205] Ferner sind Angaben darüber erforderlich, ob in den letzten fünf Jahren strafrechtliche oder nichtstrafrechtliche Sanktionen wegen Bestechung gegenüber dem Antragsteller verhängt worden sind.[206] Falls sich aus der Erklärung oder aus anderen Quellen Anhaltspunkte für korruptionsrelevante Sachverhalte ergeben, wird sodann eine vertiefte Prüfung durchgeführt.[207] Im Zuge dieser vertieften Prüfung werden unter anderem die jeweiligen unternehmensinternen Maßnahmen, Prozesse und Strukturen zur Korruptionsprävention und -bekämpfung sowie Provisions- und Honorarzahlungen im Hinblick auf das betroffene Exportgeschäft untersucht.[208] Grundsätzlich dürfen Geschäfte, die durch Korruption zustande gekommen sind, nicht in Deckung genommen werden.[209] Erweist sich nach Übernahme der Exportkreditgarantie, dass der Exportvertrag durch Korruption zustande gekommen ist, kann sich der Bund im Schadensfall auf eine Haftungsbefreiung berufen und die Entschädigung verweigern.[210]

Die Garantien für Ungebundene Finanzkredite und die Investitionsgarantien des Bundes fallen zwar wiederum nicht in den Anwendungsbereich dieser OECD-Empfehlung. Grundsätzlich übernimmt der Bund aber weder UFK-Garantien noch Investitionsgarantien für Vorhaben im Ausland, die aufgrund von Korruptionsmaßnahmen zustande gekommen sind.[211]

Darüber hinaus sind die Unternehmen, die eine Investitionsgarantie zur Absicherung der politischen Risiken von Direktinvestitionen im Ausland in

---

203 Die Erklärung zur Korruptionsprävention steht auf der Internetseite AGA-Portal zum Download bereit. URL: <http://www.agaportal.de/pdf/formulare/korruptionspraevention.pdf> (zuletzt geprüft am 06.07.2014).

204 Vgl. Roth 2010, S. 742.

205 Vgl. Jahresbericht der Exportkreditgarantien 2013, S. 32.

206 Vgl. Jahresbericht der Exportkreditgarantien 2013, S. 32.

207 Vgl. Jahresbericht der Exportkreditgarantien 2013, S. 32.

208 Vgl. Jahresbericht der Exportkreditgarantien 2013, S. 32.

209 Vgl. AGA-Report 2006, Nr. 147, S. 1.

210 Vgl. AGA-Report 2006, Nr. 147, S. 1.

211 Zu beachten sind in diesem Zusammenhang § 299 Strafgesetzbuch (Bestechlichkeit und Bestechung im geschäftlichen Verkehr) sowie § 334 Strafgesetzbuch i.V.m. Art. 2 § 1 Nr. 2 des Gesetzes zu dem Übereinkommen vom 17. Dezember 1997 über die Bekämpfung der Bestechung ausländischer Amtsträger im internationalen Geschäftsverkehr, welche die Bestechung von Amtsträgern ausländischer Staaten unter Strafe stellen.

Anspruch nehmen, gehalten, sich an den OECD-Leitsätzen für multinationale Unternehmen[212] (englisch: OECD Guidelines for Multinational Enterprises) zu orientieren.[213] Die OECD-Leitsätze für multinationale Unternehmen wurden im Jahr 1976 verabschiedet und zuletzt im Jahr 2011 überarbeitet.[214] Inhaltlich regeln die Leitsätze die Grundsätze und Maßstäbe für ein verantwortungsvolles sowie dem geltenden Recht und international anerkannten Normen entsprechendes unternehmerisches Handeln.[215] Die OECD-Leitsätze für multinationale Unternehmen haben ebenfalls den rechtlichen Status einer Empfehlung und beruhen damit auf dem Prinzip der Freiwilligkeit.[216]

3.1.2.4 Regelungen der EU

Auf der Ebene der Europäischen Union existieren ebenfalls verschiedene Regelungen, die im Zusammenhang mit der Bereitstellung der Instrumente der Auslandsgeschäftsabsicherung des Bundes zu berücksichtigen sind. Von besonderer Bedeutung im Bereich der Exportkreditgarantien des Bundes ist das Konzept der „Marktfähigkeit von Risiken".[217] Ausgangspunkt ist Art. 107 Abs. 1 des Vertrages über die Arbeitsweise der Europäischen Union[218], nach dem staatliche oder aus staatlichen Mitteln gewährte Beihilfen gleich welcher Art, die durch die Begünstigung bestimmter Unternehmen oder Produktionszweige den Wettbewerb verfälschen oder zu verfälschen drohen, mit dem Binnenmarkt unvereinbar sind, soweit sie den Handel zwischen Mitgliedstaaten beeinträchtigen.

Um durch staatliche Beihilfen bedingte Wettbewerbsverzerrungen in der Exportkreditversicherungsbranche zu verhindern, hat die Europäische Kommission 1997 die Grundsätze für staatliche Maßnahmen in der Mitteilung der Kommission an die Mitgliedstaaten nach Artikel 93 Absatz 1 EG-Vertrag zur Anwendung der Artikel 92 und 93 EG-Vertrag auf die kurzfristige Exportkreditversicherung[219]

---

212 Die OECD-Leitsätze für multinationale Unternehmen sind auf der Internetseite der OECD verfügbar. URL: <http://browse.oecdbookshop.org/oecd/pdfs/free/2011105e.pdf> (zuletzt geprüft am 06.07.2014).

213 Vgl. Jahresbericht der Investitionsgarantien 2013, S. 33.

214 Siehe OECD-Leitsätze für multinationale Unternehmen 2011, S. 3 ff.

215 Siehe OECD-Leitsätze für multinationale Unternehmen 2011, S. 15.

216 Siehe OECD-Leitsätze für multinationale Unternehmen 2011, S. 15.

217 Näheres zu dem Verbot staatlicher Beihilfen im Bereich kurzfristiger Exportkreditversicherungen siehe unter anderem Janus 2011, Rn. 141 ff.; Scheibe 2011, Rn. 49 ff.; Moltrecht/Kolberg/Kuhn 2014, Register G, Tz. 338 ff.

218 Nachfolgende Bezeichnung auch AEUV.

219 Nachfolgende Bezeichnung auch Kommissionsmitteilung für das Kurzfristgeschäft.

festgelegt.[220] Der Anwendungszeitraum dieser Kommissionsmitteilung für das Kurzfristgeschäft von 1997 war auf fünf Jahre angelegt, beginnend mit dem 1. Januar 1998.[221] In dieser Kommissionsmitteilung von 1997 wurde erstmals festgelegt, dass marktfähige Risiken nicht von staatlichen Exportkreditversicherern übernommen werden dürfen.[222] Die ursprüngliche Definition der marktfähigen Risiken umfasste nur die wirtschaftlichen Risiken nichtöffentlicher Schuldner, die in einem bestimmten als marktfähig definierten Länderkreis niedergelassen sind, bei Exportgeschäften mit einer Höchstrisikodauer von weniger als zwei Jahren.[223] In der Folgezeit wurde die Mitteilung von 1997 mehrfach geändert und ihr Anwendungszeitraum verlängert.[224] Im Zuge dessen wurde im Laufe der Jahre auch die Definition der marktfähigen Risiken überprüft und neu angepasst.[225] Zuletzt wurde im Dezember 2012 eine neue Kommissionsmitteilung für das Kurzfristgeschäft verabschiedet, welche zum 1. Januar 2013 in Kraft getreten und bis zum 31. Dezember 2018 befristet ist.[226] Gemäß dieser Mitteilung werden wirtschaftliche und politische Risiken bei Exportgeschäften mit öffentlichen und nichtöffentlichen Schuldnern, die in den EU-Mitgliedstaaten sowie den OECD-Kernländern Australien, Kanada, Island, Japan, Neuseeland, Norwegen, Schweiz und Vereinigte Staaten von Amerika niedergelassen sind, als grundsätzlich marktfähig angesehen, sofern die Risikolaufzeit weniger als zwei Jahre beträgt (Kurzfristgeschäft).[227]

220 Siehe ABl C 281 vom 17.09.1997.

221 Siehe Nr. 4.5 ABl C 281 vom 17.09.1997.

222 Bei der Kommissionsmitteilung von 1997 handelt es sich somit um einen Anwendungsfall des Subsidiaritätsgrundsatzes, nach dem staatliche Exportkreditgarantien nur dann übernommen werden dürfen, wenn der private Versicherungsmarkt keine ausreichenden Absicherungsmöglichkeiten zur Verfügung stellt. Das Subsidiaritätsprinzip ist darüber hinaus in Ziff. 1.2 der Richtlinien für die Übernahme von Exportkreditgarantien kodifiziert.

223 Siehe hierzu ausführlich Nr. 2.5 ABl C 281 vom 17.09.1997.

224 Zur Kommentierung der Kommissionsmitteilung für das Kurzfristgeschäft siehe unter anderem Moltrecht/Kolberg/Kuhn 2014, Register G, Tz. 338 ff.; AGA-Report 2012, Nr. 223, S. 1 f.

225 Siehe hierzu auch die nachfolgenden Amtsblätter der Europäischen Union: ABl C 217 vom 02.08.2001; ABl C 307 vom 11.12.2004; ABl C 325 vom 22.12.2005; ABl C 329 vom 07.12.2010.

226 Siehe Rn. 40 ABl C 392 vom 19.12.2012.

227 Siehe zum Anwendungsbereich dieser Mitteilung Rn. 8 ABl C 392 vom 19.12.2012 sowie zu den relevanten Begriffsbestimmungen Rn. 9 ABl C 392 vom 19.12.2012. Das Verzeichnis der Staaten mit marktfähigen Risiken ist im Anhang der zuvor genannten Kommissionsmitteilung abgedruckt.

Der Begriff „Risikolaufzeit" umfasst die Produktionszeit zuzüglich der Kreditlaufzeit.[228] Hinsichtlich dieser marktfähigen Risiken hat sich gezeigt, dass der private Versicherungsmarkt ausreichende und dauerhafte Absicherungsmöglichkeiten zur Verfügung stellt. Gemäß dem Subsidiaritätsprinzip ist die Absicherung dieser marktfähigen Risiken den privaten Kreditversicherern vorbehalten. Alle anderen Risiken werden als nicht marktfähige Risiken angesehen und fallen daher nicht in den Anwendungsbereich dieser Kommissionsmitteilung für das Kurzfristgeschäft.[229]

Die von der EU-Kommission aufgestellten Regeln für staatliche Beihilfen im Bereich der kurzfristigen Exportkreditversicherung dienen dazu, Wettbewerbsverzerrungen im Binnenmarkt entgegenzuwirken, und zwar nicht nur zwischen Exporteuren in verschiedenen Mitgliedstaaten (im Handel innerhalb der Union und mit Drittländern), sondern auch zwischen Exportkreditversicherern, die in der Union tätig sind.[230] Aus wettbewerbspolitischer Sicht sind die Marktsegmente als problematisch anzusehen, in denen neben dem privatwirtschaftlichen Angebot gleichzeitig auch staatliche oder im staatlichen Auftrag agierende Exportkreditversicherer ihre Leistungen anbieten. Schließlich gibt es auch privatwirtschaftlich agierende Kreditversicherer, die Absicherungsmöglichkeiten für nicht marktfähige Risiken anbieten. Ein solches Parallelangebot von privaten und staatlichen Exportkreditversicherern besteht in erster Linie für das Kurzfristgeschäft in den Nicht-EU-Mitgliedstaaten sowie den Nicht-OECD-Kernländern.[231] So kann es vorkommen, dass für Geschäfte mit den Ländern des afrikanischen Kontinents sowohl der Bund Exportkreditgarantien bereitstellt als auch privatwirtschaftlich agierende Exportkreditversicherer entsprechende Versicherungsleistungen anbieten. Auch bei Exportgeschäften mit einer längeren Risikolaufzeit ab zwei Jahren kann es zu einem Parallelangebot von privaten und staatlichen Kreditversicherern kommen.[232] Die Gefahr von Wettbewerbsverzerrungen aufgrund eines solchen Parallelangebotes sieht die Bundesregierung aber nicht, da das Entgelt, welches

228 Zur Begriffsbestimmung siehe Rn. 9 ABl C 392 vom 19.12.2012.

229 Siehe Rn. 9 ABl C 392 vom 19.12.2012.

230 Siehe Rn. 2 sowie Rn. 10 ff. ABl C 392 vom 19.12.2012.

231 Zur Kritik am staatlichen Parallelangebot im Bereich des kurzfristigen Exportgeschäftes siehe Osinski 2003, S. 134.

232 Bei mittel- und langfristigen Exportgeschäften gibt es im Unterschied zum Kurzfristgeschäft keinen relevanten Wettbewerb zwischen staatlichen und privaten Exportkreditversicherern. Vgl. Osinski 2003, S. 133.

die Antragsteller für die Nutzung der Exportkreditgarantien zu entrichten haben, regelmäßig über dem der privaten Kreditversicherer liegt.[233]

In Ausnahmefällen sieht die Kommissionsmitteilung für das Kurzfristgeschäft eine Ausweichklausel (Escape Clause[234]) vor, nach der unter bestimmten Bedingungen ein staatliches Eingreifen auch im Bereich der marktfähigen Risiken erlaubt ist. Von der Klausel wurde zuletzt im Rahmen der Finanz- und Wirtschaftskrise[235] Gebrauch gemacht. In dieser Phase war der private Kreditversicherungsmarkt nicht in der Lage, ausreichende Risikoabsicherungen für kurzfristige Exportkredite bereitzustellen. Durch die befristete Ausweichklausel war es möglich, kurzfristige Forderungen deutscher Exporteure mit Zahlungszielen unter zwei Jahren gegenüber ihren Bestellern in allen EU- und OECD-Ländern mit staatlichen Exportkreditgarantien abzusichern.[236]

Darüber hinaus hat der Rat der Europäischen Union auf Vorschlag der Kommission am 7. Mai 1998 eine Richtlinie zur Harmonisierung der wichtigsten Bestimmungen über die Exportkreditversicherung zur Deckung mittel- und langfristiger Geschäfte erlassen (Richtlinie 98/29/EG).[237] Schließlich können auch im Bereich der öffentlich unterstützten mittel- und langfristigen Exportkreditversicherungen der jeweiligen EU-Mitgliedsländer Wettbewerbsverzerrungen durch Unterschiede unter anderem bei den Deckungsbedingungen

---

233 Im Hinblick auf das Kurzfristgeschäft, also Geschäfte mit einer Kreditlaufzeit von unter zwei Jahren, vgl. Konsultationspapier 2011, S. 16; bezogen auf Geschäfte mit längeren Kreditlaufzeiten ab zwei Jahren vgl. Konsultationspapier 2011, S. 24.

234 Näheres zu den Ausnahmen von der Definition der marktfähigen Risiken (vorübergehend nicht marktfähige Risiken) siehe Rn. 18 ff. ABl C 392 vom 19.12.2012. Eine solche bis Ende 2014 bestehende Ausnahmeregelung hat die EU-Kommission im Kurzfristgeschäft für Griechenland verabschiedet. Demzufolge können deutsche Exporteure ihre kurzfristigen Forderungen gegenüber Bestellern in Griechenland mit einer staatlichen Exportkreditgarantie absichern. Vgl. Jahresbericht der Exportkreditgarantien 2013, S. 20.

235 Zur Rolle der staatlichen Exportkreditversicherer im Rahmen der Finanz- und Wirtschaftskrise in den Jahren 2008 bis 2011 siehe unter anderem Klasen 2011, S. 220 ff.; Moltrecht/Kolberg/Kuhn 2014, Register G, Tz. 384 ff.; Janus 2010a, S. 336 ff.; Janus 2010b, S. 103 ff.; Bischoff 2009, S. 854 ff.

236 Für Näheres zur Nutzung der so genannten Ausweichklausel während der Finanz- und Wirtschaftskrise siehe auch die Ausführungen in den nachfolgenden Jahresberichten der Exportkreditgarantien: Jahresbericht der Exportkreditgarantien 2008, S. 65; Jahresbericht der Exportkreditgarantien 2009, S. 57; Jahresbericht der Exportkreditgarantien 2010, S. 61 f.; Jahresbericht der Exportkreditgarantien 2011, S. 23; Jahresbericht der Exportkreditgarantien 2012, S. 20.

237 Siehe ABl L 148 vom 19.05.1998.

sowie der Haltung, ob und in welchem Umfang staatliche Garantien übernommen werden, auftreten. Die Richtlinie bezieht sich auf die Deckung von Geschäften im Zusammenhang mit dem Export von Waren und/oder Dienstleistungen mit Ursprung in einem Mitgliedstaat, sofern diese Unterstützung mittelbar oder unmittelbar auf Rechnung oder mit Unterstützung eines oder mehrerer Mitgliedstaaten gewährt wird und die Risikolaufzeit, das heißt die Rückzahlungszeit einschließlich der Herstellungszeit, insgesamt mindestens zwei Jahre beträgt.[238] In den Anwendungsbereich dieser Richtlinie fällt die Deckung von Lieferantenkrediten und Bestellerkrediten mit oder ohne Fabrikationsrisikodeckung und einer Risikolaufzeit von zwei Jahren und länger.[239] Nicht in den Anwendungsbereich dieser Richtlinie fallen Bietungs-, Vorauszahlungs-, Ausführungs- und Einbehaltsrückzahlungsgarantien sowie die Deckung von Risiken im Zusammenhang mit Baugerät und -material, wenn dieses der Erfüllung des Handelsvertrages vor Ort dient.[240] Allerdings erlaubt die Richtlinie den EU-Mitgliedstaaten, system- und fallbezogene Abweichungen vom Inhalt der Richtlinie vorzunehmen.[241] Infolgedessen ist die Richtlinie lediglich als ein Zwischenschritt auf dem Weg zur Angleichung der unterschiedlichen Exportkreditversicherungssysteme in den EU-Mitgliedstaaten anzusehen.[242]

Auf dem Gebiet der Investitionsgarantien des Bundes, konkret im Bereich der bilateralen Investitionsförderungs- und -schutzverträge, wurden mit dem Inkrafttreten des Vertrages von Lissabon im Jahre 2009 erste Harmonisierungsschritte auf dem Weg zu einer umfassenden europäischen Auslandsinvestitionspolitik umgesetzt.[243] Im Bereich der gemeinsamen Handelspolitik ist die Kompetenz für ausländische Direktinvestitionen der EU-Mitgliedstaaten auf die EU übergegangen.[244] Im Zuge dessen ist auch die Kompetenz zum Abschluss von

---

238 Vgl. Art. 1 S. 1 ABl L 148 vom 19.05.1998.

239 Für Näheres über die Richtlinie 98/29/EG des Rates vom 7. Mai 1998 zur Harmonisierung der wichtigsten Bestimmungen über die Exportkreditversicherung zur Deckung mittel- und langfristiger Geschäfte siehe auch die Ausführungen von Moltrecht/Kolberg/Kuhn 2014, Register G, Tz. 358 ff.; Janus 2011, Rn. 143.

240 Vgl. Art. 1 S. 2 und S. 3 ABl L 148 vom 19.05.1998.

241 Vgl. Moltrecht/Kolberg/Kuhn 2014, Register G, Tz. 369.

242 Vgl. Janus 2011, Rn. 143.

243 Näheres zur Kompetenz der Europäischen Union für ausländische Direktinvestitionen nach dem Vertrag von Lissabon siehe unter anderem Johannsen 2009, S. 5 ff.; Tietje 2009, S. 13 f. Betreffend die Vorteile der Ausweitung der EU-Kompetenz auf den Bereich der ausländischen Direktinvestitionen siehe auch Woolcock 2010, S. 16 ff.

244 Siehe Art. 207 Abs. 1 AEUV.

Investitionsförderungs- und -schutzverträgen[245] von den EU-Mitgliedstaaten auf die EU übertragen worden. Die Auswirkungen dieses Kompetenzüberganges sind Gegenstand der Verordnung Nr. 1219/2012 des Europäischen Parlaments und des Rates vom 12. Dezember 2012 zur Einführung einer Übergangsregelung für bilaterale Investitionsschutzabkommen zwischen den Mitgliedstaaten.[246] Demnach besitzen die Investitionsförderungs- und -schutzverträge, die vor dem Inkrafttreten des Vertrages von Lissabon geschlossen wurden, weiterhin Gültigkeit. Verträge, die nach dem Inkrafttreten des Vertrages von Lissabon unterzeichnet wurden, bedürfen der Notifizierung gegenüber der Europäischen Kommission.[247] Dies betrifft unter anderem den Investitionsförderungs- und -schutzvertrag zwischen der Bundesrepublik Deutschland und der Republik Kongo.[248]

3.2 Organisation und Zuständigkeiten

3.2.1 Geschäftsführung

Der Bund hat die Geschäftsführung der drei Förderinstrumente der Auslandsgeschäftsabsicherung an ein Konsortium (Mandatare) übertragen, das aus den beiden privaten Unternehmen Euler Hermes Aktiengesellschaft und PricewaterhouseCoopers Aktiengesellschaft Wirtschaftsprüfungsgesellschaft[249] besteht.[250]

Die Euler Hermes Aktiengesellschaft gehört zu den führenden Kreditversicherern in Deutschland und deckt das gesamte Dienstleistungsspektrum des Forderungsmanagements ab.[251] Sie ist eine 100 %-ige Tochtergesellschaft der Euler Hermes S.A., einer Kreditversicherungsgruppe mit Sitz in Paris. Der größte

---

245 Näheres zu den Investitionsförderungs- und -schutzverträgen siehe Gliederungspunkt 4.3.4.3.

246 Siehe ABl L 351 vom 20.12.2012.

247 Vgl. Jahresbericht der Investitionsgarantien 2013, S. 16.

248 Vgl. Jahresbericht der Investitionsgarantien 2013, S. 16.

249 Nachfolgend werden Euler Hermes und PricewaterhouseCoopers auch als Mandatare bezeichnet.

250 Siehe für die Exportkreditgarantien Ziff. 3.5 der Richtlinien für die Übernahme von Exportkreditgarantien; für die UFK-Garantien Präambel der Allgemeinen Bedingungen für die Übernahme von Garantien für Forderungen aus Ungebundenen Finanzkrediten; für die Investitionsgarantien Abschnitt X Ziff. 1 der Richtlinien für die Übernahme von Garantien für Direktinvestitionen im Ausland.

251 Näheres zu den Dienstleistungen, die von Euler Hermes angeboten werden, siehe auch URL: <http://www.eulerhermes.de/was-wir-tun/Pages/default.aspx> (zuletzt geprüft am 06.07.2014).

Gesellschafter der Euler Hermes S.A. ist die Allianz S.E. Diese hielt zum 31. Dezember 2013 67,8 % der Anteile an dem an der Börse in Paris gelisteten Unternehmen. Euler Hermes S.A. selbst hält 2,6 % der Aktien in Eigenbesitz, im Streubesitz befinden sich 29,6 %.[252]

Die PricewaterhouseCoopers Aktiengesellschaft Wirtschaftsprüfungsgesellschaft ist schwerpunktmäßig in den Bereichen Wirtschaftsprüfung, Steuerberatung und Unternehmensberatung tätig.[253] Sie ist ein rechtlich unabhängiges Mitgliedsunternehmen der PricewaterhouseCoopers International Limited. Die Anteile von PricewaterhouseCoopers befinden sich ausschließlich in den Händen der in der Gesellschaft tätigen berufsangehörigen Partner.[254]

Neben ihren privatwirtschaftlichen Aktivitäten sind Euler Hermes und PricewaterhouseCoopers mit der Geschäftsführung der Förderinstrumente der Auslandsgeschäftsabsicherung des Bundes betraut. Die Geschäftsführung ist in einem privatrechtlichen entgeltlichen Geschäftsbesorgungsvertrag, dem so genannten „Mandatarvertrag", zwischen dem Bund sowie Euler Hermes und PricewaterhouseCoopers näher geregelt.[255] Die von den Mandataren Euler Hermes und PricewaterhouseCoopers im Zusammenhang mit den Förderinstrumenten der Auslandsgeschäftsabsicherung erbrachten Dienstleistungen sind organisatorisch, personell und in Bezug auf die Buchführung und Rechnungslegung von den privatwirtschaftlichen Aktivitäten der beiden Unternehmen losgelöst.[256] Im Verhältnis zu den antragstellenden Unternehmen und Banken handeln die Mandatare Euler Hermes und PricewaterhouseCoopers im Auftrag und für Rechnung der Bundesrepublik Deutschland als deren zivilrechtliche Vertreter gemäß § 164 BGB.[257]

Innerhalb des Mandatarkonsortiums ist Euler Hermes federführend für die Exportkreditgarantien des Bundes zuständig, weshalb in der Praxis der Begriff

252 Näheres zur Eigentümerstruktur siehe Geschäftsbericht Euler Hermes Gruppe 2013, S. 15.

253 Näheres zu den Dienstleistungen, die von PricewaterhouseCoopers angeboten werden, siehe auch URL: <http://www.pwc.de/de/dienstleistungen/index.jhtml> (zuletzt geprüft am 06.07.2014).

254 Vgl. Moltrecht/Kolberg/Kuhn 2014, Register B, Tz. 330.

255 Vgl. Bödeker 1992, S. 137; Moltrecht/Kolberg/Kuhn 2014, Register B, Tz. 326; Wolfram 2004, S. 75; Janus 2011, Rn. 36.

256 Vgl. Moltrecht/Kolberg/Kuhn 2014, Register B, Tz. 328.

257 Vgl. Wolfram 2004, S. 75.

der „Hermesdeckungen“[258] häufig auch als Synonym für den Ausdruck „Exportkreditgarantien des Bundes“ verwendet wird.[259] Für die Garantien für Ungebundene Finanzkredite und die Investitionsgarantien ist PricewaterhouseCoopers der federführende Mandatar.[260]

Abbildung 6: Geschäftsführung der staatlichen Förderinstrumente[261]

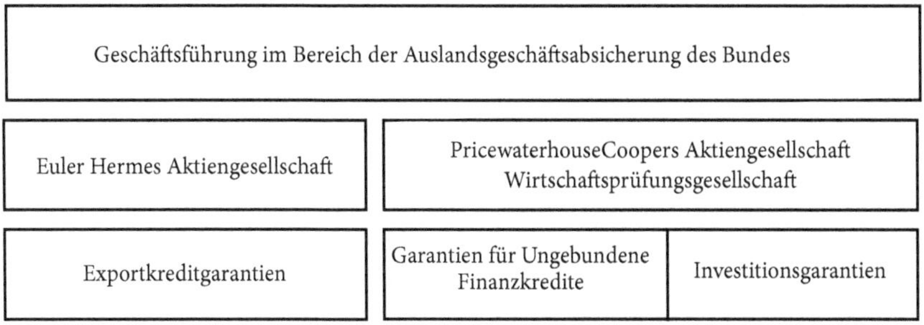

Die Geschäftsführung der beiden Mandatare beinhaltet unter anderem die Entgegennahme der Anträge auf Übernahme der Instrumente der Auslandsgeschäftsabsicherung des Bundes und sonstiger Erklärungen der Antragsteller.[262] Des Weiteren bereiten die Mandatare die Anträge bis zur Entscheidungsreife vor.[263] In diesem Zusammenhang können die Mandatare auch Auskünfte von den Antragstellern einholen und die Anträge mit diesen Auskünften ergänzen.[264] Über die Anträge wird in den zuständigen Interministeriellen Ausschüssen entschieden.[265] Die dort getroffenen Entscheidungen übermitteln die Mandatare den Antragstellern. Darüber hinaus sind sie für die nachgelagerten Verwaltungs-

258 Vgl. Martinius 1996, S. 24; Moltrecht/Kolberg/Kuhn 2014, Register B, Tz. 36; Wolfram 2004, S. 75.

259 Siehe Ziff. 3.5 S. 2 der Richtlinien für die Übernahme von Exportkreditgarantien.

260 Siehe Abschnitt X Ziff. 1 S. 3 der Richtlinien für die Übernahme von Garantien für Direktinvestitionen im Ausland; Präambel AllgBed-ungeb.FKG.

261 Eigene Darstellung.

262 Siehe auch die Ausführungen im Experteninterview mit Euler Hermes 2011, Anhang F, Frage 1.

263 Siehe auch Ziff. 3.5.1 S. 2 und S. 3 der Richtlinien für die Übernahme von Exportkreditgarantien; Abschnitt X Ziff. 2 S. 2 und S. 3 der Richtlinien für die Übernahme von Garantien für Direktinvestitionen im Ausland.

264 Vgl. Bödeker 1992, S. 139.

265 Näheres zum Antragsverfahren siehe die Gliederungspunkte 4.1.5 (Exportkreditgarantien), 4.2.5 (UFK-Garantien) und 4.3.5 (Investitionsgarantien).

tätigkeiten, wie die Schadensbearbeitung, zuständig.[266] Auch beraten Euler Hermes und PricewaterhouseCoopers interessierte Unternehmen und Banken zu den Instrumenten der Auslandsgeschäftsabsicherung des Bundes.

Obwohl die Mandatare einen wesentlichen Beitrag bei der Verwaltung der staatlichen Förderinstrumente leisten, sind sie nicht am Risiko im Zusammenhang mit der Übernahme der Instrumente durch den Bund beteiligt.[267] Die Mandatare Euler Hermes und PricewaterhouseCoopers handeln zwar im Namen und für Rechnung der Bundesrepublik Deutschland. Trägerin der Förderinstrumente der Auslandsgeschäftsabsicherung ist aber allein die Bundesrepublik Deutschland. Aus diesem Grund sind auch die Exportkreditgarantien, die Garantien für Ungebundene Finanzkredite sowie die Investitionsgarantien vollständig in den Bundeshaushalt integriert. Daraus folgt, dass die Einnahmen in Form von Bearbeitungsgebühren und Entgelten oder Rückflüssen aus Regressforderungen des Bundes für geleistete Entschädigungen dem Bundeshaushalt zufließen.[268] Die Ausgaben im Zusammenhang mit den Förderinstrumenten der Auslandsgeschäftsabsicherung des Bundes, wie Entschädigungsleistungen, werden aus dem Bundeshaushalt beglichen und damit letztlich vom Steuerzahler getragen.

3.2.2 Interministerielle Ausschüsse

Eine besondere Bedeutung im Zusammenhang mit den Förderinstrumenten der Auslandsgeschäftsabsicherung des Bundes haben die so genannten Interministeriellen Ausschüsse. Insgesamt gibt es drei verschiedene Interministerielle Ausschüsse – einen für die Exportkreditgarantien, einen für die Garantien für Ungebundene Finanzkredite und einen für die Investitionsgarantien.[269]

Bei den Exportkreditgarantien des Bundes entscheidet der Interministerielle Ausschuss über Anträge auf Übernahme einer Exportkreditgarantie ab einem Auftragswert von 10 Mio. Euro. Bei kleineren Exportgeschäften mit einem Auftragswert zwischen 5 und 10 Mio. Euro entscheidet der so genannte „Kleine Interministerielle Ausschuss" über die Übernahme einer Exportkreditgarantie.[270] Über die Anträge auf Übernahme einer Exportkreditgarantie mit einem

---

266 Näheres über das Entschädigungsverfahren siehe die Gliederungspunkte 4.1.7 (Exportkreditgarantien), 4.2.7 (UFK-Garantien) und 4.3.7 (Investitionsgarantien).

267 Zur Frage, warum die Mandatare nicht am Risiko im Zusammenhang mit der Deckungsübernahme beteiligt werden, siehe die Ausführungen von Janus 1999, S. 27.

268 Zur Kommentierung der Einnahmen- und Ausgabentitel im Haushaltsplan siehe Moltrecht/Kolberg/Kuhn 2014, Register B, Tz. 74 ff.

269 Siehe auch Experteninterview mit dem BMWi 2011, Anhang E, Frage 1.

270 Vgl. Janus 2011, Rn. 43.

Auftragswert von bis zu 5 Mio. Euro, im Ausnahmefall nur bis 2,5 Mio. Euro, entscheiden die Mandatare.[271] Diese Verteilung der Zuständigkeiten im Bereich der Exportkreditgarantien ist der Vielzahl von Deckungsanträgen (Berichtsjahr 2013: 14.901 Neuanträge[272]) geschuldet sowie dem Ziel, eine möglichst zügige Entscheidung über die Anträge herbeizuführen.[273]

Im Bereich der Garantien für Ungebundene Finanzkredite sowie der Investitionsgarantien liegt die Entscheidungskompetenz ausschließlich bei den jeweiligen Interministeriellen Ausschüssen. Eine zusätzliche Unterstützung durch einen Kleinen Interministeriellen Ausschuss ist bei diesen beiden Förderinstrumenten der Auslandsgeschäftsabsicherung des Bundes nicht erforderlich. Schließlich betrug im Jahr 2013 die Zahl der genehmigten Anträge bei den Investitionsgarantien des Bundes gerade einmal 116.[274] Dies entspricht in etwa dem Mittelwert der letzten zehn Jahre.[275] Bei den Garantien für Ungebundene Finanzkredite gab es im Jahr 2013 nur zwölf Anfragen, wobei für fünf dieser Anfragen auch Anträge im Jahr 2014 erwartet werden.[276]

In den jeweiligen Interministeriellen Ausschüssen sitzen Vertreter von vier verschiedenen Bundesministerien. Zu den Ministerien gehören das BMWi, das Bundesministerium der Finanzen, das Auswärtige Amt und das Bundesministerium für wirtschaftliche Zusammenarbeit und Entwicklung.[277] Das BMWi hat die Federführung in den jeweiligen Interministeriellen Ausschüssen inne und nimmt den Vorsitz ein.[278] Das Bundesministerium für wirtschaftliche Zusammenarbeit und Entwicklung setzt sich unter anderem dafür ein, dass im Rahmen der staatlichen Risikoabsicherung von Geschäften im Ausland, wie in Afrika,

---

271 Vgl. Janus 2011, Rn. 44.

272 Vgl. Jahresbericht der Exportkreditgarantien 2013, S. 64.

273 Die Entscheidung über die Anträge auf Übernahme einer Exportkreditgarantie wird trotz der Unterstützung durch den Kleinen Interministeriellen Ausschuss sowie die Mandatare von den Unternehmen als zu lange dauernd empfunden. Vgl. Schaltegger/Schock/Buttscher 2009, S. 83 ff.

274 Vgl. Jahresbericht der Investitionsgarantien 2013, S. 10.

275 Vgl. Jahresbericht der Investitionsgarantien 2013, S. 10.

276 Vgl. Jahresbericht der Exportkreditgarantien 2013, S. 80 f.

277 Siehe Ziff. 3.2 i.V.m. Ziff. 3.2.1 der Richtlinien für die Übernahme von Exportkreditgarantien; Abschnitt IX Ziff. 2 lit. a) lit. aa) der Richtlinien für die Übernahme von Garantien für Direktinvestitionen im Ausland.

278 Siehe Ziff. 3.3 der Richtlinien für die Übernahme von Exportkreditgarantien; Abschnitt IX Ziff. 2 lit. c) der Richtlinien für die Übernahme von Garantien für Direktinvestitionen im Ausland.

auch entwicklungspolitische Aspekte angemessen berücksichtigt werden.[279] Über die Anträge auf Übernahme einer Bundesdeckung entscheidet das BMWi mit Einwilligung beziehungsweise Zustimmung des Bundesministeriums der Finanzen gemäß § 39 der Bundeshaushaltsordnung sowie im Einvernehmen mit dem Auswärtigen Amt und dem Bundesministerium für wirtschaftliche Zusammenarbeit und Entwicklung.[280]

Darüber hinaus nehmen an den Sitzungen der Interministeriellen Ausschüsse die mit der Geschäftsführung der Förderinstrumente der Auslandsgeschäftsabsicherung des Bundes beauftragten Mandatare Euler Hermes und PricewaterhouseCoopers teil.[281] Des Weiteren kann das BMWi Sachverständige aus Industrie, Handel und dem Bankgewerbe zur Teilnahme an den Sitzungen[282] der Interministeriellen Ausschüsse berufen.[283] Die Mitwirkung der Sachverständigen trägt dazu bei, dass ein möglichst hohes Maß an Praxisnähe bei der Entscheidungsfindung gewährleistet wird.[284] Den mit der Geschäftsführung be-

---

279 Siehe hierzu die Stellungnahme des Bundesministeriums für wirtschaftliche Zusammenarbeit und Entwicklung zur öffentlichen Anhörung des Ausschusses für wirtschaftliche Zusammenarbeit und Entwicklung zum Thema „Entwicklungszusammenarbeit und Außenwirtschaftsförderung“, A-Drs. Nr. 16(19)427, S. 8.

280 Siehe Ziff. 3.1 der Richtlinien für die Übernahme von Exportkreditgarantien; Abschnitt IX Ziff. 1 der Richtlinien für die Übernahme von Garantien für Direktinvestitionen im Ausland.

281 Siehe Ziff. 3.2 i.V.m. Ziff. 3.2.2 der Richtlinien für die Übernahme von Exportkreditgarantien; Abschnitt IX Ziff. 2 lit. a) lit. bb) der Richtlinien für die Übernahme von Garantien für Direktinvestitionen im Ausland.

282 Bei dem Interministeriellen Ausschuss für Exportkreditgarantien wird zwischen zwei Sitzungen unterschieden: Es gibt die so genannte S-Sitzung mit Sachverständigen und die R-Sitzung mit Vertretern der Ressorts der Bundesregierung. An der S-Sitzung nehmen die Vertreter der Bundesministerien, die Mandatare und die Sachverständigen teil. In dieser Sitzung werden die Deckungsanträge zu Einzelgeschäften anhand der von den Mandataren erarbeiteten Entscheidungsvorlagen, den Prüfberichten, beraten und es wird über sie entschieden. Die Entscheidung über die Übernahme einer Exportkreditgarantie liegt jedoch allein bei den im Interministeriellen Ausschuss vertretenen Bundesministerien. An der R-Sitzung nehmen nur die Vertreter der vier Bundesministerien teil. Im Rahmen dieser Sitzung werden Fragen zur Festlegung der Deckungsmöglichkeiten für die einzelnen Länder näher erörtert. Vgl. Janus 2011, Rn. 41.

283 Siehe Ziff. 3.2 i.V.m. Ziff. 3.2.3 und 3.2.4 der Richtlinien für die Übernahme von Exportkreditgarantien; Abschnitt IX Ziff. 2 lit. b) der Richtlinien für die Übernahme von Garantien für Direktinvestitionen im Ausland.

284 Vgl. BMWi 1980, S. 10.

trauten Mandataren sowie den Sachverständigen kommt jedoch nur eine Beratungsfunktion zu. Die Entscheidungskompetenz hinsichtlich der Übernahme der Instrumente der Auslandsgeschäftsabsicherung liegt allein bei den Vertretern der zuvor genannten vier Bundesministerien.

Der Interministerielle Ausschuss für Exportkreditgarantien tagt im Vier-Wochen-Rhythmus und entscheidet in seinen Sitzungen unter anderem über die Anträge auf Übernahme von Exportkreditgarantien.[285] Bei außergewöhnlichen dringenden Fällen kann der Ausschuss auch zu einer zusätzlichen Sitzung zusammenkommen.[286] Bei dem Kleinen Interministeriellen Ausschuss finden wöchentlich Tagungen statt.[287]

Im engen zeitlichen Zusammenhang mit dem Interministeriellen Ausschuss für Exportkreditgarantien tagt der Interministerielle Ausschuss für die Übernahme von Garantien für Ungebundene Finanzkredite.[288] Der Interministerielle Ausschuss für die Übernahme von Investitionsgarantien trifft sich in Abständen von acht bis neun Wochen.[289]

Auf dem Gebiet der Exportkreditgarantien legt der zuständige Interministerielle Ausschuss zudem die Grundsätze der so genannten Deckungspolitik fest.[290] Der Begriff der Deckungspolitik bezieht sich auf die Ausgestaltung der Deckungsmöglichkeiten für ein bestimmtes Abnehmerland durch den Ausschuss.[291] Die Deckungsmöglichkeiten für ein konkretes Land können der jeweiligen vom Ausschuss entschiedenen Länderbeschlusslage entnommen werden, welche die Basis für die Vielzahl von Einzelentscheidungen über die Anträge auf Übernahme einer Exportkreditgarantie bildet.[292] Die Deckungspolitik des Ausschusses spiegelt die risikopolitische Haltung des Bundes gegenüber den einzelnen Bestellerländern wider. Dabei richtet sich der Interministerielle Ausschuss im Rahmen der Festlegung der Deckungspolitik an den außenwirtschaftspolitischen Zielen der Bundesregierung, wie stabilen Handelsbeziehungen zwischen

285 Vgl. AGA-Report 2006, Nr. 146, S. 1.

286 Vgl. Jahresbericht der Exportkreditgarantien 2006, S. 33.

287 Vgl. AGA-Report 2010, Nr. 190, S. 1.

288 Vgl. Moltrecht/Kolberg/Kuhn 2014, Register H, Tz. 16.

289 Vgl. Moltrecht/Kolberg/Kuhn 2014, Register I, Tz. 33.

290 Vgl. Büter 2013, S. 394.

291 Zur Definition des Begriffs der Deckungspolitik im Zusammenhang mit den Exportkreditgarantien siehe Moltrecht/Kolberg/Kuhn 2014, Glossar, Stichwort „Deckungspolitik".

292 Vgl. Jahresbericht der Exportkreditgarantien 2012, S. 34.

Deutschland und den Abnehmerländern, aus.[293] Im Unterschied zu den privaten Kreditversicherern beruht die Deckungspolitik des Interministeriellen Ausschusses nicht auf einem auf mathematischen Formeln basierenden quantitativen Portfolio-Steuerungsansatz.[294] Vielmehr sieht sich der Interministerielle Ausschuss vor allem den beiden Grundsätzen der Subsidiarität und der Selbsttragung des Förderinstrumentariums verpflichtet.[295] Um die Einhaltung des Selbsttragungsgrundsatzes zu gewährleisten, berücksichtigt der Interministerielle Ausschuss bei der Festlegung der Deckungspolitik die wirtschaftliche und politische Lage (politische Risiken) des jeweiligen Landes.[296] Vor dem Hintergrund dieses zu erfüllenden Grundsatzes werden die Deckungsmöglichkeiten für Auslandsgeschäfte mit Vertragspartnern aus Staaten mit hohen politischen Risiken oftmals begrenzt.[297]

Die Bewertung der politischen Risiken eines einzelnen Landes (Länderrisikobewertung) ist daher für die Ausgestaltung der Deckungspolitik maßgeblich. Unabhängig davon, dass der Interministerielle Ausschuss seine eigene Länderrisikobewertung vornimmt und dabei von dem entsprechenden Wissen der vertretenen Ministerien über die einzelnen Länder profitiert[298], stellen in diesem Zusammenhang die auf OECD-Ebene festgelegten Länderklassifizierungen[299] einen richtungsweisenden Aspekt für den Interministeriellen Ausschuss dar.[300]

---

293 Vgl. Moltrecht/Kolberg/Kuhn 2014, Register B, Tz. 18 f.

294 Vgl. Moltrecht/Kolberg/Kuhn 2014, Register B, Tz. 18.

295 Zu dem Grundsatz der Selbsttragung siehe Gliederungspunkt 3.1.2.2; für Näheres über das einzuhaltende Subsidiaritätsprinzip siehe die Ausführungen unter Gliederungspunkt 3.1.2.4.

296 Vgl. Jahresbericht der Exportkreditgarantien 2013, S. 38.

297 Siehe hierzu auch das Experteninterview mit Euler Hermes 2011, Anhang F, Frage 4.

298 Vgl. Moltrecht/Kolberg/Kuhn 2014, Register F, Tz. 301.

299 Zur Regelung der Klassifizierung der Länderrisiken siehe auch die Ausführungen in Art. 25 OECD-Konsensus.

300 Neben den politischen Risiken sind auch die bei einem Exportgeschäft ebenfalls auftretenden wirtschaftlichen Risiken zu beachten. Um die wirtschaftlichen Risiken bei einem abzusichernden Exportgeschäft zu bewerten, findet eine Bonitätsprüfung des ausländischen Schuldners durch Euler Hermes statt. Gemäß dieser Bonitätseinschätzung wird der private oder staatliche Schuldner in eine der im Bereich der Exportkreditgarantien vorgesehenen Käuferkategorien eingeteilt. Dabei kann es durchaus vorkommen, dass ein Exportgeschäft trotz einer offenen, nicht mit Einschränkungen versehenen Deckungspolitik für das Bestellerland aufgrund der schlechten Bonität des ausländischen Schuldners nicht abgesichert wird. Die Bonitätseinstufung des ausländischen Schuldners hat zudem einen maßgeblichen Einfluss auf die Höhe des vom Deckungsnehmer zu leistenden Entgeltes.

Viermal jährlich treffen sich im Rahmen des Exportkreditarrangements der OECD die Länderanalysten der staatlichen beziehungsweise staatlich unterstützten Exportkreditversicherer, um die politische und wirtschaftliche Entwicklung der einzelnen Länder zu bewerten.[301] Die Länderanalysten teilen die Länder nach steigendem Risiko in acht verschiedene Länderkategorien[302] (0, niedrigstes Risiko, bis 7, höchstes Risiko) ein.[303]

Für diejenigen Länder, bei denen der Interministerielle Ausschuss aufgrund hoher politischer Risiken eine Einschränkung der Deckungsmöglichkeiten vorsieht, stehen ihm auf dem Gebiet der Exportkreditgarantien verschiedene Risikosteuerungsmaßnahmen zur Verfügung.[304] Zu diesen risikobeschränkenden Maßnahmen zählt unter anderem die Einrichtung von Länderplafonds. Bei einem solchen Plafond handelt es sich um eine betragsmäßige Höchstgrenze, bis zu der maximal neue Exportkreditgarantien übernommen werden dürfen. Mit der Einrichtung von Länderplafonds beabsichtigt der Interministerielle Ausschuss, den Zuwachs an neuen durch die Übernahme von Exportkreditgarantien des Bundes entstehenden Risiken zu begrenzen.[305] Darüber hinaus kann der Interministerielle Ausschuss Beschränkungen hinsichtlich der Einbeziehung von

---

Näheres zur Systematik des Entgeltes im Bereich der Exportkreditgarantien siehe Gliederungspunkt 4.1.6.2.

301 Vgl. Geschäftsbericht SERV Schweizerische Exportrisikoversicherung 2012, S. 8. Die Länderklassifizierung wird von den Exportkreditversicherern einvernehmlich auf Basis eines Länderrisikomodells, welches auf volkswirtschaftlichen Kennzahlen sowie Zahlungserfahrungen der OECD-Exportkreditversicherer beruht, vorgenommen. Siehe ausführlich Moltrecht/Kolberg/Kuhn 2014, Register D, Tz. 35 ff.

302 Für die Länderkategorien 1 bis 7 existieren Minimumprämien für das politische Risiko, die ein dem OECD-Konsensus unterliegender staatlicher oder staatlich unterstützter Exportkreditversicherer im Rahmen seiner Entgelterhebung berücksichtigen muss. In der Länderkategorie 0 wird das vom Deckungsnehmer zu entrichtende Entgelt über den Vergleich mit aktuellen Marktpreisen bestimmt. Sind für das betreffende Exportgeschäft keine aktuellen Marktpreise verfügbar, wird das Entgelt anhand der angemessenen höheren Länderkategorie ermittelt. Siehe hierzu auch Art. 24 lit. c) i.V.m. Annex IX OECD-Konsensus. Näheres zur Systematik des Entgeltes im Bereich der Exportkreditgarantien siehe Gliederungspunkt 4.1.6.2.

303 Die aktuelle Länderklassifizierung für die Exportkreditgarantien findet sich auf der Internetseite AGA-Portal. URL: <http://www.agaportal.de/pages/aga/deckungspolitik/laenderklassifizierung.html> (zuletzt geprüft am 06.07.2014).

304 Vgl. Moltrecht/Kolberg/Kuhn 2014, Register F, Tz. 310.

305 Vgl. Moltrecht/Kolberg/Kuhn 2014, Register F, Tz. 315 ff.

örtlichen Kosten und ausländischen Zulieferungen in die Deckung festlegen.[306] Des Weiteren ist es möglich, bei der konkreten Ausgestaltung der Deckungspolitik für ein Bestellerland den Export bestimmter Warenarten von der Deckung auszunehmen.[307] Zudem kann der Ausschuss die Deckungsmöglichkeiten für ein Bestellerland sogar vollständig aufheben.[308] Neben den genannten Risikosteuerungsmaßnahmen kann der Interministerielle Ausschuss besondere Sicherheitenerfordernisse für ein Land festlegen. So kann er bei nicht ausreichender Bonität des ausländischen Bestellers die Stellung von Bank- oder Staatsgarantien als Voraussetzung für die Übernahme der Exportkreditgarantie verlangen.[309]

Zusätzlich zu den verschiedenen nationalen Steuerungsmaßnahmen, über dessen Einsatz der Interministerielle Ausschuss entscheidet, können auch internationale Regelungen die Deckungsmöglichkeiten für ein Bestellerland beeinflussen. So sind im Hinblick auf die Absicherung von Exportgeschäften mit öffentlichen Bestellern aus Entwicklungsländern, wie etwa bei Infrastrukturprojekten[310], die Vorschriften der Sustainable Lending Practices der OECD zu beachten.[311]

Aufschluss über die aktuelle Deckungspolitik im Bereich der Exportkreditgarantien des Bundes gibt eine Liste[312] des zuständigen Interministeriellen Ausschusses mit Länderbeschlüssen[313]. Diese Liste führt alle Länder auf, für die der

306 Vgl. Moltrecht/Kolberg/Kuhn 2014, Register F, Tz. 320. Näheres zur Einbeziehung von ausländischen Zulieferungen und örtlichen Kosten bei den Exportkreditgarantien siehe Gliederungspunkt 4.1.4.4.

307 Vgl. Moltrecht/Kolberg/Kuhn 2014, Register F, Tz. 331.

308 Vgl. Moltrecht/Kolberg/Kuhn 2014, Register F, Tz. 339.

309 Näheres zu den Sicherheitenerfordernissen siehe Moltrecht/Kolberg/Kuhn 2014, Register F, Tz. 328 ff.

310 Näheres zu den Herausforderungen bei Projektfinanzierungen im Infrastrukturbereich in Afrika siehe unter anderem Mbeng Mezui/Hundal 2013, S. 17 ff.

311 Betreffend die Sustainable Lending Practices der OECD siehe auch die entsprechenden Ausführungen unter Gliederungspunkt 3.1.2.3.

312 Die aktuellen Länderbeschlüsse im Bereich der Exportkreditgarantien des Bundes finden sich auf der Internetseite AGA-Portal. URL: <http://www.agaportal.de/pages/aga/deckungspolitik/laenderbeschluesse.html> (zuletzt geprüft am 06.07.2014). Eine von Euler Hermes zur Verfügung gestellte Übersicht über die Deckungsmöglichkeiten für Exportgeschäfte in die verschiedenen Länder des afrikanischen Kontinents, Stand Januar 2014, ist in Anhang A, Tabelle 21, abgedruckt.

313 Der Länderbeschlusslage kann entnommen werden, ob der Interministerielle Ausschuss Einschränkungen der Deckungsmöglichkeiten festgesetzt hat. Dabei wird zwischen kurzfristigen Exportgeschäften mit Kreditlaufzeiten von bis zu zwölf Monaten sowie mittel- und langfristigen Geschäften mit darüber hinausgehenden

Interministerielle Ausschuss eine Deckungspolitik bestimmt hat. Den in dieser Liste enthaltenen Informationen kann unter anderem entnommen werden, ob der Ausschuss für ein bestimmtes Land eine offene Beschlusslage, also keine formellen Deckungseinschränkungen, festgelegt hat oder ob Einschränkungen im Hinblick auf die Deckungsmöglichkeiten bestehen.

Für die EU-Mitgliedsländer und weitere OECD-Hocheinkommensländer, die der Länderkategorie 0 zugeordnet sind, hat der Interministerielle Ausschuss eine offene Deckungspolitik definiert und sieht keine formellen Deckungsbeschränkungen vor.[314] Die Exportkreditgarantien stehen somit der Exportwirtschaft zur Verfügung. Eine Einschränkung besteht nur in Bezug auf Exportgeschäfte in die EU-Länder und in bestimmte Mitgliedstaaten der OECD-Länder mit einer Risikolaufzeit von weniger als zwei Jahren. Für diese Geschäfte werden keine Exportkreditgarantien angeboten, da diese Geschäfte von der Europäischen Kommission als marktfähig definiert werden und daher der Absicherung durch den privaten Versicherungsmarkt vorbehalten sind.[315]

Für alle anderen Länder, die entsprechend ihrem Risiko in eine der übrigen sieben Länderkategorien eingeteilt sind, hat der Interministerielle Ausschuss ebenfalls die Deckungsmöglichkeiten bestimmt. So sieht der Ausschuss beispielsweise gegenüber den für die deutsche Exportwirtschaft zentralen Ländern China (Länderkategorie 2) und Russland (Länderkategorie 3) eine weitgehend offene Beschlusslage vor. Bis auf einige zu erfüllende Sicherheitenerfordernisse stehen die Exportkreditgarantien des Bundes den exportierenden Unternehmen und exportfinanzierenden Banken für Exporte in diese beiden Länder grundsätzlich zur Verfügung.[316]

Kreditlaufzeiten und zwischen öffentlichen sowie privaten ausländischen Schuldnern differenziert. Zudem kann der Beschlusslage zu dem jeweiligen Land entnommen werden, ob der Interministerielle Ausschuss die Stellung von Sicherheiten voraussetzt. Vgl. Jahresbericht der Exportkreditgarantien 2013, S. 38.

314 Siehe hierzu die Liste über die Länderbeschlüsse für die Exportkreditgarantien auf der Internetseite AGA-Portal. URL: <http://www.agaportal.de/pages/aga/deckungspolitik/laenderbeschluesse.html> (zuletzt geprüft am 06.07.2014).

315 Siehe hierzu auch die Ausführungen unter Gliederungspunkt 3.1.2.4.

316 Näheres über die gegenwärtige Länderbeschlusslage zu Russland findet sich auf der Internetseite AGA-Portal. URL: <http://www.agaportal.de/pages/aga/deckungspolitik/laenderbeschluesse/russland.html> (zuletzt geprüft am 06.07.2014). Die Länderbeschlusslage für China findet sich ebenfalls auf der Internetseite AGA-Portal. URL: <http://www.agaportal.de/pages/aga/deckungspolitik/laenderbeschluesse/chinavr.html> (zuletzt geprüft am 06.07.2014).

Auch für die afrikanischen Länder hat der Interministerielle Ausschuss eine Deckungspolitik festgelegt. Auffällig ist jedoch, dass für viele afrikanische Entwicklungsländer der Interministerielle Ausschuss die Deckungsmöglichkeiten eingeschränkt hat. Dies ist sowohl der schwächeren wirtschaftlichen als auch der oftmals instabilen politischen Lage geschuldet. Nur für wenige Länder, wie Botswana (Länderkategorie 2), Südafrika (Länderkategorie 3) und Tunesien (Länderkategorie 4), bestehen keine formellen Deckungseinschränkungen und keine generellen Sicherheitenerfordernisse.[317] Eine niedrige Länderkategorie bedeutet jedoch nicht zwangsläufig, dass der Interministerielle Ausschuss von Maßnahmen, die zur Einschränkung der Deckungsmöglichkeiten führen, absieht. So hat der Ausschuss für Marokko, welches wie Südafrika in die Länderkategorie 3 eingeteilt ist, Deckungsbeschränkungen in Bezug auf Exportgeschäfte mit Kreditlaufzeiten von mehr als zwölf Monaten mit privaten und öffentlichen Bestellern festgelegt. Es bestehen Deckungsmöglichkeiten bis zu einer Orientierungsgröße[318] von 10 Mio. Euro pro Einzelgeschäft.[319] Bei diesem Betrag handelt es sich jedoch nicht um eine strikte Höchstgrenze, bis zu der der Interministerielle Ausschuss bereit ist, Exportkreditgarantien zu übernehmen.[320] Vielmehr orientiert sich der Ausschuss an dem von ihm festgelegten Betrag und entscheidet dann im Einzelfall, ob eine Überschreitung der Orientierungsgröße gerechtfertigt ist.[321]

Weitergehende Einschränkungen sieht der Interministerielle Ausschuss unter anderem für die Länder Nigeria und Angola vor (beide Länderkategorie 5).[322]

Obwohl Nigeria im Rahmen der Außenwirtschaftsoffensive des BMWi als eines der Auftaktländer[323] ausgewählt wurde, existiert eine Reihe von

317 Siehe hierzu die Liste mit den Deckungsmöglichkeiten für Exportgeschäfte mit afrikanischen Ländern, Stand Januar 2014, Anhang A, Tabelle 21.

318 Näheres zur Einrichtung von Orientierungsgrößen bei den Exportkreditgarantien des Bundes siehe Moltrecht/Kolberg/Kuhn 2014, Register F, Tz. 312 ff.

319 Für Näheres über die aktuelle Länderbeschlusslage zu Marokko siehe auch die Internetseite AGA-Portal. URL: <http://www.agaportal.de/pages/aga/deckungspolitik/laenderbeschluesse/marokko.html> (zuletzt geprüft am 06.07.2014).

320 Vgl. Moltrecht/Kolberg/Kuhn 2014, Register F, Tz. 312.

321 Vgl. Moltrecht/Kolberg/Kuhn 2014, Register F, Tz. 312.

322 Siehe hierzu die Liste mit den Deckungsmöglichkeiten für Exportgeschäfte mit afrikanischen Ländern, Stand Januar 2014, Anhang A, Tabelle 21.

323 Nigeria gehört neben Kolumbien, Mexiko, Indonesien, Vietnam und Malaysia zu den Auftaktländern im Rahmen der Außenwirtschaftsoffensive des BMWi, welche am 23.03.2010 vorgestellt wurde. Ziel dieser Offensive ist es, deutsche Unternehmen

Deckungsbeschränkungen.[324] Zwar bestehen für Geschäfte mit Kreditlaufzeiten von weniger als zwölf Monaten mit privaten und öffentlichen Bestellern gemäß der Länderbeschlusslage für Nigeria keine betragsmäßigen Begrenzungen. Der Deckungsschutz wird aber nach Beschlusslage des Interministeriellen Ausschusses für künftige Versendungen automatisch aufgehoben, wenn eine Zahlung nicht spätestens acht Wochen nach vereinbarter Fälligkeit eingegangen ist. Für Exportgeschäfte mit privaten Bestellern mit darüber hinausgehenden Kreditlaufzeiten sieht der Interministerielle Ausschuss betragsmäßig beschränkte Deckungsmöglichkeiten vor. So hat der Interministerielle Ausschuss einen Länderplafond in Höhe von 200 Mio. Euro eingerichtet. Die Festsetzung dieser Höchstgrenze hat zur Folge, dass Exportkreditgarantien nur für Exportgeschäfte mit nigerianischen Vertragspartnern mit einem Gesamtvolumen von nicht mehr als 200 Mio. Euro vergeben werden dürfen.[325] Um den Antragstellern die gleichmäßige Ausnutzung des Plafonds zu ermöglichen, hat der Interministerielle Ausschuss im Rahmen der Deckungspolitik für Nigeria darüber hinaus eine Orientierungsgröße für Einzelgeschäfte festgelegt. Diese beläuft sich gemäß der Länderbeschlusslage für Nigeria auf 20 Mio. Euro Auftragswert pro Einzelgeschäft. Das bedeutet, dass nur Exporte nach Nigeria mit einem Auftragswert von maximal 20 Mio. Euro mit einer Exportkreditgarantie abgesichert werden können. Zudem sieht der Interministerielle Ausschuss bei der Festlegung der Deckungspolitik für Nigeria ein „verschärftes Windhundverfahren"[326] vor. Die Plafondbelegung erfolgt danach erst, wenn der Liefer- und gegebe-

---

bei ihrem Eintritt beziehungsweise ihrer Expansion in neuen Wachstumsmärkten zu unterstützen. Vgl. BMWi Monatsbericht Februar 2012, S. 8 ff.

324 Die aktuellen Informationen über die Länderbeschlusslage zu Nigeria finden sich auf der Internetseite AGA-Portal. URL: <http://www.agaportal.de/pages/aga/deckungspolitik/laenderbeschluesse/nigeria.html> (zuletzt geprüft am 06.07.2014).

325 Über den aktuellen Stand der Ausnutzung des Deckungsrahmens für Nigeria werden keine Informationen veröffentlicht. Die potentiellen Deckungsnehmer erhalten aber eine Auskunft von Euler Hermes, dem vom Bund mit der Geschäftsführung der Exportkreditgarantien betrauten Mandatar, ob unter dem Plafond noch ausreichende Mittel für die Deckung des angetragenen Exportgeschäftes vorhanden sind. Sollte dieser Deckungsrahmen ausgeschöpft sein, kann der Interministerielle Ausschuss den Deckungsrahmen anheben. Geschieht dies nicht, ist die Deckung des Exportgeschäftes mit Hilfe einer Exportkreditgarantie mit Verweis auf den ausgeschöpften Plafond grundsätzlich nicht möglich. Vgl. Jahresbericht der Exportkreditgarantien 2013, S. 38.

326 Für Näheres über das verschärfte Windhundverfahren siehe Moltrecht/Kolberg/Kuhn 2014, Register F, Tz. 319.

nenfalls auch der Finanzkreditvertrag abgeschlossen sind. Außerhalb des Plafonds bestehen gemäß der Länderbeschlusslage Deckungsmöglichkeiten für Projektfinanzierungen und sonstige strukturierte Finanzierungen. Der Grund dafür, dass Projektfinanzierungen und strukturierte Finanzierungen nicht von den Beschränkungen des Plafonds betroffen sind, ist, dass die Kreditrisiken bei solchen Finanzierungen stärker von der Wirtschaftlichkeit des Projektes beziehungsweise des Besicherungskonzepts abhängen als von der Risikoeinschätzung des Abnehmerlandes.[327] Für Exportgeschäfte mit Kreditlaufzeiten von mehr als zwölf Monaten mit Bestellern aus dem öffentlichen Sektor bestehen gemäß der Länderbeschlusslage für Nigeria keine Deckungsmöglichkeiten. Des Weiteren hält der Interministerielle Ausschuss die Stellung besonderer Sicherheiten[328] sowohl für Geschäfte mit Kreditlaufzeiten von bis zu zwölf Monaten als auch für Geschäfte mit darüber hinausgehenden Kreditlaufzeiten für erforderlich. Bei solchen Geschäften mit Kreditlaufzeiten von über zwölf Monaten ist nach Auffassung des Ausschusses zudem Zurückhaltung bei der Deckung örtlicher Kosten und ausländischer Zulieferungen geboten.

Auch für Angola hat der Interministerielle Ausschuss die Deckungsmöglichkeiten begrenzt.[329] So sieht er gemäß der einschlägigen Länderbeschlusslage Einschränkungen für Exportgeschäfte mit Kreditlaufzeiten von weniger als zwölf Monaten mit privaten und öffentlichen Bestellern vor. Diese kurzfristigen Exportgeschäfte können nur bei einem Auftragswert von maximal 500.000 Euro je Einzelgeschäft in Deckung genommen werden. Bei Sammeldeckungen beläuft

---

327 Vgl. Jahresbericht der Exportkreditgarantien 2013, S. 38.

328 Gemäß den vom Interministeriellen Ausschuss beschlossenen Sicherheitenerfordernissen für Nigeria wird bei kurzfristigen Geschäften mit dem privaten Sektor eine strenge Bonitätsprüfung durchgeführt. Bei Zweifeln hinsichtlich der Bonität sind Banksicherheiten erforderlich. Sofern es sich um kurzfristige Exportgeschäfte mit dem öffentlichen Sektor handelt, sind grundsätzlich Sicherheiten des Finanzministeriums der nigerianischen Regierung oder der Zentralbank zu stellen. Für mittel- bis langfristige Geschäfte mit dem Privatsektor sind Banksicherheiten von einer im konkreten Fall zu prüfenden Bank erforderlich. Die vorstehenden Informationen über die Sicherheitenerfordernisse sind der Länderbeschlusslage zu Nigeria zu entnehmen, die sich auf der Internetseite AGA-Portal findet. URL: <http://www.agaportal.de/pages/aga/deckungspolitik/laenderbeschluesse/nigeria.html> (zuletzt geprüft am 06.07.2014).

329 Die Informationen über die Länderbeschlusslage zu Angola sind auf der Internetseite AGA-Portal verfügbar. URL: <http://www.agaportal.de/pages/aga/deckungspolitik/laenderbeschluesse/angola.html> (zuletzt geprüft am 06.07.2014).

sich der Höchstbetrag auf maximal 2,5 Mio. Euro.[330] Für Exportgeschäfte mit darüber hinausgehenden Kreditlaufzeiten mit privaten und öffentlichen Bestellern hat der Ausschuss einen Länderplafond eingerichtet. Der Höchstbetrag des Deckungsrahmens für Angola beläuft sich auf 300 Mio. Euro. Die Orientierungsgröße hat der Interministerielle Ausschuss auf 30 Mio. Euro Auftragswert pro Einzelgeschäft festgesetzt.

Betragsmäßige Deckungsbeschränkungen für kurzfristige Exportgeschäfte hat der Interministerielle Ausschuss neben Angola auch für eine Reihe anderer afrikanischer Länder wie Madagaskar, Mali, Mosambik und Sambia beschlossen.[331] Weitere Einschränkungen bestehen bei einigen afrikanischen Ländern für Exportgeschäfte mit Bestellern aus dem öffentlichen Sektor. Während für Nigeria ausschließlich bei Exportgeschäften mit Kreditlaufzeiten von mehr als zwölf Monaten mit dem öffentlichen Sektor keine Exportkreditgarantien bereitgestellt werden, bestehen für Côte d'Ivoire, Kamerun und die Republik Kongo überhaupt keine Deckungsmöglichkeiten bei Geschäften mit staatlichen Bestellern.[332] Für die Demokratische Republik Kongo, Sierra Leone und den Sudan hat der Ausschuss sogar die Deckungsmöglichkeiten gänzlich aufgehoben und stellt weder für Geschäfte mit privaten noch mit öffentlichen Bestellern Exportkreditgarantien zur Verfügung.[333]

Diese Länderbeispiele zeigen, dass der Interministerielle Ausschuss insbesondere bei Staaten mit einem hohen politischen Risiko Einschränkungen bei den Deckungsmöglichkeiten vorsieht. Allerdings wird deutlich, dass der Ausschuss für Staaten der gleichen Länderkategorie nicht die gleiche Deckungspolitik festlegt. Offensichtlich ist die Länderkategorie nicht allein für die konkrete Ausgestaltung der Deckungspolitik ausschlaggebend. Vielmehr spielen auch die länderspezifischen Informationen, wie beispielsweise Botschaftsberichte[334], über die die Fachabteilungen der im Interministeriellen Ausschuss vertretenen Ministerien verfügen, für die Festlegung der Deckungspolitik eine wichtige Rolle. Ne-

---

330 Zu den Sicherheitenerfordernissen im Rahmen der Länderbeschlusslage für Angola siehe die Internetseite AGA-Portal. URL: <http://www.agaportal.de/pages/aga/deckungspolitik/laenderbeschluesse/angola.html> (zuletzt geprüft am 06.07.2014).

331 Siehe die Deckungsmöglichkeiten für Geschäfte mit afrikanischen Ländern, Stand Januar 2014, Anhang A, Tabelle 21.

332 Siehe die Deckungsmöglichkeiten für Geschäfte mit afrikanischen Ländern, Stand Januar 2014, Anhang A, Tabelle 21.

333 Siehe die Deckungsmöglichkeiten für Geschäfte mit afrikanischen Ländern, Stand Januar 2014, Anhang A, Tabelle 21.

334 Vgl. Moltrecht/Kolberg/Kuhn 2014, Register F, Tz. 296a.

ben der Beurteilung der politischen und wirtschaftlichen Situation eines Landes werden im Rahmen der Ausgestaltung der Deckungspolitik auch andere Aspekte, wie die Zahlungserfahrungen mit ausländischen Schuldnern oder Statistiken über Schadensfälle bei in der Vergangenheit gedeckten Exportgeschäften mit Schuldnern aus dem betreffenden Land, berücksichtigt. Abgesehen von der Länderkategorie werden Informationen über solche Aspekte, die ebenfalls für die Festsetzung der Deckungspolitik maßgeblich sind, jedoch nicht veröffentlicht. Daher kann die Entscheidungsfindung des Interministeriellen Ausschusses in Bezug auf die Festlegung der Deckungspolitik für die einzelnen Länder nicht genau nachvollzogen werden. Entsprechend kann auch nicht beurteilt werden, ob die konkrete Ausgestaltung der Deckungspolitik für einzelne Länder als angemessen oder als übermäßig risikoavers beziehungsweise risikofreudig zu bezeichnen ist.

Im Bereich der Investitionsgarantien des Bundes legt der verantwortliche Interministerielle Ausschuss die so genannte Deckungspraxis fest. Aufschluss über die Deckungspraxis im Rahmen der Vergabe der Investitionsgarantien gibt die entsprechende Länderliste.[335] Dieser Länderliste kann entnommen werden, ob der Interministerielle Ausschuss die Einschränkung der Deckungsmöglichkeiten für erforderlich ansieht und ob die Rechtsschutzvoraussetzungen für ein bestimmtes Land erfüllt sind. Für die Entscheidung über die Übernahme einer Investitionsgarantie ist neben der wirtschaftlich tragfähigen Ausgestaltung des Investitionsvorhabens vor allem die Sicherstellung eines hinreichenden Rechtsschutzes für die Kapitalanlage im Anlageland maßgeblich. Die Rechtsschutzvoraussetzungen sind nach Auffassung der Bundesregierung grundsätzlich dann erfüllt, wenn zwischen der Bundesrepublik Deutschland und dem Anlageland ein Investitionsförderungs- und -schutzvertrag besteht.[336] Von den insgesamt 130 in Kraft getretenen Verträgen wurden 43 Investitionsförderungs- und -schutzverträge zwischen der Bundesrepublik Deutschland und Ländern des afrikanischen Kontinents abgeschlossen.[337] Für die überwiegende Mehrheit der afrikanischen Länder sind damit die grundlegenden Voraussetzungen für die

335 Eine aktualisierte Länderliste findet sich auf der Internetseite AGA-Portal. URL: <http://www.agaportal.de/pages/dia/deckungspraxis/laenderliste.html> (zuletzt geprüft am 06.07.2014).

336 Siehe zu den Investitionsförderungs- und -schutzverträgen auch Gliederungspunkt 4.3.4.3.

337 Siehe hierzu auch das Experteninterview mit PricewaterhouseCoopers 2010, Anhang G, Frage 11.

Übernahme einer Investitionsgarantie erfüllt.[338] Der für die Investitionsgarantien des Bundes verantwortliche Interministerielle Ausschuss kann jedoch trotz bestehender Rechtsschutzvoraussetzungen im Rahmen der Länderbeurteilung zu dem Ergebnis kommen, dass Einschränkungen bei der Deckungsübernahme erforderlich oder in sonstiger Weise besondere Bedingungen einzuhalten sind.[339] Denn neben den Rechtsschutzvoraussetzungen sind auch die wirtschaftliche und politische Entwicklung[340] eines Anlagelandes sowie die Besonderheiten der jeweils abzusichernden Direktinvestition im Ausland für die Übernahme einer Investitionsgarantie von Bedeutung.[341]

Bei dem Förderinstrumentarium der Garantien für Ungebundene Finanzkredite führt der zuständige Interministerielle Ausschuss aufgrund der geringen Anzahl der Projekte jeweils eine Einzelfallbetrachtung durch. Eine Liste mit den Deckungsmöglichkeiten für die einzelnen Länder, wie sie im Bereich der Exportkreditgarantien und der Investitionsgarantien des Bundes publiziert wird, existiert nicht.

Des Weiteren beschäftigen sich die drei Interministeriellen Ausschüsse mit grundsätzlichen Fragen der Weiterentwicklung der Förderinstrumente der Auslandsgeschäftsabsicherung.

---

338 Zu den in Kraft getretenen bilateralen Investitionsförderungs- und -schutzverträgen der Bundesrepublik Deutschland mit afrikanischen Staaten siehe Anhang A, Tabelle 22.

339 Auch bei den Investitionsgarantien des Bundes veröffentlicht der zuständige Interministerielle Ausschuss die einzelnen Kriterien für die konkrete Ausgestaltung seiner Deckungspraxis nicht. Daher ist, wie bei den Exportkreditgarantien, eine objektive Bewertung der Deckungspraxis nicht möglich.

340 Bei den Investitionsgarantien existieren weder Länderkategorien noch findet eine auf OECD-Ebene einheitlich abgestimmte Risikobewertung der Länder statt.

341 Vgl. Jahresbericht der Investitionsgarantien 2013, S. 30.

4 Instrumente der Auslandsgeschäftsabsicherung des Bundes

4.1 Exportkreditgarantien

4.1.1 Definitorische Vorbemerkungen

Die Exportkreditgarantien des Bundes sind keineswegs ein neues Instrument im Förderkatalog der Außenwirtschaftsförderung. Vielmehr blicken sie auf eine mehr als 60-jährige Geschichte zurück.[342] Die gesetzliche Grundlage für die Exportkreditgarantien des Bundes wurde erstmals durch das Gesetz über die Übernahme von Sicherheitsleistungen und Gewährleistungen im Ausfuhrgeschäft vom 26. August 1949 geschaffen.[343] Am 9. November 1949 fand die erste Sitzung des Ausfuhrgarantie-Ausschusses, dem heutigen Interministeriellen Ausschuss für Exportkreditgarantien, statt.[344]

Der Begriff der „Exportkreditgarantien der Bundesrepublik Deutschland" wurde jedoch erst im Juli 2003 eingeführt. Zuvor waren die Exportkreditgarantien unter dem Namen „Ausfuhrgewährleistungen des Bundes" bekannt.[345] Trotz der erfolgten Namensänderung wird auch weiterhin der Begriff der Ausfuhrgewährleistungen des Bundes alternativ für die Bezeichnung der Exportkreditgarantien verwendet.[346] Des Weiteren kennt man die Exportkreditgarantien unter dem Begriff „Hermesdeckungen". Dieser Ausdruck leitet sich von dem Unternehmensnamen der Euler Hermes Aktiengesellschaft ab, die als federführender Mandatar im Auftrag und für Rechnung der Bundesrepublik Deutschland die

---

342 Auf folgender Internetseite ist die Chronik der Exportkreditgarantien des Bundes dargestellt: URL: <http://www.60jahrehermesdeckungen.de/flash/chronik.html> (zuletzt geprüft am 06.07.2014). Vor der Neuschaffung des deutschen Exportkreditversicherungssystems im Jahre 1949 wurde in Deutschland erstmals im Jahre 1926 ein solches System mit staatlicher Hilfe des Deutschen Reiches eingeführt. Näheres zur Geschichte der deutschen Exportkreditversicherung findet sich unter anderem bei Bödeker 1992, S. 5 ff.; Moltrecht/Kolberg/Kuhn 2014, Register F, Tz. 163 ff.; BMWi 1980, S. 7 ff.

343 Vgl. BMWi 1980, S. 9.

344 Vgl. BMWi 1980, S. 7.

345 Vgl. Moltrecht/Kolberg/Kuhn 2014, Register B, Tz. 306.

346 Vgl. Scheibe 2011, Rn. 13.

Exportkreditgarantien bearbeitet.[347] Der Nutzer, der die Exportkreditgarantie in Anspruch nimmt, wird häufig auch als Deckungsnehmer bezeichnet.[348]

Der Begriff der „Exportkreditgarantien des Bundes“ ist jedoch nicht ganz eindeutig, da mit Hilfe des Instrumentariums sowohl Exportgeschäfte mit als auch ohne Kreditelement abgesichert werden können.[349] Zum einen kann die Exportkreditgarantie zur reinen Risikoabsicherung von Exportgeschäften übernommen werden, bei denen kein Kredit gewährt wird, der Exporteur jedoch das Risiko des Zahlungsausfalls absichern will. Zum anderen können auch Exportgeschäfte mit Kreditelement, beispielsweise bei Kreditierung der Kaufpreisforderung beziehungsweise Einräumung eines Zahlungszieles, durch das Förderinstrument abgesichert werden. In der Regel hat der Exporteur das Interesse, die Bezahlung vor oder bei der Lieferung zu erhalten, während der Importeur aus wirtschaftlichen Gesichtspunkten an einer Einräumung eines Zahlungszieles interessiert ist.[350] Sofern der Exporteur dem ausländischen Geschäftspartner durch Einräumung eines Zahlungszieles entgegenkommt und die daraus erwachsenden Zahlungsausfallrisiken mit Hilfe der Exportkreditgarantie absichern möchte, hat er bei der Festlegung des Zahlungszieles bestimmte nationale sowie internationale Vorschriften zu beachten.[351] Von Bedeutung in diesem Zusammenhang ist auch,

347 Vgl. Moltrecht/Kolberg/Kuhn 2014, Register B, Tz. 36.

348 Im Laufe der Geschichte der Exportkreditgarantien des Bundes hat sich eine Vielzahl von Fachausdrücken für dieses Instrumentarium etabliert. Für einen Überblick über die verschiedenen Fachbegriffe auf dem Gebiet der Exportkreditgarantien des Bundes siehe Moltrecht/Kolberg/Kuhn 2014, Glossar.

349 Vgl. Bischoff 2009, S. 850.

350 Im Hinblick auf die Vereinbarung von Zahlungszielen ist es zumeist so, dass die Interessen von Exporteur und Importeur verschieden sind. So ist der ausländische Besteller an möglichst langfristigen Zahlungszielen interessiert, da er durch den Weiterverkauf der Ware oder den Erlös aus der Produktion den vereinbarten Kaufpreis entrichten will. Der deutsche Exporteur hingegen ist aufgrund von Risikoüberlegungen und wegen der mit der langfristigen Kreditierung einhergehenden Liquiditäts- beziehungsweise Bilanzbelastung an möglichst kurzen Kreditlaufzeiten interessiert. Näheres zu den möglichen Zahlungsbedingungen im Außenhandel siehe unter anderem Häberle 2002, S. 74 ff.; Meckl 2010, S. 287 ff.; Moser 1989, S. 555 ff.

351 Grundsätzlich differenziert man im Bereich der Exportkreditgarantien zwischen kurzfristigen sowie mittel- und langfristigen Exportgeschäften. Von kurzfristigen Geschäften spricht man in der Regel, wenn es sich um Kreditlaufzeiten von weniger als zwei Jahren handelt. Der Bund stellt Absicherungen für Exportgeschäfte mit kurzfristigen Kreditlaufzeiten in erster Linie für Lieferungen von Konsumgütern, Rohstoffen, Halbfertigwaren oder Ersatzteilen zur Verfügung. Diese Geschäfte

dass sich die Exportkreditgarantien des Bundes nur auf die Absicherung von Risiken beschränken (pure cover).[352] Die Bereitstellung einer Exportfinanzierung gehört nicht zum Leistungsangebot der Exportkreditgarantien des Bundes.[353] Vielmehr wird die Finanzierung für das Exportgeschäft von den Kreditinstituten übernommen. Daher beziehen sich die nachfolgenden Ausführungen auch nur dann auf Fragen der Exportfinanzierung[354], wenn dies dem Verständnis des deutschen Systems der Exportkreditgarantien dient.

4.1.2 Deckungsgegenstand

Der Bund stellt mit seinen Exportkreditgarantien deutschen Exporteuren und Kreditinstituten ein breites Spektrum an unterschiedlichen Deckungsformen zur Verfügung. Die Vielzahl der Deckungsformen lässt sich nach dem

unterliegen nicht den Vorschriften des OECD-Konsensus. Bei Exportgeschäften von beispielsweise hochwertigen Maschinen und Anlagen sind häufig Kreditlaufzeiten von zwei Jahren und länger anzutreffen. Soweit der Exporteur die staatliche Absicherung der Forderung durch eine Exportkreditgarantie aus diesen so genannten mittel- und langfristigen Exportgeschäften in Anspruch nimmt, sind die OECD-Konsensus Regeln zu beachten. Eine andere zeitliche Differenzierung wird hingegen bei den Länderbeschlüssen des Interministeriellen Ausschusses vorgenommen. In diesem Zusammenhang wird zwischen kurzfristigen Exportgeschäften mit Kreditlaufzeiten von bis zu zwölf Monaten und mittel- und langfristigen Geschäften mit darüber hinausgehenden Kreditlaufzeiten unterschieden. Siehe Fn. 313. Für einen Überblick über die zulässigen Zahlungsbedingungen im Bereich der Exportkreditgarantien des Bundes siehe Stumpenhusen 2014, S. 2 ff.

352 Vgl. Moltrecht/Kolberg/Kuhn 2014, Register G, Tz. 4.

353 Staatliche Unterstützungen im Bereich der Finanzierung von Exportgeschäften werden nur in relativ geringem Maße über das so genannte ERP-Exportfinanzierungsprogramm zur Verfügung gestellt. Das ERP-Exportfinanzierungsprogramm ist ein staatliches Programm, bei dem Kredite zur Finanzierung deutscher Exporte in Entwicklungsländer gewährt werden. Diese Kredite werden auch als „CIRR-Kredite" bezeichnet. Die Abkürzung „CIRR" steht für Commercial Interest Reference Rate und stellt den im OECD-Konsensus für öffentlich unterstützte Exportkredite standardisierten Mindestzinssatz dar. Vgl. Merkblatt ERP-Exportfinanzierungsprogramm, Stand Februar 2012.

354 Im Rahmen der Finanzierung von Exportgeschäften kommt eine Vielzahl von Instrumenten zur Anwendung. Für einen Überblick über die kurzfristigen Refinanzierungs- und Absicherungsinstrumente siehe unter anderem Häberle 2002, S. 589 ff.; Bernstorff 2007, S. 35 ff. Näheres zu den mittel- und langfristigen Refinanzierungs- und Absicherungsinstrumenten siehe Häberle 2002, S. 683 ff.; Bernstorff 2007, S. 92 ff.

Deckungsgegenstand in vier Deckungstypen unterscheiden. Zu den vier Deckungstypen auf dem Gebiet der Exportkreditgarantien gehören die Forderungs-, die Selbstkosten-, die Sach- und die Gegengarantiedeckungen.[355]

Abbildung 7: Deckungstypen der Exportkreditgarantien des Bundes[356]

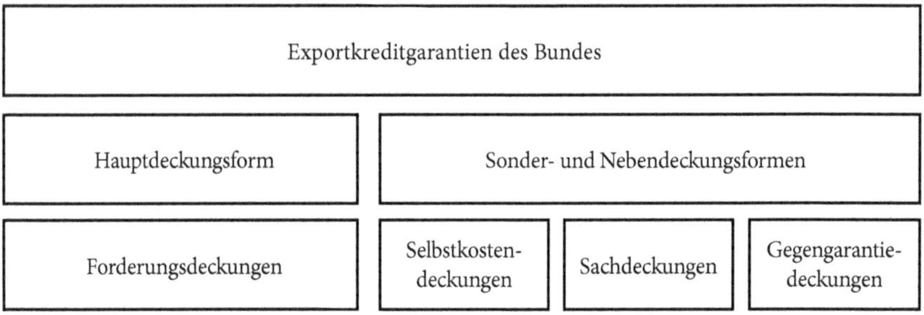

Eine herausragende Stellung nehmen dabei die Forderungsdeckungen ein. Diese werden aufgrund ihrer hohen Praxisrelevanz auch als „Hauptdeckungsform" bezeichnet und stehen daher im Mittelpunkt der nachfolgenden Ausführungen.[357] Die Deckungsformen, die zu den Selbstkostendeckungen, Sachdeckungen und Gegengarantiedeckungen zählen, haben hingegen den Charakter von „Nebendeckungsformen".[358] Unter diesen Nebendeckungsformen wurden einzig für die Fabrikationsrisikodeckung Allgemeine Bedingungen aufgestellt, was ihre hervorgehobene Stellung unter diesen Deckungsformen kennzeichnet. Die Sachdeckungen und Gegengarantiedeckungen weisen dagegen eine geringere praktische Bedeutung auf. Eine weitere Sonderrolle im Bereich der Exportkreditgarantien spielen die von Moltrecht/Kolberg/Kuhn (2014) so genannten „echten Garantien", die sich auf die Erfüllung unterschiedlicher Forderungen bei Exportgeschäften beziehen.[359] Zu den „echten Garantien" zählen die Airbusgarantie, die Avalgarantie und die Verbriefungsgarantie.[360]

Die verschiedenen Deckungsformen im Bereich der Exportkreditgarantien des Bundes können sowohl getrennt als auch teilweise miteinander kombiniert

355 Vgl. Moltrecht/Kolberg/Kuhn 2014, Register B, Tz. 303.
356 Eigene Darstellung.
357 Vgl. Wolfram 2004, S. 79.
358 Vgl. Wolfram 2004, S. 79.
359 Vgl. Moltrecht/Kolberg/Kuhn 2014, Register B, Tz. 303.
360 Siehe hierzu die jeweiligen Produktinformationen, welche auf der Internetseite AGA-Portal zu finden sind. URL: <http://www.agaportal.de/pages/aga/produkte.html> (zuletzt geprüft am 06.07.2014).

werden.[361] Zusätzlich bestehen Kombinationsmöglichkeiten von Deckungsformen der Exportkreditgarantien mit den Garantien für Ungebundene Finanzkredite sowie den Investitionsgarantien des Bundes.[362]

4.1.2.1 Forderungsdeckungen

Unter dem Deckungstyp der Forderungsdeckungen findet sich eine ganze Reihe von Deckungsformen, die gemeinsam die Anknüpfung an den Deckungsgegenstand der „Forderung" aufweisen.[363] Die Abbildung 8 zeigt, dass sich das Angebot im Bereich der Forderungsdeckungen sowohl an deutsche Exporteure als auch an exportfinanzierende Kreditinstitute richtet.

Abbildung 8: Ausgewählte Forderungsdeckungen[364]

Ausgewählte Forderungsdeckungen im Bereich der Exportkreditgarantien des Bundes	
Exportgeschäfte absichern als Exporteur:	Exportgeschäfte absichern als Bank:
• Ausfuhr-Pauschal-Gewährleistung • Ausfuhr-Pauschal-Gewährleistung-light • Lieferantenkreditdeckung • revolvierende Lieferantenkreditdeckung	• Finanzkreditdeckung • revolvierende Finanzkreditdeckung • Finanzkreditdeckung-express

Zu den am häufigsten nachgefragten Deckungsformen im Bereich der Exportkreditgarantien gehört die zur Gruppe der Forderungsdeckungen zählende Ausfuhr-Pauschal-Gewährleistung (APG). Diese Deckungsform wird überwiegend auch von in Afrika tätigen deutschen Exporteuren in Anspruch genommen.[365] Die APG bietet Schutz vor wirtschaftlichen und politischen Risiken sowie vor dem Fall der Nichtzahlung der Forderung aus grenzüberschreitenden Liefer- und Leistungsgeschäften innerhalb von sechs Monaten nach Fälligkeit

361 Näheres zu den kombinierten Deckungen auf dem Gebiet der Exportkreditgarantien des Bundes siehe Moltrecht/Kolberg/Kuhn 2014, Register C 7, Tz. 1 ff.

362 Zur Kombination von Exportkredit- und Investitionsgarantien siehe Maaßen 2012, S. 2 ff.

363 Vgl. Moltrecht/Kolberg/Kuhn 2014, Register C 2, Tz. 4.

364 Eigene Darstellung.

365 Siehe Experteninterview mit Euler Hermes 2011, Anhang F, Frage 2.

(protracted default).[366] Sie richtet sich an deutsche Unternehmen, die eine Vielzahl von ausländischen Bestellern fortlaufend mit Waren, insbesondere mit Rohstoffen, Halbfertigwaren oder Konsumgütern, beliefern.[367] Man bezeichnet diese Deckungsform auch als Sammeldeckung, da nicht nur ein einzelner Deckungsgegenstand, die Geldforderung aus einem Vertrag mit einem Abnehmer im Ausland, sondern eine Vielzahl von kurzfristigen Forderungen aus mehreren Geschäften abgesichert wird.[368] Der für die APG geltenden Präambel der Allgemeinen Bedingungen ist zu entnehmen, dass nur Deckungen für Ausfuhrgeschäfte mit einer Kreditlaufzeit von nicht mehr als zwölf Monaten übernommen werden. Des Weiteren muss bei der APG ein jährlicher absicherungsfähiger Mindestexportumsatz von 500.000 Euro gegeben sein.[369] Der Deckungsschutz für die einzelnen Forderungen beginnt gemäß § 3 Abs. 1 der für die APG geltenden Allgemeinen Bedingungen mit der jeweiligen Versendung der Waren und endet, sobald und soweit die gedeckte Forderung erfüllt ist. Die sich aus der APG ergebenden Ansprüche können sowohl isoliert als auch zusammen mit den Exportforderungen zu Refinanzierungszwecken an Kreditinstitute oder Forfaitierungsgesellschaften abgetreten werden.[370]

Insbesondere für kleine und mittlere Unternehmen, die nur einen geringen deckungsfähigen Exportumsatz aufweisen, bietet der Bund die so genannte Ausfuhr-Pauschal-Gewährleistung-light (APG-light) an.[371] Bei dieser Deckungsform handelt es sich ebenfalls um eine Sammeldeckung, die es deutschen Exporteuren ermöglicht, wiederholt mehrere Besteller in unterschiedlichen Ländern zu beliefern.[372] Mit der APG-light können Forderungen mit einer Kreditlaufzeit von

366 Zu den gedeckten Risiken bei der Ausfuhr-Pauschal-Gewährleistung siehe § 4 Abs. 1 bis 4 AllgBed-APG.

367 Für eine detaillierte Darstellung der Ausfuhr-Pauschal-Gewährleistung siehe Moltrecht/Kolberg/Kuhn 2014, Register C 3, Tz. 512 ff. Für einen Überblick über die Funktionsweise der Ausfuhr-Pauschal-Gewährleistung siehe auch Produktinformation Ausfuhr-Pauschal-Gewährleistung 2014, S. 2 ff.

368 Vgl. Moltrecht/Kolberg/Kuhn 2014, Register C 2, Tz. 3.

369 Vgl. Produktinformation Ausfuhr-Pauschal-Gewährleistung 2014, S. 2.

370 Vgl. Produktinformation Ausfuhr-Pauschal-Gewährleistung 2014, S. 2.

371 Vgl. Produktinformation Ausfuhr-Pauschal-Gewährleistung-light 2013, S. 2. Eine detaillierte Darstellung der Ausfuhr-Pauschal-Gewährleistung-light findet sich bei Moltrecht/Kolberg/Kuhn 2014, Register C 3, Tz. 640 ff.

372 In der Vergangenheit belief sich der deckungsfähige jährliche Exportumsatz bei der Ausfuhr-Pauschal-Gewährleistung-light auf maximal 1 Mio. Euro. Diese Umsatzgrenze wurde allerdings durch den Interministeriellen Ausschuss aufgehoben, um

maximal vier Monaten abgesichert werden.[373] Auch bei dieser Deckungsform beginnt gemäß § 3 Abs. 1 der einschlägigen Allgemeinen Bedingungen der Deckungsschutz für die einzelnen Forderungen mit der jeweiligen Versendung der Waren und endet, sobald und soweit die gedeckte Forderung erfüllt ist. Ebenso besteht bei der APG-light die Möglichkeit, die gedeckte Forderung zur Refinanzierung zu nutzen.[374] Im Unterschied zur APG bietet die APG-light gemäß § 4 Abs. 1 S. 1 der für sie geltenden Allgemeinen Bedingungen ausschließlich Schutz vor der Nichtzahlung der Forderung innerhalb von sechs Monaten nach Fälligkeit derselben.

Da die APG und die APG-light nur zur Absicherung von Forderungen aus Exportgeschäften mit kurzfristigen Kreditlaufzeiten zur Verfügung stehen, muss der ausländische Schuldner den Sitz in einem Land haben, das nicht der EU und der OECD angehört, mit Ausnahme von Chile, Israel, Südkorea, Mexiko und der Türkei.[375] Für die Absicherung von Exportgeschäften mit Afrika können die beiden Deckungsformen daher grundsätzlich genutzt werden, soweit sich aus der vom Interministeriellen Ausschuss vorgegebenen Deckungspolitik für das betreffende Land keine Einschränkungen ergeben.

Neben der APG und der APG-light bietet der Bund diverse Einzeldeckungen sowie revolvierende Einzeldeckungen zur Absicherung von Exportgeschäften an. Zu den bekanntesten Einzeldeckungsformen gehören die Lieferantenkreditdeckung[376] für den Exporteur und die Finanzkreditdeckung für die einen deutschen Export finanzierende Bank.[377] Bei einem Lieferantenkredit räumt der Exporteur seinem ausländischen Kunden ein Zahlungsziel ein und trägt die mit

---

Exporteuren auch bei größeren Umsätzen den Zugang zu der APG-light zu ermöglichen. Vgl. AGA-Report 2013, Nr. 227, S. 1 f.

373 Vgl. Präambel AllgBed-APG-light.

374 Vgl. Produktinformation Ausfuhr-Pauschal-Gewährleistung-light 2013, S. 2.

375 Vgl. Produktinformation Ausfuhr-Pauschal-Gewährleistung 2014, S. 2; Produktinformation Ausfuhr-Pauschal-Gewährleistung-light 2013, S. 2.

376 Zu der erweiterten Lieferantenkreditdeckung siehe Grundzüge der erweiterten Lieferantenkreditdeckung 2014, S. 2 ff.

377 Moltrecht/Kolberg/Kuhn (2014) benutzen die Begriffe der Lieferantenkreditdeckung und der Finanzkreditdeckung als Oberbegriffe. Der Begriff der Lieferantenkreditdeckung steht danach für sämtliche Forderungsdeckungen für Exporteure; der Begriff der Finanzkreditdeckung bezieht sich auf alle Deckungsformen für exportfinanzierende Banken. Vgl. Moltrecht/Kolberg/Kuhn 2014, Register C 2, Tz. 4. Auf der Internetseite AGA-Portal werden, wie in dieser Arbeit, die Lieferantenkreditdeckung und die Finanzkreditdeckung als zwei eigenständige Deckungsformen dargestellt.

diesem Kredit verbundenen Risiken.[378] Durch die Inanspruchnahme der Lieferantenkreditdeckung sichert der Exporteur seine Forderung aus einem grenzüberschreitenden Liefer- und Leistungsgeschäft ab.[379] Die Deckung bietet dem Exporteur sowohl Schutz vor politischen als auch vor wirtschaftlichen Risiken. Darüber hinaus schützt die Lieferantenkreditdeckung vor einem Zahlungsausfall aufgrund der Nichtzahlung der Forderung innerhalb von sechs Monaten nach Fälligkeit (protracted default).[380] Der Deckungsschutz beginnt nach § 3 Abs. 1 der für die Lieferantenkreditdeckung geltenden Allgemeinen Bedingungen mit Versendung der Ware beziehungsweise mit Beginn der Leistung und endet erst mit der vollständigen Erfüllung der gedeckten Forderung. Der Bund bietet sowohl Deckungen für Lieferantenkredite mit Kreditlaufzeiten von weniger als zwei Jahren als auch Deckungen für Lieferantenkredite mit darüber hinausgehenden Laufzeiten von zwei Jahren und länger an.[381] Die Lieferantenkreditdeckungen für Exportgeschäfte mit einer Kreditlaufzeit von weniger als zwei Jahren werden in erster Linie zur Absicherung von Lieferungen von Konsumgütern, Rohstoffen, Halbfertigwaren und Ersatzteilen nachgefragt.[382] Für diese Exportgeschäfte bietet der Bund auch eine so genannte revolvierende Lieferantenkreditdeckung an. Mit dieser Deckungsform kann ein deutscher Exporteur, der einen ausländischen Besteller in laufender Geschäftsbeziehung mehrmals beliefert, Forderungen mit einer Kreditlaufzeit von bis zu zwölf Monaten, maximal 24 Monaten, absichern.[383]

378 Vgl. Produktinformation Lieferantenkreditdeckung 2012, S. 2. Zu beachten ist, dass man auch von einem Lieferantenkredit spricht, wenn ein Kredit von einer Bank an den Exporteur für die Aufwendungen seines Exportgeschäftes vergeben wird. Siehe unter anderem Bernstorff 2007, S. 105 f. Für diese Art von Kredit stellt der Bund jedoch keine Exportkreditgarantien zur Verfügung. Das exportfinanzierende Kreditinstitut kann nach Moltrecht/Kolberg/Kuhn (2014) „nur im Wege der Abtretung der Ansprüche aus der ggf. gegenüber dem Exporteur übernommenen Lieferantenkreditdeckung – ggf. auch unter gleichzeitiger Abtretung der gedeckten Exportforderung – an der Absicherung durch eine Bundesdeckung teilhaben." Moltrecht/Kolberg/Kuhn 2014, Glossar, Stichwort „Lieferantenkreditdeckungen".

379 Für ausführliche Informationen über die Lieferantenkreditdeckung siehe Moltrecht/Kolberg/Kuhn 2014, Register C 3, Tz. 1 ff.

380 Näheres zu den gedeckten Risiken bei der Lieferantenkreditdeckung siehe Gliederungspunkt 4.1.3.

381 Vgl. Produktinformation Lieferantenkreditdeckung 2012, S. 2.

382 Vgl. Produktinformation Lieferantenkreditdeckung 2012, S. 2.

383 Weiterführende Informationen über die revolvierende Lieferantenkreditdeckung siehe unter anderem Moltrecht/Kolberg/Kuhn 2014, Register C 3, Tz. 449 ff.; Produktinformation Revolvierende Lieferantenkreditdeckung 2012, S. 2 ff.

In der Abbildung 9 sind die vertraglichen Beziehungen bei einem mittelfristigen Lieferantenkredit mit einer Kreditlaufzeit von drei Jahren vereinfacht dargestellt. Ein solcher mittelfristiger Lieferantenkredit eignet sich vor allem für Exportgeschäfte im Investitionsgüter- und Anlagenbereich.[384] Denn gerade für diese Exportgeschäfte ist neben der technischen Qualität, der Einhaltung von Lieferterminen sowie der Preisgestaltung auch häufig die Bereitstellung einer langfristigen Finanzierung von zentraler Bedeutung.[385] Da bei dem in der Abbildung 9 dargestellten Lieferantenkredit die Kreditlaufzeit zwei Jahre überschreitet, sind bei der Inanspruchnahme einer Lieferantenkreditdeckung neben den nationalen Vorschriften auch die internationalen Regelungen, wie die des OECD-Konsensus, zu berücksichtigen.[386]

Abbildung 9: Vertragliche Beziehungen bei einem gedeckten Lieferantenkredit[387]

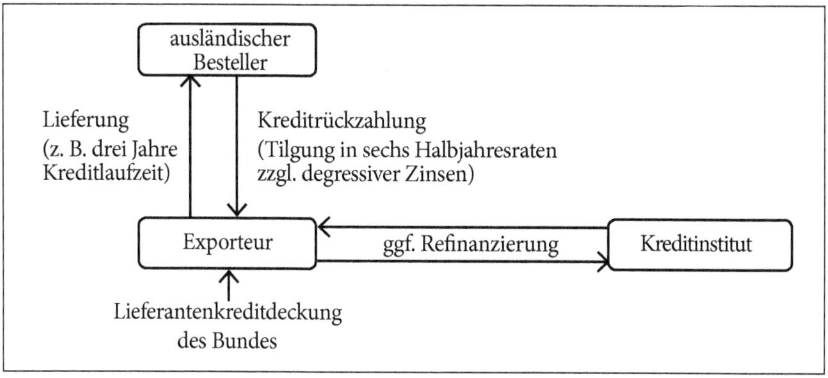

384 Vgl. Produktinformation Lieferantenkreditdeckung 2012, S. 2.

385 Vgl. in Bezug auf die Finanzkreditdeckung AGA-Report 1991, Nr. 35, S. 3.

386 Für einen Überblick über die zulässigen Zahlungsbedingungen bei gedeckten Exportgeschäften mit langfristigen Zahlungszielen siehe Stumpenhusen 2014, S. 4 ff.

387 In dieser Abbildung sind im Interesse der Übersichtlichkeit nur die grundlegenden vertraglichen Beziehungen aufgezeigt. Eine vergleichbare Abbildung findet sich in der Produktinformation Lieferantenkreditdeckung 2012, S. 2. Häberle (2002) zeigt eine Abbildung über die Grundstruktur der Abwicklung eines mit einer Lieferantenkreditdeckung abgesicherten Lieferantenkredites, wobei in diesem Fall der Kredit zur Finanzierung des Exportgeschäftes von der Bank bereitgestellt wird. Bei einer solchen Finanzierungsstruktur hat der Exporteur der Bank Sicherheiten, wie die Übertragung der Ansprüche aus der Lieferantenkreditdeckung, zu stellen. Siehe hierzu Häberle 2002, S. 702 ff.

Der Exporteur kann wie bei den Sammeldeckungen APG und APG-light die sich aus der Inanspruchnahme der Lieferantenkreditdeckung ergebenden Ansprüche zusammen mit der gedeckten Exportforderung zu Refinanzierungszwecken an ein Kreditinstitut oder eine Forfaitierungsgesellschaft abtreten.[388] Der Kreditspielraum des deutschen Exporteurs wird aber eingeengt sowie seine Bilanzstruktur geschwächt, solange die Forderung aus dem Ausfuhrgeschäft in seiner Bilanz ausgewiesen wird.[389]

Für Exportgeschäfte, die nicht über einen Lieferantenkredit, sondern über einen gebundenen Finanzkredit finanziert werden, bietet der Bund im Bereich der Exportkreditgarantien die so genannte Finanzkreditdeckung an.[390] Die Finanzkredite werden als gebunden bezeichnet, da sie zur direkten Finanzierung von Lieferungen und Leistungen deutscher Exporteure vorgesehen sind.[391]

Grundsätzlich unterscheidet man zwischen zwei Arten von Finanzkrediten, dem so genannten Bestellerkredit und dem Bank-zu-Bank-Kredit.[392]

Abbildung 10 zeigt die grundlegenden vertraglichen Beziehungen bei einem staatlich gedeckten Bestellerkredit. Bei diesem Kredit legt im Interesse des deutschen Exporteurs zumeist ein Kreditinstitut mit Sitz im Land des Exporteurs ein Darlehen an den ausländischen Besteller (Importeur) aus, mit dem die Forderung des deutschen Exporteurs bereits bei Lieferung der Waren bezahlt wird.[393] Aus Sicht des deutschen Exporteurs weist das Geschäft somit einen Barzahlungscharakter auf.[394] Im Unterschied zu der Lieferantenkreditdeckung liegt das Risiko aus dem Exportgeschäft nicht mehr bei dem Exporteur, sondern bei der kreditgebenden Bank.[395] Statt des Kaufpreisanspruchs des Exportunternehmens erhält nun das Kreditinstitut aus dem Darlehensvertrag einen Rückzahlungsanspruch gegen den ausländischen Besteller.[396] Die Bank kann zur Absicherung der Risiken aus dem Darlehensvertrag mit dem ausländischen Besteller eine Finanz-

---

388 Für Näheres zur Frage, wie Exporteure ihre mit Hilfe einer Lieferantenkreditdeckung gedeckte Forderung aus dem Ausfuhrgeschäft für eine Refinanzierung nutzen können, siehe Kindler 2012, S. 2 ff.

389 Vgl. AGA-Report 1991, Nr. 35, S. 4; Schuhmacher 2009, S. 43.

390 Näheres zu den Hintergründen der Ausweitung des Deckungsangebotes auf die gebundenen Finanzkredite siehe Beyfuß 1989, S. 571.

391 Vgl. Büter 2013, S. 400; AGA-Report 1991, Nr. 35, S. 4.

392 Siehe unter anderem Schuhmacher 2009, S. 43 ff.

393 Vgl. AGA-Report 1991, Nr. 35, S. 4.

394 Vgl. AGA-Report 2007, Nr. 149, S. 4.

395 Vgl. AGA-Report 1994, Nr. 47, S. 4.

396 Vgl. AGA-Report 1991, Nr. 35, S. 4.

kreditdeckung des Bundes erhalten.[397] Mit Hilfe einer Finanzkreditdeckung lassen sich analog zu der Lieferantenkreditdeckung sowohl Darlehensforderungen mit Kreditlaufzeiten unter zwei Jahren als auch Darlehensforderungen mit Laufzeiten von zwei Jahren und länger absichern. Nach § 3 Abs. 1 der Allgemeinen Bedingungen für die Finanzkreditdeckung des Bundes beginnt der Deckungsschutz, sobald und soweit das Darlehen ausgezahlt wird, und endet mit der Erfüllung der gedeckten Forderung.[398]

Abbildung 10: Vertragliche Beziehungen bei einem gedeckten Bestellerkredit[399]

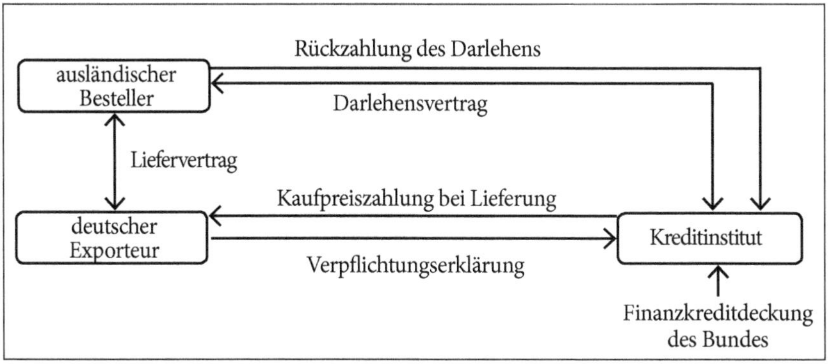

Des Weiteren kann die Finanzkreditdeckung auch zur Absicherung eines Bank-zu-Bank-Kredites genutzt werden. Bei einem Bank-zu-Bank-Kredit gewährt die Bank des Exporteurs, die üblicherweise ihren Sitz in seinem Land hat, der ausländischen Bank des Importeurs das Darlehen.[400] Dabei muss die Bank des Importeurs nicht zwangsläufig in dessen Land beheimatet sein. Den gedeckten Kredit leitet die ausländische Bank an den Importeur weiter, mit dem sie

397 Zu den gedeckten Risiken im Bereich der Finanzkreditdeckung des Bundes siehe § 4 AllgBed-FKG.

398 Ergänzend hierzu ist festzuhalten, dass auch die Finanzkreditdeckung für eine Refinanzierung genutzt werden kann. Vgl. Produktinformation Finanzkreditdeckung 2012, S. 3.

399 In dieser Abbildung sind im Interesse der Übersichtlichkeit nur die grundlegenden vertraglichen Beziehungen aufgezeigt. Eine vergleichbare Abbildung findet sich in der Produktinformation Finanzkreditdeckung 2012, S. 2. Für eine detailliertere grafische Darstellung des gebundenen Finanzkredites als Hermes-gedecktem Bestellerkredit siehe auch Häberle 2002, S. 708.

400 Näheres über den Finanzkredit als Hermes-gedeckter Bank-zu-Bank-Kredit siehe Häberle 2002, S. 713 ff.; Schuhmacher 2009, S. 43 ff.

ebenfalls einen Kreditvertrag abschließt.[401] Der gewährte Kredit ist für die Finanzierung des zugrunde liegenden Liefergeschäftes zu verwenden. Soweit die Exportgeschäfte, die mit einem gebundenen Finanzkredit finanziert werden, eine Kreditlaufzeit von mindestens zwei Jahren aufweisen und durch eine Finanzkreditdeckung des Bundes abgesichert sind, kommen die Bestimmungen des OECD-Konsensus zur Anwendung.

Ausfuhrgeschäfte, die durch einen gebundenen Finanzkredit finanziert werden, haben sowohl für das Exportunternehmen als auch für das Kreditinstitut verschiedene Vorteile.[402] Das exportfinanzierende Kreditinstitut profitiert unter anderem davon, dass es das mit einer Finanzkreditdeckung abgesicherte Darlehen nicht mit Eigenkapital unterlegen muss.[403] Durch die sofortige Auszahlung der finanzkreditgewährenden Bank profitiert wiederum der Exporteur von einer Bilanzentlastung.

Anders als bei der Lieferantenkreditdeckung handelt es sich bei der Finanzkreditdeckung um die Absicherung einer abstrakten Darlehensforderung, bei der besondere Schwierigkeiten auftreten können, wenn die Rückzahlung des Darlehens unter Verweis auf Mängelrügen aus dem Ausfuhrgeschäft verweigert wird.[404] Aus diesem Grund wird der Exporteur über eine so genannte Verpflichtungserklärung[405] in die Vertragsbeziehung zwischen der exportfinanzierenden Bank und dem Bund eingebunden.[406] In dieser Erklärung verpflichtet sich der

---

401 Die Einschaltung von lokalen Banken ist insbesondere im Afrika-Geschäft häufig notwendig. Siehe hierzu die Ausführungen von Sedlacek 2011, S. 14 f.

402 Für einen Überblick über die Vor- und Nachteile des Lieferanten- und Bestellerkredites aus Sicht der Anbieter und Nachfrager siehe unter anderem Backhaus/Molter 1989, S. 61.

403 Vgl. Moltrecht/Kolberg/Kuhn 2014, Register C 4, Tz. 9. Mit der Einführung von Basel III wird es in diesem Zusammenhang veränderte regulatorische Anforderungen geben. Siehe hierzu die Ausführungen im Jahresbericht der Exportkreditgarantien 2011, S. 26.

404 Vgl. Janus 2011, Rn. 71; AGA-Report 1994, Nr. 47, S. 4 ff.

405 Die Verpflichtungserklärung ist auf der Internetseite AGA-Portal abrufbar. URL: <http://www.agaportal.de/pdf/formulare/verpflichtungserklaerung.pdf> (zuletzt geprüft am 06.07.2014).

406 Vgl. AGA-Report 1994, Nr. 47, S. 5. Neben der Verpflichtungserklärung gegenüber dem Bund verlangen die finanzierenden Banken bei gedeckten Exportfinanzierungen in der Regel eine so genannte Exporteurerklärung. In dieser Erklärung sind die Mitwirkungs- und Informationspflichten des Exporteurs gegenüber der finanzierenden Bank geregelt. Für Näheres zur Exporteurerklärung siehe Kulhawy 2010, S. 12.

Exporteur gegenüber dem Bund, Auskünfte über das zugrunde liegende Liefergeschäft zu erteilen sowie den Bund unter bestimmten Voraussetzungen von der Entschädigungsverpflichtung aus der Finanzkreditdeckung freizustellen.[407]

Eine weitere Besonderheit bei der Finanzkreditdeckung stellen die Nichtauszahlungsrisiken dar. Danach besteht für den Exporteur das Risiko, dass die Bank zu den vertraglich vereinbarten Zahlungsterminen das Geld aus dem Finanzkredit nicht auszahlt.[408] Die Gründe für die Nichtauszahlung können im Ausland liegende Risiken, wie kriegerische Ereignisse, sein, die eine Inanspruchnahme des Finanzkredites unmöglich machen.[409] Um sich gegen derartige Nichtauszahlungsrisiken aus dem gedeckten Finanzkredit abzusichern, kann der Exporteur wiederum eine Lieferantenkreditdeckung in Anspruch nehmen. Durch diese Kombination der beiden Deckungsformen verhindert der Exporteur, dass nach dem Versand der Ware keine Auszahlung aus dem Finanzkredit an ihn erfolgt.[410]

Darüber hinaus stellt der Bund zwei weitere Varianten der Finanzkreditdeckung bereit – die so genannte revolvierende Finanzkreditdeckung sowie die Finanzkreditdeckung-express.[411] Letztere Deckungsform ermöglicht es Kreditinstituten, Darlehensforderungen abzusichern, die aus der Finanzierung von deutschen Ausfuhrgeschäften mit Auftragswerten von bis zu 5 Mio. Euro stammen. Diese Deckungsform wurde speziell für Geschäfte von kleinen und mittleren Unternehmen entwickelt.[412] Dabei erfolgt die Übernahme der Deckung im Express-Verfahren innerhalb von vier Tagen nach Antragstellung.[413] Voraussetzung für die zügige Deckungsübernahme ist, dass auf Seiten des finanzierenden Kreditinstituts eine nach Vorgaben des Bundes durchzuführende und bereits mit dem Antrag einzureichende Kreditvorprüfung auf Basis einer mit dem Bund speziell für dieses Verfahren abgeschlossenen Rahmenvereinbarung erfolgt.[414] Mit der revolvierenden Finanzkreditdeckung können Banken

407 Näheres über die Verpflichtungserklärung siehe Moltrecht/Kolberg/Kuhn 2014, Register C 4, Tz. 159 ff.; Büter 2013, S. 401.

408 Näheres zu den Nichtauszahlungsrisiken aus dem Finanzkredit siehe AGA-Report 1995, Nr. 58, ohne Angabe von Seitenzahlen; Moltrecht/Kolberg/Kuhn 2014, Register C 4, Tz. 298.

409 Vgl. AGA-Report 1995, Nr. 58, ohne Angabe von Seitenzahlen.

410 Vgl. Produktinformation Finanzkreditdeckung 2012, S. 2.

411 Näheres zur Finanzkreditdeckung-express findet sich auf der Internetseite AGA-Portal. URL: <http://www.agaportal.de/pages/aga/produkte/finanzkreditdeckung-express.html> (zuletzt geprüft am 06.07.2014).

412 Vgl. AGA-Report 2011, Nr. 199, S. 2.

413 Vgl. AGA-Report 2011, Nr. 199, S. 2.

414 Vgl. Moltrecht/Kolberg/Kuhn 2014, Register E, Tz. 82b.

kurzfristige Darlehensforderungen mit einer Kreditlaufzeit von maximal einem Jahr (in Ausnahmefällen bis 24 Monate) absichern, die aus der Finanzierung von Exportgeschäften aus einer ständigen Geschäftsbeziehung zwischen einem deutschen Exporteur und einem bestimmten ausländischen Besteller resultieren.[415]

4.1.2.2 Selbstkostendeckungen

Die Gemeinsamkeit der zu dem Deckungstyp der Selbstkostendeckung zählenden Deckungsformen sind die von einem Deckungsnehmer für ein letztlich scheiterndes Exportgeschäft vergeblich aufgewendeten Kosten.[416] Zu den Selbstkostendeckungen gehören die Fabrikationsrisikodeckung[417] sowie weitere spezielle Deckungsformen, die ausschließlich im Rahmen von Bauleistungsgeschäften eingesetzt werden können.[418]

Die bedeutendste unter den Selbstkostendeckungen ist die Fabrikationsrisikodeckung.[419] Diese Deckungsform bietet sich insbesondere für deutsche Exporteure an, die für den ausländischen Markt Güter herstellen, die eine längere Herstellungszeit benötigen oder bei denen es sich um Spezialanfertigungen handelt.[420] Die Fabrikationsrisikodeckung empfiehlt sich hingegen nicht für Konsumgüter, da diese Güter zum einen keine lange Fabrikationsdauer haben und zum anderen im Schadensfall in der Regel problemlos anderweitig veräußert werden können.

Mit der Fabrikationsrisikodeckung sichert der Exporteur seine Selbstkosten[421] für die im Ausfuhrvertrag mit dem ausländischen Schuldner vereinbarten

---

415 Vgl. Produktinformation Revolvierende Finanzkreditdeckung 2012, S. 2 ff.

416 Näheres zu den verschiedenen zu den Selbstkostendeckungen zählenden Deckungsformen siehe Moltrecht/Kolberg/Kuhn 2014, Register C 1, Tz. 1 ff.

417 Zu der erweiterten Fabrikationsrisikodeckung siehe Grundzüge der erweiterten Lieferantenkreditdeckung 2014, S. 5.

418 Näheres zu der Baustellenkostendeckung und der Bevorratungskostendeckung siehe Moltrecht/Kolberg/Kuhn 2014, Register C 3, Tz. 244 ff.

419 Vgl. Moltrecht/Kolberg/Kuhn 2014, Register C 1, Tz. 1.

420 Vgl. Burgmann 1998, S. 668; Büter 2013, S. 397.

421 Die Selbstkosten werden nach den Grundsätzen der Leitsätze für die Preisermittlung auf Grund von Selbstkosten (LSP) ermittelt. Selbstkosten sind nach § 2 Abs. 2 S. 1 der Allgemeinen Bedingungen für Fabrikationsrisikodeckungen die Einzel- und Gemeinkosten im Sinne der LSP, die bei wirtschaftlicher Betriebsführung zur Durchführung des Ausfuhrvertrages erforderlich sind. Des Weiteren weist § 2 Abs. 2 S. 2 dieser Allgemeinen Bedingungen darauf hin, dass abweichend von den LSP für Fremdkapital und Ausfuhrfinanzierung entstandene Aufwendungen als Selbstkosten berücksichtigt werden können, wenn und soweit sie dem

Lieferungen und Leistungen bis zur Höhe des Auftragswertes ab.[422] Die Deckungsform bezieht sich ausschließlich auf die Absicherung des Fabrikationsrisikos während der Aufnahme der Produktion bis zum Versand der Ware. Durch die Inanspruchnahme der Fabrikationsrisikodeckung schützt sich der Exporteur sowohl vor in der Produktionsphase auftretenden politischen Risiken im Ausland, die dazu führen, dass die Fertigstellung oder Auslieferung der Ware sich verzögert oder verhindert wird, als auch vor wirtschaftlichen Risiken, wie der Zahlungsunfähigkeit des ausländischen Bestellers, die ebenfalls eine erfolgreiche Durchführung des Liefergeschäftes bereits während der Produktionsphase gefährden kann.[423] Gemäß § 3 Abs. 1 und Abs. 2 S. 1 der für die Fabrikationsrisikodeckung geltenden Allgemeinen Bedingungen beginnt der Deckungsschutz mit dem Inkrafttreten des Ausfuhrvertrages und endet mit der Abnahme der Ware, spätestens mit ihrem Versand. Ausfuhrrisiken, die nach Versand bis zur Bezahlung der Ware oder Leistung auftreten können, lassen sich mit der Fabrikationsrisikodeckung hingegen nicht absichern. Für Unternehmen, die eine Absicherung des Fabrikations- und des Ausfuhrrisikos wünschen, besteht jedoch die Möglichkeit, die Fabrikationsrisikodeckung mit einer Forderungsdeckung, wie der Lieferantenkreditdeckung, zu kombinieren.[424] Die sich aus der Fabrikationsrisikodeckung ergebenden Ansprüche können ebenfalls zu Refinanzierungszwecken an Kreditinstitute oder Forfaitierungsgesellschaften abgetreten werden.[425]

4.1.2.3 Sachdeckungen

Zu den Sachdeckungen zählen die Lagerdeckung sowie weitere besondere Deckungsformen, die einen Risikoschutz für spezielle Bauleistungsgeschäfte

---

Ausfuhrvertrag unmittelbar zuzuordnen sind. Der kalkulatorische Gewinn gehört nicht zu den Selbstkosten und ist damit nicht absicherungsfähig. Die durch die Fabrikationsrisikodeckung abgesicherten Selbstkosten werden von dem Exporteur vorher geschätzt und im Deckungsantrag beziffert. Erst im Schadensfall stellt ein Gutachter die konkrete Höhe des Schadens fest. Der Exporteur trägt daher das Risiko, dass die vom ihm geschätzten und somit maßgeblichen Selbstkosten unter den tatsächlich entstandenen Selbstkosten liegen. Vgl. Moltrecht/Kolberg/Kuhn 2014, Register C 1, Tz. 20; Janus 2011, Rn. 86.

422 Vgl. Produktinformation Fabrikationsrisikodeckung 2013, S. 2.

423 Näheres zu den gedeckten Risiken bei der Fabrikationsrisikodeckung siehe § 4 Nr. 1 bis Nr. 8 AllgBed-FG.

424 Vgl. Produktinformation Fabrikationsrisikodeckung 2013, S. 2.

425 Vgl. Produktinformation Fabrikationsrisikodeckung 2013, S. 2.

anbieten.[426] Die Gemeinsamkeit dieser Deckungsformen liegt im Deckungsgegenstand, dem Sachwert, begründet.[427]

Mit Hilfe der Lagerdeckung können Risiken aus Exportgeschäften abgesichert werden, bei denen im Zeitpunkt des Verbringens der Ware noch nicht feststeht, ob die Ware im Ausland überhaupt abgesetzt wird.[428] Beispiele hierfür sind die Lieferung in ein Konsignationslager oder der Kauf auf Probe sowie die Beschickung ausländischer Messen.[429] Diese speziellen Formen von Exportgeschäften haben zur Folge, dass der Exporteur, solange er noch keinen Kaufvertrag über die in das Ausland verbrachte Ware abgeschlossen hat, in größerem Maße von dem Schicksal der Ware und dem von ihr verkörperten Sachwert abhängig ist, als wenn er mit dem ausländischen Vertragspartner bereits eine entsprechende rechtsverbindliche Vereinbarung getroffen hätte.[430] Schließlich kann erst nach Abschluss des Kaufvertrages die Gefahr eines zufälligen Untergangs oder einer zufälligen Beschädigung der Ware auf eine andere Person übergehen.[431] Dabei bietet die Lagerdeckung im Wesentlichen Schutz vor dem Risiko des Verlustes oder der Beschädigung der Ware aus politischen Gründen.[432]

Zu den Sachdeckungen, die speziell für das Bauleistungsgeschäft entwickelt wurden, zählen die Gerätedeckung, die Ersatzteillagerdeckung und die Einlagerungsdeckung.[433]

4.1.2.4 Gegengarantiedeckungen

Der Bund bietet ferner die so genannten Gegengarantie- beziehungsweise Vertragsgarantiedeckungen an. Diese Deckungsform ermöglicht den deutschen Exporteuren, die zur Absicherung ihrer eigenen vertraglichen Pflichten eine Garantie gegenüber ihrem ausländischen Geschäftspartner abgeben müssen, sich

426 Vgl. Moltrecht/Kolberg/Kuhn 2014, Register C 5, Tz. 1 ff., 59.

427 Vgl. Moltrecht/Kolberg/Kuhn 2014, Register B, Tz. 303.

428 Vgl. Moltrecht/Kolberg/Kuhn 2014, Register C 5, Tz. 1.

429 Vgl. Moltrecht/Kolberg/Kuhn 2014, Register C 5, Tz. 1.

430 Vgl. Moltrecht/Kolberg/Kuhn 2014, Register C 5, Tz. 2.

431 Vgl. Moltrecht/Kolberg/Kuhn 2014, Register C 5, Tz. 2.

432 Näheres zu den Risiken, die durch die Lagerdeckung abgesichert werden, siehe Moltrecht/Kolberg/Kuhn 2014, Register C 5, Tz. 3, 10 ff.

433 Ausführliches über die Sachdeckungen im Zusammenhang mit Bauleistungsgeschäften siehe Moltrecht/Kolberg/Kuhn 2014, Register C 5, Tz. 59.

vor Verlusten aus einer politisch bedingten oder widerrechtlichen Inanspruchnahme der Garantie zu schützen.[434]

Insbesondere bei größeren Exportgeschäften mit einem hohen Auftragsvolumen kommt es häufiger vor, dass der ausländische Besteller Vertragsgarantien zur Absicherung der vertraglichen Verpflichtung des Exporteurs verlangt. Zu den gebräuchlichsten Vertragsgarantien zählen die Bietungsgarantie, die Anzahlungsgarantie, die Liefer- und Leistungsgarantie sowie die Gewährleistungsgarantie.[435] In der Regel wird eine solche Vertragsgarantie von der Hausbank des deutschen Exportunternehmens in Form einer „unwiderruflichen Garantie auf erstes Anfordern" gestellt. [436] Auf diese Weise erhält der ausländische Besteller die Sicherheit, dass er bei einer Verletzung des Vertrages durch den deutschen Exporteur auf seine Anforderung hin die Garantiesumme erhält. Dieses Interesse des Importeurs bringt jedoch die Gefahr mit sich, dass die Vertragsgarantie gezogen wird, obgleich der Exporteur selbst keinen Vertragsverstoß begangen hat.[437] Dieses Risiko kann der Exporteur mit der Vertragsgarantiedeckung absichern lassen.

Die Vertragsgarantiedeckung kann für jede übliche Garantieform im Rahmen des Exportgeschäftes beantragt werden. Jedoch werden die Vertragsgarantiedeckungen grundsätzlich nur in Kombination mit einer Fabrikationsrisiko- und/oder einer Lieferantenkreditdeckung übernommen.[438] Unter bestimmten Voraussetzungen ist auch eine isolierte Vertragsgarantiedeckung möglich. So kann bei einer Bietungsgarantie eine isolierte Vertragsgarantiedeckung übernommen werden, wobei in diesem Fall aber nur die Risiken der widerrechtlichen Inanspruchnahme der Bietungsgarantie gedeckt sind.[439]

4.1.3 Gedeckte Risiken

Mit Hilfe der Exportkreditgarantien des Bundes lassen sich verschiedene Risiken von Exportgeschäften absichern. Allerdings ist es nicht möglich, mit

---

434 Für detaillierte Ausführungen zu den Vertragsgarantiedeckungen siehe Moltrecht/Kolberg/Kuhn 2014, Register C 6, Tz. 1 ff. Für einen Überblick über diese spezielle Deckungsform siehe auch Produktinformation Vertragsgarantiedeckungen 2012, S. 2 ff.

435 Vgl. Produktinformation Vertragsgarantiedeckungen 2012, S. 2.

436 Vgl. Produktinformation Vertragsgarantiedeckungen 2012, S. 2.

437 Vgl. Produktinformation Vertragsgarantiedeckungen 2012, S. 2.

438 Vgl. Produktinformation Vertragsgarantiedeckungen 2012, S. 2.

439 Vgl. Produktinformation Vertragsgarantiedeckungen 2012, S. 2.

dem Förderinstrumentarium alle im Exportgeschäft auftretenden Risiken abzusichern.[440] Vielmehr basiert das System der Exportkreditgarantien auf dem Subsidiaritätsprinzip. Hieraus leitet sich ab, dass mit Hilfe der Exportkreditgarantien keine typischen Unternehmensrisiken, wie Markterschließungsrisiken oder Kostensteigerungsrisiken, abgesichert werden.[441] Des Weiteren werden weder inländische Risiken abgedeckt noch Risiken, gegen die sich die Exporteure anderweitig auf dem privaten Exportkreditversicherungsmarkt absichern können.[442]

Ferner ist gemäß Ziff. 1.7 S. 1 der Richtlinien für die Übernahme von Exportkreditgarantien der Antrag auf Übernahme einer Exportkreditgarantie grundsätzlich auf die Deckung sämtlicher mit dem Exportgeschäft verbundenen abdeckbaren Risiken zu richten. Die deckungsfähigen Risiken werden somit einheitlich und gesammelt gedeckt.[443] Damit hat der Antragsteller keine Möglichkeit, eine Auswahl der gedeckten Risiken vorzunehmen, um auf diese Weise eine Reduzierung des zu entrichtenden Entgeltes zu erreichen. Vielmehr wird die Gesamtheit der vertraglich festgelegten zu deckenden Risiken bepreist. Dieser so genannte „Grundsatz der einheitlichen Deckung aller Risiken“ gilt jedoch nicht in zeitlicher Hinsicht.[444] Der Exporteur kann sowohl ausschließlich eine Deckung für das Fabrikationsrisiko in Anspruch nehmen als auch den Deckungsschutz um die Ausfuhrrisiken erweitern. Darüber hinaus kann nach Ziff. 1.7 S. 2 der Richtlinien der Bund bei der Entscheidung über die Übernahme einer Exportkreditgarantie bestimmte Risiken von der Deckung ausschließen oder den Umfang der Deckung beschränken. So erfolgt beispielsweise eine Beschränkung des Deckungsumfangs auf die politischen Risiken bei Exportlieferungen an ausländische Tochterunternehmen des deutschen Exporteurs oder an ein mit dem deutschen Exporteur beteiligungsmäßig verbundenes Unternehmen.[445]

Die verschiedenen Deckungsformen im Bereich der Exportkreditgarantien des Bundes beziehen sich jedoch nicht auf einen einheitlichen Risikokatalog.

---

440 Für eine Übersicht über die verschiedenen Arten von Risiken, die im Rahmen von Exportgeschäften auftreten können, siehe Häberle 2002, S. 9 ff.

441 Vgl. Beyfuß 1989, S. 570; Martinius 1996, S. 16 f.; Moltrecht/Kolberg/Kuhn 2014, Register B, Tz. 222 ff.

442 Siehe hierzu auch die Ausführungen zu den Deckungsvoraussetzungen unter Gliederungspunkt 4.1.4.2.

443 Vgl. Büter 2013, S. 395. Zur Kritik am „Grundsatz der einheitlichen Deckung aller Risiken“ siehe Dickertmann 1996, S. 121; Hichert 1986, S. 213.

444 Vgl. Bödeker 1992, S. 60.

445 Vgl. Moltrecht/Kolberg/Kuhn 2014, Register C 2, Tz. 24.

Vielmehr sind Unterschiede zwischen den einzelnen Deckungsformen zu beachten.[446] Die nachfolgenden Ausführungen zu den gedeckten Risiken beziehen sich nur auf die Forderungsdeckungen. Diese Deckungsform bietet ausschließlich Schutz vor Risiken, die nach dem Versand der Ware beziehungsweise mit dem Beginn der Leistung auftreten. Im Bereich der Forderungsdeckungen unterscheidet man bei den meisten Deckungsformen drei Grundformen von Gewährleistungstatbeständen: die Uneinbringlichkeit der Forderung infolge politischer Umstände (politische Risiken), die Uneinbringlichkeit der Forderung infolge wirtschaftlicher Umstände (wirtschaftliche Risiken) sowie den Nichtzahlungsfall.[447]

Zur Übersichtlichkeit werden im Folgenden die konkreten politischen und wirtschaftlichen Gewährleistungstatbestände sowie der Nichtzahlungsfall der Lieferantenkreditdeckung dargestellt.[448] Hinsichtlich der anderen Deckungsformen im Bereich der Forderungsdeckung bestehen zum Teil nur geringfügige Unterschiede.[449]

4.1.3.1 Politische Risiken

Die Uneinbringlichkeit der Forderung infolge politischer Umstände liegt gemäß den Allgemeinen Bedingungen für die Lieferantenkreditdeckung vor,

1. <u>Allgemeiner politischer Gewährleistungsfall</u>
   wenn nicht später als zwölf Monate nach Fälligkeit gesetzgeberische oder behördliche Maßnahmen im Ausland, die nach Abschluss des Ausfuhrvertrages mit Bezug auf die gedeckte Forderung ergangen sind,
   oder
   kriegerische Ereignisse oder Aufruhr oder Revolution im Ausland die Erfüllung oder Beitreibung der gedeckten Forderung in jeder Form verhindern

446 Für einen Überblick über die gedeckten Risiken bei den verschiedenen Deckungsformen im Bereich der Exportkreditgarantien siehe auch die jeweiligen Produktinformationen, welche auf der von Euler Hermes und PricewaterhouseCoopers betriebenen Internetseite AGA-Portal verfügbar sind. URL: <http://agaportal.de/pages/aga/produkte.html> (zuletzt geprüft am 06.07.2014).

447 Die Unterscheidung der Gewährleistungstatbestände ist im Hinblick auf ein mögliches Entschädigungsverfahren von Bedeutung. Vgl. Moltrecht/Kolberg/Kuhn 2014, Register C 2, Tz. 13.

448 Für Näheres zur Lieferantenkreditdeckung siehe Gliederungspunkt 4.1.2.1.

449 Siehe insoweit die jeweiligen für die Forderungsdeckungen geltenden Allgemeinen Bedingungen in ihrer gültigen Fassung.

oder

in der vereinbarten Währung verhindern und keine Möglichkeit zur Einzahlung des Gegenwertes zum Zwecke des Transfers gemäß Nr. 2 besteht und der Bund der Zahlung in einer anderen als der vereinbarten Währung mit schuldbefreiender Wirkung nicht zustimmt und sechs Monate ohne Zahlung nach der mit dem ausländischen Schuldner vereinbarten Fälligkeit verstrichen sind;[450]

2. Konvertierungs- und Transferfall[451]
   wenn infolge von Beeinträchtigungen des zwischenstaatlichen Zahlungsverkehrs Beträge, die der ausländische Schuldner als Gegenwert für die gedeckte Forderung bei einer zahlungsfähigen Bank oder einer anderen vom Bund anerkannten Stelle zum Zwecke der Überweisung an den Deckungsnehmer eingezahlt hat, nicht in die vereinbarte Währung konvertiert oder nicht transferiert werden, alle bestehenden Vorschriften für die Konvertierung und den Transfer dieser Beträge erfüllt waren und drei Monate nach Fälligkeit der Forderung, Einzahlung und Erfüllung dieser Vorschriften verstrichen sind;[452]

3. Kursverluste an eingezahlten Beträgen
   wenn nach Erfüllung aller bestehenden Vorschriften für die Konvertierung und den Transfer ausschließlich infolge einer Abwertung der vom ausländischen Schuldner auf die gedeckte Forderung eingezahlten Beträge Kursverluste entstehen, sofern nach Abschluss des Ausfuhrvertrages erlassene Vorschriften des Schuldnerlandes eine schuldbefreiende Wirkung dieser Zahlungen vorsehen. Kursverluste an der mit dem ausländischen Schuldner vereinbarten oder einer anderen ohne Zustimmung des Bundes angenommenen Währung sind nicht gedeckt;[453]

---

450 § 4 Abs. 2 Nr. 1 AllgBed-G.

451 Eine Konvertierungsbeschränkung liegt vor, wenn der Importeur von der Zentralbank seines Landes die Devisen zur Bezahlung des Exporteurs nicht oder nicht rechtzeitig erhält. Der Umstand, dass der Importeur seine Inlandswährung nicht in die Währung des Exporteurs umtauschen kann, liegt unter anderem im Devisenmangel des Importlandes begründet. Von einem Transferverbot spricht man, wenn die Leistung von Zahlungen aus dem Schuldnerland in das Ausland verboten wird. Vgl. Häberle 2002, S. 40.

452 § 4 Abs. 2 Nr. 2 AllgBed-G.

453 § 4 Abs. 2 Nr. 3 AllgBed-G.

4. Verlust von Ansprüchen infolge Unmöglichkeit der Vertragserfüllung
   wenn gesetzgeberische oder behördliche Maßnahmen im Ausland, die nach Abschluss des Ausfuhrvertrages ergangen sind, oder kriegerische Ereignisse oder Aufruhr oder Revolution im Ausland die Erfüllung der vertraglich vom Deckungsnehmer geschuldeten Lieferungen und Leistungen ganz oder teilweise verhindern und dem Deckungsnehmer deshalb durchsetzbare Forderungen für die schon erbrachten Lieferungen und Leistungen nicht zustehen;[454]

5. Verlust der Ware vor Gefahrübergang
   wenn infolge politischer Umstände die Ware während des Zeitraums von der Versendung bis zum Übergang der Gefahr auf den ausländischen Schuldner durch ausländische staatliche Stellen beschlagnahmt oder auf andere Weise der Verfügungsgewalt des Deckungsnehmers entzogen oder vernichtet oder beschädigt wird oder verloren geht und der Ausfall sechs Monate nach der im Ausfuhrvertrag vereinbarten Fälligkeit der Forderung nicht ersetzt worden ist, soweit keine Möglichkeit bestanden hat, die Gefahren bei Versicherungsgesellschaften abzudecken, und der Ersatz des Schadens nicht durch gesetzliche Bestimmungen gewährleistet ist;[455]

6. Mindererlös bei anderweitiger Verwertung
   wenn nach Versendung der Ware die Uneinbringlichkeit der gedeckten Forderung gemäß Nr. 1, 4 oder 5 zu befürchten ist und der Deckungsnehmer noch in seiner Verfügungsgewalt befindliche Ware anderweitig im Einvernehmen mit dem Bund verwertet und dabei einen Mindererlös erleidet.[456]

Die dargestellten politischen Risiken treten vornehmlich in Ländern auf, in denen instabile politische und wirtschaftliche Verhältnisse vorherrschen. Die unterschiedliche Höhe des politischen Risikos in den einzelnen Staaten kommt bei den Exportkreditgarantien des Bundes im Rahmen der Länderklassifizierung zum Ausdruck. Die Länderklassifizierung wird auf der Ebene der OECD vorgenommen. Dabei werden die Länder in eine von acht Länderkategorien[457] eingeteilt, welche die politische und wirtschaftliche Lage eines Landes widerspiegelt.

---

454 § 4 Abs. 2 Nr. 4 AllgBed-G.

455 § 4 Abs. 2 Nr. 5 AllgBed-G.

456 § 4 Abs. 2 Nr. 6 AllgBed-G.

457 Siehe Art. 25 lit. b) OECD-Konsensus.

Die Kategorien reichen von 0 bis 7, wobei 0 die niedrigste und 7 die höchste Risikostufe darstellt.[458]

Neben anderen risikobestimmenden Faktoren hat die Länderkategorie, in die das Land eingestuft ist, einen maßgeblichen Einfluss auf die Höhe des vom Deckungsnehmer zu entrichtenden Entgeltes, welches bei der Inanspruchnahme der Förderinstrumente anfällt. Die beste Länderklassifizierung unter den afrikanischen Ländern weist gemäß der Liste[459] der Länderklassifizierung Botswana auf. Das Land wurde in die Länderkategorie 2 eingestuft.[460] Südafrika fällt in die Kategorie 3. In die Kategorie 7 wurden hingegen Länder wie Äthiopien, Burkina Faso, Côte d'Ivoire und die Demokratische Republik Kongo eingestuft.

4.1.3.2 Wirtschaftliche Risiken

Die Uneinbringlichkeit der Forderung infolge wirtschaftlicher Umstände liegt gemäß den Allgemeinen Bedingungen für die Lieferantenkreditdeckung vor, wenn mit Bezug auf das Vermögen des ausländischen Schuldners oder dessen Nachlass

1. <u>Insolvenz</u>
   ein Insolvenzverfahren eröffnet oder mangels Masse abgelehnt worden ist;[461]

2. <u>Amtlicher Vergleich</u>
   ein amtliches Vergleichsverfahren oder ein anderes amtliches Verfahren, das zum Ausschluss der Einzelzwangsvollstreckung führt, eröffnet worden ist;[462]

3. <u>Außeramtlicher Vergleich</u>
   ein außeramtlicher Vergleich (Stundungs-, Quoten- oder Liquidationsvergleich), dem alle oder eine Gruppe untereinander vergleichbarer Gläubiger einschließlich des Deckungsnehmers zugestimmt haben, abgeschlossen worden ist;[463]

---

458 Ausführliche Informationen zur Systematik der Länderklassifizierung finden sich auch auf der Internetseite der OECD. URL: <http://www.oecd.org/trade/exportcredits/crc.htm> (zuletzt geprüft am 06.07.2014).

459 Die aktuellen Länderklassifizierungen im Bereich der Exportkreditgarantien finden sich auf der Internetseite AGA-Portal. URL: <http://www.agaportal.de/pages/aga/deckungspolitik/laenderklassifizierung.html> (zuletzt geprüft am 06.07.2014).

460 Die Länderkategorien für die afrikanischen Länder sind in der zweiten Spalte der Liste mit den Deckungsmöglichkeiten für Afrika, Stand Januar 2014, Anhang A, Tabelle 21, aufgeführt.

461 § 4 Abs. 3 Nr. 1 AllgBed-G.

462 § 4 Abs. 3 Nr. 2 AllgBed-G.

463 § 4 Abs. 3 Nr. 3 AllgBed-G.

4. Fruchtlose Zwangsvollstreckung
   eine Zwangsvollstreckung wegen der gedeckten Forderung nicht zur vollen Befriedigung geführt hat;[464]

5. Zahlungseinstellung
   die wirtschaftlichen Verhältnisse nachweislich so ungünstig sind, dass der ausländische Schuldner seine Zahlungen ganz oder in wesentlichem Umfang eingestellt hat; [465]

6. Mindererlös bei anderweitiger Verwertung
   nach Versendung der Ware die Uneinbringlichkeit der gedeckten Forderung gemäß Nr. 1 bis 5 oder – wenn der ausländische Vertragspartner des deutschen Exporteurs oder sein Garant ein öffentlicher Schuldner ist – gemäß § 4 Abs. 4 zu befürchten ist und der Deckungsnehmer noch in seiner Verfügungsgewalt befindliche Ware anderweitig im Einvernehmen mit dem Bund verwertet und dabei einen Mindererlös erleidet.[466]

Zur Beurteilung der wirtschaftlichen Risiken ist eine Bonitätsprüfung des ausländischen Vertragspartners erforderlich.[467] Je nach Bonität des ausländischen Schuldners erfolgt eine Eingruppierung in verschiedene vorgegebene Käuferkategorien. Diese Käuferkategorien spiegeln das Ergebnis der Bonitätsprüfung wider und haben wie die Länderkategorien einen maßgeblichen Einfluss auf die Höhe des vom Deckungsnehmer zu entrichtenden Entgeltes.[468]

4.1.3.3 Nichtzahlungsfall

Neben wirtschaftlichen und politischen Schadenstatbeständen wird durch die Lieferantenkreditdeckung auch der so genannte Nichtzahlungsfall (in der Praxis gebräuchlich ist auch die englische Bezeichnung „protracted default“) abgesichert.[469] Gemäß § 4 Abs. 4 S. 1 der für die Lieferantenkreditdeckung geltenden Allgemeinen Bedingungen tritt der Nichtzahlungsfall bei dieser Deckungsform

---

464 § 4 Abs. 3 Nr. 4 AllgBed-G.

465 § 4 Abs. 3 Nr. 5 AllgBed-G.

466 § 4 Abs. 3 Nr. 6 AllgBed-G.

467 Vgl. Stöckl-Pukall 2012, S. 4.

468 Die Käuferkategorien spielen nicht bei allen Deckungsformen im Bereich der Exportkreditgarantien eine Rolle. Ein Beispiel hierfür ist die Fabrikationsrisikodeckung, bei der die Käuferkategorien nicht zur Anwendung kommen. Vgl. Verzeichnis der Gebühren und Entgelte für Exportkreditgarantien 2013, S. 5.

469 Siehe § 4 Abs. 4 AllgBed-G.

ein, wenn die Forderung sechs Monate nach ihrer Fälligkeit nicht erfüllt worden ist. Für die anderen Deckungsformen auf dem Gebiet der Exportkreditgarantien, die ebenfalls den Nichtzahlungsfall abdecken, gelten zum Teil andere Fristen.[470] Die Ursache des Zahlungsausfalls, sei es die Zahlungsunwilligkeit oder die Zahlungsunfähigkeit des ausländischen Schuldners, ist nicht von Relevanz. Es werden solche Risiken dem Nichtzahlungsfall zugeordnet, die sich nicht eindeutig als politische oder wirtschaftliche Risiken klassifizieren lassen.[471]

4.1.4 Deckungsvoraussetzungen

4.1.4.1 Antragsberechtigung

Die Exportkreditgarantien des Bundes, welche primär die Unterstützung der einheimischen Exportwirtschaft zum Ziel haben, werden gemäß Ziff. 1.4 der Richtlinien für die Übernahme von Exportkreditgarantien deutschen Exporteuren zur Verfügung gestellt. Als deutsche Exporteure gelten nach Ziff. 1.4.1 in Verbindung mit Ziff. 1.4.1.1 der Richtlinien Einzelkaufleute und Handelsgesellschaften mit Wohnsitz oder Gesellschaftssitz im Inland. Des Weiteren gelten nach Ziff. 1.4.1 in Verbindung mit Ziff. 1.4.1.2 dieser Richtlinien auch ausländische Handelsgesellschaften, die im Inland eine in das Handelsregister eingetragene Niederlassung unterhalten, in Bezug auf das Ausfuhrgeschäft dieser Niederlassung als deutsche Exporteure.

Ausländische Tochtergesellschaften von deutschen Unternehmen sind im Sinne der Richtlinien für die Übernahme von Exportkreditgarantien grundsätzlich keine deutschen Exporteure. Das gilt auch für den Fall, dass in einem Abnehmerland bei einer Auftragsvergabe, oftmals bei Bau- und Anlagengeschäften mit öffentlichen Bestellern, Auslandsfirmen nur dann berücksichtigt werden, wenn sie als unmittelbaren Auftragnehmer eine „inländische“ Beteiligungsgesellschaft auftreten lassen.[472] Obgleich dem ausländischen Besteller bewusst sein dürfte, dass die Beteiligungsgesellschaft einen solchen Großauftrag nur mit Unterstützung ihrer deutschen Muttergesellschaft durchführen kann, erfolgt die

---

470 Bei der Finanzkreditdeckung gilt der Nichtzahlungstatbestand schon nach einem Monat nach Fälligkeit als eingetreten. Siehe § 4 Abs. 4 S. 1 AllgBed-FKG. Es verwundert nicht, dass die Exporteure sich in diesem Zusammenhang im Nachteil gegenüber den exportfinanzierenden Banken sehen. Die Exporteure fordern daher seit Jahren, die Karenzfrist von einem Monat auf die Lieferantenkreditdeckung zu übertragen. Vgl. BMWi-Ergebnisprotokoll Workshop I 2008, S. 1.

471 Vgl. Scheibe 2011, Rn. 122.

472 Vgl. Moltrecht/Kolberg/Kuhn 2014, Register B, Tz. 274.

Auftragsvergabe bewusst an ein „inländisches" Unternehmen, da in diesem Fall für den Besteller ein Inlandsgeschäft zustande kommt, für das unter anderem die Landesgerichtsbarkeit gilt.[473]

Die staatliche Absicherung eines solchen Exportgeschäftes mit Vertragsabschluss durch eine Tochtergesellschaft im Bestellerland ist in der Regel nur möglich, wenn eine Abtretung der Kaufpreisforderung an den deutschen Exporteur erfolgt und dieser einen unmittelbaren Zahlungsanspruch erlangt.[474] Für den Fall, dass eine solche Abtretungslösung wegen rechtlicher Unmöglichkeit oder wirtschaftlicher Unzumutbarkeit nicht zielführend erscheint, können deutsche Exporteure seit Juni 2014 die so genannte erweiterte Lieferantenkreditdeckung in Anspruch nehmen.[475] Mit dieser Deckungsform ist es für deutsche Exporteure in begründeten Ausnahmefällen möglich, Exportgeschäfte auch dann abzusichern, wenn der Exportvertrag von einem Tochterunternehmen im Bestellerland abgeschlossen wird und eine Abtretung der Exportforderung nicht möglich ist. Voraussetzung ist, dass der Bund ein besonderes Interesse an der Durchführung des Ausfuhrgeschäftes hat. Gemäß Ziff. 1.5 S. 2 in Verbindung mit Ziff. 1.5.2 der Richtlinien für die Übernahme von Exportkreditgarantien liegt ein solches besonderes Interesse insbesondere vor, wenn das Geschäft der nachhaltigen Schaffung und Sicherung von Arbeitsplätzen in der Bundesrepublik Deutschland dient. Bei der erweiterten Lieferantenkreditdeckung bleibt der deutsche Exporteur Deckungsnehmer; der Deckungsgegenstand ist aber eine Forderung zwischen ausländischen Unternehmen.[476]

Darüber hinaus richtet sich das Angebot der Exportkreditgarantien des Bundes gemäß Ziff. 1.4 der Richtlinien für die Übernahme von Exportkreditgarantien an Kreditinstitute, die Ausfuhrgeschäfte deutscher Exporteure finanzieren. Voraussetzung ist, dass keine Zweifel an einer ordnungsgemäßen Durchführung der betreffenden Kreditverträge bestehen. Deckungsberechtigte Kreditinstitute sind nach Ziff. 1.4.2 der Richtlinien in der Regel solche Unternehmen, die nach dem Gesetz über das Kreditwesen zulässigerweise Bankgeschäfte im

473 Vgl. Moltrecht/Kolberg/Kuhn 2014, Register B, Tz. 274.

474 Vgl. Moltrecht/Kolberg/Kuhn 2014, Register B, Tz. 275.

475 Für Näheres zu der erweiterten Lieferantenkreditdeckung siehe Grundzüge der erweiterten Lieferantenkreditdeckung 2014, S. 2 ff.

476 Vgl. Grundzüge der erweiterten Lieferantenkreditdeckung 2014, S. 3. Zusätzlich zu der erweiterten Lieferantenkreditdeckung kann der Exporteur eine entsprechende Nebendeckung, beispielsweise die erweiterte Fabrikationsrisikodeckung, beantragen. Siehe dazu Grundzüge der erweiterten Lieferantenkreditdeckung 2014, S. 5.

Geltungsbereich dieses Gesetzes betreiben oder die erlaubnisfrei Bankgeschäfte im Geltungsbereich des Gesetzes über das Kreditwesen betreiben dürfen.

Zudem können nach Ziff. 1.4 der Richtlinien Exportkreditgarantien gegenüber staatlichen Erstversicherern im Rahmen der Rückversicherung übernommen werden, soweit entsprechende Rückversicherungsabkommen bestehen.

4.1.4.2 Auslandsbezogene und nicht marktfähige Risiken

Die Exportkreditgarantien des Bundes werden nach Ziff. 1.1 der für sie geltenden Richtlinien nur übernommen, wenn auslandsbezogene Risiken abgesichert werden sollen. Das Förderinstrumentarium steht demzufolge nicht für die Absicherung von inländischen Risiken zur Verfügung.[477] Des Weiteren sollen nach Ziff. 1.2 der Richtlinien Exportkreditgarantien nicht übernommen werden, wenn Versicherungsleistungen auf dem privaten Versicherungsmarkt allgemein in der gleichen Art und im gleichen Umfang angeboten werden. Dabei handelt es sich um den so genannten Grundsatz der Subsidiarität, nach dem die staatliche Unterstützung auf dem Gebiet der Exportkreditgarantien auf die Bereiche beschränkt sein muss, für die weder das Exportunternehmen eigenständig Vorsorge treffen kann noch der private Versicherungsmarkt ein ausreichendes Angebot bereitstellt.[478] Auch in der EU-Kommissionsmitteilung für das Kurzfristgeschäft[479] ist das Subsidiaritätsprinzip niedergelegt, das staatlichen Exportkreditversicherern untersagt, marktfähige Risiken zu decken.[480] Die Definition der marktfähigen Risiken kann sich jedoch im Laufe der Zeit ändern. Schließlich unterliegen die privaten Kreditversicherungen Marktschwankungen, die sich unmittelbar auf die Versicherungskapazität auswirken. Daher bedarf es hinsichtlich der Vereinbarkeit des Instrumentariums der Exportkreditgarantien mit dem Grundsatz der Subsidiarität einer regelmäßigen Überprüfung.[481] Dieser Grundsatz wird jedoch nicht, wie man annehmen könnte, vor der Übernahme jeder einzelnen Exportkreditgarantie geprüft.[482]

---

477 Der Grundsatz, dass der Bund nur Exportkreditgarantien für auslandsbezogene Risiken übernimmt, gilt jedoch nicht für Embargomaßnahmen zum Schutz der Sicherheit und der auswärtigen Interessen der Bundesrepublik Deutschland. Näheres hierzu siehe Moltrecht/Kolberg/Kuhn 2014, Register B, Tz. 221.

478 Siehe unter anderem Moltrecht/Kolberg/Kuhn 2014, Register G, Tz. 25; Janus 2011, Rn. 16.

479 Siehe ABl C 392 vom 19.12.2012.

480 Siehe hierzu auch die Ausführungen unter Gliederungspunkt 3.1.2.4.

481 Vgl. Wolfram 2004, S. 95.

482 Vgl. Wolfram 2004, S. 94.

4.1.4.3 Förderungswürdigkeit oder besonderes staatliches Interesse

Nach § 3 Abs. 1 S. 1 Ziff. 1 des Haushaltsgesetzes des Bundes 2014 ist die Übernahme einer Exportkreditgarantie nur dann gerechtfertigt, wenn das zugrunde liegende Ausfuhrgeschäft förderungswürdig ist oder ein besonderes staatliches Interesse der Bundesrepublik Deutschland an der Durchführung des Ausfuhrgeschäftes besteht.

Die beiden Begriffe der „Förderungswürdigkeit" und des „besonderen staatlichen Interesses" sind im Haushaltsgesetz nicht näher definiert.[483] Insoweit ist auch nicht geregelt, inwieweit sich die beiden Begriffe inhaltlich voneinander unterscheiden. Auch in den Richtlinien für die Übernahme von Exportkreditgarantien werden sie nicht näher erläutert. In Ziff. 2.1 S. 2 dieser Richtlinien heißt es nur ergänzend, dass ein Ausfuhrgeschäft insbesondere nicht als förderungswürdig anzusehen ist, wenn seiner Durchführung wichtige Interessen der Bundesrepublik Deutschland entgegenstehen.

Kriterien der Förderungswürdigkeit sind gemäß der Informationsbroschüre über die Exportkreditgarantien des Bundes die Sicherung und Schaffung von Arbeitsplätzen, vor allem in der Bundesrepublik Deutschland, sowie die außen-, entwicklungs- und strukturpolitische Bedeutung des betreffenden Geschäftes.[484] Ebenfalls einen großen Stellenwert im Rahmen der Beurteilung der Förderungswürdigkeit haben Exportgeschäfte mit hoher mittelständischer Beteiligung, aber auch Infrastrukturprojekte sind von erheblicher volkswirtschaftlicher Bedeutung.[485]

Mögliche Einschränkungen in Bezug auf die Beurteilung des Kriteriums der Förderungswürdigkeit können sich aus der Warenart, dem Bestellerland, einer Kombination von Warenart und Bestellerland, den beteiligten Vertragsparteien, den vereinbarten Zahlungsbedingungen oder aus anderen Gesichtspunkten wie Menschenrechten und Korruption ergeben.[486]

Ebenfalls von Bedeutung bei dem Erfordernis der Förderungswürdigkeit ist eine für die Durchführung des Geschäftes notwendige Ausfuhrgenehmigung.[487]

---

483 Zu den beiden Begriffen der „Förderungswürdigkeit" und des „besonderen staatlichen Interesses" siehe Moltrecht/Kolberg/Kuhn 2014, Register B, Tz. 136 ff.

484 Vgl. Informationsbroschüre für Exportkreditgarantien des Bundes, ohne Angabe eines Erstellungsdatums, S. 21.

485 Vgl. Informationsbroschüre für Exportkreditgarantien des Bundes, ohne Angabe eines Erstellungsdatums, S. 21.

486 Vgl. Andrich 2012, S. 4.

487 Siehe ausführlich Moltrecht/Kolberg/Kuhn 2014, Register F, Tz. 196 ff.

Ein weiterer zentraler Aspekt des Kriteriums der Förderungswürdigkeit bezieht sich auf die Umweltauswirkungen des zu sichernden Exportgeschäftes. Im Hinblick auf die Bewertung der Umweltauswirkungen finden die OECD-Umwelt- und Sozialleitlinien für Projekte sowie projektbezogene Lieferungen und Leistungen mit Kreditlaufzeiten von über zwei Jahren und einem Auftragswert ab 10 Mio. Sonderziehungsrechten Anwendung.[488] In diesem Zusammenhang führt der Bund ein international anerkanntes Prüfverfahren zur Beurteilung der Umweltauswirkungen von Exportgeschäften mit den Phasen „Screening", „Kategorisierung", „Review" und „Monitoring" durch.[489] In der Screening Phase wird zunächst untersucht, ob das zur Deckung beantragte Exportgeschäft den OECD-Leitlinien unterliegt.[490] Soweit dies der Fall ist, wird das Projekt anhand verschiedener Kriterien in eine von drei Umweltkategorien – A (höchste Umweltrelevanz), B (mittlere Umweltrelevanz) und C (niedrigste Umweltrelevanz) – eingeordnet (Phase der Kategorisierung).[491] Die Projekte der Kategorie A weisen starke negative ökologische, soziale oder entwicklungspolitische Auswirkungen auf, die nicht lokal begrenzt und/oder unumkehrbar erscheinen.[492] Zu den Projekten der Kategorie A gehören beispielsweise Staudammprojekte oder der Neubau von thermischen Kraftwerken.[493] Bei Projekten der Kategorie B sind die ökologischen und sozialen Auswirkungen weniger gravierend als bei Projekten der Umweltkategorie A.[494] Die Umweltauswirkungen der Projekte sind lokal begrenzt oder leichter umkehrbar.[495] In die Umweltkategorie B fallen beispielsweise Projekte wie Windkraftanlagen.[496] Der Umweltkategorie C werden Projekte zugeordnet, bei denen keine oder nur minimale ökologische, soziale oder entwicklungspolitische Auswirkungen zu erwarten sind.[497] Die Projekte, die der Kategorie A und B zugeordnet wurden, unterliegen einer vertieften

488 Für Näheres zu den OECD-Umwelt- und Sozialleitlinien siehe auch die Ausführungen unter Gliederungspunkt 3.1.2.3.

489 Vgl. Walz 2013, S. 5.

490 Vgl. Walz 2013, S. 5.

491 Siehe hierzu die Abbildung des Verfahrens der Umwelt- und Sozialprüfung, welche in Walz 2013, S. 8, abgedruckt ist.

492 Vgl. Walz 2013, S. 6.

493 In Annex I der OECD-Umwelt- und Sozialleitlinien ist eine Liste der Projekte der Umweltkategorie A abgedruckt.

494 Vgl. Walz 2013, S. 7.

495 Vgl. Walz 2013, S. 7.

496 Vgl. Walz 2013, S. 7.

497 Vgl. Walz 2013, S. 7.

Umweltprüfung.[498] Projekte der Kategorie C werden aufgrund der geringen zu erwartenden Umwelteinflüsse keiner weiteren Prüfung unterzogen.[499] Die Projekte, die einer vertieften Umweltprüfung (Review Phase) unterliegen, werden, unabhängig davon, dass sie den Umweltstandards des Bestellerlandes entsprechen müssen, mit den internationalen Standards abgeglichen.[500] Die umweltbezogene Förderungswürdigkeit ist in der Regel gegeben, wenn internationale Umweltstandards eingehalten werden. Falls der Interministerielle Ausschuss positiv über die Übernahme einer Exportkreditgarantie entschieden hat, sind diejenigen Antragsteller, die in umweltrelevanten Sektoren tätig sind, im Rahmen der Monitoring Phase verpflichtet, in vereinbarten zeitlichen Abständen Berichte über die Umweltsituation des Projektes einzureichen.[501]

Die Auslegung des Begriffs der Förderungswürdigkeit ist bewusst weit gefasst, um Exportgeschäfte auch dann noch in die staatliche Deckung einzubeziehen, wenn die Vorhaben aus betriebswirtschaftlicher Sicht nicht gefördert werden dürften, dies aber aus politischen Erwägungen zweckmäßig erscheint.[502] Anträge auf Übernahme einer Exportkreditgarantie des Bundes können jedoch trotz bestehender betriebswirtschaftlicher Eignung aus den zuvor genannten Gründen abgelehnt werden.[503]

Ein Beispiel für ein besonderes staatliches Interesse an der Durchführung des Ausfuhrgeschäftes ist die entwicklungspolitische Bedeutung für das Schuldnerland.[504]

Die Entscheidung darüber, ob ein Exportgeschäft den Kriterien der Förderungswürdigkeit entspricht oder ob ein besonderes staatliches Interesse der Bundesrepublik Deutschland eine Indeckungnahme des Exportgeschäftes erlaubt, fällt in den Zuständigkeitsbereich des für die Exportkreditgarantien des Bundes verantwortlichen Interministeriellen Ausschusses. Dem Interministeriellen Ausschuss wird in diesem Zusammenhang ein gewisser Handlungsspielraum zugestanden, da es sich um eine Prognoseentscheidung handelt, deren begrenzte Justiziabilität allgemein anerkannt wird.[505]

---

498 Vgl. Walz 2013, S. 6.
499 Vgl. Walz 2013, S. 7.
500 Vgl. Walz 2013, S. 5.
501 Vgl. Walz 2013, S. 7.
502 Vgl. Dickertmann 1980, S. 282.
503 Vgl. Dickertmann 1980, S. 282.
504 Vgl. AGA-Report 1990, Nr. 24, S. 3.
505 Vgl. Kageneck 1991, S. 46.

4.1.4.4 Einbeziehung von ausländischen Zulieferungen und örtlichen Kosten

Gerade im Hinblick auf das zu erfüllende Kriterium der Förderungswürdigkeit kommt der Frage nach der Zulässigkeit der Einbeziehung von ausländischen Zulieferungen (Auslandsanteilen) und örtlichen Kosten eine besondere Relevanz zu. Nach Ziff. 1.6 S. 2 der Richtlinien für die Übernahme von Exportkreditgarantien können diese nur übernommen werden, wenn die nach dem Ausfuhrvertrag zu liefernden Waren oder die zu erbringenden Leistungen ihren Ursprung im Wesentlichen im (deutschen) Inland haben. Dadurch, dass der Bund sich dem Subsidiaritätsgedanken und der Förderung deutscher Ausfuhren verpflichtet fühlt, ist ein hoher nationaler Lieferanteil von zentraler Bedeutung.[506]

Grundsätzlich sind Güter ausländischer Fertigung, die durch den deutschen Exporteur be- oder verarbeitet werden und in ein Produkt eingehen, welches ein deutsches Warenursprungszeugnis[507] erhält, keine Auslandsware.[508] Für die Ausstellung eines solchen Warenursprungszeugnisses sind in der Regel die Industrie- und Handelskammern zuständig.[509] In einem solchen Fall ist die Frage, ob und in welchem Umfang ausländische Zulieferungen in dem betreffenden Produkt enthalten sind, irrelevant.[510] Falls jedoch kein deutsches Warenursprungszeugnis vorliegt beziehungsweise es sich um eine ausländische Leistung handelt, sind die Beschlüsse zur Einbeziehung von ausländischen Lieferungen und Leistungen des für die Exportkreditgarantien verantwortlichen Interministeriellen Ausschusses zu berücksichtigen. Grundvoraussetzung für die Einbeziehung von ausländischen Zulieferungen in die Exportkreditgarantie ist, dass ein unmittelbarer Zahlungsanspruch des Unterlieferanten gegenüber dem Hauptlieferanten, dem deutschen Exporteur, besteht.[511]

Bei der Einbeziehung von ausländischen Zulieferungen für Exportgeschäfte mit einer Kreditlaufzeit von mindestens zwei Jahren (mittel- und langfristige

---

506 Vgl. Moltrecht/Kolberg/Kuhn 2014, Register G, Tz. 477.

507 Bei Leistungen wird kein Warenursprungszeugnis ausgestellt, da sie keine produzierte Ware sind. Vielmehr differenziert man, ob die Leistung vom Exporteur hauptsächlich im Inland vorbereitet wurde oder ob sie bei überwiegender Erbringung im Ausland zumindest dem deutschen Exporteur zuzurechnen ist. Falls dies nicht zutrifft, gilt sie als ausländische Leistung. Für Näheres zum Thema Warenursprungszeugnis siehe die Internetseite AGA-Portal. URL: <http://www.agaportal.de/pages/portal/themen_von_a-z.html#3c> (zuletzt geprüft am 06.07.2014).

508 Vgl. Cordes/Gehring 2012, S. 2.

509 Siehe auch § 1 Abs. 3 IHKG.

510 Vgl. Cordes/Gehring 2012, S. 2.

511 Vgl. Cordes/Gehring 2012, S. 2.

Exportgeschäfte) sowie der Einbeziehung von örtlichen Kosten[512] kommt ein dreistufiges Modell zur Anwendung, sofern sich durch die vom Interministeriellen Ausschuss festgelegte Deckungspolitik für das betreffende Bestellerland keine weiteren Einschränkungen ergeben.[513]

Abbildung 11: Einbeziehung ausländischer Zulieferungen sowie örtlicher Kosten[514]

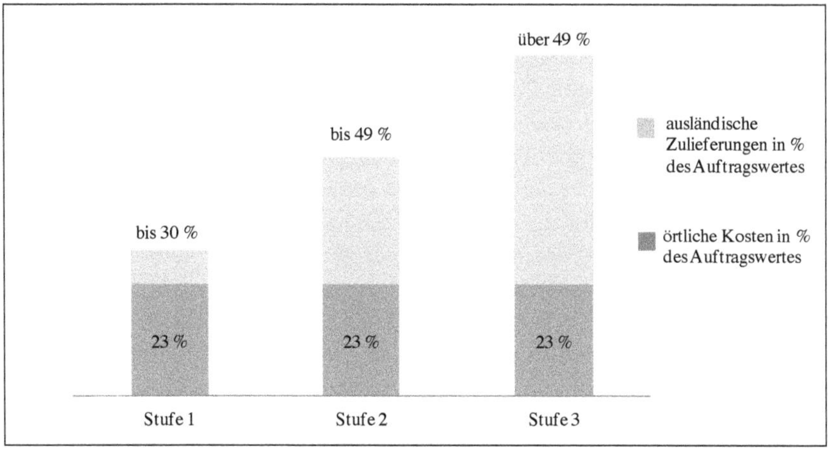

Die Abbildung 11 zeigt, dass die örtlichen Kosten auf jeder der drei dargestellten Stufen bis zu 23 %[515] des (deckungsfähigen) Auftragswertes in die Deckung einbezogen werden können. Diesbezüglich wird jedoch vorausgesetzt, dass die örtlichen Kosten in einem unmittelbaren Zusammenhang mit dem zu deckenden

512 Bei den örtlichen Kosten handelt es sich um Lieferungen und Leistungen aus dem Bestellerland, die zur Erfüllung des Vertrages erforderlich sind oder zur Umsetzung eines lokalen Projektes aufgewendet werden müssen; häufig sind dies Bauleistungen. Vgl. Janus 2011, Rn. 133.

513 Vgl. Cordes/Gehring 2012, S. 2.

514 Abbildung in Anlehnung an Cordes/Gehring 2012, S. 3.

515 Gemäß Art. 10 lit. d) Ziff. 1 des OECD-Konsensus können örtliche Kosten bis zu 30 % des Exportauftragswertes (zur Begrifflichkeit des Exportauftragswertes siehe Fn. 180) in die Deckung einbezogen werden. Im deutschen System ist die Bezugsgröße jedoch nicht der Exportauftragswert, sondern der Auftragswert. Die exakte Grenze für den gemäß dem OECD-Konsensus zulässigen Anteil von örtlichen Kosten am Auftragswert entspricht daher einem auf zwei Nachkommastellen gerundeten Wert von 23,07 %. Anders als die Einbeziehung ausländischer Zulieferungen wird die Einbeziehung örtlicher Kosten in die Deckung nicht auf nationaler, sondern nur auf internationaler Ebene durch den OECD-Konsensus geregelt.

Ausfuhrgeschäft des deutschen Exporteurs stehen und Teil seiner Exportforderung gegen den ausländischen Besteller sind.[516]

Auf der ersten Stufe können ausländische Zulieferungen unabhängig von ihrer Herkunft und ohne nähere Begründung bis zu einer Höhe von 30 % des Auftragswertes (davon örtliche Kosten bis maximal 23 %) in die Deckung einbezogen werden.[517]

Die zweite Stufe umfasst Regelungen für Exportgeschäfte, bei denen der Gesamtbetrag der einzubeziehenden Auslandsanteile zwischen 30 % und 49 % des Auftragswertes liegt.[518] Auf der zweiten Stufe können Auslandsanteile aus EU-Mitgliedsländern bis zu einem Anteil von 40 % des Auftragswertes in die Deckung einbezogen werden.[519] Wenn Zulieferungen aus EU-Mitgliedsländern oder aus Japan, Norwegen oder der Schweiz, mit denen die Bundesrepublik Deutschland bilaterale Zulieferabkommen geschlossen hat, mit Zulieferungen aus sonstigen Ländern, mit denen derartige Abkommen nicht bestehen, kumuliert werden, können ohne nähere Begründung Zulieferungen von bis zu 49 % des Auftragswertes mitgedeckt werden, sofern je nach Ländergruppe der Auslandsanteil von bis zu 30 % nicht überschritten wird.[520] Zudem können im Rahmen der zweiten Stufe weitere Lieferungen und Leistungen aus dem Ausland unabhängig vom Ursprungsland (Ausnahme: Bestellerland) der Zulieferungen in die Deckung einbezogen werden, sofern eine über dem Standardsatz von 15 % des Auftragswertes liegende An- und Zwischenzahlung vereinbart wird.[521] Darüber hinaus können unter bestimmten Voraussetzungen auch Zulieferungen von Tochtergesellschaften bis maximal 49 % des Auftragswertes in die Deckung einbezogen werden, sofern die betreffende Tochtergesellschaft ihren Sitz nicht im Bestellerland hat.[522]

Auf der dritten Stufe können ausländische Zulieferungen von über 49 % des Auftragswertes in die Deckung einbezogen werden. Der Exporteur hat in diesen Fällen die Unabdingbarkeit dieser ausländischen Zulieferungen ausführlich zu

---

516 Vgl. Cordes/Gehring 2012, S. 4.

517 Vgl. Cordes/Gehring 2012, S. 2 f.; Janus 2011, Rn. 133.

518 Vgl. Cordes/Gehring 2012, S. 3.

519 Näheres zu den Einbeziehungsmöglichkeiten bei ausländischen Zulieferungen aus EU-Mitgliedstaaten siehe Cordes/Gehring 2012, S. 4.

520 Vgl. Cordes/Gehring 2012, S. 3

521 Vgl. Cordes/Gehring 2012, S. 3.

522 Näheres über die Privilegierung von Tochtergesellschaften im Zusammenhang mit den Regeln zur Einbeziehung von ausländischen Zulieferungen bei Exportkreditgarantien des Bundes siehe Cordes/Gehring 2012, S. 3 ff.

begründen.[523] Im Rahmen seiner Begründung muss er die Bedeutung des Geschäftes im Hinblick auf die internationale Wettbewerbsfähigkeit darlegen.[524] Unter Abwägung dieser vom Exporteur vorgebrachten Begründung und der Förderungswürdigkeit erfolgt durch den Interministeriellen Ausschuss eine Einzelfallentscheidung über die Deckungsfähigkeit des betreffenden Exportgeschäftes.

Bei Geschäften mit Kreditlaufzeiten von bis zu zwei Jahren (kurzfristige Exportgeschäfte) ist ohne nähere Prüfung und unabhängig von der Warenart ein Einschluss von Auslandsware zu 100 % möglich, soweit eine Absicherung mit der Ausfuhr-Pauschal-Gewährleistung oder der Ausfuhr-Pauschal-Gewährleistung-light erfolgt.[525] Dazu zählen insbesondere Güter, die üblicherweise zu kurzfristigen Zahlungsbedingungen im Transit gehandelt werden, wie Roh- und Grundstoffe, Agrarerzeugnisse, Düngemittel und Verbrauchsgüter.[526] Die Einbeziehung der Auslandsware bis zu 100 % ist ebenfalls bei der Lieferantenkreditdeckung und der revolvierenden Lieferantenkreditdeckung für Exportgeschäfte mit Kreditlaufzeiten von bis zu zwei Jahren möglich, vorausgesetzt, es handelt sich hierbei nicht um Investitionsgüter.[527]

Falls mit Hilfe dieser beiden zuletzt genannten Deckungsformen Investitionsgüter gedeckt werden sollen, kommt ein zweistufiges Modell zur Anwendung. Auf der ersten Stufe können bis zu 49 % des Auftragswertes an ausländischen Zulieferungen unabhängig von ihrer Herkunft und ohne nähere Begründung in die Deckung einbezogen werden.[528] Dies schließt auch örtliche Kosten ein, da die Vorschriften des OECD-Konsensus für Exportgeschäfte mit Kreditlaufzeiten von weniger als zwei Jahren keine Anwendung finden.[529] Die zweite Stufe umfasst Regelungen für Exportgeschäfte, bei denen der Gesamtbetrag der einzubeziehenden Auslandsanteile über 49 % des Auftragswertes liegt.[530] Auf dieser Stufe nimmt der Interministerielle Ausschuss bei seiner Entscheidung über die Deckungsfähigkeit des Exportgeschäftes eine Einzelfallbetrachtung vor. Hier ist eine Begründung des Antragstellers erforderlich[531], in der die betriebswirtschaftliche Notwendigkeit des zu fördernden Exportgeschäftes darzulegen ist.

---

523 Vgl. Cordes/Gehring 2012, S. 5.
524 Vgl. Cordes/Gehring 2012, S. 5.
525 Vgl. Cordes/Gehring 2012, S. 7.
526 Vgl. Cordes/Gehring 2012, S. 7.
527 Vgl. Cordes/Gehring 2012, S. 7.
528 Vgl. Cordes/Gehring 2012, S. 7.
529 Vgl. Cordes/Gehring 2012, S. 7.
530 Vgl. Cordes/Gehring 2012, S. 7.
531 Vgl. Cordes/Gehring 2012, S. 7.

Sollte der Anteil der ausländischen Lieferungen und Leistungen nach den genannten Stufen-Regelungen nicht zulässig sein, besteht dennoch die Möglichkeit der Übernahme einer Exportkreditgarantie zugunsten des deutschen Exporteurs. Um zu klären, welche weiteren Deckungsmöglichkeiten im Rahmen der Exportkreditgarantien des Bundes bestehen könnten, stellt sich die Frage nach den vertraglichen Beziehungen zwischen Hauptlieferant, Zulieferern und ausländischem Besteller (siehe hierzu auch Abbildung 12).

Abbildung 12: Beteiligung mehrerer Exporteure an einem Exportgeschäft[532]

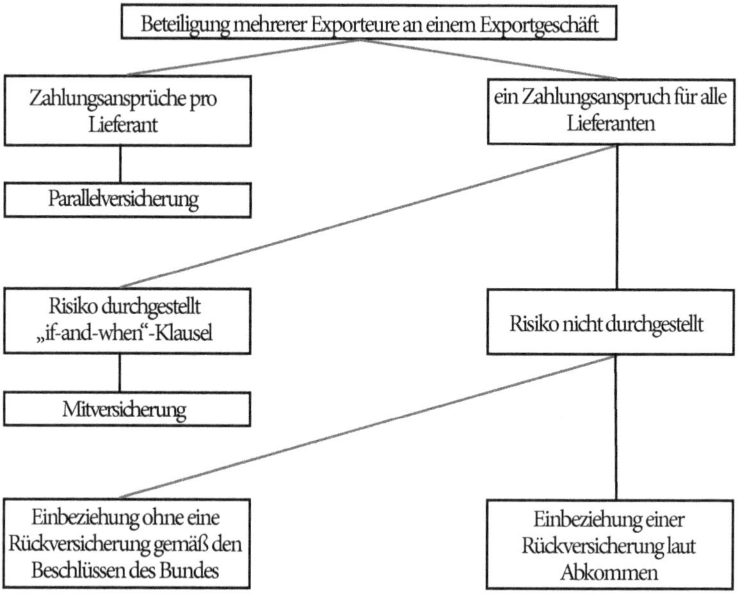

Die Parallelversicherung kommt in Betracht, wenn an einem Ausfuhrgeschäft Exporteure aus verschiedenen Ländern mit eigenem Liefer- und Leistungsanteil beteiligt sind und jeder Exporteur seinen Anteil selbst über eine staatliche Exportkreditversicherung absichert.[533] Bei der Parallelversicherung besteht kein

532 Abbildung in Anlehnung an AGA-Report 2002, Nr. 89, ohne Angabe von Seitenzahlen. Eine vergleichbare Abbildung ist auch in Moltrecht/Kolberg/Kuhn 2014, Register C 3, Tz. 146, abgedruckt.

533 Näheres zur Parallelversicherung siehe unter anderem Moltrecht/Kolberg/Kuhn 2014, Register G, Tz. 431 f.; Janus 2011, Rn. 135; AGA-Report 2002, Nr. 89, ohne Angabe von Seitenzahlen.

Vertragsverhältnis zwischen den einzelnen Exporteuren. Vielmehr verfügt jeder Exporteur über einen direkten Zahlungsanspruch gegenüber dem ausländischen Besteller.[534]

Für den Fall, dass nur der deutsche Hauptlieferant einen eigenen vertraglichen Zahlungsanspruch gegenüber dem ausländischen Besteller hat, zwischen den Zulieferern und dem ausländischen Besteller keine direkten vertraglichen Beziehungen bestehen und der Hauptlieferant die Risiken auf den Unterlieferanten übertragen kann („if-and-when"-Klausel[535]), kommt eine Mitversicherung in Betracht.[536] Voraussetzung hierfür ist aber, dass zwischen den beteiligten Exportkreditversicherern eine Mitversicherungsvereinbarung besteht. Unter den EU-Mitgliedstaaten wird die Mitversicherung durch die Richtlinie 2009/138/EG des Europäischen Parlaments und des Rates geregelt.[537]

Auch das Modell der Rückversicherung wird vermehrt bei Großprojekten mit Beteiligung von Exporteuren aus verschiedenen Ländern genutzt. Bei diesem Modell übernimmt der Erstversicherer (Exportkreditversicherung des Hauptlieferanten) die Kreditversicherung für den gesamten Auftrag einschließlich der ausländischen Lieferungen und Leistungen.[538] Der Erstversicherer erhält eine Rückversicherung für den mitgedeckten Wert der ausländischen Zulieferungen durch einen Zweitversicherer, dem Kreditversicherer des ausländischen Zulieferers.[539] Im Ergebnis bewirkt das Modell der Rückversicherung, dass der Bund nur das Kreditrisiko für den deutschen Teil und der ausländische Exportkreditversicherer das Risiko für den entsprechenden ausländischen Anteil übernimmt.[540] Es sind verschiedene Voraussetzungen zu erfüllen, damit das Modell der Rückversicherung genutzt werden kann. Demnach kommt die Rückversicherung nur

534 Vgl. Janus 2011, Rn. 135.

535 Die „if-and-when"-Klausel besagt in diesem Zusammenhang, dass die Zahlungsrisiken vom Hauptlieferanten auf den Unterlieferanten durchgestellt werden können. Der Unterlieferant erhält demnach nur dann die Zahlung, wenn der ausländische Besteller den Hauptlieferanten bezahlt hat. Vgl. AGA-Report 2002, Nr. 89, ohne Angabe von Seitenzahlen.

536 Näheres zur Mitversicherung siehe unter anderem Bergs/Kaiping 2014, S. 6; Moltrecht/Kolberg/Kuhn 2014, Register G, Tz. 433 ff.; Janus 2011, Rn. 134; AGA-Report 2002, Nr. 89, ohne Angabe von Seitenzahlen.

537 Siehe ABl L 335 vom 17.12.2009.

538 Näheres zur Rückversicherung siehe Bergs/Kaiping 2014, S. 2 ff.; Moltrecht/Kolberg/Kuhn 2014, Register G, Tz. 445 ff.; Janus 2011, Rn. 136; AGA-Report 2002, Nr. 89, ohne Angabe von Seitenzahlen.

539 Vgl. Bergs/Kaiping 2014, S. 3.

540 Vgl. Cordes/Gehring 2012, S. 6.

in Betracht, wenn der Hauptlieferant einen 100 %-igen vertraglichen Zahlungsanspruch gegen den ausländischen Besteller hat, der sich auch auf den Liefer- beziehungsweise Leistungsanteil des Unterlieferanten bezieht.[541] Ebenfalls wird vorausgesetzt, dass zwischen dem Zulieferer und dem ausländischen Besteller keine direkten vertraglichen Beziehungen bestehen, der Zulieferer auch dann die Zahlung von dem Hauptlieferanten erhält, wenn der ausländische Besteller den Hauptlieferanten nicht bezahlt, und zwischen den am Liefergeschäft beteiligten Exportkreditversicherern ein Rückversicherungsabkommen besteht.[542]

Das Rückversicherungsmodell stößt jedoch auch an seine praktischen Grenzen. So bestehen bisher nur mit 24 Ländern bilaterale Rückversicherungsabkommen.[543] Mit afrikanischen Ländern wurden bislang keine solchen Abkommen geschlossen.[544]

4.1.4.5 Risikomäßige Vertretbarkeit

Ein weiteres Kriterium für die Übernahme einer Exportkreditgarantie des Bundes ist die risikomäßige Vertretbarkeit. Die Übernahme dieser Garantie setzt gemäß Ziff. 2.2 S. 1 der Richtlinien für die Übernahme von Exportkreditgarantien voraus, dass unter Berücksichtigung bereits gedeckter Risiken die Deckung in Bezug auf die Kreditwürdigkeit des ausländischen Bestellers oder Kreditnehmers sowie im Hinblick auf die mit der Durchführung des Ausfuhrgeschäftes verbundenen politischen Risiken vertretbar ist.

Zur Prüfung der risikomäßigen Vertretbarkeit werden zum einen die Kreditwürdigkeit und die Zahlungsfähigkeit des ausländischen Schuldners anhand aussagekräftiger Unterlagen, wie nach internationalen Rechnungslegungsstandards erstellte und testierte Jahresabschlüsse, beurteilt.[545] Diese Anforderungen zur Prüfung ihrer Bonität erfüllen jedoch mit Blick auf die afrikanischen Schuldner zumeist nur einige wenige Großunternehmen. Kleine und mittlere Unternehmen aus Schwellen- und Entwicklungsländern können oftmals keine solchen Jahresabschlüsse vorweisen, weshalb bei Exportgeschäften mit afrikanischen

541 Zu den Voraussetzungen der Einbeziehung der Zulieferungen in die Deckung auf Basis einer Rückversicherung siehe auch Bergs/Kaiping 2014, S. 2 ff.; AGA-Report 2002, Nr. 89, ohne Angabe von Seitenzahlen.

542 Vgl. Bergs/Kaiping 2014, S. 3.

543 Eine Liste der Kooperationsvereinbarungen, in der unter anderem auch die verschiedenen bilateralen Rückversicherungsabkommen abgedruckt sind, findet sich in Bergs/Kaiping 2014, S. 7.

544 Siehe auch Experteninterview mit Euler Hermes 2011, Anhang F, Frage 9.

545 Vgl. Bischoff 2009, S. 851; Janus 2011, Rn. 47.

Bestellern die Einschaltung einer lokalen (afrikanischen) Hausbank notwendig ist.[546] Aber auch die Einschaltung einer solchen Bank ist häufig mit Problemen verbunden. So verfügen die lokalen Banken in den afrikanischen Entwicklungsländern in der Regel nur über eine geringe Eigenkapitalausstattung, weshalb sie oftmals nicht in der Lage sind, ausreichende Mittel zur Exportfinanzierung bereitzustellen.[547] Daher können nur wenige afrikanische Banken, wie die African Export-Import Bank, im Rahmen einer Bank-zu-Bank-Finanzierungsstruktur als Vertragspartner eingebunden werden.[548]

Zum anderen gilt es, im Rahmen der risikomäßigen Vertretbarkeit die Länderrisiken zu bewerten.[549] Bei der Länderrisikobewertung werden verschiedene volkswirtschaftliche Kennzahlen, wie die bisherige Zahlungserfahrung oder die Schuldendienstfähigkeit eines Landes, ausgewertet.[550] Ebenfalls Teil der Länderrisikoanalyse ist die Beurteilung der politischen Situation in dem betreffenden Land.[551]

Nach Ziff. 2.2 S. 2 der Richtlinien für die Übernahme von Exportkreditgarantien ist die Indeckungnahme vertretbar, wenn eine vernünftige Aussicht auf einen schadensfreien Verlauf des Exportgeschäftes besteht. Eine nicht ausreichende Bonität des ausländischen Schuldners oder eine ungünstige Beurteilung der Gesamtsituation des Bestellerlandes kann jedoch unter Umständen durch den Einsatz von Sicherheiten ausgeglichen werden.[552] Allerdings ist die Stellung von Sicherheiten durch den ausländischen Schuldner, insbesondere in Entwicklungsländern wie in Afrika, nicht unproblematisch, da bei einem möglichen Zahlungsausfall Schwierigkeiten entstehen können, die Ansprüche aus den dem Kreditgeschäft zugrunde liegenden Sicherheiten vor Ort rechtlich durchzusetzen.[553]

---

546 Vgl. Sedlacek 2011, S. 14.

547 Zu den Grenzen des lokalen afrikanischen Bankenmarktes siehe Sedlacek 2011, S. 14 f.

548 Siehe hierzu auch die Liste der als Garanten beziehungsweise Darlehensnehmer anerkannten Banken auf der Internetseite AGA-Portal. URL: <http://www.agaportal.de/pages/aga/deckungspolitik/banken.html> (zuletzt geprüft am 06.07.2014).

549 Vgl. Kageneck 1991, S. 46.

550 Die Einschätzung der Länderrisiken spielt bei der Festlegung der Deckungspolitik eine zentrale Rolle. Siehe hierzu auch die Ausführungen unter Gliederungspunkt 3.2.2.

551 Siehe hierzu auch Janus 2011, Rn. 47.

552 Siehe ausführlich Moltrecht/Kolberg/Kuhn 2014, Register F, Tz. 456 ff.

553 Vgl. Bischoff 2012, S. 14.

Bei der Prüfung der risikomäßigen Vertretbarkeit ist gemäß Ziff. 2.2 S. 3 der Richtlinien für die Übernahme von Exportkreditgarantien immer auch der Grad der Förderungswürdigkeit des Ausfuhrgeschäftes zu berücksichtigen.

In Ziff. 2.2 S. 4 dieser Richtlinien heißt es ferner, dass die Grenze der risikomäßigen Vertretbarkeit im Einzelfall weiter als im Regelfall gezogen werden kann, wenn an der Durchführung des Ausfuhrgeschäftes ein besonderes gesamtwirtschaftliches Interesse – insbesondere zur Sicherung von Arbeitsplätzen – besteht.

4.1.4.6 Erfordernis der Üblichkeit der Vertragsbedingungen

Ein weiteres Deckungsübernahmekriterium ist in Ziff. 2.3 der Richtlinien für die Übernahme von Exportkreditgarantien unter dem Begriff „Vertragsbedingungen“ aufgelistet. Demnach sollen gemäß Ziff. 2.3 S. 1 dieser Richtlinien Ausfuhrgeschäfte nur dann unterstützt werden, wenn die vereinbarten Konditionen mit den nach Art und Umfang der Warenlieferung oder der zu erbringenden Leistung im Außenhandel üblichen Vertragsbedingungen übereinstimmen. Des Weiteren heißt es in Ziff. 2.3 S. 2, dass unterstützte Ausfuhrgeschäfte in Bezug auf die Zahlungsbedingungen beziehungsweise Rückzahlungsbedingungen zwischenstaatlichen Vereinbarungen und den international abgestimmten Grundsätzen für Exportgeschäfte entsprechen sollen.

Die Anträge auf Übernahme einer Exportkreditgarantie des Bundes werden darauf überprüft, ob im Rahmen des zu deckenden Exportgeschäftes handels- und branchenübliche Zahlungsbedingungen vereinbart wurden.[554] Bei der Beurteilung der Zahlungsbedingungen werden verschiedene Elemente, wie die Kreditfristen, der kreditierte Teil des Auftragswertes beziehungsweise die Höhe der An- und Zwischenzahlung, der Beginn der Kreditlaufzeit, die Rückzahlungsmodalitäten und die Zinserhebungsmethode, untersucht.[555] Im Hinblick auf die zulässigen Zahlungsbedingungen sind neben der Entscheidungspraxis des für die Vergabe von Exportkreditgarantien zuständigen Interministeriellen Ausschusses insbesondere die relevanten Regelungen der OECD sowie die Regeln der Berner Union zu beachten.[556] Vereinbart der deutsche Exporteur mit seinem ausländischen Geschäftspartner Vertragsbedingungen, die nicht mit den international abgestimmten Grundsätzen übereinstimmen, läuft er Gefahr, die Exportkreditgarantie des Bundes nicht zu erhalten.[557]

---

554 Vgl. Moltrecht/Kolberg/Kuhn 2014, Register F, Tz. 624; Janus 2011, Rn. 51.
555 Siehe ausführlich Moltrecht/Kolberg/Kuhn 2014, Register F, Tz. 627 ff.
556 Für Näheres siehe Stumpenhusen 2014, S. 2 ff.
557 Vgl. Häberle 2002, S. 950 f.

4.1.4.7 Konformität mit dem Haushaltsrecht des Bundes

Gemäß Ziff. 2.4 der Richtlinien für die Übernahme von Exportkreditgarantien ergehen sämtliche Entscheidungen im Rahmen der Vorschriften des Bundeshaushaltsrechts. Exportkreditgarantien dürfen vom Bund nicht übernommen werden, wenn der im Haushaltsgesetz des Bundes festgesetzte Höchstbetrag der Gewährleistungen nicht ausreicht oder im Zuge der Übernahme der Exportkreditgarantie mit der Inanspruchnahme des Bundes gerechnet werden muss.[558] Gemäß § 3 Abs. 1 S. 1 Ziff. 1 des Haushaltsgesetzes des Bundes 2014 wurde der Ermächtigungsrahmen auf 165 Mrd. Euro festgesetzt. Bis zu diesem Höchstbetrag ist eine Haftungsübernahme im Bereich der Exportkreditgarantien haushaltsrechtlich zulässig.

4.1.5 Antrags- und Entscheidungsverfahren

Nach Ziff. 4.1 S. 1 der Richtlinien für die Übernahme von Exportkreditgarantien werden diese nur auf Antrag übernommen. Bei dem Antragsverfahren im Bereich der Exportkreditgarantien handelt es sich um ein Verwaltungsverfahren, welches dem Verwaltungsverfahrensgesetz des Bundes unterliegt.[559] Da Euler Hermes federführender Mandatar innerhalb des für die Geschäftsführung der Förderinstrumente verantwortlichen Konsortiums ist, werden die Anträge ausschließlich an diesen Exportkreditversicherer gestellt und von diesem bearbeitet. Der Antrag auf Übernahme einer Exportkreditgarantie sollte grundsätzlich vor Abschluss des Ausfuhrvertrages und gegebenenfalls des Kreditvertrages, jedenfalls vor Beginn des zu deckenden Risikos gestellt werden.[560] Auf diese Weise erhält das exportierende Unternehmen bereits in der frühen Verhandlungsphase mehr Gewissheit über die Deckungsfähigkeit des betreffenden Exportgeschäftes. Schließlich gibt es eine Reihe von Unsicherheiten, wie mögliche Einschränkungen in der Deckungspolitik, die Zweifel hervorrufen können, ob das geplante Exportgeschäft überhaupt deckungsfähig ist. Dies gilt in besonderer Weise für Geschäfte mit Vertragspartnern aus Afrika, da für diese Region der Interministerielle Ausschuss für Exportkreditgarantien diverse Einschränkungen festgelegt hat. Durch eine frühzeitige Antragstellung besteht zudem für Euler Hermes die Möglichkeit, gestaltend auf die Vertrags- und Zahlungsbedingungen einzuwirken, um so überhaupt

---

558 Siehe Ziff. 2.4 S. 2 i.V.m. Ziff. 2.4.1 und Ziff. 2.4.2 der Richtlinien für die Übernahme von Exportkreditgarantien.

559 Zu den rechtlichen Besonderheiten des Antragsverfahrens siehe unter anderem Moltrecht/Kolberg/Kuhn 2014, Register E, Tz. 1 ff.

560 Für Näheres zum Zeitpunkt der Antragstellung siehe Moltrecht/Kolberg/Kuhn 2014, Register E, Tz. 40 ff.

erst die Deckungsfähigkeit des Geschäftes herbeizuführen.[561] Das Antrags- und Entscheidungsverfahren gestaltet sich jedoch aufgrund der Verschiedenheit der Deckungsformen im Bereich der Exportkreditgarantien des Bundes nicht einheitlich.[562] Einen Überblick über das mehrstufige Antrags- und Entscheidungsverfahren vermittelt die nachfolgende Abbildung.

Abbildung 13: Antrags- und Entscheidungsverfahren bei den Exportkreditgarantien[563]

Exporteur/Kreditinstitut
- stellt Antrag bei Euler Hermes
Euler Hermes
- Prüfung der Deckungsvoraussetzungen - Erstellung des Prüfberichts
Interministerieller Ausschuss
- grundsätzliche Stellungnahme (ggf. mit Auflagen)
Exporteur/Kreditinstitut
- Mitteilung des Export- bzw. Finanzkreditvertrages
Euler Hermes
- Weitergabe der endgültigen Deckungszusage - Ausstellung der Gewährleistungserklärung

561 Vgl. Moltrecht/Kolberg/Kuhn 2014, Register F, Tz. 637.

562 Zu den Besonderheiten des Antrags- und Entscheidungsverfahrens bei der Lieferantenkreditdeckung und der Fabrikationsrisikodeckung siehe Moltrecht/Kolberg/Kuhn 2014, Register E, Tz. 30 ff.; betreffend die Finanzkreditdeckung siehe Moltrecht/Kolberg/Kuhn 2014, Register E, Tz. 73 ff.

563 Abbildung in Anlehnung an die Informationsbroschüre für Exportkreditgarantien des Bundes, ohne Angabe eines Erstellungsdatums, S. 20. Das hier dargestellte Antrags- und Entscheidungsverfahren bezieht sich ausschließlich auf Deckungsanträge ab einem Auftragswert von 10 Mio. Euro, da in diesem Fall der Interministerielle Ausschuss über die Indeckungnahme zu entscheiden hat. Verantwortlich für die Absicherung von Exportgeschäften mit Auftragswerten unter 10 Mio. Euro sind entweder der Kleine Interministerielle Ausschuss oder die Mandatare. Siehe hierzu Gliederungspunkt 3.2.2.

Im Bereich der Exportkreditgarantien des Bundes existieren zwei verschiedene Antragsformulare – ein so genannter Exporteursantrag für antragstellende Exporteure und ein Bankenantrag für antragsberechtigte Kreditinstitute.[564] In diesen Anträgen sind detaillierte Informationen über das abzusichernde Exportvorhaben beziehungsweise über das abzusichernde Darlehen anzugeben. Die Prüfung der Angaben auf Richtigkeit und Vollständigkeit erfolgt nicht bei der Antragsbearbeitung, sondern erst in einem etwaigen späteren Entschädigungsverfahren.[565] Stellt sich bei einer späteren Schadensbearbeitung heraus, dass der Deckungsnehmer unrichtige oder unwahre Angaben im Antragsverfahren gemacht hat, ist der Bund von seiner Verpflichtung zur Entschädigung frei, wenn die Unrichtigkeit oder Unvollständigkeit der Angaben dem Antragsteller bekannt war oder bekannt sein musste.[566] Vertragsunterlagen sind dem Antragsformular nicht beizufügen. Erst im Schadensfall hat der Deckungsnehmer die Richtigkeit seiner Angaben anhand entsprechender Unterlagen nachzuweisen.[567]

Neben dem Antragsformular muss der Antragsteller eine Erklärung zur Korruptionsprävention, die ebenfalls Bestandteil des jeweiligen Antrags ist, unterschreiben.[568] Der Bankenantrag enthält zudem eine Verpflichtungserklärung, die bei der Finanzkreditdeckung durch den Exporteur zu unterzeichnen ist.

Bei Großgeschäften mit einem Auftragswert von über 15 Mio. Euro ist dem Antrag ein Memorandum[569] beizufügen. Das Memorandum sollte die wesentlichen Aspekte des geplanten Projektes schildern und unter anderem Angaben zu der Finanzierung sowie der volkswirtschaftlichen Bedeutung des Projektes enthalten.[570] Bei eingeschränkten Deckungsmöglichkeiten für ein Land kann es empfehlenswert sein, auch bei Projekten mit einem geringeren Auftragsvolumen ein Memorandum beizufügen.[571] Darüber hinaus setzt der Interministerielle

564 Die Formulare zur Antragstellung für Exporteure und Banken sind auf der Internetseite AGA-Portal verfügbar. URL: <http://www.agaportal.de/pages/aga/downloads/antraege_dynamisch.html> (zuletzt geprüft am 06.07.2014).

565 Vgl. Kruse/Krink 2014, S. 2.

566 Siehe hierzu für die Forderungsdeckungen § 16 Abs. 1 i.V.m. § 15 Nr. 1 AllgBed-APG, AllgBed-APG-light, AllgBed-G, AllgBed-L, AllgBed-FKG; für die Fabrikationsrisikodeckung siehe § 14 Abs. 1 i.V.m. § 13 Nr. 1 AllgBed-FG.

567 Siehe hierzu auch Gliederungspunkt 4.1.7.

568 Die Erklärung zur Korruptionsprävention ist auf der Internetseite AGA-Portal verfügbar. URL: <http://www.agaportal.de/pdf/formulare/korruptionspraevention.pdf> (zuletzt geprüft am 06.07.2014).

569 Nähere Angaben zu dem Memorandum siehe AGA-Report 1990, Nr. 24, S. 3 f.

570 Vgl. Andrich 2012, S. 3.

571 Vgl. Moltrecht/Kolberg/Kuhn 2014, Register E, Tz. 39.

Ausschuss bei Projektfinanzierungen voraus, dass eine gutachterliche Stellungnahme zur wirtschaftlichen Tragfähigkeit des jeweiligen Vorhabens eingeholt wird.[572]

Der Exporteur oder die exportfinanzierende Bank reicht den Antrag bei Euler Hermes ein. Nach der Antragstellung erfolgt die Antragsbearbeitung, bei der die einzelnen Deckungsvoraussetzungen durch den Mandatar geprüft werden. Besondere Bedeutung kommt dabei der Umweltprüfung, für die der Antragsteller unter Umständen entsprechende Unterlagen beizubringen hat, zu.[573] Im Rahmen der Antragsbearbeitung erstellt Euler Hermes für den Interministeriellen Ausschuss einen Prüfbericht, der die Entscheidungsgrundlage für die Übernahme der Exportkreditgarantie darstellt, wobei sich die darin verarbeiteten Informationen auf die Angaben des Antragstellers stützen.[574]

Gemäß Ziff. 4.2 der Richtlinien für die Übernahme von Exportkreditgarantien kann vor dem Abschluss eines Ausfuhrvertrages und gegebenenfalls eines Kreditvertrages gegenüber dem Antragsteller eine grundsätzliche Stellungnahme über die Aussichten einer Indeckungnahme abgegeben werden.[575] Dabei besteht die Möglichkeit, die grundsätzliche Stellungnahme mit Auflagen zu verbinden. Die grundsätzliche Stellungnahme umfasst nach Ziff. 4.2.1 dieser Richtlinien die Zusicherung des Bundes, über die beantragte Exportkreditgarantie positiv zu entscheiden, sofern der Ausfuhrvertrag beziehungsweise der Kreditvertrag innerhalb einer gesetzten Frist abgeschlossen wird und der im Haushaltsgesetz des Bundes festgesetzte Höchstbetrag der Gewährleistungen ausreicht. Gemäß § 38 Abs. 1 Verwaltungsverfahrensgesetz des Bundes wird der Begriff der Zusicherung als eine von der zuständigen Behörde erteilte Zusage definiert, einen bestimmten Verwaltungsakt später zu erlassen oder zu unterlassen. Der später zu erlassende Verwaltungsakt ist die „endgültige Deckungszusage". Nach § 38 Abs. 1 Verwaltungsverfahrensgesetz des Bundes bedarf die Zusage zu ihrer Wirksamkeit der schriftlichen Form. Gemäß Ziff. 4.2.2 der Richtlinien für die Übernahme von Exportkreditgarantien ist der Bund jedoch nicht an die Zusicherung gebunden, wenn sich nach Abgabe der grundsätzlichen Stellungnahme die Sach- oder

572 Siehe hierzu die Ausführungen in Hermesdeckungen Spezial – Gutachten bei Projektfinanzierungen/Strukturierten Finanzierungen 2012, S. 2 ff.

573 Siehe hierzu die Ausführungen unter Gliederungspunkt 4.1.4.3.

574 Vgl. Moltrecht/Kolberg/Kuhn 2014, Register E, Tz. 20; Janus 2011, Rn. 38.

575 Diese Stellungnahme kommt nur bei den Einzeldeckungen im Zusammenhang mit den Exportkreditgarantien des Bundes vor. Bei den Sammeldeckungen hingegen gibt es die Möglichkeit der grundsätzlichen Stellungnahme nicht. Vgl. Scheibe 2011, Rn. 83.

Rechtslage derart verändert, dass das BMWi bei Kenntnis der nachträglich eingetretenen Änderung die Stellungnahme nicht abgegeben hätte oder aus rechtlichen Gründen nicht hätte abgeben dürfen. Dies ist beispielsweise dann der Fall, wenn eine deutliche Verschlechterung der politischen oder wirtschaftlichen Situation des Bestellerlandes oder der Bonität des ausländischen Schuldners eintritt.[576] Die grundsätzliche Stellungnahme ist insbesondere für die Deckungsnehmer von Bedeutung, die den Abschluss des Ausfuhr- beziehungsweise Kreditvertrages nur vornehmen, wenn eine grundsätzliche Deckungsbereitschaft des Bundes besteht.[577] Fällt die grundsätzliche Stellungnahme für den Antragsteller positiv aus, ist die darin enthaltene Grundsatzzusage üblicherweise auf eine Laufzeit von sechs Monaten beschränkt und kann auf Antrag jeweils um sechs Monate verlängert werden.[578] Über den Antrag auf Übernahme einer Exportkreditgarantie des Bundes wird nach Ziff. 4.3.1 der einschlägigen Richtlinien endgültig entschieden, wenn sämtliche entscheidungserheblichen Tatsachen vorliegen. Das ist gemäß Ziff. 4.3.2 dieser Richtlinien regelmäßig erst dann der Fall, wenn der Ausfuhrvertrag sowie gegebenenfalls auch der Kreditvertrag abgeschlossen sind und sämtliche für die Ausfertigung der Ausfuhrgewährleistungserklärung notwendigen Daten vorliegen. Die endgültige Entscheidung über den Antrag auf Übernahme einer Exportkreditgarantie trifft gemäß Ziff. 3.1 der Richtlinien das BMWi mit der gemäß § 39 Bundeshaushaltsordnung erforderlichen Einwilligung des Bundesministeriums der Finanzen sowie im Einvernehmen mit dem Auswärtigen Amt und dem Bundesministerium für wirtschaftliche Zusammenarbeit und Entwicklung in dem Interministeriellen Ausschuss für Exportkreditgarantien. Dabei sind die im Interministeriellen Ausschuss getroffenen Entscheidungen keine Kollegialbeschlüsse.[579] Die Entscheidung, eine Exportkreditgarantie zu übernehmen, ist eine solche des BMWi. Diese endgültige Deckungszusage muss als öffentlichrechtlicher Verwaltungsakt dem Antragsteller mitgeteilt werden.[580]

Die endgültige Deckungszusage des BMWi führt gemäß Ziff. 5.1 S. 1 der Richtlinien für die Übernahme von Exportkreditgarantien dazu, dass der Bund mit dem Deckungsnehmer einen zivilrechtlichen Gewährleistungsvertrag schließt. Dieser Gewährleistungsvertrag kommt dadurch zustande, dass der

576 Vgl. BT-Drs. 17/2817, S. 6.

577 Zur grundsätzlichen Stellungnahme auf dem Gebiet der Exportkreditgarantien des Bundes siehe ausführlich Moltrecht/Kolberg/Kuhn 2014, Register E, Tz. 91 ff.; Janus 2011, Rn. 54.

578 Vgl. Moltrecht/Kolberg/Kuhn 2014, Register E, Tz. 93b.

579 Vgl. Janus 2011, Rn. 39.

580 Vgl. Janus 2011, Rn. 39.

Bund den Antrag des Deckungsnehmers auf Übernahme einer Exportkreditgarantie schriftlich annimmt.[581] Beim Vertragsschluss mit dem Deckungsnehmer lässt sich der Bund gemäß Ziff. 5.1 S. 2 und S. 3 der Richtlinien für die Übernahme von Exportkreditgarantien durch das BMWi vertreten, welches seinerseits durch die Mandatare vertreten wird. Euler Hermes als der mit der Geschäftsführung der Exportkreditgarantien federführend betraute Mandatar übersendet dem Antragsteller das so genannte Annahmeschreiben, aus dem sich der deckungsrelevante Sachverhalt, zu dem die positive Entscheidung getroffen wurde, sowie sämtliche Deckungskonditionen erschließen.[582] Dem Annahmeschreiben beigefügt ist die unter dem Briefkopf des BMWi erstellte Gewährleistungserklärung (Deckungsurkunde), die auf das Annahmeschreiben verweist.[583] Mit Übersendung der endgültigen Deckungszusage, des Annahmeschreibens und der Deckungsurkunde ist der Bund dem Deckungsnehmer aus dem Gewährleistungsvertrag verpflichtet.[584]

Die Übernahme einer Exportkreditgarantie des Bundes erfolgt nach der verwaltungsrechtlichen Zwei-Stufen-Lehre. Danach wird zwischen zwei Stufen unterschieden – einer öffentlich-rechtlichen Zusagestufe (Stufe 1) und einer zivilrechtlichen Abwicklungsstufe (Stufe 2).[585] Auf der ersten Stufe wird durch öffentlich-rechtlichen Verwaltungsakt, der Deckungszusage, über das „Ob" der Deckung entschieden. Auf der zweiten privatrechtlichen Stufe wird sodann von den Parteien, dem Bund und dem Deckungsnehmer, das Deckungsverhältnis durch den Gewährleistungsvertrag ausgestaltet – das „Wie" der Deckung. Die Zweistufigkeit des Verfahrens hat zur Folge, dass für Streitigkeiten, die ihren Ursprung in der ersten verwaltungsrechtlichen Stufe haben, das Verwaltungsgericht in Berlin zuständig ist.[586] Für Rechtsstreitigkeiten, die aus dem privatrechtlichen

---

581 Siehe zu den Forderungsdeckungen § 1 AllgBed-APG, AllgBed-APG-light, AllgBed-G, AllgBed-L, AllgBed-FKG; zu der Fabrikationsrisikodeckung § 1 AllgBed-FG.

582 Vgl. Moltrecht/Kolberg/Kuhn 2014, Register E, Tz. 83a.

583 Für ausführliche Informationen siehe Moltrecht/Kolberg/Kuhn 2014, Register E, Tz. 83.

584 Vgl. Janus 2011, Rn. 57.

585 Näheres zur Zweistufigkeit der Übernahme von Exportkreditgarantien siehe unter anderem Bödeker 1992, S. 160 ff.; Kageneck 1991, S. 48 f.; Ehlers 2004, S. 302 f.; Moltrecht/Kolberg/Kuhn 2014, Register B, Tz. 84 ff.; Scheibe 2011, Rn. 43 ff.; Janus 2011, Rn. 24 ff.

586 Vgl. Janus 2011, Rn. 28.

Vertrag zwischen dem Bund und dem Antragsteller herrühren, sind dagegen die ordentlichen Gerichte in Hamburg zuständig.[587]

4.1.6 Bearbeitungsgebühren und Entgelt

Der Deckungsnehmer hat für die Inanspruchnahme der Exportkreditgarantien des Bundes sowohl Bearbeitungsgebühren als auch ein Entgelt zu entrichten.

Abbildung 14: Zusammensetzung der Kosten bei den Exportkreditgarantien[588]

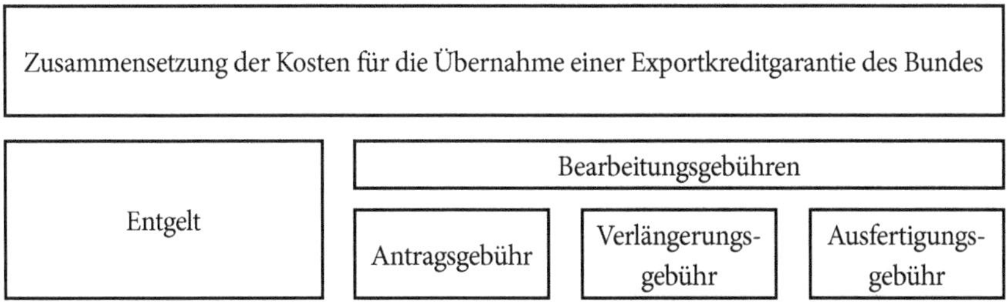

4.1.6.1 Bearbeitungsgebühren

Nach Ziff. 6.1 in Verbindung mit Ziff. 6.1.1 der Richtlinien für die Übernahme von Exportkreditgarantien verpflichtet sich der Antragsteller bei der Stellung des Antrags vertraglich, für die Bearbeitung des Antrags eine Bearbeitungsgebühr zu entrichten. Nach dem Verzeichnis der Gebühren und Entgelte für die Exportkreditgarantien werden die Bearbeitungsgebühren als Antrags-, Verlängerungs- und Ausfertigungsgebühr erhoben.[589] Sie können nicht auf das Entgelt für die Übernahme einer Deckung angerechnet und auch nicht erstattet werden.[590]

Für die Prüfung von Anträgen auf Übernahme einer Exportkreditgarantie des Bundes werden der Höhe nach gestaffelte Antragsgebühren bei Antragstellung erhoben. Es fallen Antragsgebühren zwischen 100 Euro für Auftragswerte

587 Vgl. Janus 2011, Rn. 29.

588 Eigene Darstellung.

589 Eine einheitliche Regelung betreffend die zu entrichtenden Bearbeitungsgebühren existiert nicht für alle Deckungsformen. Siehe insoweit das Verzeichnis der Gebühren und Entgelte für Exportkreditgarantien 2013, S. 3.

590 Vgl. Verzeichnis der Gebühren und Entgelte für Exportkreditgarantien 2013, S. 3.

bis 25.000 Euro und 6.000 Euro für Auftragswerte über 100 Mio. Euro an.[591] Fällig ist die Antragsgebühr nach Zugang der Rechnung beim Deckungsnehmer.[592]

Des Weiteren kann eine so genannte Verlängerungsgebühr erhoben werden. Diese Verlängerungsgebühr in Höhe von 50 % der Antragsgebühr ist zu entrichten, wenn eine Verlängerung der grundsätzlichen Stellungnahme über ein Jahr hinaus erwünscht ist.[593] Die Verlängerung ist dabei auf sechs Monate befristet. Für das erste Jahr ist die Verlängerungsgebühr durch die Antragsgebühr abgegolten.[594] Eine solche Verlängerung kann notwendig sein, wenn der Vertrag zwischen dem Exporteur und dem ausländischen Besteller noch nicht unterschrieben wurde oder sonstige zeitweilige Hindernisse bestehen. Die Verlängerungsgebühr ist wie die Antragsgebühr sofort nach Zugang der entsprechenden Rechnung fällig.[595]

Darüber hinaus wird für die Ausfertigung der Deckungsurkunde eine Ausfertigungsgebühr erhoben. Es fällt eine Gebühr in Höhe von 0,25 ‰ des Auftragswertes an, sofern der Bund dem Antrag auf Übernahme einer Exportkreditgarantie entsprochen hat.[596] Für die Ausfertigungsgebühr ist ein Betrag von mindestens 50 Euro und höchstens 12.500 Euro zu entrichten.[597] Die Verpflichtung zur Zahlung dieser Ausfertigungsgebühr entsteht mit Zugang der Deckungsurkunde beim Antragsteller.[598]

4.1.6.2 Entgelt

Neben den Bearbeitungsgebühren hat nach Ziff. 6.1 in Verbindung mit Ziff. 6.1.2 der Richtlinien für die Übernahme von Exportkreditgarantien der Exporteur

---

591 Die Gebührenstaffelung für die Antragsgebühr im Bereich der Exportkreditgarantien des Bundes ist dem Verzeichnis der Gebühren und Entgelte für Exportkreditgarantien 2013, S. 3, zu entnehmen. Näheres zu den Ausnahmeregelungen bei der Erhebung von Antragsgebühren siehe Verzeichnis der Gebühren und Entgelte für Exportkreditgarantien 2013, S. 3.

592 Vgl. Verzeichnis der Gebühren und Entgelte für Exportkreditgarantien 2013, S. 11.

593 Vgl. Verzeichnis der Gebühren und Entgelte für Exportkreditgarantien 2013, S. 3.

594 Näheres zu den Ausnahmeregelungen bei der Erhebung von Verlängerungsgebühren siehe Verzeichnis der Gebühren und Entgelte für Exportkreditgarantien 2013, S. 3.

595 Vgl. Verzeichnis der Gebühren und Entgelte für Exportkreditgarantien 2013, S. 11.

596 Vgl. Verzeichnis der Gebühren und Entgelte für Exportkreditgarantien 2013, S. 3.

597 Näheres zu den Ausnahmeregelungen bei der Erhebung von Ausfertigungsgebühren siehe Verzeichnis der Gebühren und Entgelte für Exportkreditgarantien 2013, S. 3.

598 Vgl. Verzeichnis der Gebühren und Entgelte für Exportkreditgarantien 2013, S. 11.

beziehungsweise das Kreditinstitut für die Inanspruchnahme der Deckung ein Entgelt zu entrichten. Ziff. 6.1.2 der Richtlinien ist zu entnehmen, dass die Höhe des Entgeltes so bemessen sein soll, dass sich das Deckungsinstrument auf lange Sicht selbst trägt. Um diesen Selbsttragungsgrundsatz zu erfüllen, sollte das in Rechnung gestellte Entgelt den gedeckten Risiken entsprechen.[599] Das risikodifferenzierte Entgeltsystem im Bereich der Exportkreditgarantien unterscheidet sich jedoch von der Prämiengestaltung der exportfinanzierenden Kreditinstitute und der privaten Exportkreditversicherer. Während bei den privaten Anbietern die Prämien für die Absicherung in Krisenzeiten rapide ansteigen können, ist die Höhe des Entgeltes im Bereich der Exportkreditgarantien des Bundes im Vorfeld kalkulierbar und von Krisenzeiten unabhängig.[600] Des Weiteren besteht, anders als bei den privaten Exportkreditversicherern, kein Verhandlungsspielraum bezüglich des zu entrichtenden Entgeltes.

Das BMWi setzt nach Ziff. 6.2 der Richtlinien für die Übernahme von Exportkreditgarantien die Entgeltsätze im Einvernehmen mit dem Bundesministerium der Finanzen fest.[601]

Die Entgeltsystematik ist jedoch nicht für alle Deckungsformen im System der Exportkreditgarantien des Bundes einheitlich geregelt. Es sind vielmehr bei den jeweiligen Deckungsformen verschiedene Besonderheiten zu beachten. So gelten für einen Teilbereich der Exportkreditgarantien, den Forderungsdeckungen mit einer Risikolaufzeit von mindestens zwei Jahren, die Regeln des OECD-Konsensus. Die Höhe des Entgeltes für diese Deckungsformen ist im Wesentlichen von den nachstehenden risikobestimmenden Faktoren abhängig: der Höhe des Auftragswertes, den vereinbarten Zahlungsbedingungen beziehungsweise der Laufzeit des Geschäftes (Risikolaufzeit[602]), dem Länderrisiko (Länderkategorie)

599 Siehe auch Gliederungspunkt 3.1.2.2.

600 Vgl. Bischoff 2009, S. 856.

601 Näheres zu den verschiedenen Entgeltreformen auf dem Gebiet der Exportkreditgarantien siehe Moltrecht/Kolberg/Kuhn 2014, Register D, Tz. 23 ff.; Janus 2011, Rn. 94 ff.

602 Die Risikolaufzeit bei mittel- und langfristigen Forderungsdeckungen wird durch die halbe Vorlaufzeit sowie die Rückzahlungszeit des Kredites ermittelt. Der Vorlaufzeitraum beschreibt den Zeitraum, der zwischen Liefer-/Leistungsbeginn und Beginn der Kreditlaufzeit, dem so genannten starting point, liegt. Vgl. Verzeichnis der Gebühren und Entgelte für Exportkreditgarantien 2013, S. 7.

und der Bonität des ausländischen Schuldners (Käuferkategorie), der Währung der zu deckenden Forderung sowie den angebotenen Sicherheiten.[603]

Nach den OECD-Konsensus Regeln wird zwischen acht Länderkategorien differenziert. Die Spanne der Kategorien, in die ein Land eingestuft wird, reicht von der Länderkategorie 0[604], welche für das niedrigste Risiko und das geringste Entgelt steht, bis zur Länderkategorie 7 für stark erhöhte Risiken und das höchste Entgelt.[605] Die einkommensstarken OECD-Länder und die Länder der Eurozone werden der Länderkategorie 0 zugeordnet.[606] Bei den Ländern dieser Kategorie werden Markttests zur Bestimmung eines marktgerechten Entgeltes durchgeführt, um Wettbewerbsverzerrungen zu Ungunsten der privaten Exportkreditagenturen zu vermeiden.[607] Es existieren verschiedene Markttestverfahren. In Deutschland wird für die Ermittlung eines marktgerechten Entgeltes vor allem der direkte Marktvergleich durchgeführt.[608] Bei diesem Verfahren werden die Gesamtfinanzierungskosten eines kommerziellen, nicht staatlich abgesicherten Kredites mit dem zu deckenden Darlehen verglichen. Voraussetzung für die Durchführung eines solchen Markttests ist jedoch, dass die beiden Kredite vergleichbare Konditionen aufweisen. Das Markttestverfahren wird verpflichtend für Geschäfte ab einer Größenordnung von 10 Mio. Sonderziehungsrechten des Internationalen Währungsfonds angewendet.[609] Zur Vermeidung von Wettbewerbsverzerrungen ist darauf zu achten, dass die Prämien des privaten Versicherungsmarktes nicht unterschritten werden.[610]

Einen großen Einfluss auf die Höhe des Entgeltes hat auch die Bonität des ausländischen Schuldners. Der OECD-Konsensus sieht für die Einstufung des Ergebnisses der Bonitätsanalyse des ausländischen Schuldners verschiedene Käuferkategorien vor.[611] Den staatlichen Exportkreditversicherern innerhalb der OECD bleibt aber die Einstufung in eine Käuferkategorie selbst überlas-

603 Vgl. Verzeichnis der Gebühren und Entgelte für Exportkreditgarantien 2013, S. 4; Gehring 2010, S. 3 f.

604 In der Regel kommen für Länder der Kategorie 0 die Entgeltsätze der Länderkategorie 1 zur Anwendung. Vgl. Verzeichnis der Gebühren und Entgelte für Exportkreditgarantien 2013, S. 4.

605 Siehe Art. 25 lit. b) OECD-Konsensus.

606 Vgl. Grabowski 2013, S. 3.

607 Siehe Art. 24 lit. c) i.V.m. Annex IX OECD-Konsensus.

608 Vgl. Jahresbericht der Exportkreditgarantien 2011, S. 22.

609 Vgl. Grabowski 2013, S. 3.

610 Vgl. Moltrecht/Kolberg/Kuhn 2014, Register D, Tz. 74.

611 Siehe auch Art. 27 OECD-Konsensus.

sen.[612] Bei den Exportkreditgarantien des Bundes beruht die Einstufung in eine Käuferkategorie auch dann auf einer individuellen Analyse, wenn ein externes Rating einer internationalen Ratingagentur wie Standard & Poor's, Moody's oder Fitch vorliegt.[613]

Es existieren unterschiedliche Käuferkategorien für private Besteller und staatliche Schuldner. Das Entgeltsystem sieht für staatliche Schuldner im Ausland die Käuferkategorien SOV und SOV- vor.[614] Falls es sich bei dem ausländischen Schuldner um eine Zentralbank oder ein Finanzministerium handelt, wird die Käuferkategorie SOV angewendet.[615] Die anderen staatlichen Schuldner werden in die Käuferkategorie SOV- eingeordnet.[616] Die Entgeltsätze der Kategorie SOV- liegen 10 % über den Entgeltsätzen der Kategorie SOV.[617] Darüber hinaus bestehen für private Besteller sechs Käuferkategorien, welche von CC0 (niedrigstes Risiko) bis CC5 (höchstes Risiko) reichen.[618] Für die Kategorie CC0 wird die gleiche Berechnungsformel angewendet wie bei der Käuferkategorie SOV, da angenommen wird, dass der private Besteller ebenso solvent ist wie das Bestellerland.[619] In den Käuferkategorien CC1 bis CC5 wird ein steigender Käuferrisikoanteil berücksichtigt.[620] Allerdings stehen die Käuferkategorien CC0 bis CC5 nicht für alle Länderkategorien zur Verfügung. Vielmehr variiert die Anzahl der Käuferkategorien je nach Länderkategorie.[621] Des Weiteren existiert die Käuferkategorie SOV+, in der die privaten Besteller eingestuft werden, die über ein besseres Rating als die Zentralbank oder das Finanzministerium des Bestellerlandes verfügen.[622] Die Entgeltsätze der Kategorie SOV+ liegen 10 % unter denen der Kategorie SOV.[623]

Einen maßgeblichen Einfluss auf die Höhe des Entgeltes haben auch die Sicherheiten, die sich positiv auf die Risikobeurteilung des Geschäftes auswirken

612 Vgl. Grabowski 2013, S. 4.
613 Vgl. Grabowski 2013, S. 4.
614 Vgl. Grabowski 2013, S. 4 f.
615 Vgl. Grabowski 2013, S. 4.
616 Vgl. Grabowski 2013, S. 5.
617 Vgl. Grabowski 2013, S. 5.
618 Vgl. Grabowski 2013, S. 4.
619 Vgl. Grabowski 2013, S. 4.
620 Vgl. Grabowski 2013, S. 4.
621 Vgl. Grabowski 2013, S. 4.
622 Vgl. Grabowski 2013, S. 4.
623 Vgl. Grabowski 2013, S. 4.

können.[624] Sofern bei einem Geschäft beispielsweise ein Akkreditiv oder eine Garantie einer Bank vorliegt, wird im Rahmen der Bonitätsanalyse in der Regel auf den Sicherheitengeber abgestellt. Falls die Stellung von derartigen Sicherheiten dazu führt, dass ein Geschäft aus risikopolitischer Sicht besser beurteilt wird, ist folglich auch ein geringeres Entgelt zu entrichten.

Für die Berechnung des Entgeltes wird der gedeckte Forderungsbetrag ohne Zinsen als Bemessungsgrundlage herangezogen.[625] Der Entgeltbetrag ergibt sich aus der Multiplikation des Entgeltsatzes in Prozent mit dem gedeckten Forderungsbetrag. Zur Berechnung des Entgeltsatzes sind entsprechende Berechnungsformeln[626] vorgegeben.[627] Die OECD-Prämienharmonisierung erfasst zwar nicht die Forderungsdeckungen mit einer Risikolaufzeit von weniger als zwei Jahren. Dennoch lehnt sich die nationale Entgeltsystematik für diese Deckungsformen an der OECD-Prämiensystematik an.[628]

Auch für die Nutzung der diversen Sonder- und Nebendeckungen ist ein Entgelt zu entrichten. Diese Deckungsformen liegen ebenfalls nicht im Anwendungsbereich des OECD-Konsensus. Zur Berechnung des Entgeltes wird bei ihnen ein bestimmter Prozentsatz des gedeckten Betrages genommen, wobei sich die Höhe des Entgeltes im Regelfall nur nach der Länderkategorie richtet.[629]

4.1.7 Entschädigungsverfahren

Bei den Exportkreditgarantien des Bundes besteht kein einheitliches Entschädigungsverfahren, das für alle Deckungsformen zur Anwendung kommt. Es existieren vielmehr verschiedene Arten von Entschädigungsverfahren, wobei sich

624 Näheres zu den verschiedenen Besicherungskonzepten und der Frage, welchen Einfluss Sicherheiten auf die Höhe des Entgeltes haben, siehe Grabowski 2013, S. 5 ff.

625 Vgl. Verzeichnis der Gebühren und Entgelte für Exportkreditgarantien 2013, S. 4.

626 Zu den Berechnungsformeln für die Entgeltsätze für Forderungsdeckungen mit Laufzeiten von mindestens zwei Jahren siehe Verzeichnis der Gebühren und Entgelte für Exportkreditgarantien 2013, S. 8.

627 Um die Berechnung des Entgeltes zu erleichtern, können die antragstellenden Exporteure und exportfinanzierenden Banken auf der Internetseite AGA-Portal ein Excel-Tool zur Entgeltberechnung herunterladen. Mit Hilfe dieses Tools können die Entgelte der wichtigsten Deckungsformen im Bereich der Exportkreditgarantien berechnet werden. URL: <http://www.agaportal.de/pages/aga/praemie/praemientool.html> (zuletzt geprüft am 06.07.2014).

628 Näheres zur Entgeltsystematik der Forderungsdeckungen mit Risikolaufzeiten von weniger als zwei Jahren siehe unter anderem Verzeichnis der Gebühren und Entgelte für Exportkreditgarantien 2013, S. 6 f.

629 Vgl. Gehring 2010, S. 4.

die nachfolgenden Ausführungen auf einige Besonderheiten der Forderungsdeckungen im System der Exportkreditgarantien beschränken.[630]

In dem Fall, in dem der Auslandsschuldner die gedeckte Forderung nicht zahlt, kann der Deckungsnehmer vom Bund unter bestimmten Voraussetzungen aus der Exportkreditgarantie Entschädigung verlangen. Das Entschädigungsverfahren bei den Exportkreditgarantien setzt einen Antrag des Deckungsnehmers auf Entschädigung voraus.[631] Bevor der Deckungsnehmer einen solchen Antrag stellt, ist zu prüfen, ob durch schadensabwendende Maßnahmen die Zahlungsschwierigkeiten des ausländischen Schuldners behoben werden können.[632] Grundsätzlich ist der Deckungsnehmer verpflichtet, die ihm bekannt werdenden gefahrerhöhenden Umstände[633] unverzüglich schriftlich anzuzeigen und mitzuteilen, welche Maßnahmen er zur Sicherung seiner Ansprüche beabsichtigt oder getroffen hat.[634] Bei ausländischen Schuldnern insbesondere aus dem öffentlichen Sektor kann der Bund unter Umständen mit einer Intervention durch die zuständige Botschaft unterstützend eingreifen.

Bei einem drohenden Schaden wird vorausgesetzt, dass der Deckungsnehmer nach den Regeln der kaufmännischen beziehungsweise banküblichen Sorgfalt erforderliche und geeignete Schritte unternimmt, um den Schadensfall zu vermeiden oder zumindest so gering wie möglich zu halten.[635] Zu den schadensabwendenden Maßnahmen zählt zum Beispiel die Verlängerung des vereinbarten Zahlungszieles für den ausländischen Schuldner.[636] Eine solche Prolongation kann jedoch der vorherigen Zustimmung des für die Exportkreditgarantien zuständigen Interministeriellen Ausschusses bedürfen.[637]

Falls sich im Rahmen des Entschädigungsverfahrens Anhaltspunkte für das Vorliegen eines Obliegenheitsverstoßes des Deckungsnehmers ergeben, kann

---

630 Zur Kommentierung der verschiedenen Entschädigungsverfahren im System der Exportkreditgarantien des Bundes siehe Moltrecht/Kolberg/Kuhn 2014, Register E, Tz. 143.

631 Siehe hierzu auch die Ausführungen von Janus 2011, Rn. 102.

632 Vgl. Völckers 2012, S. 2.

633 Für Näheres über das Verhalten bei gefahrerhöhenden Umständen siehe AGA-Report 1989, Nr. 13, S. 4 ff.

634 Siehe § 15 Nr. 4 AllgBed-APG, AllgBed-APG-light, AllgBed-G, AllgBed-L, AllgBed-FKG.

635 Siehe § 15 Nr. 6 AllgBed-APG, AllgBed-APG-light, AllgBed-G, AllgBed-L, AllgBed-FKG.

636 Vgl. Völckers 2012, S. 2.

637 Vgl. Kruse/Krink 2014, S. 4.

dies dazu führen, dass der Bund von seiner Entschädigungspflicht befreit wird.[638] Allerdings hat ein Verstoß gegen die Verhaltenspflichten nicht zwangsläufig die Ablehnung des Entschädigungsantrags zur Folge.[639] Erst nach Prüfung aller Umstände des Einzelfalles sowie der vom Antragsteller gelieferten Begründungen lässt sich feststellen, ob ein Verstoß von Verhaltenspflichten seinerseits gegeben ist.[640]

Soweit die schadensabwendenden Maßnahmen nicht zum Erfolg führen, kann der Deckungsnehmer grundsätzlich nach Ablauf der Karenzfrist[641] einen Antrag[642] auf Entschädigung bei Euler Hermes stellen. Die Karenzfrist ist abhängig von dem jeweils einschlägigen Schadensfall und der jeweiligen Deckungsform. So tritt unter anderem bei der Lieferantenkreditdeckung und der Ausfuhr-Pauschal-Gewährleistung der bei allen Deckungsformen am häufigsten vorliegende Schadenstatbestand, der Nichtzahlungsfall[643], ein, wenn die Forderung auch sechs Monate nach ihrer Fälligkeit nicht erfüllt worden ist.[644] Bei der Finanzkreditdeckung gilt dagegen gemäß § 4 Abs. 4 der für diese Deckungsform erlassenen Allgemeinen Bedingungen der Nichtzahlungstatbestand schon nach einem Monat als eingetreten. Der Deckungsnehmer hat jedoch zu beachten, dass innerhalb einer Frist von zwei Jahren nach jeweiliger dem Bund mitgeteilter Fälligkeit der gedeckten Forderung ein Entschädigungsantrag gestellt werden

---

638 Zu den Pflichten des Deckungsnehmers bei den Forderungsdeckungen siehe § 15 AllgBed-APG, AllgBed-APG-light, AllgBed-G, AllgBed-L, AllgBed-FKG.

639 Vgl. Kruse/Krink 2014, S. 8.

640 Zu den Rechtsfolgen von Pflichtverletzungen des Deckungsnehmers bei den Forderungsdeckungen siehe § 16 AllgBed-APG, AllgBed-APG-light, AllgBed-G, AllgBed-L, AllgBed-FKG.

641 Bei den Forderungsdeckungen beschreibt die Karenzfrist den Zeitraum zwischen Fälligkeit der Forderung und Eintritt des Schadenstatbestandes. In dieser Zeit soll sich herausstellen, ob der durch das gedeckte Risiko verursachte Schaden von dauerhafter oder temporärer Natur ist. Die einzelnen Gewährleistungsfälle sehen unterschiedliche Karenzfristen vor. Siehe insoweit die jeweiligen für die Forderungsdeckungen geltenden Allgemeinen Bedingungen.

642 Die Exporteure sind gehalten, das Formular „Antrag auf Entschädigung“ zu verwenden, welches auf der Internetseite AGA-Portal verfügbar ist. Eine formlose Antragstellung erfolgt, soweit der Deckungsnehmer eine Finanzkreditdeckung in Anspruch genommen hat, sowie bei politischen Garantiefällen und Deckungen bei Geschäften mit öffentlichen Schuldnern. URL: <http://www.agaportal.de/pages/aga/schaden/schaden_faq.html> (zuletzt geprüft am 06.07.2014).

643 Vgl. Völckers 2012, S. 6.

644 Siehe § 4 Abs. 4 AllgBed-APG und AllgBed-G.

muss, da anderenfalls die gedeckte Forderung insoweit als erfüllt gilt.[645] Bei der Ausfuhr-Pauschal-Gewährleistung-light gilt diesbezüglich nach § 3 Abs. 2 der für diese Deckungsform geschaffenen Allgemeinen Bedingungen eine Frist von einem Jahr.

Im Rahmen des Entschädigungsverfahrens müssen verschiedene Voraussetzungen erfüllt sein, die von Euler Hermes im Einzelnen geprüft werden.[646] Dazu sind anders als beim Antragsverfahren neben dem Entschädigungsantrag diverse Unterlagen für die Schadensprüfung einzureichen.[647] In den jeweils geltenden Allgemeinen Bedingungen für die Forderungsdeckungen heißt es, dass Voraussetzung für die Entschädigung der gedeckten Forderung deren Fälligkeit und Rechtsbeständigkeit ist.[648] Der Nachweis der Fälligkeit und Rechtsbeständigkeit der Forderung, die entschädigt werden soll, ist vom Deckungsnehmer zu erbringen.[649] Für den in der Praxis am häufigsten auftretenden Nichtzahlungstatbestand bedeutet dies, dass der Deckungsnehmer neben der Überfälligkeit der Forderung den Nachweis zu erbringen hat, dass er nach den Regeln der kaufmännischen Sorgfalt entsprechende Maßnahmen, wie die Beauftragung eines Rechtsanwalts oder Inkassobüros, zur Einziehung der garantierten Forderung ergriffen hat.[650]

Falls der ausländische Schuldner die Zahlung der Forderung unter Berufung auf Gewährleistungsansprüche ablehnt oder der Bestand der in der Garantieerklärung aufgeführten Sicherheiten bestritten wird oder sonstige Einreden oder Einwendungen erhoben werden, kann der Bund den Entschädigungsantrag zurückweisen, bis die Rechtsbeständigkeit der Forderung beziehungsweise der bestellten Sicherheiten durch den Garantienehmer hinreichend eindeutig geklärt ist.[651] In diesem Fall kommt grundsätzlich eine gerichtliche oder

---

645 Siehe § 3 Abs. 2 AllgBed-APG, AllgBed-G, AllgBed-L, AllgBed-FKG.

646 Näheres zu den Voraussetzungen der Entschädigung siehe § 5 Abs. 1 bis Abs. 3 AllgBed-APG, AllgBed-G, AllgBed-L, AllgBed-FKG; § 5 Abs. 1 und Abs. 2 AllgBed-APG-light.

647 Eine Auflistung der relevanten Unterlagen, die dem Entschädigungsantrag beizufügen sind, ist Völckers 2012, S. 3 f., zu entnehmen.

648 Siehe § 5 Abs. 1 S. 1 AllgBed-APG, AllgBed-APG-light, AllgBed-G, AllgBed-L, AllgBed-FKG.

649 Siehe § 5 Abs. 2 S. 1 AllgBed-APG, AllgBed-G, AllgBed-L, AllgBed-FKG; § 5 Abs. 1 S. 2 AllgBed-APG-light.

650 Vgl. Völckers 2012, S. 6.

651 Siehe § 5 Abs. 2 S. 2 Hs. 1 AllgBed-APG, AllgBed-G, AllgBed-L, AllgBed-FKG; § 5 Abs. 1 S. 3 Hs. 1 AllgBed-APG-light.

schiedsgerichtliche Klärung in Betracht[652], wobei gemäß den für die Forderungsdeckungen geltenden Allgemeinen Bedingungen die Risiken des anwendbaren Rechts und des Gerichtsstands vom Deckungsnehmer zu tragen sind.[653] Darüber hinaus können aber auch alle anderen Beweise und Unterlagen, wie die Dokumentation der Vertragsabwicklung sowie Abnahmeprotokolle, bei der Klärung der Begründetheit der Einwendungen hilfreich sein.[654]

Grundsätzlich ist der Deckungsnehmer im Schadensfall mit einem bestimmten Anteil am Verlust beteiligt. Auf diese Weise hat der Deckungsnehmer ein eigenes Interesse, bei der Auswahl des ausländischen Vertragspartners und bei der Geschäftsabwicklung die erforderliche Sorgfalt walten zu lassen.[655] Die für die Forderungsdeckungen maßgeblichen Selbstbeteiligungssätze finden sich in § 6 der jeweils geltenden Allgemeinen Bedingungen und liegen für politische Risiken einheitlich bei 5 %, während sie für die wirtschaftlichen Risiken und den Nichtzahlungsfall zwischen 5 % und 15 % liegen.[656] Auffällig ist in diesem Zusammenhang, dass die Finanzkreditdeckung gegenüber der Lieferantenkreditdeckung eine geringere Selbstbeteiligung für wirtschaftliche Risiken aufweist. Die Selbstbeteiligung beläuft sich bei der Finanzkreditdeckung für alle Risiken, also auch die wirtschaftlichen, auf 5 %.[657] Bei der Lieferantenkreditdeckung dagegen liegt die Selbstbeteiligung für wirtschaftliche Risiken bei 15 % und bei der Ausfuhr-Pauschal-Gewährleistung sowie der Ausfuhr-Pauschal-Gewährleistung-light bei 10 %.[658] Diese Besserstellung der Kreditinstitute im Vergleich zu den Exportunternehmen wird häufig mit dem

652 Vgl. Völckers 2012, S. 7.

653 Siehe § 5 Abs. 2 S. 2 Hs. 2 AllgBed-APG, AllgBed-G, AllgBed-L, AllgBed-FKG; § 5 Abs. 1 S. 3 Hs. 2 AllgBed-APG-light.

654 Vgl. Völckers 2012, S. 7.

655 Vgl. Beyfuß 1989, S. 573 f.; Kageneck 1991, S. 31 f.; Wolfram 2004, S. 88.

656 Während der Finanz- und Wirtschaftskrise hat die Bundesregierung im Rahmen des Konjunkturpaketes II die Möglichkeit geschaffen, auf Antrag und gegen Aufpreis eine Absenkung der Selbstbeteiligung für die wirtschaftlichen Schadenstatbestände und den Nichtzahlungsfall vorzunehmen. Siehe in diesem Zusammenhang auch die Ausführungen von Janus 2011, Rn. 112; Bischoff 2009, S. 854. Die Gültigkeit der Regelung zur Absenkung des Selbstbehaltes von 15 % auf 5 % bei Lieferantenkreditdeckungen sowie bei Ausfuhr-Pauschal-Gewährleistungen von 10 % auf 5 % gegen Prämienaufschlag wurde von der Bundesregierung bis zum 31. Dezember 2016 verlängert. Vgl. Jahresbericht der Exportkreditgarantien 2013, S. 18.

657 Siehe § 6 Abs. 1 AllgBed-FKG.

658 Siehe § 6 Abs. 1 AllgBed-APG, AllgBed-APG-light, AllgBed-G.

besseren Risikomanagement der Banken begründet. Die Exporteure fordern jedoch seit Jahren eine Reduzierung des Selbstbehaltes für wirtschaftliche Risiken auf 5 %.[659]

Am 30. März 1999 wurde durch den Interministeriellen Ausschuss festgelegt, dass im Einzelfall auf die Selbstbeteiligung verzichtet werden kann.[660] Diese Ausnahmeregelung gilt jedoch nicht für alle Deckungsformen im Bereich der Exportkreditgarantien des Bundes. Vielmehr bezieht sie sich nur auf die Deckung von gebundenen Finanzkrediten.

Des Weiteren sind in den jeweiligen für die Forderungsdeckungen geltenden Allgemeinen Bedingungen die Berechnung und Auszahlung der Entschädigung, die Voraussetzungen zur Rückzahlung der Entschädigung sowie der mit der Leistung der Entschädigung verbundene Übergang der Rechte und Ansprüche auf den Bund geregelt.[661] Eine weitere Besonderheit ist, dass auch nach der Entschädigung der Deckungsnehmer zur Rechtsverfolgung und zum Einzug der Forderung verpflichtet ist.[662]

4.2 Garantien für Ungebundene Finanzkredite

4.2.1 Definitorische Vorbemerkungen

Ein weiteres Absicherungsinstrument im Rahmen der Auslandsgeschäftsabsicherung der Bundesrepublik Deutschland sind die Garantien für Ungebundene Finanzkredite. Auch diese Garantien sind, wie die zuvor dargestellten Exportkreditgarantien, keineswegs ein neues Förderinstrumentarium. Die Geschichte dieses Instruments reicht bis in die Zeit der 1960er Jahre zurück. So hat die Bundesregierung erstmals im Jahr 1960 mit dem Gesetz über die Feststellung des Bundeshaushaltsplans für das Rechnungsjahr 1960 die rechtliche Grundlage für die Übernahme von UFK-Garantien geschaffen.[663] Im Jahr 1961 wurde die erste Fassung der Allgemeinen Bedingungen für die Übernahme von UFK-Garantien

659 Siehe BMWi-Ergebnisprotokoll Workshop I 2008, S. 1.

660 Vgl. AGA-Report 1999, Nr. 76, S. 5.

661 Siehe §§ 7, 9, 10 AllgBed-APG, AllgBed-APG-light, AllgBed-G, AllgBed-L, AllgBed-FKG.

662 Siehe § 11 Abs. 1 bis Abs. 3 AllgBed-APG, AllgBed-APG-light, AllgBed-G, AllgBed-L, AllgBed-FKG.

663 Vgl. 50 Jahre UFK-Garantien 2011, S. 2.

erlassen und die erste Sitzung des Interministeriellen Ausschusses abgehalten.[664] Die erste UFK-Garantie wurde im Jahr 1963 übernommen.[665]

Anders als die Exportkreditgarantien sind die Garantien für Ungebundene Finanzkredite nicht an Lieferungen und Leistungen deutscher Unternehmen im Ausland gebunden.[666] Die UFK-Garantie kann jedoch nur zweckgebunden zur Finanzierung eines bestimmten kommerziellen Vorhabens im Ausland vergeben werden.[667]

Die Garantien für Ungebundene Finanzkredite werden unter anderem im Zusammenhang mit Rohstoffprojekten im Ausland, an denen wegen des Rohstoffbezuges ein deutsches gesamtwirtschaftliches Interesse besteht, übernommen.[668] Solche Rohstoffprojekte werden unterstützt, indem der Bund mit Hilfe der UFK-Garantien Darlehen absichert, die von den deckungsnehmenden Kreditinstituten direkt an die ausländische Projektgesellschaft gewährt werden.[669] Dieses staatlich abgesicherte Darlehen dient der Finanzierung des Rohstoffprojektes im Ausland. Die Vergabe von UFK-Garantien ist jedoch an den Abschluss von langfristigen Rohstofflieferverträgen zwischen der Projektgesellschaft beziehungsweise dem Darlehensnehmer und einem Rohstoffabnehmer in Deutschland gebunden.[670] Der Liefervertrag soll sicherstellen, dass die Rohstoffe nach Deutschland verbracht werden und so einen Beitrag zur Sicherung der Energie- und Rohstoffversorgung in der Bundesrepublik Deutschland leisten.[671] Nur dann kann sich der Darlehensgeber mit Hilfe der UFK-Garantie vor dem Ausfall der gedeckten Forderung gegenüber dem ausländischen Schuldner schützen. Im Falle einer solchen Finanzierungsstruktur ist insbesondere bei Projekten in devisenschwachen Ländern die Einrichtung eines Treuhandkontos durch den Darlehensnehmer erforderlich, da eine Vorabbefriedigung des Darlehensgebers in Devisen gewährleistet sein muss. Damit wird bewirkt, dass die aus dem Pro-

---

664 Vgl. 50 Jahre UFK-Garantien 2011, S. 2.

665 Vgl. 50 Jahre UFK-Garantien 2011, S. 2.

666 Vgl. Produktinformation UFK-Garantien 2012, S. 2.

667 Vgl. Produktinformation UFK-Garantien 2012, S. 2.

668 Siehe hierzu die Ausführungen zur Rohstoffstrategie der Bundesregierung 2010, S. 10.

669 Vgl. 50 Jahre UFK-Garantien 2011, S. 10.

670 Man spricht in diesem Zusammenhang auch von dem so genannten Grundsatz der Projektbindung. Siehe Produktinformation UFK-Garantien 2012, S. 2.

671 Näheres über die wirtschaftlich bedeutsamen Rohstoffe, deren Versorgungslage in Deutschland sich zukünftig als kritisch erweisen könnte, siehe unter anderem die Ausführungen von Behrendt/Erdmann/Feil 2011, S. 3 ff.; Mildner/Regier 2012, S. 9 ff.; Sievers 2012, S. 195 ff.

jekt erwirtschafteten Erlöse nicht im Projektland, sondern „off-shore" in einem Drittland auf einem Treuhandkonto geführt werden, welches an den Kreditgeber verpfändet wird.[672] Die Gelder auf dem Treuhandkonto werden zur Bedienung des Schuldendienstes des Darlehensnehmers an den Deckungsnehmer als Darlehensgeber weitergeleitet. Diese Art der Besicherungsstruktur kann die Länderrisiken zumindest partiell externalisieren und wirkt sich zudem zweckdienlich auf das von dem Deckungsnehmer für die Übernahme der UFK-Garantie zu entrichtende Entgelt aus.[673]

Abbildung 15: Typische UFK-Projektstruktur[674]

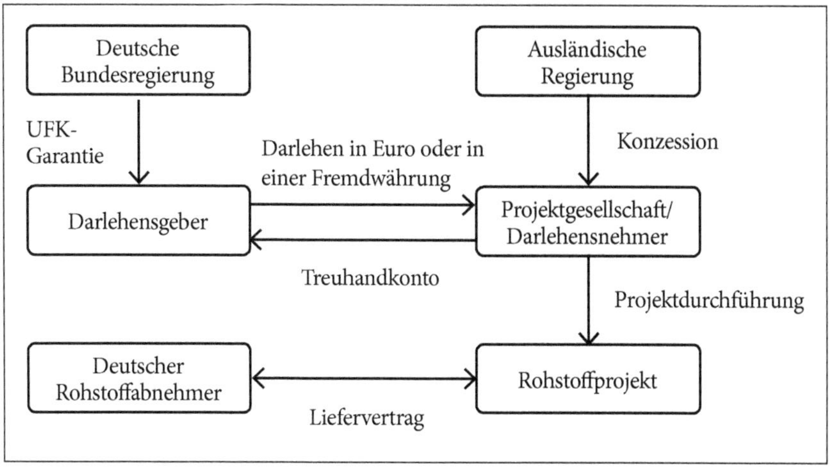

Seit 1970 werden die UFK-Garantien auch für Förderbankenprojekte übernommen.[675] Diese Projekte werden zum Aufbau marktwirtschaftlicher Strukturen vor allem in den Schwellenländern Osteuropas unterstützt. Im Rahmen dieser Projekte werden Darlehen an ausgewählte lokale Banken im Ausland vergeben und mit einer Garantie für Ungebundene Finanzkredite abgesichert, um

672 Näheres über die Treuhandkonten bei bundesgedeckten Projektfinanzierungen siehe AGA-Report 1995, Nr. 54, ohne Angabe von Seitenzahlen; AGA-Report 1996, Nr. 61, ohne Angabe von Seitenzahlen.

673 Vgl. Moltrecht/Kolberg/Kuhn 2014, Register H, Tz. 28.

674 Abbildung in Anlehnung an Moltrecht/Kolberg/Kuhn 2014, Register H, Tz. 15.

675 Vgl. 50 Jahre UFK-Garantien 2011, S. 2.

Modernisierungs-, Erweiterungs- und Betriebsmittelinvestitionen von kleinen und mittleren Unternehmen zu refinanzieren.[676]

4.2.2 Deckungsgegenstand

Im Bereich der UFK-Garantien wird, anders als bei den Exportkreditgarantien des Bundes, nicht zwischen verschiedenen Deckungsgegenständen differenziert. Gegenstand der Garantie ist gemäß § 2 Abs. 1 der Allgemeinen Bedingungen für die Übernahme von Garantien für Forderungen aus Ungebundenen Finanzkrediten die im Darlehensvertrag vereinbarte Forderung des Deckungsnehmers gegenüber dem ausländischen Schuldner auf Rückzahlung des Darlehens. Nach § 2 Abs. 2 S. 1 dieser Allgemeinen Bedingungen umfasst die garantierte Forderung ferner die im Kreditvertrag vereinbarten und in der Garantieerklärung bezeichneten Kreditzinsen, soweit diese bis zu den vereinbarten Fälligkeiten anfallen. Das Darlehen kann entweder in Euro oder in einer Fremdwährung ausgelegt werden.[677]

Die UFK-Garantien können grundsätzlich mit den anderen Instrumenten der Auslandsgeschäftsabsicherung des Bundes, den Exportkredit- und den Investitionsgarantien, kombiniert werden.[678]

4.2.3 Gedeckte Risiken

Die UFK-Garantie bietet Schutz vor einem Ausfall der gedeckten Forderung aufgrund politischer und wirtschaftlicher Risiken. Dabei können nur auslandsbezogene Risiken gedeckt werden. Die Absicherung von Inlandsrisiken ist nicht möglich. Zudem wird der Nichtzahlungsfall abgedeckt. Im Unterschied zu den Deckungsformen der Exportkreditgarantien besteht für den Nutzer einer Garantie für Ungebundene Finanzkredite die Möglichkeit, eine Beschränkung des Deckungsumfangs auf die politischen Risiken vorzunehmen.[679] Darüber hinaus ist es möglich, dass der Bund im Zuge der Entscheidung über die Übernahme einer Garantie für Ungebundene Finanzkredite bestimmte Risiken von der Deckung ausschließt oder den Deckungsumfang beschränkt.[680]

---

676 Vgl. 50 Jahre UFK-Garantien 2011, S. 10.

677 Vgl. Produktinformation UFK-Garantien 2012, S. 2.

678 Vgl. 50 Jahre UFK-Garantien 2011, S. 19.

679 Vgl. Moltrecht/Kolberg/Kuhn 2014, Register H, Tz. 20.

680 Vgl. Moltrecht/Kolberg/Kuhn 2014, Register H, Tz. 20.

4.2.3.1 *Politische Risiken*

Die Uneinbringlichkeit der Forderung infolge politischer Umstände liegt gemäß den Allgemeinen Bedingungen für die Übernahme von Garantien für Forderungen aus Ungebundenen Finanzkrediten vor,

1. Allgemeiner politischer Gewährleistungsfall
   wenn nicht später als zwölf Monate nach Fälligkeit gesetzgeberische oder behördliche Maßnahmen im Ausland, die nach Abschluss des Kreditvertrages mit Bezug auf die garantierte Forderung ergangen sind,
   oder
   kriegerische Ereignisse oder Aufruhr oder Revolution im Ausland die Erfüllung oder Beitreibung der garantierten Forderung in jeder Form verhindern
   oder
   in der vereinbarten Währung verhindern und keine Möglichkeit zur Einzahlung des Gegenwertes zum Zwecke des Transfers gemäß Nr. 2 besteht und der Bund der Zahlung in einer anderen als der vereinbarten Währung mit Schuld befreiender Wirkung nicht zustimmt und ein Monat ohne Zahlung nach der mit dem ausländischen Schuldner vereinbarten Fälligkeit verstrichen ist;[681]

2. Konvertierungs- und Transferfall
   wenn infolge von Beeinträchtigungen des zwischenstaatlichen Zahlungsverkehrs Beträge, die der ausländische Schuldner als Gegenwert für die garantierte Forderung bei einer zahlungsfähigen Bank oder einer anderen vom Bund anerkannten Stelle zum Zwecke der Überweisung an den Garantienehmer eingezahlt hat, nicht in die vereinbarte Währung konvertiert oder nicht transferiert werden, alle bestehenden Vorschriften für die Konvertierung und den Transfer dieser Beträge erfüllt waren und ein Monat nach Fälligkeit der Forderung, Einzahlung und Erfüllung dieser Vorschriften verstrichen ist;[682]

3. Kursverluste an eingezahlten Beträgen
   wenn nach Erfüllung aller bestehenden Vorschriften für die Konvertierung und den Transfer ausschließlich infolge einer Abwertung der vom ausländischen Schuldner auf die garantierte Forderung eingezahlten Beträge Kursverluste entstehen, sofern nach Abschluss des Kreditvertrages erlassene Vorschriften des Schuldnerlandes eine Schuld befreiende Wirkung dieser

681 § 4 Abs. 2 Nr. 1 AllgBed-ungeb.FKG.
682 § 4 Abs. 2 Nr. 2 AllgBed-ungeb.FKG.

Zahlungen vorsehen. Kursverluste an der mit dem ausländischen Schuldner vereinbarten oder einer anderen ohne Zustimmung des Bundes angenommenen Währung sind nicht gedeckt.[683]

Die Wahrscheinlichkeit für den Eintritt der politischen Risiken variiert von Land zu Land. Um diesem Umstand Rechnung zu tragen, wurde für die UFK-Garantien die Systematik der Länderklassifizierung der Exportkreditgarantien übernommen. Entsprechend existieren acht verschiedene Länderkategorien[684], die einen maßgeblichen Einfluss auf die Berechnung des vom Deckungsnehmer zu entrichtenden Entgeltes haben.[685] Dabei reicht die Skala der Länderkategorien, in die ein Land eingestuft wird, von der Kategorie 0, die für sehr geringe Risiken steht, bis zur Länderkategorie 7 für stark erhöhte Risiken.[686]

4.2.3.2 Wirtschaftliche Risiken

Die Wiederaufnahme der wirtschaftlichen Risiken in den Bereich der gedeckten Risiken gehörte zu den wesentlichen Bestandteilen der Reform der Garantien für Ungebundene Finanzkredite, die im Jahre 2009 durchgeführt wurde.[687] Zuvor deckten die UFK-Garantien nur die politischen Risiken ab.[688]

Der Garantiefall tritt gemäß den Allgemeinen Bedingungen für die Übernahme von Garantien für Forderungen aus Ungebundenen Finanzkrediten ein, wenn und soweit die garantierte Forderung aufgrund der nachfolgenden Umstände uneinbringlich wird. Die Uneinbringlichkeit der Darlehensforderung

---

683 § 4 Abs. 2 Nr. 3 AllgBed-ungeb.FKG.

684 Näheres zur Bedeutung der Länderkategorien im Bereich der Entgeltsystematik auf dem Gebiet der UFK-Garantien siehe Gliederungspunkt 4.2.6.2.

685 Vgl. Merkblatt Verzeichnis der Gebühren und Entgelte für UFK-Garantien 2012, S. 3.

686 Vgl. Merkblatt Verzeichnis der Gebühren und Entgelte für UFK-Garantien 2012, S. 3.

687 In der ersten Fassung der Allgemeinen Bedingungen für die Übernahme von UFK-Garantien aus dem Jahr 1961 konnte man mit Hilfe des Garantieinstrumentariums die politischen und wirtschaftlichen Risiken absichern. Im Jahr 1999 wurde dann die Fokussierung der UFK-Garantien auf die Absicherung von politischen Risiken beschlossen. Zehn Jahre später erfolgte die Wiederaufnahme der generellen Absicherung gegen politische und wirtschaftliche Risiken. Vgl. 50 Jahre UFK-Garantien 2011, S. 2. Näheres zum Reformpaket für die Garantien für Ungebundene Finanzkredite des Bundes siehe AGA-Report 2009, Nr. 175, S. 6.

688 Siehe auch Moltrecht/Kolberg/Kuhn 2014, Register H, Tz. 4.

infolge wirtschaftlicher Umstände liegt vor, wenn mit Bezug auf das Vermögen des ausländischen Schuldners oder dessen Nachlass

1. Insolvenz
   ein Insolvenzverfahren eröffnet oder mangels Masse abgelehnt worden ist;[689]

2. Amtlicher Vergleich
   ein amtliches Vergleichsverfahren oder ein anderes amtliches Verfahren, das zum Ausschluss der Einzelzwangsvollstreckung führt, eröffnet worden ist;[690]

3. Außeramtlicher Vergleich
   ein außeramtlicher Vergleich (Stundungs-, Quoten- oder Liquidationsvergleich), dem alle oder eine Gruppe untereinander vergleichbarer Gläubiger einschließlich des Garantienehmers zugestimmt haben, abgeschlossen worden ist;[691]

4. Fruchtlose Zwangsvollstreckung
   eine Zwangsvollstreckung wegen der garantierten Forderung nicht zur vollen Befriedigung geführt hat;[692]

5. Zahlungseinstellung
   die wirtschaftlichen Verhältnisse nachweislich so ungünstig sind, dass der ausländische Schuldner seine Zahlungen ganz oder in wesentlichem Umfang eingestellt hat.[693]

Die unterschiedliche Höhe der wirtschaftlichen Risiken zeigt sich bei den UFK-Garantien in den risikoabhängigen Projektkategorien für private beziehungsweise staatliche Kreditnehmer.[694] Die Einstufung in eine der vorgegebenen Projektkategorien richtet sich nach der Bonität des Darlehensnehmers sowie der wirtschaftlichen Stabilität des Projektes. Wie die Länderkategorien haben auch die Projektkategorien einen maßgeblichen Einfluss auf die Höhe des zu entrichtenden Entgeltes.[695]

---

689 § 4 Abs. 3 Nr. 1 AllgBed-ungeb.FKG.

690 § 4 Abs. 3 Nr. 2 AllgBed-ungeb.FKG.

691 § 4 Abs. 3 Nr. 3 AllgBed-ungeb.FKG.

692 § 4 Abs. 3 Nr. 4 AllgBed-ungeb.FKG.

693 § 4 Abs. 3 Nr. 5 AllgBed-ungeb.FKG.

694 Vgl. Merkblatt Verzeichnis der Gebühren und Entgelte für UFK-Garantien 2012, S. 3.

695 Näheres zur Bedeutung der Projektkategorien im Bereich der Entgeltsystematik auf dem Gebiet der UFK-Garantien siehe Gliederungspunkt 4.2.6.2.

4.2.3.3 Nichtzahlungsfall

Des Weiteren decken die Garantien für Ungebundene Finanzkredite den so genannten Nichtzahlungsfall (protracted default) ab. Gemäß § 4 Abs. 4 S. 1 der für die UFK-Garantien geltenden Allgemeinen Bedingungen ist die Uneinbringlichkeit infolge wirtschaftlicher Umstände dann anzunehmen, wenn die garantierte Forderung einen Monat nach ihrer Fälligkeit nicht erfüllt wurde und der Garantienehmer die nach den Regeln der bankenüblichen beziehungsweise kaufmännischen Sorgfalt erforderlichen Maßnahmen zur Einziehung der garantierten Forderung ergriffen hat.

4.2.4 Deckungsvoraussetzungen

4.2.4.1 Antragsberechtigung

Die Garantien für Ungebundene Finanzkredite des Bundes können nur von deutschen Kreditinstituten mit Sitz in Deutschland, von in Deutschland tätigen Zweigniederlassungen ausländischer Banken und unter bestimmten Voraussetzungen auch von ausländischen Banken beantragt werden.[696] Damit unterscheiden sie sich von den Exportkreditgarantien, deren Angebot sich sowohl an deckungsberechtigte Kreditinstitute als auch an Unternehmen richtet.

4.2.4.2 Förderungswürdigkeit oder besonderes staatliches Interesse

Zudem sind die Kriterien für die Deckungsübernahme im Sinne des § 3 Abs. 1 S. 1 Ziff. 2 lit. a) des Haushaltsgesetzes des Bundes 2014 zu beachten. Danach übernimmt der Bund nur Garantien für Ungebundene Finanzkredite, wenn es sich um förderungswürdige oder im besonderen staatlichen Interesse der Bundesrepublik Deutschland liegende Projekte im Ausland handelt. Ein Anspruch auf Übernahme einer Garantie für Ungebundene Finanzkredite besteht, wie auch im Bereich der Exportkreditgarantien des Bundes, nicht.

Der Bund hat seit Bestehen der UFK-Garantien vor allem Projekte, die der Erhöhung der Versorgungssicherheit der Bundesrepublik Deutschland mit Rohstoffen dienen, als förderungswürdig erachtet.[697] Diese so genannte rohstoffpolitische Förderungswürdigkeit, die im Haushaltsgesetz nicht näher definiert ist,

---

696 Vgl. Produktinformation UFK-Garantien 2012, S. 2.

697 Vgl. Produktinformation UFK-Garantien 2012, S. 3. Die Garantien für Ungebundene Finanzkredite sind Bestandteil der Rohstoffstrategie der Bundesregierung. Vgl. Rohstoffstrategie der Bundesregierung 2010, S. 10.

setzt voraus, dass auf der Grundlage von Lieferverträgen mit deutschen Abnehmern Rohstoffe nach Deutschland verbracht werden, an deren Bezug ein gesamtwirtschaftliches Interesse besteht.[698] Dieses gesamtwirtschaftliche Interesse besteht beispielsweise dann, wenn keine oder nur eine eingeschränkte Versorgung mit Rohstoffen über internationale Spotmärkte möglich ist, Handelshemmnisse zum Nachteil der deutschen Unternehmen bestehen oder es sich um strategisch wichtige Rohstoffe für die Industrie handelt.[699] Bisher wurden unter anderem Erdöl und Erdgas, Eisenerz, Kupfer, Nickel, Zink, Wolfram und Tantal als förderungswürdige Rohstoffe im Zusammenhang mit der Übernahme von Garantien für Ungebundene Finanzkredite anerkannt.[700] Des Weiteren müssen die im Zusammenhang mit den Rohstoffprojekten abgeschlossenen Lieferverträge eine angemessene Kreditlaufzeit aufweisen und branchenüblich ausgestaltet sein.[701] Diese langfristigen zwischen dem Kreditnehmer und einem deutschen Rohstoffabnehmer geschlossenen Lieferverträge beziehen sich auf Liefervolumen, deren Wert deutlich über dem Betrag des gedeckten Kredites liegt.[702] Im Rahmen des Bezugsvertrages ist darüber hinaus sicherzustellen, dass die Rohstoffe nach Deutschland geliefert und dort weiterverarbeitet werden. Nicht förderungswürdig ist, wenn ein Rohstoffhändler mit Sitz in Deutschland die Rohstoffe aus Deutschland erneut exportiert.[703] Wie bei den Exportkreditgarantien sind auch im Bereich der UFK-Garantien bei dem Kriterium der Förderungswürdigkeit Umweltaspekte zu berücksichtigen. Insoweit sind die Rohstoffvorhaben im Ausland im Hinblick auf ihre ökologischen und sozio-ökonomischen Auswirkungen zu prüfen.[704]

Darüber hinaus können die Garantien für Ungebundene Finanzkredite des Bundes übernommen werden, wenn ein besonderes staatliches Interesse Deutschlands gegeben ist. Im Haushaltsgesetz wird auch der Begriff des besonderen staatlichen Interesses nicht näher konkretisiert. Aufschlussreich in diesem

---

698 Vgl. Produktinformation UFK-Garantien 2012, S. 3.

699 Vgl. 50 Jahre UFK-Garantien 2011, S. 14 f.

700 Vgl. BMWi Monatsbericht November 2011, S. 15.

701 Vgl. Produktinformation UFK-Garantien 2012, S. 3.

702 Vgl. BMWi Monatsbericht November 2011, S. 16.

703 Siehe hierzu auch die Ausführungen in BDI 2007, S. 63.

704 Bei der Prüfung der Umwelt- und Sozialverträglichkeit eines zu deckenden Rohstoffprojektes im Ausland werden die für die Exportkreditgarantien verbindlichen OECD-Umwelt- und Sozialleitlinien entsprechend zugrunde gelegt. Vgl. BT-Drs. 17/2693, S. 16. Näheres zu den Umweltfragen im Bereich der UFK-Garantien siehe Moltrecht/Kolberg/Kuhn 2014, Register H, Tz. 35 f.

Zusammenhang ist das nachfolgende Zitat des Bundesministeriums der Finanzen, das für die Übernahme von UFK-Garantien im besonderen staatlichen Interesse Deutschlands zuständig ist: „Bei den Krediten im besonderen staatlichen Interesse handelt es sich um einen eigenen, durch jahrzehntelange Praxis klar definierten Gewährleistungstatbestand, von dem nur äußerst selten Gebrauch gemacht wird. Das besondere staatliche Interesse setzt voraus, dass es sich um ein herausragendes, über ‚normale' staatliche Aufgaben hinausgehendes, ressortübergreifendes Vorhaben handelt. Er wird sehr restriktiv angewandt, regelmäßig nur auf persönliche Initiative des Bundeskanzlers. Anwendungsbereiche sind entweder dringende nationale Interessen Deutschlands im bilateralen Verhältnis (Beispiel: Finanzielle Unterstützung an die ehemalige Sowjetunion für den Abzug ihrer Streitkräfte aus Deutschland 1991) oder die unerlässliche deutsche Beteiligung an international koordinierten Maßnahmen bei Zahlungsbilanzkrisen (etwa Kreditlinien im Rahmen von IWF-Notmaßnahmen zur Stützung der Finanzlage von 3 Mitgliedsstaaten). In den letzten 20 Jahren wurden nur in sechs Fällen UFK-Garantien bei besonderem staatlichen Interesse übernommen."[705]

4.2.4.3 Risikomäßige Vertretbarkeit

Die Übernahme einer Garantie für Ungebundene Finanzkredite muss für den Bund auch risikomäßig vertretbar sein.[706] Im Rahmen der Prüfung der risikomäßigen Vertretbarkeit werden die Kreditwürdigkeit des Kreditnehmers sowie die mit der Durchführung des Geschäftes verbundenen politischen Risiken bewertet. Das Kriterium der risikomäßigen Vertretbarkeit ist erfüllt, wenn eine vernünftige Aussicht auf eine schadensfreie Rückzahlung des Kredites besteht.[707]

Die Übernahme einer Garantie für Ungebundene Finanzkredite kommt daher für den Bund nur dann in Betracht, wenn der Kredit ein technisch und kommerziell ausgereiftes Vorhaben finanziert.[708] In diesem Zusammenhang ist es von Bedeutung, dass die Gesamtfinanzierung des Einzelvorhabens gesichert ist und die Laufzeit des Kredites der wirtschaftlichen Natur des Vorhabens im Ausland entspricht.[709] Da die Garantien für Ungebundene Finanzkredite üblicherweise im Rahmen einer Projektfinanzierung vergeben werden, sollte in diesem Rahmen auch auf eine angemessene Risikoverteilung unter den Projektbeteiligten,

---

705 Bundesministerium der Finanzen 2014a, S. 4.
706 Vgl. Produktinformation UFK-Garantien 2012, S. 3.
707 Vgl. Moltrecht/Kolberg/Kuhn 2014, Register H, Tz. 8.
708 Vgl. Moltrecht/Kolberg/Kuhn 2014, Register H, Tz. 6.
709 Vgl. Moltrecht/Kolberg/Kuhn 2014, Register H, Tz. 6.

eine ausreichende Eigenkapitalausstattung des Projektes sowie auf die projektfinanzierungstypischen Sicherheiten des Vorhabens geachtet werden.[710]

4.2.4.4 Beachtung der Rechtsvorschriften im Ausland

Zudem sind die Genehmigungen, Konzessionen sowie die Zusagen staatlicher Stellen, die für die Durchführung des Auslandsvorhabens erforderlich sind, einzuholen.[711]

4.2.4.5 Konformität mit dem Haushaltsrecht des Bundes

Die Garantien für Ungebundene Finanzkredite bedürfen wie die Exportkreditgarantien einer gesetzlichen Ermächtigung. Für die Übernahme der Garantien für Ungebundene Finanzkredite sowie anderer Gewährleistungen ist im jährlichen Bundeshaushaltsgesetz ein gemeinsamer Ermächtigungsrahmen festgesetzt - aktuell in § 3 Abs. 1 S. 1 Ziff. 2 lit. a) bis d) des Haushaltsgesetzes des Bundes 2014. Der Ermächtigungsrahmen für das Haushaltsjahr 2014 beläuft sich auf 65 Mrd. Euro. Bei Garantien mit einer Höchsthaftung des Bundes von mehr als 1 Mrd. Euro ist vor Garantieübernahme der Haushaltsausschuss des Bundestages in Kenntnis zu setzen.[712]

4.2.5 Antrags- und Entscheidungsverfahren

Bei den Garantien für Ungebundene Finanzkredite existiert, wie bei den Exportkreditgarantien auch, ein mehrstufiges Antrags- und Entscheidungsverfahren, für welches das Verwaltungsverfahrensgesetz des Bundes Anwendung findet. Das nachstehende Schaubild gibt einen Überblick über das Verfahren bei Übernahme einer UFK-Garantie für ein kommerzielles Rohstoffprojekt.[713]

---

710 Vgl. Moltrecht/Kolberg/Kuhn 2014, Register H, Tz. 9.

711 Vgl. Merkblatt UFK-Garantien 2002, S. 6.

712 Vgl. Jahresbericht der Exportkreditgarantien 2012, S. 77.

713 Die UFK-Garantien können ebenfalls für so genannte Förderbankenprojekte beantragt werden. Die nachfolgenden Ausführungen über das Antrags- und Entscheidungsverfahren im Bereich der UFK-Garantien beziehen sich jedoch auf ein Rohstoffprojekt. Grund hierfür ist, dass bislang zwar überwiegend UFK-Garantien für Förderbankenprojekte vergeben wurden. Gemessen am Garantiebestand machen aber die mit UFK-Garantien gedeckten Rohstoffprojekte volumenmäßig den größten Anteil aus. Vgl. Jahresbericht der Exportkreditgarantien 2012, S. 76.

Abbildung 16: Antrags- und Entscheidungsverfahren bei den UFK-Garantien[714]

Kreditinstitut
- stellt gebührenfreie Anfrage für eine UFK-Garantie bei PricewaterhouseCoopers
PricewaterhouseCoopers
- Analyse zur rohstoffpolitischen Förderungswürdigkeit - vorläufige Prüfung wirtschaftlicher Rahmendaten und politischer Risiken
BMWi
- Stellungnahme zur rohstoffpolitischen Förderungswürdigkeit
Kreditinstitut
- stellt gebührenpflichtigen Antrag für eine UFK-Garantie bei PricewaterhouseCoopers
PricewaterhouseCoopers
- endgültige Prüfung der Deckungsvoraussetzungen - Erstellung des Prüfberichts
Interministerieller Ausschuss
- grundsätzliche Stellungnahme (ggf. mit Auflagen)
Kreditinstitut
- Mitteilung über Abschluss des Kredit- und Rohstoffliefervertrages
PricewaterhouseCoopers
- Abstimmung mit dem Interministeriellen Ausschuss - Weitergabe der endgültigen Deckungszusage - Ausstellung der Garantieerklärung

Grundsätzlich können Garantien für Ungebundene Finanzkredite nur auf Antrag übernommen werden.[715] Dieser Antrag auf Übernahme einer UFK-Garantie wird an PricewaterhouseCoopers gestellt, das von den beiden mit der Geschäftsführung betrauten Mandataren federführend für dieses Förderinstrumentarium zuständig ist.[716]

Vor der Stellung eines förmlichen Antrags auf Übernahme einer Garantie ist der Bund bereit, auf Anfrage des potentiellen Deckungsnehmers eine erste Indikation abzugeben, die über die Deckungsfähigkeit der Finanzierung des Rohstoffgeschäftes informiert.[717] Diese formlose und kostenfreie Anfrage erfolgt

714 Eigene Darstellung in Anlehnung an Moltrecht/Kolberg/Kuhn 2014, Register H, Tz. 16a.

715 Vgl. Moltrecht/Kolberg/Kuhn 2014, Register H, Tz. 12.

716 Vgl. Produktinformation UFK-Garantien 2012, S. 3.

717 Vgl. Produktinformation UFK-Garantien 2012, S. 3.

bei PricewaterhouseCoopers und sollte unter anderem Angaben zu dem Kreditnehmer, den Kreditkonditionen sowie erste Informationen über das zu deckende Projekt und die Finanzierungsstruktur enthalten.[718] Bei einem Rohstoffprojekt hat der Antragsteller entsprechende Informationen über den zu erwartenden Beitrag zur Erhöhung der Versorgungssicherheit Deutschlands beizulegen.[719]

Fällt diese erste Indikation positiv aus, kann das weitere Verfahren durch einen förmlichen und gebührenpflichtigen Antrag eingeleitet werden.[720] Anders als bei den Exportkreditgarantien des Bundes stehen im Bereich der UFK-Garantien keine speziellen Antragsformulare zur Verfügung. Der Antragsteller hat Informationen zur betriebswirtschaftlichen, technischen und rechtlichen Ausgestaltung des Vorhabens sowie zur Umwelt- und Sozialverträglichkeit bereitzustellen.[721]

Auf der von Euler Hermes und PricewaterhouseCoopers betriebenen Internetseite AGA-Portal ist eine Übersicht über die Angaben und Unterlagen, die zur Bearbeitung eines Antrags benötigt werden, zusammengestellt.[722] Gemäß dieser Übersicht sind seitens des Antragstellers Angaben zu dem Kreditgeber und Kreditnehmer, zu den Kreditkonditionen, zu dem Investitionsvorhaben, zu dem Sicherheitenkonzept, zu den Genehmigungen, Konzessionen und Zusagen staatlicher Stellen, die für die Durchführung des Investitionsvorhabens von Bedeutung sind, sowie zur Umweltrelevanz des Vorhabens erforderlich. Zudem werden von dem Antragsteller weitere Unterlagen benötigt. Dazu zählen der Projektbericht, ein in der Praxis so genanntes Project Information Memorandum, welches über die wirtschaftliche und technische Prüfung des Investitionsvorhabens informiert, eine Ertrags- und Liquiditätsvorschau für das Investitionsvorhaben, eine Umweltstudie, der Kreditvertrag, der Rohstoffliefervertrag sowie der Gesellschaftsvertrag mit der Satzung des Kreditnehmers.

Den förmlichen Antrag nimmt PricewaterhouseCoopers entgegen und führt auf Basis der vom Antragsteller eingereichten Unterlagen die so genannte kursorische

---

718 Vgl. Produktinformation UFK-Garantien 2012, S. 3 f.

719 Vgl. Produktinformation UFK-Garantien 2012, S. 4.

720 Vgl. Produktinformation UFK-Garantien 2012, S. 4.

721 Vgl. Moltrecht/Kolberg/Kuhn 2014, Register H, Tz. 14.

722 Nähere Informationen zu den Angaben und Unterlagen, die für einen Antrag auf Übernahme einer UFK-Garantie benötigt werden, sind der Internetseite AGA-Portal zu entnehmen. URL: <http://www.agaportal.de/pages/ufk/verfahren/erforderliche_angaben.html> (zuletzt geprüft am 06.07.2014). Zu den erforderlichen Informationen und Dokumenten, die der Antragsteller im Rahmen des Antragsverfahrens bereitstellen muss, siehe auch Produktinformation UFK-Garantien 2012, S. 4.

Vorprüfung durch.[723] Im Rahmen dieser Vorprüfung analysiert Pricewaterhouse-Coopers das Projektkonzept, die Mittelverwendung und -herkunft, die Projektbeteiligten, den Markt, die wirtschaftliche Tragfähigkeit und das Besicherungskonzept.[724] Der Mandatar prüft bei der Antragsbearbeitung sowohl die rechtlichen, wirtschaftlichen und finanziellen Grundlagen des Vorhabens als auch die rohstoffpolitische und umweltpolitische Förderungswürdigkeit sowie die mit dem Projekt verbundenen Risiken.[725] Bei einem positiven Ergebnis der kursorischen Vorprüfung wird der Antragsteller gebeten, eine gutachterliche Stellungnahme über die wirtschaftliche Tragfähigkeit des Projektes in Auftrag zu geben.[726] Die Anfertigung eines solchen Gutachtens zur wirtschaftlichen Tragfähigkeit des Vorhabens im Ausland ist bei Projektfinanzierungen grundsätzlich vor einer Entscheidung des für die UFK-Garantien zuständigen Interministeriellen Ausschusses über die Übernahme einer Deckung einzuholen.[727] Sobald das Gutachten, welches in der Regel von einer internationalen Wirtschaftsprüfungsgesellschaft erstellt wird, vorliegt und das Projekt von dem zuständigen Mandatar PricewaterhouseCoopers geprüft wurde, wird durch diesen eine Entscheidungsvorlage angefertigt.[728] Diese Vorlage dient dem für die UFK-Garantien zuständigen Interministeriellen Ausschuss zur Entscheidungsfindung.

Auf Grundlage dieser Entscheidungsvorlage kann der Bund gegenüber dem Antragsteller noch vor Abschluss des Kreditvertrages eine grundsätzliche Stellungnahme über die Aussichten einer Indeckungnahme abgeben.[729] Diese Stellungnahme, die auch Auflagen für den Antragsteller beinhalten kann, umfasst die Zusicherung des Bundes, bei unveränderter Sach- und Rechtslage über den Antrag positiv zu entscheiden, sofern der Kreditvertrag innerhalb einer gesetzten Frist abgeschlossen wird.[730]

Die endgültige Entscheidung über die Übernahme einer Garantie für Ungebundene Finanzkredite trifft der zuständige Interministerielle Ausschuss.[731] Eine Deckungszusage wird regelmäßig erst nach Abschluss des Darlehensver-

---

723 Vgl. Produktinformation UFK-Garantien 2012, S. 4.

724 Vgl. Produktinformation UFK-Garantien 2012, S. 4.

725 Vgl. Moltrecht/Kolberg/Kuhn 2014, Register H, Tz. 15.

726 Vgl. Produktinformation UFK-Garantien 2012, S. 4.

727 Im Hinblick auf die bei Projektfinanzierungen zu erfüllenden Voraussetzungen siehe Hermesdeckungen Spezial – Gutachten bei Projektfinanzierungen/Strukturierten Finanzierungen 2012, S. 2 ff.

728 Vgl. Produktinformation UFK-Garantien 2012, S. 4.

729 Vgl. Produktinformation UFK-Garantien 2012, S. 4.

730 Vgl. Produktinformation UFK-Garantien 2012, S. 4.

731 Vgl. Moltrecht/Kolberg/Kuhn 2014, Register H, Tz. 16.

trages und bei Vorlage sämtlicher für die UFK-Garantieerklärung notwendigen Informationen abgegeben.[732]

Erfolgt die Deckungszusage seitens des Interministeriellen Ausschusses, schließt der Bund mit dem Garantienehmer einen Gewährleistungsvertrag auf Grundlage der Allgemeinen Bedingungen für die Übernahme von Garantien für Forderungen aus Ungebundenen Finanzkrediten in ihrer jeweils gültigen Fassung. Nach § 1 S. 1 dieser Allgemeinen Bedingungen kommt der Gewährleistungsvertrag dadurch zustande, dass der Bund den Antrag des Garantienehmers auf Übernahme einer Garantie für Ungebundene Finanzkredite schriftlich und unter Bezugnahme auf die Allgemeinen Bedingungen annimmt. Die jeweilige Garantieerklärung, die auch als Deckungsurkunde oder Deckungsdokument bezeichnet wird, ist in Verbindung mit den Allgemeinen Bedingungen maßgeblich für die Ausgestaltung der Garantie.[733] Die Haftung aus der Garantie beginnt gemäß § 3 Abs. 1 der Allgemeinen Bedingungen für die Übernahme von Garantien für Forderungen aus Ungebundenen Finanzkrediten, sobald und soweit der Kreditbetrag ausbezahlt ist, und endet, sobald und soweit die garantierte Forderung erfüllt ist.

Das Antrags- und Entscheidungsverfahren im Bereich der UFK-Garantien ist ebenfalls ein typisches Beispiel für die Zwei-Stufen-Lehre, auf die bereits im Zusammenhang mit dem Antrags- und Entscheidungsverfahren bei den Exportkreditgarantien eingegangen wurde. Die Zweistufigkeit des Verfahrens hat zur Folge, dass für die UFK-Garantie betreffende Streitigkeiten, die ihren Ursprung auf der ersten verwaltungsrechtlichen Stufe haben, das Verwaltungsgericht in Berlin zuständig ist. Für Rechtsstreitigkeiten, die aus dem privatrechtlichen Vertrag zwischen dem Bund und dem Antragsteller herrühren, sind hingegen nach § 22 der Allgemeinen Bedingungen die ordentlichen Gerichte in Hamburg zuständig.

4.2.6 Bearbeitungsgebühren und Entgelt

Auch auf dem Gebiet der Garantien für Ungebundene Finanzkredite muss der Garantienehmer für die Inanspruchnahme dieser Bearbeitungsgebühren und ein Entgelt entrichten (siehe Abbildung 17).[734]

Im Unterschied zu den Exportkreditgarantien des Bundes unterliegen die Garantien für Ungebundene Finanzkredite nicht dem OECD-Konsensus. Insoweit kommen auch nicht die OECD-Vorgaben im Bereich der Entgelterhebung zur Anwendung.

732 Vgl. Produktinformation UFK-Garantien 2012, S. 5.

733 Vgl. Produktinformation UFK-Garantien 2012, S. 2.

734 Siehe § 18 Abs. 1 S. 1 und S. 2 AllgBed-ungeb.FKG.

Abbildung 17: Zusammensetzung der Kosten bei den UFK-Garantien[735]

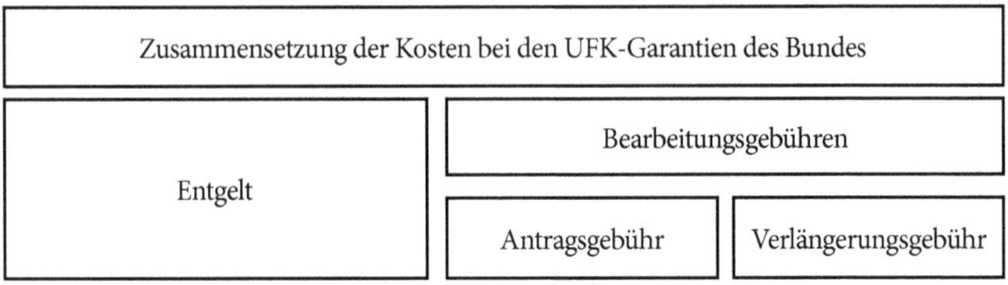

4.2.6.1 Bearbeitungsgebühren

Um dem administrativen Aufwand bei der Bearbeitung der Anträge auf Übernahme einer Garantie für Ungebundene Finanzkredite Rechnung zu tragen, werden vom Bund Bearbeitungsgebühren erhoben. Die Bearbeitungsgebühren unterteilen sich in Antragsgebühr und Verlängerungsgebühr und können nicht auf das ebenfalls für die Übernahme einer Garantie zu entrichtende Entgelt angerechnet werden.[736] Die Antragsgebühr beträgt bei einem ausgereichten Darlehensbetrag zuzüglich Zinsen in Höhe von bis zu 5 Mio. Euro 1 ‰ und bei einem 5 Mio. Euro übersteigenden Betrag 0,5 ‰ des gedeckten Betrages, jedoch höchstens insgesamt 30.000 Euro.[737] Die Antragsgebühr wird bei Antragstellung erhoben.[738] Bei Ablehnung oder Rückziehung des Antrags im Vorwege einer Grundsatzzusage des Bundes wird ein Teil der Antragsgebühr erstattet.[739] In diesem Fall beträgt die Erstattung gemäß dem Verzeichnis der Gebühren und Entgelte für die Garantien für Ungebundene Finanzkredite drei Viertel der Antragsgebühr, wenn mit einer Wirtschaftlichkeitsüberprüfung des Projektes und der Finanzierungskonstruktion noch nicht angefangen wurde, danach ein

735 Eigene Darstellung.

736 Vgl. Merkblatt Verzeichnis der Gebühren und Entgelte für UFK-Garantien 2012, S. 2.

737 Zu den Besonderheiten bei den Antragsgebühren für Verbriefungsgarantien, die zusammen mit UFK-Garantien beantragt werden, siehe Merkblatt Verzeichnis der Gebühren und Entgelte für UFK-Garantien 2012, S. 2.

738 Vgl. Merkblatt Verzeichnis der Gebühren und Entgelte für UFK-Garantien 2012, S. 2.

739 Vgl. Merkblatt Verzeichnis der Gebühren und Entgelte für UFK-Garantien 2012, S. 2.

Viertel der Gebühr.[740] Wenn ein eingereichter Antrag für ein Auslandsvorhaben bereits zu Beginn als nicht durchführbar eingestuft wird, wird die Bearbeitungsgebühr nicht erhoben.[741] Eine Erstattung der Gebühren für einen Antrag auf Übernahme einer Garantie, der nach Abgabe einer Grundsatzzusage zurückgezogen wird, findet nicht statt.[742] Sofern der Bund vor Abschluss des Kreditvertrages gegenüber dem Antragsteller eine Grundsatzzusage abgibt, wird diese üblicherweise auf sechs Monate befristet.[743] Eine Verlängerung der grundsätzlichen Stellungnahme um weitere sechs Monate ist mit der Antragsgebühr abgegolten. Wird nach einem Jahr eine weitere Verlängerung der Grundsatzzusage beantragt, ist eine Verlängerungsgebühr in Höhe von weiteren 50 % der Antragsgebühr zu entrichten.[744] Die Grundlage für die Bemessung der Verlängerungsgebühr bildet der Darlehensbetrag zuzüglich Zinsen zum Zeitpunkt der Verlängerung.[745]

Die Antragsgebühr sowie eine eventuell anfallende Verlängerungsgebühr sind nach Zugang der Rechnung fällig.[746] Die Stellung der Rechnung erfolgt nach der Einreichung des Antrags.[747]

4.2.6.2 Entgelt

Neben den Bearbeitungsgebühren ist für die Inanspruchnahme einer Garantie für Ungebundene Finanzkredite ein Entgelt zu entrichten. Dabei handelt es sich nach § 18 Abs. 1 S. 1 der Allgemeinen Bedingungen für die Übernahme von Garantien für Forderungen aus Ungebundenen Finanzkrediten um ein von Art und Umfang des gedeckten Risikos abhängiges Entgelt. Die Höhe des Entgeltes ist im

---

740 Vgl. Merkblatt Verzeichnis der Gebühren und Entgelte für UFK-Garantien 2012, S. 2.

741 Vgl. Merkblatt Verzeichnis der Gebühren und Entgelte für UFK-Garantien 2012, S. 2.

742 Vgl. Merkblatt Verzeichnis der Gebühren und Entgelte für UFK-Garantien 2012, S. 2.

743 Vgl. Merkblatt Verzeichnis der Gebühren und Entgelte für UFK-Garantien 2012, S. 2.

744 Vgl. Merkblatt Verzeichnis der Gebühren und Entgelte für UFK-Garantien 2012, S. 2.

745 Vgl. Merkblatt Verzeichnis der Gebühren und Entgelte für UFK-Garantien 2012, S. 2.

746 Vgl. Merkblatt Verzeichnis der Gebühren und Entgelte für UFK-Garantien 2012, S. 6.

747 Vgl. Merkblatt Verzeichnis der Gebühren und Entgelte für UFK-Garantien 2012, S. 6.

Wesentlichen abhängig vom Darlehensbetrag, den Auszahlungs- und Tilgungsbestimmungen (Risikolaufzeit), der Währung der zu deckenden Darlehensforderung sowie der Länder- und der Projektkategorie.[748]

Bei den Länderkategorien unterscheidet man acht verschiedene Kategorien, beginnend mit der Kategorie 0, der geringsten Risikostufe mit dem niedrigsten Entgelt, bis zur Länderkategorie 7, der höchsten Risikostufe mit dem höchsten Entgelt.[749] Im Bereich der Länderkategorie 0 ist, wie bei den Exportkreditgarantien des Bundes auch, die Durchführung eines Markttestes zur Vermeidung von Wettbewerbsverzerrungen erforderlich.[750]

Zudem wird im Rahmen der Entgeltbemessung das Projekt, für welches das abzusichernde Darlehen gewährt wird, in eine risikoabhängige Projektkategorie eingestuft. Gemäß den Bestimmungen im Verzeichnis der Gebühren und Entgelte für die Garantien für Ungebundene Finanzkredite unterscheidet man für Projekte mit privaten Kreditnehmern zwischen verschiedenen Projektkategorien, die von der Kategorie 0, für sehr geringe Risiken mit dem geringsten Entgelt, bis zur Projektkategorie 5, für stark erhöhte Risiken und dem höchsten Entgelt, reichen.[751] Je nach Länderkategorie variiert die Anzahl der Kategorien für Projekte mit privaten Kreditnehmern.[752] Darüber hinaus unterscheidet man für den Bereich der staatlichen Kreditnehmer zwei Projektkategorien – SOV und SOV-.[753] Der Kategorie SOV werden Vorhaben zugeordnet, in denen ein ausländisches Finanzministerium oder die ausländische Zentralbank als Kreditnehmer oder Garant auftritt.[754] Alle anderen öffentlichen Kreditnehmer, beispielsweise Bergbauministerien oder Energieministerien, fallen in die Projektkategorie SOV-.[755] Für die Fälle, in denen private Kreditnehmer ein besseres Rating als das

---

748 Vgl. Merkblatt Verzeichnis der Gebühren und Entgelte für UFK-Garantien 2012, S. 3.

749 Vgl. Merkblatt Verzeichnis der Gebühren und Entgelte für UFK-Garantien 2012, S. 3.

750 Vgl. Moltrecht/Kolberg/Kuhn 2014, Register H, Tz. 27.

751 Vgl. Merkblatt Verzeichnis der Gebühren und Entgelte für UFK-Garantien 2012, S. 3.

752 Vgl. Merkblatt Verzeichnis der Gebühren und Entgelte für UFK-Garantien 2012, S. 3.

753 Vgl. Merkblatt Verzeichnis der Gebühren und Entgelte für UFK-Garantien 2012, S. 3.

754 Vgl. Merkblatt Verzeichnis der Gebühren und Entgelte für UFK-Garantien 2012, S. 3.

755 Vgl. Merkblatt Verzeichnis der Gebühren und Entgelte für UFK-Garantien 2012, S. 3.

ausländische Finanzministerium oder die ausländische Zentralbank aufweisen, wurde die Projektkategorie SOV+ festgesetzt.[756]

Abhängig von den vorstehenden risikobestimmenden Faktoren und einer vorgegebenen Formel wird das Entgelt als Prozentsatz der zu deckenden Darlehensforderung ohne Zinsen berechnet.[757] Die Entgeltsätze variieren je nachdem, ob der Antragsteller eine umfassende Deckung wünscht, also politische und wirtschaftliche Risiken in die Deckung einbeziehen will, oder sich für die Beschränkung der Deckung auf politische Risiken entscheidet.[758]

Falls gegenüber dem Antragsteller eine grundsätzliche Stellungnahme der Bundesrepublik Deutschland hinsichtlich der Indeckungnahme abgegeben wurde und es im Nachgang zu einer Verschlechterung der Länder- oder Projektkategorie kommt, bleibt der Bund während der laufenden Befristung an die günstigere Entgeltkategorie gebunden.[759] Eine Verbesserung der Länder- oder Projektkategorie wird dagegen unmittelbar im Rahmen der Übernahme einer Garantie für Ungebundene Finanzkredite wirksam.[760]

Das zu zahlende Entgelt ist nach Zugang der Rechnung fällig.[761] Die Rechnungsstellung erfolgt nach Aushändigung der Deckungsurkunde.[762] Wenn bei Fälligkeit das Entgelt nicht fristgerecht entrichtet wird, stellt der Bund dem Antragsteller eine Verzugskostenpauschale in Rechnung.[763]

---

756 Vgl. Merkblatt Verzeichnis der Gebühren und Entgelte für UFK-Garantien 2012, S. 3.

757 Näheres zu den Grundsätzen der Entgeltberechnung sowie den Berechnungsformeln im Bereich der UFK-Garantien siehe Merkblatt Verzeichnis der Gebühren und Entgelte für UFK-Garantien 2012, S. 4 ff.

758 Für Näheres zu den Entgeltsätzen bei auf politische Gewährleistungsfälle beschränkte UFK-Garantien siehe Merkblatt Verzeichnis der Gebühren und Entgelte für UFK-Garantien 2012, S. 4 f.; Moltrecht/Kolberg/Kuhn 2014, Register H, Tz. 29.

759 Vgl. Merkblatt Verzeichnis der Gebühren und Entgelte für UFK-Garantien 2012, S. 3.

760 Vgl. Merkblatt Verzeichnis der Gebühren und Entgelte für UFK-Garantien 2012, S. 3.

761 Vgl. Merkblatt Verzeichnis der Gebühren und Entgelte für UFK-Garantien 2012, S. 6.

762 Vgl. Merkblatt Verzeichnis der Gebühren und Entgelte für UFK-Garantien 2012, S. 6.

763 Näheres zu der Erhebung von Verzugskostenpauschalen siehe Merkblatt Verzeichnis der Gebühren und Entgelte für UFK-Garantien 2012, S. 6.

Darüber hinaus kann das Entgelt in bestimmten Fällen erstattet werden, beispielsweise bei der vorzeitigen Rückzahlung des Darlehens.[764]

4.2.7 Entschädigungsverfahren

Auch bei den UFK-Garantien setzt das Entschädigungsverfahren einen Antrag des Deckungsnehmers auf Entschädigung voraus. Bevor allerdings ein solcher Antrag gestellt wird, ist zu klären, ob der Eintritt eines Schadenstatbestandes doch noch verhindert werden kann.

Zur Schadensvermeidung beziehungsweise -minderung versucht der Bund, wie bei den Exportkreditgarantien, durch die Intervention der Botschaften und Generalkonsulate zunächst den Fortbestand des Projektes sicherzustellen. Lässt sich der Schadensfall nicht abwenden, kann der Deckungsnehmer grundsätzlich nach Ablauf der Karenzfrist einen Antrag auf Entschädigung bei PricewaterhouseCoopers stellen. Diese Karenzfrist beläuft sich bei den UFK-Garantien des Bundes auf einen Monat.[765] Voraussetzung für die Entschädigung ist gemäß § 5 Abs. 1 S. 1 der Allgemeinen Bedingungen für die Übernahme von Garantien für Forderungen aus Ungebundenen Finanzkrediten die Fälligkeit und Rechtsbeständigkeit der garantierten Forderung. Dabei hat der Garantienehmer nach § 5 Abs. 2 S. 1 der Allgemeinen Bedingungen den Bestand der garantierten Forderung und der Sicherheiten, den Eintritt des Garantiefalles sowie Grund und Höhe des Schadens auf eigene Kosten nachzuweisen. Der Entschädigungsantrag kann jedoch, wie in § 5 Abs. 2 S. 2 beschrieben ist, durch den Bund zurückgewiesen werden, wenn der Bestand der Forderung oder die in der Garantieerklärung aufgeführten Sicherheiten bestritten oder dagegen Einreden oder Einwendungen erhoben werden.

Nach der Stellung des Antrags auf Entschädigung prüft PricewaterhouseCoopers, ob die Voraussetzungen für eine Entschädigung erfüllt sind.[766] Auch im Bereich der UFK-Garantien kann ein Verstoß des Deckungsnehmers gegen seine in den Allgemeinen Bedingungen aufgeführten Obliegenheiten dazu führen, dass die Bundesrepublik Deutschland unter bestimmten Voraussetzungen von

---

764 Zu den Fällen, die eine Entgelterstattung im Bereich der UFK-Garantien zur Folge haben, siehe Merkblatt Verzeichnis der Gebühren und Entgelte für UFK-Garantien 2012, S. 6 f.

765 Siehe § 4 Abs. 2 und Abs. 4 AllgBed-ungeb.FKG.

766 In § 4 Abs. 5 der Allgemeinen Bedingungen für die UFK-Garantien ist geregelt, auf welcher Basis entschädigt wird.

der Haftung und damit auch von ihrer Verpflichtung zur Zahlung einer Entschädigung befreit ist.[767]

Liegen alle relevanten Unterlagen vor, erfolgt die Schadensberechnung nach § 7 Abs. 3 S. 1 der Allgemeinen Bedingungen innerhalb eines Monats.[768] Dabei behält sich der Bund vor, die Verträge und weitere wichtige Unterlagen des Garantienehmers im Entschädigungsverfahren zu prüfen.[769] Die Auszahlung der Entschädigung erfolgt gemäß § 7 Abs. 3 S. 2 der Allgemeinen Bedingungen innerhalb von fünf Bankarbeitstagen nach Aufstellung und Bekanntgabe der Berechnung des Schadens. Sofern nach § 7 Abs. 4 S. 1 der Allgemeinen Bedingungen die Schadensprüfung nicht innerhalb eines Monats nach Einreichung aller für die Feststellung des Entschädigungsanspruchs erforderlichen Unterlagen abgeschlossen werden kann, wird die Entschädigung unter Vorbehalt der Nachprüfung festgestellt und innerhalb von fünf Bankarbeitstagen ab Zugang der Anerkennung der vorläufigen Schadensfeststellung ausgezahlt. Mit der Leistung der Entschädigung gehen gemäß § 10 Abs. 1 S. 1 der Allgemeinen Bedingungen die entschädigte Forderung, die Ansprüche auf Zinsen und Verzugszinsen für die Zeit nach Zahlung der Entschädigung und der Anspruch auf die im Ausland eingezahlten oder hinterlegten Beträge einschließlich der für diese Forderungen und Ansprüche bestehenden Sicherheiten insoweit auf den Bund über, als dies seinem Anteil am Ausfall der entschädigten Forderung entspricht.

Wie bei den Exportkreditgarantien ist der Garantienehmer gemäß § 6 Abs. 1 S. 1 der Allgemeinen Bedingungen an jedem Ausfall an der garantierten Forderung selbst beteiligt.[770] Die Selbstbeteiligung beträgt nach § 6 Abs. 1 S. 2 einheitlich für alle Risiken 10 % des Ausfalls, soweit in der Garantieerklärung keine abweichenden Regelungen getroffen wurden. Eine anderweitige Absicherung ist nach § 6 Abs. 2 der Allgemeinen Bedingungen für UFK-Garantien grundsätzlich möglich, wenn beim Garantienehmer ein Selbstbehalt in Höhe von 5 % am Ausfall verbleibt.

---

767 Näheres zu den Pflichten des Deckungsnehmers im Bereich der UFK-Garantien siehe § 15 AllgBed-ungeb.FKG. Zu den Rechtsfolgen von Pflichtverletzungen siehe § 16 AllgBed-ungeb.FKG.

768 Zu den Einzelheiten der Berechnung und Auszahlung der Entschädigung siehe die Regelungen in § 7 AllgBed-ungeb.FKG. Siehe zudem § 8 der Allgemeinen Bedingungen, der die Rückflüsse nach Entschädigung regelt, sowie § 9, der die Regelungen über die Rückzahlung der Entschädigung enthält.

769 Vgl. Moltrecht/Kolberg/Kuhn 2014, Register H, Tz. 33.

770 Die Einführung eines einheitlichen Selbstbehaltes geht auf die Reform der Allgemeinen Bedingungen im Jahre 2009 zurück. Vgl. 50 Jahre UFK-Garantien 2011, S. 9.

Der Deckungsnehmer hat nach § 11 Abs. 1 S. 1 der Allgemeinen Bedingungen alle Maßnahmen zu ergreifen, die zur Einziehung der ausstehenden Forderung führen. Als geeignete Maßnahme gilt gemäß § 11 Abs. 1 S. 2 auch die Führung eines Rechtsstreites.[771] Von einer Weisung des Bundes zur Führung eines Rechtsstreites kann nach § 11 Abs. 1 S. 3 der Allgemeinen Bedingungen jedoch abgesehen werden, wenn der Gerichtsstand beziehungsweise die anwendbare Rechtsordnung keine hinreichende Beurteilung der Erfolgsaussichten eines Rechtsstreites zulassen und der Garantienehmer einen solchen Gerichtsstand beziehungsweise die Anwendung einer solchen Rechtsordnung nicht abbedingen konnte oder wenn die voraussichtlichen Kosten des Rechtsstreites außer Verhältnis zu der Höhe der Forderung beziehungsweise den Erfolgsaussichten von Vollstreckungsmaßnahmen stehen.

4.3 Investitionsgarantien

4.3.1 Definitorische Vorbemerkungen

Die Investitionsgarantien werden seit mehr als 50 Jahren vom Bund für Unternehmen, die ihre Direktinvestitionen im Ausland absichern möchten, bereitgestellt.[772] Die gesetzliche Grundlage für die Investitionsgarantien, die früher unter der Bezeichnung „Bundesgarantien für Kapitalanlagen im Ausland“[773] bekannt waren, wurde erstmals durch § 18 des Bundeshaushaltsgesetzes des Jahres 1959 geschaffen.[774] Die Bundesrepublik Deutschland gehörte nach den Vereinigten Staaten von Amerika und Japan zu dem ersten europäischen Land, das auf diese Weise die Förderung von Direktinvestitionen im Ausland ermöglichte.[775] Mittlerweile verfügen nahezu alle OECD-Länder sowie weitere Nicht-OECD-Länder über ein derartiges Förderinstrumentarium.[776]

Im Bereich der Investitionsgarantien des Bundes haben sich, wie bei den Exportkreditgarantien und den UFK-Garantien, verschiedene Begrifflichkeiten

771 Siehe § 17 der Allgemeinen Bedingungen für die Übernahme von Garantien für Forderungen aus Ungebundenen Finanzkrediten, der die Beteiligung des Bundes an Kosten für Maßnahmen der Rechtsverfolgung sowie der Schadensvermeidung oder -minderung regelt.

772 Vgl. BMWi Monatsbericht Juli 2010, S. 21.

773 Vgl. Salow 1984, S. 43 ff.

774 Vgl. Jahresbericht der Investitionsgarantien 2009, S. 38.

775 Vgl. Stern 1989, S. 139; Jahresbericht der Investitionsgarantien 2009, S. 38.

776 Vgl. Jahresbericht der Investitionsgarantien 2009, S. 38.

etabliert. Sowohl in den einschlägigen Richtlinien für die Übernahme von Garantien für Direktinvestitionen im Ausland als auch in den entsprechenden Allgemeinen Bedingungen wird als Synonym für den Begriff „Investitionsgarantie der Bundesrepublik Deutschland“ der Terminus „Garantie“ verwendet. Des Weiteren wird häufig der Begriff „Deckung“ benutzt.

4.3.2 Deckungsgegenstand

Nach Abschnitt II Ziff. 1 S. 1 der Richtlinien für die Übernahme von Garantien für Direktinvestitionen im Ausland ist der Gegenstand der Garantie des Bundes die Kapitalanlage im Ausland. Kapitalanlagen im Ausland sind gemäß Abschnitt II Ziff. 2 S. 1 lit. a) bis d) dieser Richtlinien Beteiligungen, Kapitalausstattungen von Niederlassungen, beteiligungsähnliche Darlehen und andere vermögenswerte Rechte (siehe Abbildung 18).[777] Darüber hinaus können nach Abschnitt II Ziff. 1 S. 2 der Richtlinien auch Erträge von Kapitalanlagen in den Garantieschutz einbezogen werden.[778]

Die Investitionsgarantien können sowohl isoliert übernommen als auch mit den Deckungsformen der Exportkreditgarantien sowie den UFK-Garantien des Bundes kombiniert werden.[779]

Abbildung 18: Deckungsfähige Direktinvestitionen im Ausland[780]

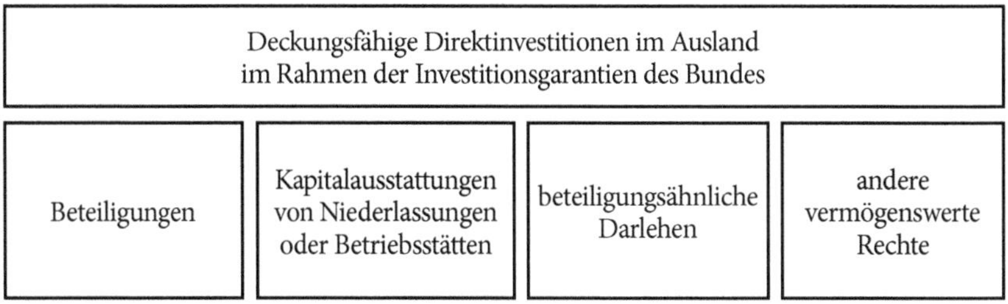

Grundsätzlich ist bei der Investitionsgarantie zwischen der Laufzeit der Garantie sowie dem Beginn und dem Ende der Deckung zu unterscheiden. Die Laufzeit der Investitionsgarantie beginnt mit der Zustellung des Annahmeschreibens an

777 Siehe auch § 3 Abs. 1 lit. a) bis d) AllgBed-I.

778 Siehe auch § 3 Abs. 2 S. 1 AllgBed-I.

779 Näheres zur Kombination von Investitionsgarantien und Exportkreditgarantien siehe Maaßen 2012, S. 2 ff.

780 Eigene Darstellung.

den Garantienehmer.[781] Gemäß Abschnitt VII Ziff. 1 S. 1 der Richtlinien für die Übernahme von Garantien für Direktinvestitionen im Ausland beträgt die Laufzeit der Investitionsgarantie bis zu 15 Jahre, in Ausnahmefällen bis zu 20 Jahre. Nach Abschnitt VII Ziff. 1 S. 2 der Richtlinien kann die Investitionsgarantie des Bundes auf Antrag um bis zu fünf Jahre verlängert werden. Gemäß § 11 Abs. 1 S. 1 der Allgemeinen Bedingungen für Investitionsgarantien beginnt die Deckung für Verluste an Kapitalanlagen und an deren Erträgen in dem Zeitpunkt, in dem der Garantienehmer die Leistung auf die Kapitalanlage erbracht hat, jedoch nicht vor Zustandekommen des Garantievertrages. Des Weiteren weist § 11 Abs. 1 S. 2 der Allgemeinen Bedingungen darauf hin, dass die Leistungen auf die Kapitalanlage innerhalb der in der Garantieerklärung festgesetzten Frist zu erbringen sind. Gemäß § 11 Abs. 4 der Allgemeinen Bedingungen endet die Deckung mit Ablauf der in der Garantieerklärung festgesetzten Laufzeit der Garantie, es sei denn, sie endet zuvor durch Kündigung, Rücktritt oder aus sonstigen Gründen.

4.3.2.1 Beteiligungen

Nach Abschnitt II Ziff. 2 S. 2 der Richtlinien für die Übernahme von Garantien für Direktinvestitionen im Ausland sollen die Investitionsgarantien in erster Linie für Kapitalanlagen in Form von Beteiligungen[782] übernommen werden.[783] Eine Beteiligung liegt nach Abschnitt II Ziff. 2 S. 1 lit. a) dieser Richtlinien dann

---

781 Vgl. Merkblatt Übernahme von Bundesgarantien für Direktinvestitionen im Ausland 2006, S. 7.

782 In Bezug auf die Beteiligungsformen kann es sich entweder um quotale oder um 100 %-ige Beteiligungen am Gesellschaftskapital eines Unternehmens im Ausland handeln, die gegen Einbringung von Barkapital oder Sachleistungen übernommen werden. Durch den Anteilserwerb erhält der rechtliche Inhaber der Anteile an dem ausländischen Unternehmen Stimm-, Kontroll- oder Mitspracherechte sowie die Teilnahme am Ertrag und am Liquidationserlös des ausländischen Unternehmens. Bei einer 100 %-igen Beteiligung ist das gesamte Kapital dieser Tochtergesellschaft dann im Besitz der Muttergesellschaft. Liegt hingegen eine quotale Beteiligung vor, spricht man auch von einem Gemeinschaftsunternehmen. Diese Kooperationsform, die auch unter dem englischen Namen Joint Venture bekannt ist, besteht aus mindestens zwei rechtlich und wirtschaftlich getrennten Unternehmen. Der Investor kann an einem solchen Joint Venture eine Mehrheits- oder Minderheitsbeteiligung halten. Schließlich ist es auch möglich, dass der Investor und der ausländische Geschäftspartner in gleicher Höhe am Kapital beteiligt sind. Siehe hierzu betreffend die Investitionsgarantien unter anderem Salow 1984, S. 97 ff.

783 Siehe diesbezüglich auch die Bestandsentwicklung bei Investitionsgarantien unter Gliederungspunkt 5.3.2.

vor, wenn Kapital, Güter oder sonstige Leistungen in ein Unternehmen im Ausland gegen Gewährung von Anteilen am Unternehmen unter Einräumung von Stimm-, Kontroll- oder Mitspracherechten sowie einer Teilnahme am Ertrag und am Liquidationserlös eingebracht werden. Ergänzend kann § 3 Abs. 1 lit. a) der für die Investitionsgarantien geltenden Allgemeinen Bedingungen entnommen werden, dass sowohl Beteiligungen als auch Guthaben, in die sich Beteiligungen umgewandelt haben, von der Investitionsgarantie des Bundes erfasst werden. Die Anteile an ausländischen Unternehmen können bei Gründung und Kauf oder aus Kapitalerhöhungen übernommen werden.[784]

Grundsätzlich sichert die Investitionsgarantie nur die unmittelbar aus Deutschland getätigten Investitionen im Ausland ab. Darüber hinaus kann die Investitionsgarantie des Bundes auch dann vergeben werden, wenn der Investor sich mittelbar über eine Holdinggesellschaft an einem Unternehmen im Ausland beteiligen möchte.[785] Holdinggesellschaften im Ausland werden seit Beginn der 1990er Jahre vermehrt von deutschen Unternehmen mit dem Ziel gegründet, die geschäftlichen Aktivitäten in dem betreffenden Land besser koordinieren zu können.[786] Die Holdinggesellschaft, die häufig auch an weiteren Betriebsgesellschaften beteiligt ist, ist hauptsächlich zuständig für Verwaltungstätigkeiten, während das operative Geschäft von den Betriebsgesellschaften wahrgenommen wird.[787] Beide Gesellschaften, die Betriebsgesellschaft und die Holdinggesellschaft, sind jeweils zwei rechtlich eigenständige Unternehmen, die von Risiken im Ausland betroffen sein können.[788] Auf besonderen Antrag sichert der Bund im Rahmen der Investitionsgarantien auch von einer Holdinggesellschaft getätigte Investitionen im Anlageland ab.[789] Bei einer solchen Struktur sichert die Investitionsgarantie sowohl die anteiligen Beteiligungsrechte des deutschen Gesellschafters an der Holding als auch deren Beteiligung an der jeweiligen Betriebsgesellschaft ab.[790]

Falls ein Investitionsförderungs- und -schutzvertrag zwischen dem Anlageland und der Bundesrepublik Deutschland besteht, der sich nicht ausdrücklich

784 Vgl. AGA-Report 2009, Nr. 177, S. 1 f.
785 Vgl. Merkblatt Übernahme von Bundesgarantien für Direktinvestitionen im Ausland 2006, S. 3.
786 Vgl. Merkblatt Holding 2008, S. 2.
787 Vgl. Merkblatt Holding 2008, S. 2.
788 Vgl. Merkblatt Holding 2008, S. 2.
789 Vgl. Merkblatt Holding 2008, S. 2.
790 In diesem Zusammenhang spricht man auch von einer so genannten Holding-Garantie. Vgl. Jahresbericht der Investitionsgarantien 2012, S. 54.

auf die indirekten Investitionen erstreckt, ist bei einer Holdingkonstruktion darauf zu achten, dass der Rechtsschutz im Anlageland durch eine entsprechende Erklärung auch für die in Betriebsgesellschaften vorgenommenen Investitionen sichergestellt ist.[791]

4.3.2.2 Kapitalausstattungen einer Niederlassung oder Betriebsstätte

Die Investitionsgarantien des Bundes ermöglichen nach Abschnitt II Ziff. 2 S. 1 lit. b) der Richtlinien für die Übernahme von Garantien für Direktinvestitionen im Ausland auch die Absicherung von Dotationskapital.[792] Das Dotationskapital bezeichnet die einer rechtlich unselbstständigen Niederlassung[793] oder Betriebsstätte[794] langfristig bereitgestellten Mittel in Form von Kapital, Gütern oder sonstigen Leistungen.[795] Der Risikoabsicherung von Dotationskapital liegen nach den Richtlinien für die Übernahme von Garantien für Direktinvestitionen im Ausland einige wichtige Voraussetzungen zugrunde. Dazu zählt gemäß Abschnitt II Ziff. 2 S. 1 lit. b) S. 2 der Richtlinien vor allem die Verpflichtung des Garantienehmers, einen eigenen Jahresabschluss für seine Niederlassung oder Betriebsstätte aufzustellen, in dem das Dotationskapital wie ein Stammkapital zu behandeln und auszuweisen ist. Auf diese Weise lässt sich überprüfen, ob die Mittel in Höhe des geltend gemachten Dotationskapitals in der Niederlassung gebunden sind.[796]

791 Vgl. Merkblatt Holding 2008, S. 3.

792 Siehe auch § 3 Abs. 1 lit. b) AllgBed-I.

793 Der Ausdruck „Niederlassung" ist ein Begriff aus dem Gesellschaftsrecht und meint den Ort, an dem ein Unternehmen geführt wird. In § 13 Handelsgesetzbuch ist unter anderem das Niederlassungsrecht geregelt. Siehe hierzu im Zusammenhang mit den Investitionsgarantien des Bundes auch die Ausführungen von Salow 1984, S. 110 ff.

794 Der Begriff „Betriebsstätte" stammt aus dem Gewerbesteuerrecht. In § 12 Abgabenordnung findet sich eine Legaldefinition des Begriffs. Danach handelt es sich um eine feste Geschäftseinrichtung oder Anlage, die der Tätigkeit eines Unternehmens dient. Als Betriebsstätten sind unter anderem Zweigniederlassungen, Geschäftsstellen sowie Fabrikations- und Werkstätten anzusehen. Siehe hierzu auch die Ausführungen von Salow 1984, S. 112 f.

795 Vgl. Merkblatt Übernahme von Bundesgarantien für Direktinvestitionen im Ausland 2006, S. 3; Moltrecht/Kolberg/Kuhn 2014, Register I, Tz. 9.

796 Vgl. Moltrecht/Kolberg/Kuhn 2014, Register I, Tz. 9.

4.3.2.3 Beteiligungsähnliche Darlehen

Gemäß Abschnitt II Ziff. 2 S. 1 lit. c) der Richtlinien für die Übernahme von Garantien für Direktinvestitionen im Ausland können auch beteiligungsähnliche Darlehen mit Hilfe der Investitionsgarantien des Bundes abgesichert werden.[797] Dabei muss gewährleistet sein, dass das Darlehen nach seinem Zweck und seiner Ausgestaltung einer Beteiligung nahesteht.[798] Eine Beteiligungsähnlichkeit des Darlehens kann üblicherweise angenommen werden, wenn die Vertragsgestaltung sich an den Besonderheiten des Projektes ausrichtet und das Darlehen sich durch Langfristigkeit und einen moderaten Zinssatz, der sich beispielsweise an den Refinanzierungskosten orientiert, auszeichnet.[799] Ein Darlehen wird hingegen dann nicht als beteiligungsähnlich und damit nicht als deckungsfähig angesehen, wenn der Darlehensgeber vorzeitig, ohne einen wichtigen Grund anführen zu müssen, ein Kündigungsrecht ausüben kann, ihm übersteigerte Sicherungsrechte eingeräumt werden oder er Anspruch auf Verzugszinsen außer in Höhe der tatsächlich entstehenden Kosten hat.[800] Als absicherungsfähige Direktinvestitionen gelten sowohl Gesellschafterdarlehen als auch Bankdarlehen mit beteiligungsähnlichem Charakter.[801] Bei beiden Darlehensformen wird vorausgesetzt, dass der Kredit für ein förderungswürdiges Investitionsvorhaben gewährt wird.

4.3.2.4 Andere vermögenswerte Rechte

Ebenfalls können nach Abschnitt II Ziff. 2 S. 1 lit. d) der Richtlinien für die Übernahme von Garantien für Direktinvestitionen im Ausland andere vermögenswerte Rechte abgesichert werden.[802] Die Aufnahme des Deckungsgegenstandes „andere vermögenswerte Rechte“ erfolgte im Jahr 2004 im Zuge der Reform der für die Investitionsgarantien des Bundes geltenden Allgemei-

797 Siehe auch § 3 Abs. 1 lit. c) AllgBed-I.

798 Vgl. Merkblatt Übernahme von Bundesgarantien für Direktinvestitionen im Ausland 2006, S. 4.

799 Vgl. Merkblatt Übernahme von Bundesgarantien für Direktinvestitionen im Ausland 2006, S. 4.

800 Vgl. Moltrecht/Kolberg/Kuhn 2014, Register I, Tz. 10.

801 Vgl. Merkblatt Übernahme von Bundesgarantien für Direktinvestitionen im Ausland 2006, S. 4. Darüber hinaus können seit September 2004 auch so genannte Rahmendarlehen abgesichert werden. Näheres zur Absicherung von Rahmendarlehen auf dem Gebiet der Investitionsgarantien siehe AGA-Report 2004, Nr. 111, S. 3 f.

802 Siehe auch § 3 Abs. 1 lit. d) AllgBed-I.

nen Bedingungen.[803] Mit diesem Deckungsgegenstand wurde grundsätzlich die Möglichkeit geschaffen, auch andere Investitionsformen als Beteiligungen, Dotationskapital und beteiligungsähnliche Darlehen abzusichern.[804] Dabei ist sicherzustellen, dass nur solche Formen von Direktinvestitionen mit Hilfe der Investitionsgarantie des Bundes abgesichert werden, die den investiven Charakter einer Direktinvestition aufweisen und mit dem Ziel einer unternehmerischen Tätigkeit gegen Geld oder geldwerte Leistungen vorgenommen werden.[805] Andere vermögenswerte Rechte sind in der Praxis zumeist die Bezugsrechte auf Erdöl und Erdgas, so genannte Service Contracts, sowie die Forderungen aus Bonds – Schuldverschreibungen, die in verbriefter Form zur Unternehmensfinanzierung ausgegeben werden.[806] Des Weiteren sind Forderungen, in die sich vermögenswerte Rechte umgewandelt haben, garantiefähig.[807] Es werden nur die vermögenswerten Rechte gedeckt, die in der Garantieerklärung auch als solche bezeichnet sind.[808] Insoweit wird die Garantieerklärung unter Berücksichtigung der Besonderheiten des jeweiligen Einzelfalles stets angepasst.[809] In der Garantieerklärung nicht aufgeführte vermögenswerte Rechte sind auch dann nicht vom Deckungsschutz erfasst, wenn sie in den Verträgen über die Kapitalanlage vorgesehen sind.[810]

4.3.2.5 Erträge

Darüber hinaus können nach Abschnitt II Ziff. 3 der Richtlinien für die Übernahme von Garantien für Direktinvestitionen im Ausland Erträge aus investiertem Kapital in den Garantieschutz der Investitionsgarantie des Bundes aufgenommen werden. Bei diesen Erträgen handelt es sich gemäß § 3 Abs. 2 S. 1 der Allgemeinen Bedingungen für Investitionsgarantien um Beträge, die für

---

803 Vgl. AGA-Report 2004, Nr. 110, S. 2.

804 Vgl. AGA-Report 2004, Nr. 110, S. 2.

805 Vgl. Merkblatt Übernahme von Bundesgarantien für Direktinvestitionen im Ausland 2006, S. 4.

806 Vgl. Merkblatt Übernahme von Bundesgarantien für Direktinvestitionen im Ausland 2006, S. 4; AGA-Report 2006, Nr. 135, S. 5.

807 Vgl. Moltrecht/Kolberg/Kuhn 2014, Register I, Tz. 13.

808 Vgl. Merkblatt Übernahme von Bundesgarantien für Direktinvestitionen im Ausland 2006, S. 4.

809 Vgl. Merkblatt Übernahme von Bundesgarantien für Direktinvestitionen im Ausland 2006, S. 4.

810 Vgl. Merkblatt Übernahme von Bundesgarantien für Direktinvestitionen im Ausland 2006, S. 4.

einen bestimmten Zeitraum auf garantierte Kapitalanlagen als Gewinnanteile ausgeschüttet werden oder als Zinsen zu leisten sind. Nach § 3 Abs. 2 S. 2 dieser Allgemeinen Bedingungen besteht die Ertragsdeckung[811] jedoch nur, wenn in der Garantieerklärung ein Höchstbetrag der Garantie für die Ertragsdeckung ausdrücklich beziffert ist. Des Weiteren heißt es in § 3 Abs. 2 S. 3 der Allgemeinen Bedingungen für Investitionsgarantien, dass für die in einem Garantiejahr zu deckenden Erträge auf Antrag ein Prozentsatz, bezogen auf den Einbringungswert[812], in der Garantieerklärung festgesetzt wird (jährliche Ertragsdeckung). Gemäß der Entscheidungspraxis des Interministeriellen Ausschusses für Investitionsgarantien beläuft sich der Höchstbetrag der jährlichen Ertragsdeckung im Regelfall auf maximal 100 % des Höchstbetrages der Garantie für die Kapitaldeckung.[813]

Die variable Ausgestaltung der jährlichen Ertragsdeckung wird an dem nachfolgenden Beispiel deutlich.[814] Bei einer Investition in Form einer Beteiligung in Höhe von 1 Mio. Euro (Kapitaldeckung[815]) werden im ersten Jahr 50.000 Euro Dividende erwartet, die sich bis zum zehnten Jahr auf 150.000 Euro erhöhen können. Im Antragsverfahren für die jährliche Ertragsdeckung ist dann ein Höchstsatz von bis zu 15 % jährlich (als Prozentsatz der Kapitaldeckung) zu beantragen, wobei für das erste Jahr nur ein Prozentsatz von 5 % festzulegen ist. Durch diese variable Ausgestaltung der jährlichen Ertragsdeckung ermöglicht der Bund eine bedarfsgerechte Absicherung von Erträgen. Eine spätere

---

811 Die Ertragsdeckung umfasst die auf garantierte Kapitalanlagen ausgeschütteten beziehungsweise fälligen Erträge, wie Dividenden. Siehe Jahresbericht der Investitionsgarantien 2012, S. 54.

812 Der Einbringungswert ist in § 7 der Allgemeinen Bedingungen für die Investitionsgarantien des Bundes definiert. Gemäß § 7 Abs. 1 S. 1 handelt es sich dabei um den Betrag in Euro, der sich aus den vom Garantienehmer für die Kapitalanlage erbrachten Leistungen ergibt. Näheres zu dem Einbringungswert siehe § 7 Abs. 1 bis Abs. 4 AllgBed-I.

813 Vgl. Merkblatt Übernahme von Bundesgarantien für Direktinvestitionen im Ausland 2006, S. 4. Für Betreibermodelle gelten in Bezug auf die Ertragsdeckung Besonderheiten. Siehe Merkblatt Besonderheiten bei Betreibermodellen 2006, S. 3.

814 Siehe AGA-Report 2010, Nr. 188, S. 1.

815 Der Begriff der Kapitaldeckung bezieht sich im Bereich der Investitionsgarantien des Bundes auf den Betrag, bis zu dem die auf die zu garantierende Kapitalanlage erbrachten Leistungen, wie Stammkapitaleinlagen, abgesichert werden können. Siehe Jahresbericht der Investitionsgarantien 2012, S. 54.

Einbeziehung der Erträge in die Deckung ist hingegen nicht möglich.[816] Falls am Anfang der Investition keine Erträge zu erwarten sind, kann der Beginn der Ertragsdeckung hinausgeschoben werden.[817]

4.3.3 Gedeckte Risiken

Unternehmen, die Direktinvestitionen im Ausland tätigen, sind einer Reihe von spezifischen Risiken ausgesetzt.[818] Im Unterschied zu den Exportkreditgarantien und den Garantien für Ungebundene Finanzkredite decken die Investitionsgarantien des Bundes nur politische Risiken ab. Aus ordnungspolitischen Gründen bieten die Investitionsgarantien keinen Schutz vor wirtschaftlichen Risiken.[819] Bei einer Erweiterung des Risikoschutzes auf die wirtschaftlichen Risiken ist zu befürchten, dass Investitionen im Ausland vorgenommen würden, die aus betriebswirtschaftlichen Gesichtspunkten nicht zielführend sind.[820] Der Nichtzahlungsfall (protracted default) wird ebenfalls durch die Investitionsgarantien des Bundes nicht abgesichert. Da die Investitionsgarantien nur eine Absicherung der politischen Risiken, die durch den Investor nicht beeinflussbar sind, ermöglichen, bietet der Bund den im Ausland investierenden Unternehmen eine wirtschaftliche Kalkulationsgrundlage an. Auf diese Weise kann sich das Unternehmen auf die wirtschaftlichen Risiken konzentrieren und seinen eigentlichen Aufgaben nachgehen.[821]

Bei den Investitionsgarantien haftet der Bund für Verluste an der Kapitalanlage oder an deren Erträgen, soweit die Verluste durch die folgenden politischen Ereignisse oder Maßnahmen in dem Anlageland verursacht wurden:[822]

---

816 Vgl. Merkblatt Übernahme von Bundesgarantien für Direktinvestitionen im Ausland 2006, S. 4.

817 Vgl. Merkblatt Übernahme von Bundesgarantien für Direktinvestitionen im Ausland 2006, S. 4.

818 Näheres zu den möglichen Risiken bei Direktinvestitionen im Ausland siehe Backhaus/Braun 2005, S. 17 ff. In diesem Zusammenhang siehe auch die Ausführungen über die Risikosteuerung bei Auslandsinvestitionen im Jahresbericht der Investitionsgarantien 2001, S. 28 ff.

819 Siehe hierzu auch das Experteninterview mit PricewaterhouseCoopers 2010, Anhang G, Frage 3.

820 Vgl. Freytag/Voll 2008, S. 300.

821 Insbesondere bei Großunternehmen ist die Investitionsgarantie des Bundes zentraler Bestandteil des Risikomanagements. Vgl. BMWi-Ergebnisprotokoll Workshop III 2012, S. 2.

822 Zu den gedeckten Risiken im Rahmen der Investitionsgarantien des Bundes siehe Abschnitt III Ziff. 1 lit. a) bis e) der Richtlinien für die Übernahme von Garantien für Direktinvestitionen im Ausland; § 4 Abs. 1 lit. a) bis e) AllgBed-I.

Enteignungsfall

a) Verstaatlichung, Enteignung oder sonstige Eingriffe von Hoher Hand, die in ihren Auswirkungen einer Enteignung gleichzusetzen sind;[823]

BZ-Fall[824]

b) Bruch von rechtsbeständigen Zusagen staatlicher oder staatlich gelenkter oder kontrollierter Stellen, soweit diese Zusagen die Projektgesellschaft berechtigen und in der Garantieerklärung aufgeführt sind;[825]

Kriegsfall

c) Krieg oder sonstige bewaffnete Auseinandersetzungen, Revolution, Aufruhr oder im Zusammenhang mit solchen Ereignissen stehende terroristische Akte;[826]

ZM-Fall[827]

d) Zahlungsverbote oder Moratorien;[828]

---

823 § 4 Abs. 1 lit. a) AllgBed-I.

824 Die Abkürzung „BZ" steht für Bruch von Zusagen staatlicher Stellen. Eine solche Absicherung ist beispielsweise bei Infrastrukturprojekten zu empfehlen, da solche Investitionsvorhaben durch eine besondere Staatsnähe gekennzeichnet sind und der Erfolg der geplanten Investition häufig an staatliche Zusagen gebunden ist. Der Bruch von Zusagen mit einem kommerziellen Charakter kann nicht mit Hilfe der Investitionsgarantien des Bundes abgesichert werden. Siehe ausführlich Merkblatt Bruch von Zusagen staatlicher Stellen 2008, S. 2 ff.

825 § 4 Abs. 1 lit. b) AllgBed-I.

826 § 4 Abs. 1 lit. c) AllgBed-I.

827 Die Abkürzung „ZM" steht für die beiden Begriffe Zahlungsverbote und Moratorien. Erlässt das Schuldnerland ein Zahlungsverbot, muss angenommen werden, dass damit beispielsweise Zahlungen für bereits vollzogene Importe verboten sind. Die Zahlungsverbote können gegen einzelne oder alle Länder gerichtet sein. Von einem Moratorium ist hingegen die Rede, wenn ausländische Forderungen auf zunächst unbestimmte Zeit nicht erfüllt werden, erst nach Ablauf einer bestimmten Frist erfüllt werden dürfen, nur insoweit erfüllt werden dürfen, als Devisenerlöse erwirtschaftet werden, oder nur in inländischer Währung erfüllt werden dürfen. Siehe hierzu Häberle 2002, S. 39, der die Begriffe im Rahmen von Exportgeschäften erläutert.

828 § 4 Abs. 1 lit. d) AllgBed-I.

KT-Fall[829]

e) Unmöglichkeit der Konvertierung oder des Transfers von Beträgen, die zum Zwecke des Transfers in die Bundesrepublik Deutschland bei einer zahlungsfähigen Bank eingezahlt worden sind.[830]

Bei der Übernahme der Investitionsgarantie werden die politischen Risiken nach dem Grundsatz der einheitlichen Deckung nur im Leistungsverbund gedeckt. Es ist nicht möglich, die Garantie auf bestimmte Risiken zu beschränken.[831] Darüber hinaus kann das Investitionsvorhaben eines Unternehmens im Ausland auch durch isolierte Terrorakte gefährdet sein.[832] Diese terroristischen Gefahren können unabhängig von der politischen Entwicklung in einem Land auftreten. Der Bund bietet seit dem Jahr 2004 auch für diese potentiellen Gefahren eine Absicherungsmöglichkeit im Rahmen der Investitionsgarantien an.[833]

Die durch die dargestellten politischen Risiken entstehenden Verluste werden im Schadensfall jedoch gemäß § 4 Abs. 2 S. 1 der Allgemeinen Bedingungen für die Investitionsgarantien nicht von der Deckung erfasst, wenn zum Zeitpunkt des Schadenseintritts sich das Kapital des Deckungsnehmers oder die Stimmrechte zu mehr als 50 % in ausländischer Hand befinden oder wenn der Deckungsnehmer einer ausländischen Kontrolle unterliegt. Der Begriff „ausländische Kontrolle" ist in § 4 Abs. 2 S. 2 der Allgemeinen Bedingungen definiert und bedeutet insbesondere, dass die rechtlich verantwortlichen oder faktisch maßgebenden Leiter des Unternehmens ausländische Staatsangehörige sind, von ausländischen Staatsangehörigen Weisungen empfangen oder unter deren Kontrolle handeln.

---

829 Die Abkürzung „KT" steht für die beiden Begriffe Konvertierung und Transfer. Sowohl die Unmöglichkeit der Konvertierung als auch die Unmöglichkeit des Transfers von Beträgen im Zusammenhang mit der Kapitalanlage kann zu einem Schadensfall führen. Näheres zu den Begrifflichkeiten siehe unter anderem Häberle 2002, S. 40, der auf die Konvertierungs- und Transferbeschränkungen (-verbote) im Rahmen von Exportgeschäften näher eingeht.

830 § 4 Abs. 1 lit. e) AllgBed-I.

831 Vgl. Burger/Ulbrich/Ahlemeyer 2010, S. 648.

832 Vgl. Moltrecht/Kolberg/Kuhn 2014, Register I, Tz. 21.

833 Gemäß dem Jahresbericht der Investitionsgarantien können Terrorakte, die nicht im Zusammenhang mit Aufruhr oder ähnlichen Ereignissen stehen, abgesichert werden, sofern der private Versicherungsmarkt keine entsprechenden Absicherungsmöglichkeiten anbietet und es nach Ansicht des Interministeriellen Ausschusses für Investitionsgarantien risikomäßig vertretbar ist. Vgl. Jahresbericht der Investitionsgarantien 2013, S. 54.

4.3.4 Deckungsvoraussetzungen

4.3.4.1 Antragsberechtigung

Nach Abschnitt I Ziff. 1 der Richtlinien für die Übernahme von Garantien für Direktinvestitionen im Ausland können Unternehmen mit Sitz oder Wohnsitz im Gebiet der Bundesrepublik Deutschland für ihre Direktinvestitionen im Ausland Garantien zur Sicherung gegen politische Risiken im Anlageland, deren Übernahme für das Unternehmen schwer zumutbar erscheint, erhalten.[834] Die Unterscheidung zwischen Sitz und Wohnsitz bringt zum Ausdruck, dass sowohl natürliche Personen als auch juristische Personen die Investitionsgarantien des Bundes nachfragen können. Zugunsten einer natürlichen Person kann eine Investitionsgarantie übernommen werden, wenn der Wohnsitz im Gebiet der Bundesrepublik Deutschland liegt. Die Staatsangehörigkeit ist dabei nicht von Bedeutung. Die Behauptung, nur deutsche Unternehmen oder deutsche Investoren könnten das Förderinstrumentarium in Anspruch nehmen, ist insoweit nicht zutreffend.[835] Entscheidend ist vielmehr, dass ein deutsches Interesse hinsichtlich der Durchführung des Projektes im Ausland gegeben ist. Die antragstellende juristische Person muss den Sitz ihrer Gesellschaft in der Bundesrepublik Deutschland haben. Mit der vom Bund bereitgestellten Investitionsgarantie lassen sich somit nur unmittelbar aus Deutschland vorgenommene Investitionen im Anlageland absichern. Explizit weist Abschnitt I Ziff. 4 der Richtlinien für die Übernahme von Garantien für Direktinvestitionen im Ausland darauf hin, dass kein Rechtsanspruch auf Gewährung einer Garantie besteht.[836]

4.3.4.2 Förderungswürdigkeit

Die staatlichen Investitionsgarantien werden gemäß § 3 Abs. 1 S. 1 Ziff. 2 lit. b) des Haushaltsgesetzes des Bundes 2014 nur übernommen, wenn es sich um förderungswürdige Direktinvestitionen im Ausland handelt.[837] Weder im Gesetz über die Feststellung des Bundeshaushaltsplans für das Haushaltsjahr 2014 noch in den Richtlinien für die Übernahme von Garantien für Direktinvestitionen im Ausland und den Allgemeinen Bedingungen für die Investitionsgarantien ist der

834 Siehe auch § 1 Abs. 1 S. 1 AllgBed-I.

835 Vgl. Salow 1984, S. 82.

836 Siehe auch § 1 Abs. 3 AllgBed-I.

837 Siehe auch Experteninterview mit PricewaterhouseCoopers 2010, Anhang G, Frage 5.

Begriff „Förderungswürdigkeit" definiert.[838] In Abschnitt I Ziff. 2 der Richtlinien für die Übernahme von Garantien für Direktinvestitionen im Ausland heißt es hierzu lediglich, dass die Direktinvestitionen im Ausland förderungswürdig sein müssen und einen Beitrag zur Vertiefung der Beziehungen zwischen dem Anlageland und der Bundesrepublik Deutschland leisten sollen. Auch wenn man in den genannten Regelwerken keine ausführliche Erläuterung zu der Begrifflichkeit findet, kann dem Merkblatt für die Übernahme von Bundesgarantien für Direktinvestitionen im Ausland entnommen werden, dass die Förderungswürdigkeit des abzusichernden Projektes sowohl aus der Sicht des Anlagelandes als auch aus der Sicht der Bundesrepublik Deutschland bestimmt wird.[839]

Die auf das Anlageland bezogene Förderungswürdigkeit ist dann erfüllt, wenn durch das Investitionsvorhaben ein Beitrag zur wirtschaftlichen Entwicklung des betreffenden Landes geleistet wird und die bilateralen Beziehungen der Bundesrepublik Deutschland zum Anlageland ausgebaut werden.[840] Dies setzt unter anderem voraus, dass durch die Direktinvestition im Anlageland Arbeitsplätze entstehen und dass die Investition insgesamt zu einer Stabilisierung der politischen Verhältnisse beiträgt.[841] Kriterien wie Weiterbildungsmaßnahmen von Mitarbeitern im Anlageland wirken sich ebenfalls positiv auf die Beurteilung der Förderungswürdigkeit aus.[842] Auslandsinvestitionen von Unternehmen aus Deutschland, die dazu führen, dass die heimischen Unternehmen im Anlageland vom Markt verdrängt werden, sind hingegen nicht förderungswürdig und werden vom Bund folglich auch nicht unterstützt.

Ein weiterer zentraler Aspekt des Kriteriums der Förderungswürdigkeit bezieht sich auf die Umweltauswirkungen der zu sichernden Direktinvestition in dem betreffenden Anlageland.[843]

---

838 Näheres über das Kriterium der Förderungswürdigkeit im Bereich der Investitionsgarantien siehe auch Salow 1984, S. 69 ff.

839 Vgl. Merkblatt Übernahme von Bundesgarantien für Direktinvestitionen im Ausland 2006, S. 2 f.

840 Vgl. Merkblatt Übernahme von Bundesgarantien für Direktinvestitionen im Ausland 2006, S. 2.

841 Vgl. BMWi Monatsbericht September 2007, S. 13.

842 Vgl. BMWi Monatsbericht September 2007, S. 13.

843 Bei der Prüfung der Umwelt- und Sozialverträglichkeit einer Direktinvestition im Ausland werden ebenfalls die für die Exportkreditgarantien verbindlichen OECD-Umwelt- und Sozialleitlinien entsprechend zugrunde gelegt. Vgl. BT-Drs. 17/2693, S. 16. Näheres zu der Umweltprüfung bei den Investitionsgarantien siehe Jahresbericht der Investitionsgarantien 2013, S. 32 f.; Moltrecht/Kolberg/Kuhn 2014, Register I, Tz. 47 ff.

Im Hinblick auf die Prüfung der Förderungswürdigkeit werden auch die Auswirkungen der jeweiligen Direktinvestition im Ausland auf den deutschen Wirtschaftsstandort berücksichtigt.[844] Die Direktinvestitionen im Ausland, die nur deshalb getätigt werden, um Arbeitsplätze ins Ausland zu verlagern, werden als nicht förderungswürdig erachtet. Das Kriterium der Förderungswürdigkeit liegt vielmehr dann vor, wenn die Direktinvestition im Ausland zu einer Erhöhung der Produktion in Deutschland durch Zulieferung von Komponenten oder Produkten in die Projektgesellschaft im Ausland führt oder Lieferungen von Vorprodukten aus dem Ausland nach Deutschland zunehmen.[845] Förderungswürdige Vorhaben sind daher solche Direktinvestitionen im Ausland, die eine positive Auswirkung auf die Beschäftigung in Deutschland erwarten lassen.[846] Falls durch Direktinvestitionen im Ausland Produktionseinheiten von Unternehmen aus Deutschland in das Anlageland verlagert werden, sind daher die Auswirkungen auf die deutsche Wirtschaft besonders sorgsam zu prüfen. Dabei gilt zu bedenken, dass durch die Auslagerung von Produktionseinheiten auch die Wettbewerbsfähigkeit von Unternehmen gesteigert werden kann und dadurch Arbeitsplätze in Deutschland gesichert werden, die ansonsten wegfallen würden.[847]

4.3.4.3 Rechtsschutzvoraussetzungen

Nach § 2 lit. a) der einschlägigen Allgemeinen Bedingungen werden die Investitionsgarantien nur übernommen, wenn zwischen der Bundesrepublik Deutschland und dem Anlageland eine Vereinbarung über die Förderung und den gegenseitigen Schutz von Direktinvestitionen besteht oder, solange dies nicht der Fall ist, durch die Rechtsordnung des Anlagelandes oder in sonstiger Weise ein ausreichender Schutz der Direktinvestition gewährleistet ist. Falls zwischen dem Anlageland und der Bundesrepublik Deutschland ein Investitionsförderungs- und -schutzvertrag besteht, ist nach Ansicht der Bundesregierung der Rechtsschutz gesichert.[848] Diese Verträge sind in der Regel die Voraussetzung für die Übernahme einer Investitionsgarantie des Bundes.[849] Der erste Investitionsförderungs- und -schutzvertrag wurde am 25. November 1959 zwischen Pakistan

844 Vgl. BMWi Monatsbericht September 2007, S. 14.
845 Vgl. Jahresbericht der Investitionsgarantien 2012, S. 40.
846 Siehe hierzu auch Jahresbericht der Investitionsgarantien 2013, S. 32 f.
847 Vgl. BMWi Monatsbericht September 2007, S. 14.
848 Vgl. Prechtl 2008, S. 182.
849 Siehe Experteninterview mit PricewaterhouseCoopers 2010, Anhang G, Frage 5.

und Deutschland unterzeichnet und ist am 28. April 1962 in Kraft getreten.[850] Mittlerweile bestehen 130 rechtsgültige Verträge, von denen 43 mit Ländern des afrikanischen Kontinents abgeschlossen wurden.[851] Ein solcher Investitionsförderungs- und -schutzvertrag stellt sicher, dass die Investoren einen völkervertraglich abgesicherten Rechtsschutz ihrer Investitionen erhalten, der über den lückenhaften Schutz des allgemeinen Völkerrechts[852] hinausgeht.[853] Zu zentralen Bestimmungen von derartigen Verträgen gehören unter anderem die Sicherung einer nicht diskriminierenden Behandlung ausländischer Investoren, die Sicherung eines angemessenen Schutzniveaus und einer angemessenen Handlungsflexibilität sowie die Bereitstellung von Mitteln zur Durchsetzung dieser Verpflichtungen.[854] Ebenfalls in den Verträgen enthalten ist die Vereinbarung einer internationalen Schiedsgerichtsbarkeit bei Streitigkeiten zwischen Investor und Anlageland.

Gemäß § 2 lit. a) der Allgemeinen Bedingungen für Investitionsgarantien ist im Falle eines Fehlens eines Investitionsförderungs- und -schutzvertrages die Übernahme einer Investitionsgarantie nur dann möglich, wenn ein ausreichender Schutz der Kapitalanlage durch die Rechtsordnung des Anlagelandes oder in sonstiger Weise gewährleistet erscheint. Ein Beispiel hierfür stellt die Behandlung deutscher Direktinvestitionen in Brasilien dar. Zwar wurde am 21. September 1995 der deutsch-brasilianische Investitionsförderungsvertrag unterzeichnet. Bisher ist der Vertrag aber nicht in Kraft getreten. Dennoch sind Investitionen in Brasilien auf Basis der nationalen Rechtsordnung garantiefähig.[855]

---

850 Die Übersicht über die bilateralen Investitionsförderungs- und -schutzverträge der Bundesrepublik Deutschland wird auf der Internetseite des BMWi veröffentlicht, Stand 14.05.2014. URL: <http://www.bmwi.de/BMWi/Redaktion/PDF/B/bilaterale-investitionsfoerderungs-und-schutzvertraege-IFV,property=pdf,bereich=bmwi2012,sprache=de,rwb=true.pdf> (zuletzt geprüft am 06.07.2014).

851 Zur Tabelle über die in Kraft getretenen bilateralen Investitionsförderungs- und -schutzverträge der Bundesrepublik Deutschland mit afrikanischen Staaten siehe Anhang A, Tabelle 22.

852 Näheres über den unzureichenden Schutz vor investitionstypischen Risiken im Rahmen der allgemeinen Regeln des Völkerrechts siehe Bungenberg 2012, S. 137 f.

853 Siehe hierzu auch die Ausführungen im Jahresbericht der Investitionsgarantien 2013, S. 16.

854 Vgl. Woolcock 2010, S. 35 ff.

855 Für Näheres über die Rechtsschutzvoraussetzungen in Brasilien siehe auch die Länderdeckungspraxis des Bundes, die auf der Internetseite AGA-Portal veröffentlicht ist, Stand Dezember 2013. URL: <http://www.agaportal.de/pages/dia/deckungspraxis/laenderliste.html#Brasilien> (zuletzt geprüft am 06.07.2014).

4.3.4.4 *Risikomäßige Vertretbarkeit*

Des Weiteren werden die Investitionsgarantien des Bundes nur übernommen, wenn dies im Hinblick auf das konkrete Auslandsvorhaben risikomäßig vertretbar ist.[856] Nur wirtschaftlich tragfähige Auslandsvorhaben mit projektgerechter Kapitalhingabe werden vom Bund gefördert.

Im Rahmen der Prüfung der risikomäßigen Vertretbarkeit wird auch die aktuelle wirtschaftliche und politische Situation im Anlageland untersucht. So kann der Bund beispielsweise keine neuen Deckungen gewähren, wenn es bereits zu Schadensfällen in einem Land gekommen ist oder wenn die Wahrscheinlichkeit einer Inanspruchnahme aus der Garantie zu groß ist. Ein Beispiel hierfür ist Argentinien. Die erforderlichen Rechtsschutzvoraussetzungen durch einen in Kraft getretenen deutsch-argentinischen Investitionsförderungsvertrag sind zwar grundsätzlich gegeben. Aufgrund eines Schadensfalles werden jedoch derzeit für Investitionen in Argentinien keine Garantien durch den Bund übernommen.[857]

4.3.4.5 *Beachtung der Rechtsvorschriften im Anlageland*

Neben den erforderlichen Rechtsschutzvoraussetzungen hat der Garantienehmer gemäß Abschnitt I Ziff. 3 S. 1 der Richtlinien für die Übernahme von Garantien für Direktinvestitionen im Ausland etwaige vom Bund und vom Anlageland erlassene Vorschriften zu beachten, die für Kapitalanlagen notwendigen Genehmigungen einzuholen sowie die in Genehmigungen des Anlagelandes und in Vereinbarungen mit dem Anlageland enthaltenen Bedingungen, Auflagen und Verpflichtungen zu erfüllen.

---

856 In den Richtlinien für die Übernahme von Garantien für Direktinvestitionen im Ausland wird das Kriterium der risikomäßigen Vertretbarkeit, anders als in den für die Exportkreditgarantien geltenden Richtlinien, nicht explizit erwähnt. Obgleich der Interministerielle Ausschuss für Investitionsgarantien die risikomäßige Vertretbarkeit insbesondere unter Rechtsschutzgesichtspunkten beurteilt, ist im Rahmen der Garantievoraussetzungen auch die wirtschaftliche Tragfähigkeit der zu deckenden Direktinvestition im Ausland zu berücksichtigen. Vgl. Jahresbericht der Investitionsgarantien 2013, S. 30.

857 Für Informationen zur Deckungspraxis des Bundes für das Land Argentinien im Bereich der Investitionsgarantien siehe die nachfolgende Internetseite, Stand Dezember 2013. URL: <http://www.agaportal.de/pages/dia/deckungspraxis/laenderliste.html#Argentinien> (zuletzt geprüft am 06.07.2014).

4.3.4.6 Neuinvestitionen mit investivem Charakter

Die Übernahme einer Investitionsgarantie erfolgt grundsätzlich nur, wenn es sich um eine Neuinvestition handelt.[858] Hierzu zählen auch Erweiterungsinvestitionen bei bestehenden Projekten.[859] Der Bund möchte auf diese Weise die deutsche Wirtschaft bei ihren Investitionstätigkeiten im Ausland begleiten und eine Anschubfunktion übernehmen.[860]

Außerdem vergibt der Bund nur Investitionsgarantien für solche Direktinvestitionen im Ausland, die einen investiven Charakter aufweisen.[861] Reine Finanzanlagen ohne unternehmerische Tätigkeit, wie der Erwerb von Aktien (Portfolioinvestitionen[862]), haben keinen solchen investiven Charakter, sondern werden zu spekulativen Zwecken getätigt und sind daher nicht deckungsfähig.[863]

4.3.4.7 Konformität mit dem Haushaltsrecht des Bundes

Die Investitionsgarantien des Bundes werden, wie die Exportkreditgarantien und die Garantien für Ungebundene Finanzkredite, auf der Grundlage jährlich festgesetzter haushaltsrechtlicher Ermächtigungen übernommen. Der Ermächtigungsrahmen für Investitionsgarantien sowie weitere Gewährleistungen beläuft sich gemäß § 3 Abs. 1 S. 1 Ziff. 2 lit. a) bis d) des Haushaltsgesetzes des Bundes 2014 auf 65 Mrd. Euro. Die Übernahme einer Investitionsgarantie ist folglich nicht möglich, wenn der im jährlichen Bundeshaushaltsgesetz festgesetzte Höchstbetrag, bis zu dem durch den Bund eine Haftungsübernahme zulässig ist, überschritten wird.

---

858 Zur Voraussetzung der Neuinvestition im Bereich der Investitionsgarantien des Bundes siehe auch die Ausführungen von Salow 1984, S. 78 f.

859 Vgl. Moltrecht/Kolberg/Kuhn 2014, Register I, Tz. 34.

860 Vgl. Prechtl 2008, S. 182.

861 Siehe auch die Ausführungen über den Deckungsgegenstand der Investitionsgarantien in § 3 Abs. 1 AllgBed-I.

862 Zu den Begrifflichkeiten der ausländischen Direktinvestitionen sowie der Finanz- und Portfolioinvestitionen siehe Holtbrügge/Welge 2010, S. 54 f.

863 Vgl. Merkblatt Übernahme von Bundesgarantien für Direktinvestitionen im Ausland 2006, S. 2. Siehe auch Experteninterview mit PricewaterhouseCoopers 2010, Anhang G, Frage 4.

4.3.5 Antrags- und Entscheidungsverfahren

Auch bei den Investitionsgarantien des Bundes besteht ein mehrstufiges Antrags- und Entscheidungsverfahren.[864]

Abbildung 19: Antrags- und Entscheidungsverfahren bei den Investitionsgarantien[865]

Investor/Kreditinstitut
- stellt Antrag bei PricewaterhouseCoopers
PricewaterhouseCoopers
- Prüfung der Deckungsvoraussetzungen - Erstellung des Prüfberichts
Interministerieller Ausschuss
- Entscheidung über den Antrag (ggf. mit Auflagen)
PricewaterhouseCoopers
- Weitergabe der endgültigen Deckungszusage - Ausstellung der Garantieerklärung

Investitionsgarantien des Bundes können, wie auch die staatlichen Exportkreditgarantien und die Garantien für Ungebundene Finanzkredite, nur auf Antrag gewährt werden.[866] Der Antrag für eine Investitionsgarantie ist rechtzeitig zu stellen. Das heißt, der Zeitpunkt der Antragstellung muss vor dem des Transfers der Beträge ins Ausland zur Durchführung der Investition liegen.[867] Nach Abschnitt X Ziff. 1 S. 2 und S. 3 der Richtlinien für die Übernahme von Garantien für Direktinvestitionen im Ausland ist PricewaterhouseCoopers federführender Mandatar innerhalb des mit der Geschäftsführung der Investitionsgarantien betrauten Konsortiums. PricewaterhouseCoopers ist daher auch für die Entgegennahme der Anträge und sonstiger Erklärungen der Garantienehmer im Zusammenhang mit der Übernahme von Investitionsgarantien des Bundes zuständig.[868]

Anders als bei den Exportkreditgarantien des Bundes existiert für die Investitionsgarantien nur ein Antragsformular. In diesem Formular hat der

864 Siehe Experteninterview mit PricewaterhouseCoopers 2010, Anhang G, Frage 6.

865 Eigene Darstellung.

866 Vgl. Moltrecht/Kolberg/Kuhn 2014, Register I, Tz. 32.

867 Vgl. Moltrecht/Kolberg/Kuhn 2014, Register I, Tz. 34.

868 Bei den Investitionsgarantien des Bundes steht ein elektronisches Antragsformular zur Verfügung, welches auf der von Euler Hermes und PricewaterhouseCoopers betriebenen Internetseite AGA-Portal abrufbar ist. URL: <http://www.agaportal.de/pdf/dia_ufk/formulare/dia_antrag.pdf> (zuletzt geprüft am 06.07.2014).

Antragsteller detaillierte Angaben zu dem geplanten Investitionsvorhaben im Anlageland zu machen. Darüber hinaus gibt es in dem Antragsformular einen Abschnitt für besondere Erklärungen.[869] Dort muss der Antragsteller erklären, dass die Angaben im Antrag und in den beigefügten Anlagen nach bestem Wissen richtig und vollständig gemacht wurden. Falls sich bis zur Entscheidung über diesen Antrag Änderungen ergeben, die für die Beurteilung des Antrags von Bedeutung sein können, hat der Antragsteller diese unverzüglich mitzuteilen. Des Weiteren muss der Antragsteller bestätigen, dass es ihm bekannt ist, dass unvollständige oder unrichtige Angaben beziehungsweise eine unterlassene Berichtigung der Angaben die Ablehnung der Garantieübernahme, den Rücktritt beziehungsweise die Kündigung durch den Bund sowie die Befreiung des Bundes von der Verpflichtung zur Entschädigung zur Folge haben können. Darüber hinaus erklärt der Antragsteller, dass er von den derzeit gültigen Allgemeinen Bedingungen für die Investitionsgarantien Kenntnis genommen hat. In diesem Zusammenhang wird explizit auf § 15 Abs. 3 der Allgemeinen Bedingungen für Investitionsgarantien hingewiesen. Darin heißt es unter anderem, dass strafbare Handlungen, insbesondere Bestechung, die im Zusammenhang mit dem Projekt im Ausland stehen, den Bund berechtigen, von der Investitionsgarantie zurückzutreten beziehungsweise die Garantie zu kündigen.

Sobald das Antragsformular eingegangen ist und die Voraussetzungen für die Inanspruchnahme der Investitionsgarantie erfüllt sind, erstellt PricewaterhouseCoopers auf Basis der vom Antragsteller eingereichten Unterlagen den Prüfbericht. In diesem Bericht wird unter anderem eine wirtschaftliche und rechtliche Bewertung des Investitionsvorhabens vorgenommen.[870] Dabei wird das Investitionsvorhaben auch im Hinblick auf seine Umweltauswirkungen überprüft.

Über die Anträge auf Übernahme einer Investitionsgarantie des Bundes entscheidet nach Abschnitt IX Ziff. 1 der Richtlinien für die Übernahme von Garantien für Direktinvestitionen im Ausland das BMWi mit Zustimmung des Bundesministeriums der Finanzen gemäß § 39 der Bundeshaushaltsordnung sowie im Einvernehmen mit dem Auswärtigen Amt und dem Bundesministerium für wirtschaftliche Zusammenarbeit und Entwicklung in dem Interministeriellen Ausschuss für Investitionsgarantien. Im Unterschied zu den Exportkreditgarantien und den Garantien für Ungebundene Finanzkredite sind im Bereich der Investitionsgarantien keine grundsätzlichen Deckungszusagen möglich.[871]

869 Siehe das Antragsformular für die Investitionsgarantien des Bundes, Abschnitt D.
870 Vgl. Moltrecht/Kolberg/Kuhn 2014, Register I, Tz. 32.
871 Vgl. Jahresbericht der Investitionsgarantien 2004, S. 20.

Im Falle der Übernahme einer Investitionsgarantie schließt der Bund mit dem Garantienehmer den so genannten „Garantievertrag". In diesem Garantievertrag sind auf der Grundlage der für die Investitionsgarantien geltenden Allgemeinen Bedingungen die jeweils für das Garantieverhältnis maßgeblichen Bestimmungen geregelt. Der Garantievertrag kommt nach § 12 S. 1 der Allgemeinen Bedingungen für Investitionsgarantien dadurch zustande, dass der Bund den Antrag des Garantienehmers auf Übernahme einer Investitionsgarantie schriftlich und auf Grundlage der Allgemeinen Bedingungen annimmt. Erst wenn dem Garantienehmer das Annahmeschreiben zusammen mit der Garantieerklärung zugestellt worden ist, haftet der Bund gemäß Abschnitt VII Ziff. 2 der Richtlinien für die Übernahme von Garantien für Direktinvestitionen im Ausland aus der Garantie.

Auch die Investitionsgarantien sind, wie die Exportkreditgarantien und die UFK-Garantien des Bundes, ein typisches Beispiel für die Zwei-Stufen-Lehre, da auch hier zwei Rechtsebenen gegeben sind.[872] Auf der öffentlich-rechtlichen Stufe wird die Entscheidung über die Übernahme einer Investitionsgarantie getroffen. Auf der zivilrechtlichen Stufe erfolgt der Abschluss des privatrechtlichen Garantievertrages zwischen dem Bund und dem Antragsteller. Gemäß § 26 Abs. 2 der Allgemeinen Bedingungen für Investitionsgarantien sind für Streitigkeiten zwischen dem Bund und dem Garantienehmer die ordentlichen Gerichte in Hamburg zuständig. Betrifft die Streitigkeit aber beispielsweise die Ablehnung eines Garantieantrags, müsste diese auf dem Verwaltungsrechtsweg ausgetragen werden. Da dem Interministeriellen Ausschuss jedoch ein großer Beurteilungsspielraum zugesprochen wird, ist die Frage nur von theoretischer Bedeutung.

4.3.6 Bearbeitungsgebühr und Entgelt

Auch im Bereich der Investitionsgarantien des Bundes sind für die Inanspruchnahme derselben Bearbeitungsgebühren sowie Entgelte zu entrichten. Gemäß Abschnitt VIII Ziff. 3 der Richtlinien für die Übernahme von Garantien für Direktinvestitionen im Ausland setzt das BMWi im Einvernehmen mit dem Bundesministerium der Finanzen die Höhe der Bearbeitungsgebühr und des Entgeltes fest. Die OECD-Vorgaben zur Prämiengestaltung kommen nicht zum Tragen, da die Investitionsgarantien des Bundes nicht in den Anwendungsbereich des OECD-Konsensus fallen.

---

872 Vgl. Salow 1984, S. 48.

4.3.6.1 Bearbeitungsgebühr

Nach Abschnitt VIII Ziff. 1 S. 1 der Richtlinien für die Übernahme von Garantien für Direktinvestitionen im Ausland ist für die Bearbeitung eines Antrags auf Übernahme einer Garantie vom Antragsteller eine einmalige Bearbeitungsgebühr im Voraus zu entrichten. Gemäß Abschnitt VIII Ziff. 1 S. 2 dieser Richtlinien richtet sich die Höhe der Bearbeitungsgebühr nach der Höhe der beantragten Deckung. Für die Anträge auf Übernahme einer Investitionsgarantie bis zu einem Höchstbetrag von 5 Mio. Euro werden keine Gebühren erhoben.[873] Die Bearbeitungsgebühr für eine Kapital- und Ertragsdeckung für einen 5 Mio. Euro übersteigenden Betrag beläuft sich auf 0,5 ‰ des gedeckten Betrages, jedoch höchstens auf insgesamt 10.000 Euro.[874] Wenn der Antrag auf Übernahme einer Investitionsgarantie ganz oder teilweise abgelehnt wird oder die Garantie ganz oder teilweise aus einem anderen Grund nicht gewährt wird, werden drei Viertel der Bearbeitungsgebühr erstattet.[875] Die Bearbeitungsgebühr entfällt oder wird, falls sie vom Antragsteller bereits bezahlt wurde, voll erstattet, wenn ein eingereichter Antrag im Vorfeld als aussichtslos angesehen wird.[876]

4.3.6.2 Entgelt

Nach Abschnitt VIII Ziff. 2 der Richtlinien für die Übernahme von Garantien für Direktinvestitionen im Ausland ist vom Garantienehmer für die Übernahme einer Garantie ein Entgelt zu entrichten. Das Entgelt wird gemäß § 24 Abs. 1 S. 1 und S. 2 der Allgemeinen Bedingungen für Investitionsgarantien nach den jeweils geltenden Gebühren- und Entgeltbestimmungen erhoben und ist für jedes Garantiejahr im Voraus mit Erteilung der Entgeltrechnung fällig. Im Unterschied zu den Exportkreditgarantien und den Garantien für Ungebundene Finanzkredite wird bei den Investitionsgarantien ein einheitlicher Entgeltsatz in Rechnung gestellt. Das Länderrisiko hat folglich keinen Einfluss auf die Höhe des Entgeltes. Der Grund für die Festsetzung eines einheitlichen Entgeltsatzes liegt in der mangelnden Quantifizierbarkeit des langfristigen politischen Risikos

873 Vgl. Merkblatt Gebühren und Entgelte für Investitionsgarantien 2003, S. 2.
874 Vgl. Merkblatt Gebühren und Entgelte für Investitionsgarantien 2003, S. 2.
875 Vgl. Merkblatt Gebühren und Entgelte für Investitionsgarantien 2003, S. 2.
876 Vgl. Merkblatt Gebühren und Entgelte für Investitionsgarantien 2003, S. 2.

bei Auslandsinvestitionen und der weltweit einheitlichen Regressposition durch die Investitionsförderungs- und -schutzverträge.[877]

Als Einheitsentgelt für die Kapitaldeckung werden jährlich 0,5 % des Höchstbetrages[878] der Garantie für die Kapitaldeckung berechnet.[879] Auf die noch nicht getätigten Investitionen wird anstelle des normalen Entgeltes ein ermäßigtes Entgelt in Höhe eines Sechstels des normalen Entgeltes erhoben.[880] Bei so genannten Fremdwährungsdarlehen[881] erhöht sich das jährliche Entgelt auf 0,55 %.[882] Der Bund übernimmt auch Investitionsgarantien zur Absicherung von Direktinvestitionen im Ausland gegen isolierte politisch motivierte Terrorakte im Anlageland. Eine solche Absicherung führt aufgrund der zusätzlichen Risiken für den Bund zu einem Anstieg des jährlichen Entgeltes auf 0,6 % des Höchstbetrages der Garantie.[883]

Auch bei der Ertragsdeckung wird auf die bei Beginn des Garantiejahres gedeckten Erträge ein jährliches Entgelt in Höhe von 0,5 % des Höchstbetrages der Garantie erhoben.[884] Sofern die Ertragsdeckung erst zu einem späteren Zeitpunkt in Anspruch genommen wird, also nicht bereits im ersten Garantiejahr, wird für die Zeit bis zum Beginn der Ertragsdeckung kein Entgelt berechnet.[885] Bei einer Verminderung der Ertragsdeckung im Laufe eines Garantiejahres ändert sich

---

877 Zur Frage, warum die Risikobewertung der verschiedenen Länder sich nicht auf die Entgelthöhe auswirkt, siehe Experteninterview mit PricewaterhouseCoopers 2010, Anhang G, Frage 7.

878 Nach Abschnitt IV Ziff. 1 S. 1 und S. 2 der Richtlinien für die Übernahme von Garantien für Direktinvestitionen im Ausland sind jede Kapitalanlage und deren Erträge durch einen Höchstbetrag in Euro begrenzt. Dieser Höchstbetrag der Garantie setzt sich zusammen aus dem Höchstbetrag der Garantie für die Kapitaldeckung und dem Höchstbetrag der Garantie für die Ertragsdeckung. Auch in den für die Investitionsgarantien geltenden Allgemeinen Bedingungen ist der Begriff „Höchstbetrag der Garantie" definiert, siehe § 8 Abs. 1 bis Abs. 3 AllgBed-I.

879 Vgl. Merkblatt Gebühren und Entgelte für Investitionsgarantien 2003, S. 2.

880 Siehe ausführlich Merkblatt Gebühren und Entgelte für Investitionsgarantien 2003, S. 2.

881 Bei diesen Darlehen besteht die Möglichkeit, eine Entschädigung auf Grundlage des Wechselkurses zum Schadenszeitpunkt zu erhalten. Siehe auch Moltrecht/Kolberg/Kuhn 2014, Register I, Tz. 30.

882 Vgl. Moltrecht/Kolberg/Kuhn 2014, Register I, Tz. 30.

883 Siehe hierzu auch das Experteninterview mit PricewaterhouseCoopers 2010, Anhang G, Frage 7.

884 Vgl. Merkblatt Gebühren und Entgelte für Investitionsgarantien 2003, S. 3.

885 Vgl. Merkblatt Gebühren und Entgelte für Investitionsgarantien 2003, S. 3.

die Höhe des Entgeltes nicht.[886] Im umgekehrten Fall, bei einer Erhöhung der Ertragsdeckung im Laufe eines Garantiejahres, wird das Entgelt für das ganze Garantiejahr nach dem erhöhten Betrag berechnet.[887]

4.3.7 Entschädigungsverfahren

Auch auf dem Gebiet der Investitionsgarantien des Bundes existiert ein Entschädigungsverfahren. Sobald der Garantienehmer von Gefahr erhöhenden Umständen Kenntnis erlangt, ist PricewaterhouseCoopers als zuständiger Mandatar unmittelbar davon zu unterrichten. Diese Meldepflicht besteht nach § 14 Abs. 3 lit. a) und b) der für die Investitionsgarantien geltenden Allgemeinen Bedingungen dann, wenn die Kapitalanlage betreffende Ereignisse oder Maßnahmen gemäß § 4 Abs. 1 der Allgemeinen Bedingungen bevorstehen oder wenn derartige Ereignisse eingetreten oder Maßnahmen zur Sicherung der Ansprüche bereits getroffen worden sind. Wenn der Garantiefall droht oder bereits eingetreten ist, hat der Garantienehmer nach § 14 Abs. 1 der Allgemeinen Bedingungen mit der Sorgfalt eines ordentlichen Kaufmanns vorzugehen und alles zu tun, um den Schaden abzuwenden oder jedenfalls zu mindern.[888]

Um einen drohenden Schadensfall zu verhindern und den wirtschaftlichen Fortbestand des Projektes zu gewährleisten, kann die Bundesregierung auf diplomatischer Ebene verschiedene Unterstützungsmaßnahmen ergreifen.[889] Dieser so genannte politische Geleitschutz der Bundesregierung ist ein wesentlicher Beitrag zur Vermeidung eines drohenden Schadensfalles und gehört zu den entscheidenden Vorteilen, die ein Unternehmen durch die Inanspruchnahme einer Investitionsgarantie des Bundes erhält.[890] Der Investor kann sich auch gerichtlich gegen die politischen Maßnahmen des Anlagelandes zur Wehr setzen. In diesem Fall besteht gemäß § 14 Abs. 2 S. 1 der Allgemeinen Bedingungen die

---

886 Vgl. Merkblatt Gebühren und Entgelte für Investitionsgarantien 2003, S. 3.

887 Vgl. Merkblatt Gebühren und Entgelte für Investitionsgarantien 2003, S. 3.

888 Auch auf dem Gebiet der Investitionsgarantien hat der Garantienehmer verschiedene Verhaltenspflichten zu berücksichtigen. Die allgemeinen Pflichten des Garantienehmers sind in § 13 und die besonderen Pflichten in § 14 der Allgemeinen Bedingungen für Investitionsgarantien festgelegt. Ein Verstoß des Garantienehmers gegen diese Verhaltenspflichten kann eine Haftungsbefreiung des Bundes zur Folge haben.

889 Siehe Experteninterview mit PricewaterhouseCoopers 2010, Anhang G, Frage 2.

890 Siehe hierzu unter anderem den Jahresbericht der Investitionsgarantien 2007, S. 18; BMWi-Ergebnisprotokoll Workshop VII 2008, S. 1.

Möglichkeit, dass der Bund sich an sachgemäßen Aufwendungen des Garantienehmers für Maßnahmen der Schadensabwendung oder -minderung beteiligt.

Falls der Schaden trotz diplomatischer Flankierung nicht zu vermeiden ist, kann der Garantienehmer eine Entschädigung beantragen.[891] Der Antrag auf Entschädigung ist nach § 16 Abs. 1 der Allgemeinen Bedingungen für die Investitionsgarantien unmittelbar nach dem Schadenseintritt bei PricewaterhouseCoopers einzureichen, spätestens jedoch sechs Monate nach Beendigung der Deckung. Gemäß § 16 Abs. 2 dieser Allgemeinen Bedingungen hat der Garantienehmer das Vorliegen der Voraussetzungen für den Eintritt eines Garantiefalles sowie Grund und Höhe des Schadens nachzuweisen. Die Voraussetzungen eines entschädigungsfähigen Garantiefalles, die auf das politische Ereignis, den Deckungsgegenstand und die Art und Weise des Eingriffs abstellen, werden von PricewaterhouseCoopers geprüft.[892] In Abschnitt III der Richtlinien für die Übernahme von Garantien für Direktinvestitionen im Ausland sowie in § 5 der Allgemeinen Bedingungen für die Investitionsgarantien sind die verschiedenen Garantiefälle aufgelistet. So führen beispielsweise Eingriffe in das Beteiligungsrecht bei einem teilweisen oder vollständigen Entzug unmittelbar zu einem Schaden, während Eingriffe in die Vermögensrechte des Anlageunternehmens nur dann zu einem Schaden führen, wenn durch diese Maßnahme das Projekt auf Dauer nicht ohne Verluste fortgeführt werden kann.[893]

Die Feststellung des Schadens und die Zahlung der Entschädigung erfolgen, sobald der Garantienehmer alle zum Nachweis des Schadens erforderlichen Unterlagen beigebracht hat.[894] Dabei ist vom Bruttoverlust auszugehen, das heißt vom Zeitwert der Kapitalanlage bei Eintritt des Garantiefalles, höchstens jedoch vom Einbringungswert.[895] Falls unmittelbar vor Eintritt des Garantiefalles der tatsächliche Wert der Kapitalanlage (Zeitwert) unter dem Wert der vom Garantienehmer auf die Kapitalanlage erbrachten Leistungen (Einbringungswert) liegt, richtet sich die vom Bund zu leistende Entschädigung nach dem Zeitwert,

---

891 Vgl. Jahresbericht der Investitionsgarantien 2007, S. 18.

892 Vgl. Merkblatt Übernahme von Bundesgarantien für Direktinvestitionen im Ausland 2006, S. 5.

893 Vgl. Moltrecht/Kolberg/Kuhn 2014, Register I, Tz. 22.

894 Zur Feststellung des Schadens und zur Zahlung der Entschädigung siehe § 17 Abs. 1 bis Abs. 3 AllgBed-I.

895 Siehe § 18 Abs. 1 i.V.m. §§ 6, 7 AllgBed-I sowie Merkblatt Übernahme von Bundesgarantien für Direktinvestitionen im Ausland 2006, S. 6.

da vor dem Garantiefall eingetretene Verluste nicht abgedeckt werden.[896] Zur Bemessung der Entschädigung wird auf Basis der durch den Garantienehmer eingereichten Bilanzen und Erfolgsrechnungen eine Plausibilitätsprüfung vorgenommen.[897] Wenn Zweifel an der berechneten Schadenshöhe bestehen, ist vom Garantienehmer der Zeitwert unter Anwendung betriebswirtschaftlich anerkannter Verfahren zu ermitteln.[898] Der Bund kann die Entschädigungsleistung auch mindern oder ablehnen, wenn der Garantienehmer schuldhaft an der Entstehung des Schadens mitwirkt, insbesondere dadurch, dass er eine ihm nach den Allgemeinen Bedingungen oder nach den Bestimmungen der Garantieerklärung obliegende Pflicht verletzt.[899] Die Obergrenze der Zahlungsverpflichtung des Bundes für die gedeckte Kapitalanlage und deren Erträge ist in einem Höchstbetrag in der Garantieerklärung festgesetzt, welcher sich aus der Summe von Kapital- und Ertragsdeckung abzüglich der Selbstbeteiligung zusammensetzt.[900]

Die Höhe der Selbstbeteiligung beträgt im Schadensfall 5 % des Verlustes und darf nicht anderweitig gedeckt werden, Abschnitt V Ziff. 1 S. 1 und S. 2 der Richtlinien für die Übernahme von Garantien für Direktinvestitionen im Ausland. Der für die Investitionsgarantien des Bundes zuständige Interministerielle Ausschuss kann die Selbstbeteiligungsquote für den Deckungsnehmer hochsetzen, sofern sich die politische und wirtschaftliche Situation im Anlageland verschlechtert. Gemäß Abschnitt V Ziff. 2 der Richtlinien kann die Entschädigungspflicht des Bundes für verhältnismäßig kleine Schäden sogar ausgeschlossen werden.

Die Zahlung der Entschädigung wird nach § 17 Abs. 2 S. 1 der Allgemeinen Bedingungen für die Investitionsgarantien frühestens einen Monat nach Absendung der Schadensberechnung oder der Berechnung der vorläufigen Entschädigung, jedoch grundsätzlich nicht vor Ablauf von sechs Monaten nach Eintritt des Garantiefalles fällig. Sollte sich herausstellen, dass die Voraussetzungen für

---

896 Vgl. Merkblatt Übernahme von Bundesgarantien für Direktinvestitionen im Ausland 2006, S. 6. Zur Berechnung der Entschädigung siehe auch § 18 Abs. 1 bis Abs. 4 AllgBed-I.

897 Vgl. Moltrecht/Kolberg/Kuhn 2014, Register I, Tz. 25.

898 Vgl. Moltrecht/Kolberg/Kuhn 2014, Register I, Tz. 25.

899 Zu den Folgen von Vertragsverletzungen, zu Genehmigungen, Rücktritts- und Kündigungsrechten siehe § 15 Abs. 1 bis Abs. 11 AllgBed-I.

900 Vgl. Merkblatt Übernahme von Bundesgarantien für Direktinvestitionen im Ausland 2006, S. 6. Näheres zu der Höchsthaftung des Bundes ist § 10 Abs. 1 und Abs. 2 AllgBed-I zu entnehmen.

die Zahlung einer Entschädigung in dieser Höhe nicht gegeben waren, so ist der Garantienehmer verpflichtet, diesen Betrag unverzüglich an den Bund zurückzuzahlen, § 17 Abs. 3 S. 1 der Allgemeinen Bedingungen. Nach der Auszahlung des Entschädigungsbetrages ist der Garantienehmer gemäß § 19 Abs. 1 S. 1 der Allgemeinen Bedingungen verpflichtet, diejenigen Rechte, die Gegenstand der Entschädigung waren, die Ersatzansprüche und etwaige Ansprüche aus Versicherungen und dergleichen sowie den Anspruch auf die im Ausland eingezahlten und hinterlegten Beträge, jeweils nebst Sicherheiten und Nutzungen, auf den Bund zu übertragen. Falls ihm die Übertragung von Rechten nicht möglich ist oder der Bund hierauf verzichtet, hat der Garantienehmer nach § 19 Abs. 1 S. 2 die Rechte treuhänderisch für den Bund zu halten und nach dessen Weisungen zu verwalten. Der Bund kann nach § 19 Abs. 2 der Allgemeinen Bedingungen die Auszahlung der Entschädigung auch von der vorherigen Übertragung der Rechte abhängig machen. Zur Rechtsverfolgung hat der Garantienehmer gemäß § 20 Abs. 1 S. 1 der Allgemeinen Bedingungen auf Verlangen des Bundes alle zur Einziehung oder Verwertung der Rechte, einschließlich der Sicherheiten, geeigneten Maßnahmen durchzuführen und hierbei etwaige Weisungen des Bundes zu befolgen.[901]

In § 21 S. 1 der Allgemeinen Bedingungen ist zudem geregelt, dass Eingänge nach Entschädigung zwischen dem Bund und dem Garantienehmer in dem Verhältnis von Entschädigungsbetrag und Selbstbeteiligung aufgeteilt werden. Falls der Bund den Garantienehmer entschädigt und sich die geschädigten Rechte von diesem hat abtreten lassen, leitet er gegen das Anlageland, das den Schaden verursacht hat, Regressmaßnahmen ein.[902] Die rechtliche Grundlage für den Regress bilden hierfür grundsätzlich (Ausnahmefall: Kriegsschäden) die bilateralen Investitionsförderungs- und -schutzverträge.[903] Nach § 26 Abs. 1 der Allgemeinen Bedingungen sind Ansprüche aus der Garantie gegen den Bund innerhalb einer Ausschlussfrist von sechs Monaten gerichtlich geltend zu machen, nachdem der Bund gegenüber dem Garantienehmer den erhobenen Anspruch, unter Hinweis auf diese Ausschlussfrist und die nachteiligen Folgen des Ablaufs dieser Frist, schriftlich zurückgewiesen hat. Gemäß § 26 Abs. 2 dieser Allgemeinen Bedingungen sind für Streitigkeiten zwischen dem Bund und dem Garantienehmer die ordentlichen Gerichte in Hamburg zuständig.

901 Für weitere Einzelheiten zur Rechtsverfolgung bei den Investitionsgarantien des Bundes siehe § 20 Abs. 1 und Abs. 2 AllgBed-I.

902 Vgl. Jahresbericht der Investitionsgarantien 2007, S. 18.

903 Vgl. Jahresbericht der Investitionsgarantien 2007, S. 18.

5 Portfoliobetrachtung der Auslandsgeschäftsabsicherung des Bundes

Nachdem im vorherigen Kapitel das Förderinstrumentarium in seinen Grundzügen beschrieben wurde, gibt das vorliegende Kapitel einen Überblick über den Umfang, die Entwicklung und Struktur der drei Instrumente der Auslandsgeschäftsabsicherung des Bundes. Von besonderem Interesse ist, inwieweit die drei Förderinstrumente für Geschäfte mit Vertragspartnern aus Afrika zur Anwendung kommen.

Um diese Frage angemessen beantworten zu können, wurden im Bereich der Exportkreditgarantien des Bundes die Jahresberichte, die über die Entwicklung der Exportkreditgarantien informieren, ausgewertet.[904] Ebenfalls ausgewertet wurden die publizierten Jahresberichte der Investitionsgarantien des Bundes, die allerdings im Vergleich zu den Jahresberichten der Exportkreditgarantien einen geringeren Informationsgehalt aufweisen.[905] Für die UFK-Garantien werden keine Jahresberichte veröffentlicht. Infolgedessen ist es auch nicht möglich, eine differenzierte Portfoliobetrachtung für dieses Instrumentarium durchzuführen. Vielmehr werden sich die nachfolgenden Ausführungen zu den UFK-Garantien nur auf einige wenige bekannte Schlüsselkennzahlen beziehen.

Die Frage, warum im Bereich der Investitionsgarantien und der Garantien für Ungebundene Finanzkredite weniger Informationen veröffentlicht werden als bei den Exportkreditgarantien, wurde im Rahmen einer kleinen Anfrage der Fraktion BÜNDNIS 90/DIE GRÜNEN an die Bundesregierung gerichtet. In ihrer Begründung verweist die Bundesregierung darauf, dass die Übereinkommen auf internationaler Ebene für die Investitionsgarantien und die Garantien für Ungebundene Finanzkredite, im Gegensatz zu den Exportkreditgarantien, keine verbindlichen Vorschriften zur Veröffentlichung von Informationen enthalten.[906]

904 Im Internet sind die Jahresberichte der Exportkreditgarantien seit dem Berichtsjahr 1997 veröffentlicht. URL: <http://www.agaportal.de/pages/aga/downloads/jahresberichte.html> (zuletzt geprüft am 06.07.2014).

905 Die Jahresberichte der Investitionsgarantien sind seit dem Berichtsjahr 2000 im Internet veröffentlicht. URL: <http://www.agaportal.de/pages/dia/service/veroeffentlichungen.html> (zuletzt geprüft am 06.07.2014).

906 Vgl. BT-Drs. 17/2693, S. 16.

5.1 Portfoliobetrachtung der Exportkreditgarantien

5.1.1 Entwicklung der übernommenen Exportkreditgarantien

Im Laufe der Geschichte der Exportkreditgarantien des Bundes hat sich das Volumen der gedeckten Ausfuhrgeschäfte deutlich erhöht, wie die nachfolgende Abbildung eindrucksvoll zeigt.

Abbildung 20: Entwicklung der übernommenen Exportkreditgarantien[907]

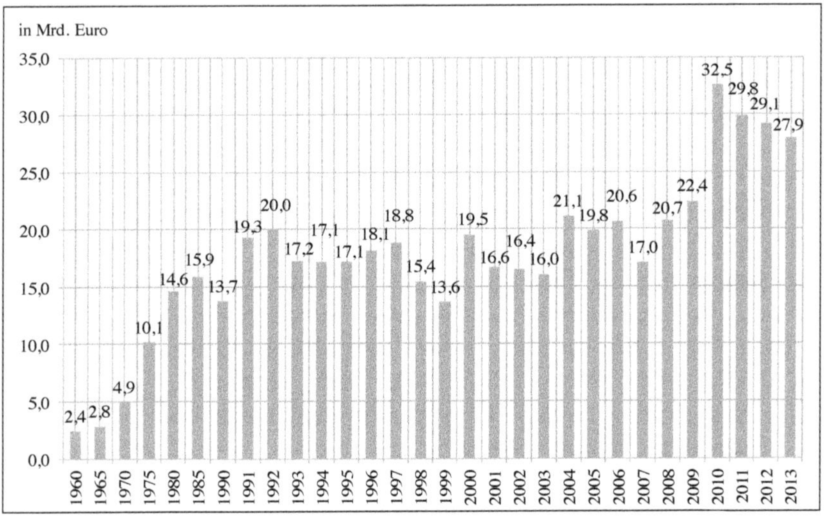

Während sich in den 1960er Jahren die mit Exportkreditgarantien abgesicherten Exporte noch im niedrigen einstelligen Milliardenbereich, bezogen auf den gedeckten Gesamtauftragswert, bewegten, stieg das Deckungsvolumen in den 1970er Jahren stärker an und erreichte bereits im Jahr 1975 einen zweistelligen Milliardenbetrag (10,1 Mrd. Euro). Auch in den 1980er Jahren wurden bei den neu gedeckten Exporten Rekordergebnisse erzielt. Dieser Aufwärtstrend setzte sich bis zu Beginn der 1990er Jahre fort. Begünstigt durch die politischen Entwicklungen Anfang der 1990er Jahre stiegen die gedeckten Exporte im Jahr 1992

907 Eigene Darstellung basierend auf den veröffentlichten Daten im Jahresbericht der Exportkreditgarantien 2013, S. 84.

bis auf 20,0 Mrd. Euro an.[908] Erst im Jahr 2004 wurde ein neues Rekordergebnis in Höhe von 21,1 Mrd. Euro erzielt.[909] Weitere Rekordergebnisse folgten in den Jahren 2009 und 2010. Im Jahr 2009 übernahm die Bundesregierung Exportkreditgarantien in Höhe von 22,4 Mrd. Euro.[910] Im Jahr 2010 wurden Exporte mit einem Gesamtauftragswert von 32,5 Mrd. Euro staatlich abgesichert.[911] Dies ist der bisherige Höchststand in der über 60-jährigen Geschichte des Förderinstrumentariums. Auf einem hohen Niveau lagen auch die von der Bundesregierung im Jahr 2011 (29,8 Mrd. Euro), im Jahr 2012 (29,1 Mrd. Euro) und im Jahr 2013 (27,9 Mrd. Euro) übernommenen Exportkreditgarantien.[912] Die zunehmende Nachfrage nach Exportkreditgarantien des Bundes seit dem Jahr 2010 ist im Wesentlichen auf die Auswirkungen der jüngsten Finanz- und Wirtschaftskrise und auf die damit einhergehende veränderte Risikowahrnehmung der Exporteure und exportfinanzierenden Banken zurückzuführen.[913]

Die Bedeutung der Exportkreditgarantien des Bundes kann die Abbildung 20 jedoch nicht vollständig wiedergeben, da dort nur die Entwicklung der neu gedeckten Exporte dargestellt ist. Ein aussagekräftigeres Bild vermittelt hingegen die folgende Darstellung, in der die mit Exportkreditgarantien abgesicherten Exporte im Verhältnis zu den deutschen Gesamtexporten (in der Praxis auch als Deckungsquote bezeichnet) für den Zeitraum 1960 bis 2013 abgebildet sind.

---

908 Der Nachfrageanstieg ist im Wesentlichen auf die deutsche Wiedervereinigung sowie auf die politische Entwicklung in der früheren Sowjetunion zurückzuführen. Vgl. AGA-Report 1992, Nr. 38, S. 4.

909 Vgl. Jahresbericht der Exportkreditgarantien 2004, S. 4.

910 Vgl. Jahresbericht der Exportkreditgarantien 2009, S. 10.

911 Vgl. Jahresbericht der Exportkreditgarantien 2010, S. 10.

912 Vgl. Jahresbericht der Exportkreditgarantien 2011, S. 10; Jahresbericht der Exportkreditgarantien 2012, S. 10; Jahresbericht der Exportkreditgarantien 2013, S. 11.

913 Vgl. Jahresbericht der Exportkreditgarantien 2010, S. 11; Jahresbericht der Exportkreditgarantien 2011, S. 4; Jahresbericht der Exportkreditgarantien 2012, S. 11; Jahresbericht der Exportkreditgarantien 2013, S. 11.

Abbildung 21: Gesamtexporte und Deckungsquote[914]

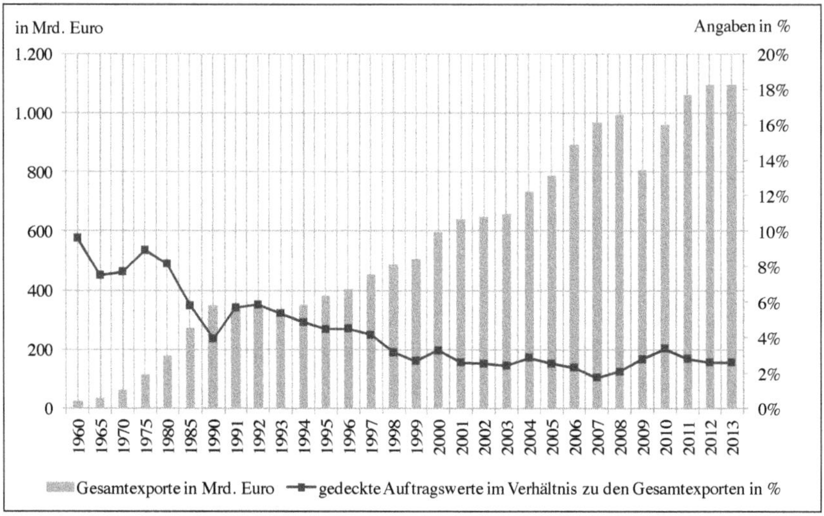

Obwohl sich die Nachfrage nach Exportkreditgarantien des Bundes in den vergangenen Jahrzehnten überwiegend positiv entwickelt hat, zeichnet der Verlauf der Deckungsquote ein anderes Bild. Bereits ab Mitte der 1970er Jahre bis zu Beginn der 1990er Jahre reduzierte sich die Deckungsquote deutlich. Es liegen mehrere Gründe vor, weshalb das Wachstum bei den neu gedeckten Exportgeschäften nicht mit dem Wachstum des Gesamtexportes Schritt gehalten hat. Ein Hauptgrund für das Absinken der Deckungsquote in dieser Zeit war die Verschuldungskrise in den betroffenen Bestellerländern.[915] Im Zuge dessen wurden aus risikopolitischen und haushaltsrechtlichen Erwägungen auch die Deckungsmöglichkeiten gegenüber diesen hochverschuldeten Ländern eingeschränkt. Im Jahr 1990 erreichte die Deckungsquote einen vorläufigen Tiefpunkt und lag bei gerade einmal 3,9 %. In den Jahren 1991 und 1992 stieg die Nachfrage nach Exportkreditgarantien wieder an, so dass zwischenzeitlich erneut Deckungsquoten von über 5 % erzielt wurden. Im Jahr 1991, dem Jahr nach der deutschen Wiedervereinigung, wurden Exportkreditgarantien erstmalig in vollem Umfang auch für Unternehmen aus den neuen Bundesländern übernommen.[916] Der

914 Eigene Darstellung basierend auf den Daten des Jahresberichts der Exportkreditgarantien 2013, S. 84.

915 Vgl. Halfen 1991, S. 76.

916 Vgl. AGA-Report 1992, Nr. 38, S. 4.

daraus resultierende Anstieg der Nachfrage nach Exportkreditgarantien des Bundes schlug sich auch in der Deckungsquote nieder. Im Jahr 1991 lagen die neu gedeckten Auftragswerte bezogen auf den Gesamtexport bei 5,7 %. Da die Unternehmen aus den neuen Bundesländern überwiegend in die mittel- und osteuropäischen Länder exportierten, erhöhte sich zudem der Anteil dieser Ländergruppe an den gedeckten Exporten in dieser Zeit um fast ein Drittel.[917] Im Jahr 1992 stieg die Deckungsquote nochmals leicht auf 5,8 % und erreichte damit das gleiche Niveau wie im Jahr 1982.[918] In den Jahren 1993 bis 1999 reduzierte sich der Anteil der bundesgedeckten Ausfuhren an den Gesamtexporten wieder kontinuierlich.[919] Zu Beginn des ersten Jahrzehnts des 21. Jahrhunderts setzte sich dieser Abwärtstrend, wenn auch mit Unterbrechungen, fort. Der bisherige Tiefststand wurde im Jahre 2007 erreicht. In dem Jahr wurden gerade einmal 1,8 % des deutschen Gesamtexportes mit einer Exportkreditgarantie des Bundes abgesichert.[920] In den Folgejahren stieg die Deckungsquote aufgrund der zunehmenden Nachfrage nach Exportkreditgarantien im Zuge der Finanz- und Wirtschaftskrise wieder leicht an und erreichte im Jahr 2010 einen Wert von 3,4 %. In den Jahren 2011 (2,8 %) sowie 2012 und 2013 (jeweils 2,6 %) reduzierte sich die Deckungsquote wieder.[921] Verglichen mit den Deckungsquoten der 1960er und 1970er Jahre hat das Förderinstrumentarium trotz des jüngsten Nachfrageanstiegs insgesamt an Bedeutung verloren.

917 Vgl. AGA-Report 1992, Nr. 38, S. 4.

918 Im Jahr 1991 wurden der Gemeinschaft Unabhängiger Staaten (GUS) aufgrund der besonderen politischen Situation umfangreiche Deckungszusagen gegeben, die im großen Ausmaß erst 1992 statistisch erfasst wurden. Vgl. AGA-Report 1993, Nr. 43, S. 3.

919 Für eine kurze Übersicht über die Entwicklung der Exportkreditgarantien des Bundes in den Jahren 1993 bis 1996 siehe auch die nachfolgenden AGA-Reporte, die auf der Internetseite AGA-Portal abrufbar sind: AGA-Report 1994, Nr. 51; AGA-Report 1995, Nr. 56; AGA-Report 1996, Nr. 61; AGA-Report 1997, Nr. 67. URL: <http://www.agaportal.de/pages/portal/aga-report/ar_archiv.html> (zuletzt geprüft am 06.07.2014). Für Näheres über den Umfang, die Entwicklung und Struktur der Exportkreditgarantien des Bundes in den Jahren ab 1997 siehe auch die Jahresberichte der Exportkreditgarantien, die auf der Internetseite AGA-Portal abrufbar sind. URL: <http://www.agaportal.de/pages/aga/downloads/jahresberichte.html> (zuletzt geprüft am 06.07.2014).

920 Vgl. Jahresbericht der Exportkreditgarantien 2007, S. 10.

921 Vgl. Jahresbericht der Exportkreditgarantien 2012, S. 10; Jahresbericht der Exportkreditgarantien 2013, S. 11.

5.1.1.1 Aufgliederung nach Ländergruppen

Die Exportkreditgarantien des Bundes werden überwiegend für die Absicherung von Ausfuhren in Schwellen- und Entwicklungsländer übernommen, wie die Abbildung 22 deutlich zeigt.

Abbildung 22: Deckungsvolumen aufgeteilt nach Ländergruppen[922]

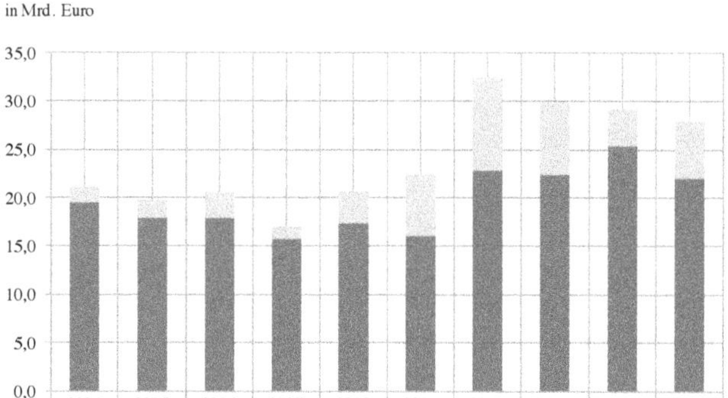

	2004	2005	2006	2007	2008	2009	2010	2011	2012	2013
Industrieländer	1,6	1,9	2,7	1,3	3,4	6,3	9,6	7,4	3,7	5,9
■ Schwellen- und Entwicklungsländer	19,5	17,9	17,9	15,7	17,3	16,1	22,9	22,4	25,4	22,0

922 Eigene Darstellung auf Basis der Jahresberichte der Exportkreditgarantien der Jahre 2004 bis 2013. Die Daten der aufgeführten Deckungsvolumen der Schwellen- und Entwicklungsländer sowie der Industrieländer für die Jahre 2009 bis 2013 wurden dem Jahresbericht der Exportkreditgarantien 2013, S. 60, entnommen. Für die Jahre 2006 bis 2008 wurden die Daten dem Jahresbericht der Exportkreditgarantien 2008, S. 74, entnommen. In diesem Bericht wurde zwischen OECD-Hocheinkommensländern (in der Abbildung 22 als Industrieländer bezeichnet) und Ländern, die nicht zu den OECD-Hocheinkommensländern zählen (in der Abbildung 22 als Schwellen- und Entwicklungsländer bezeichnet), differenziert. Die Daten für die Jahre 2004 und 2005 wurden dem Jahresbericht der Exportkreditgarantien 2006, S. 78, entnommen. In diesem Bericht wurde zwischen den Ländergruppen der Industrieländer, den Ländern in Mittel- und Osteuropa sowie den Entwicklungsländern unterschieden. Dabei wurden die Werte der Ländergruppe Mittel- und Osteuropa sowie der Entwicklungsländer zur Gruppe der Schwellen- und Entwicklungsländer zusammengefasst. Für nähere Angaben über die Aufgliederung der Länder nach Industrieländern sowie Schwellen- und Entwicklungsländern siehe die Informationen im Anhang der jeweiligen Jahresberichte der Exportkreditgarantien.

Auffällig ist jedoch, dass sich der Anteil der gedeckten Exportgeschäfte mit Industrieländern in den Jahren 2009 bis 2011 spürbar erhöht hat (siehe Abbildung 22). So entfiel in den Berichtsjahren 2009 bis 2011 ein Anteil von über 20 % am Gesamtdeckungsvolumen auf die Industrieländer und damit deutlich mehr als in den Jahren zuvor.[923] Das zunehmende Gewicht der Industrieländer in diesen Jahren ist eine Folge der Finanz- und Wirtschaftskrise. So führte die befristete Möglichkeit der Übernahme von Exportkreditgarantien für marktfähige Risiken (Escape Clause-Regelung[924]) und eine erhöhte Risikowahrnehmung hinsichtlich bestimmter Industrieländer sowie der dort beheimateten Unternehmen zu einem Anstieg der Nachfrage nach Exportkreditgarantien in dieser Zeit.

Trotz des Umstands, dass im Rahmen der Finanz- und Wirtschaftskrise die Absicherung von Exportgeschäften mit Industrieländern an Bedeutung gewonnen hat, liegt der Schwerpunkt des Förderinstrumentariums aber nach wie vor bei den Schwellen- und Entwicklungsländern. So entfielen nach den Krisenjahren 2009 bis 2011 bereits im Jahr 2012 wieder 87,5 % des Deckungsvolumens auf die Schwellen- und Entwicklungsländer.[925] Lediglich ein Anteil von 12,5 % des Deckungsvolumens entfiel auf die Industrieländer.[926] Im Jahr 2013 stieg das Deckungsvolumen zu Gunsten der Industrieländer wieder an. Es entfielen 79,0 % auf die Schwellen- und Entwicklungsländer und 21,0 % des Deckungsvolumens auf die Industrieländer.[927]

Die Bedeutung der Förderinstrumente für Exportgeschäfte in Schwellen- und Entwicklungsländern zeigt sich auch an den Anteilen der gedeckten Exporte für die verschiedenen Ländergruppen in den Jahren 2009 bis 2013 (siehe Tabelle 1). Die Fünfjahresübersicht macht deutlich, dass die Deckungsquoten der aufgelisteten Ländergruppen der Schwellen- und Entwicklungsländer über den Deckungsquoten der Industrieländer liegen.

923 Der Anteil der Industrieländer am Gesamtdeckungsvolumen belief sich im Jahr 2009 auf 28,1 %, im Jahr 2010 auf 29,6 % und im Jahr 2011 auf 24,9 %. Vgl. Jahresbericht der Exportkreditgarantien 2009, S. 65; Jahresbericht der Exportkreditgarantien 2010, S. 69; Jahresbericht der Exportkreditgarantien 2011, S. 57.

924 Siehe hierzu auch die Ausführungen unter Gliederungspunkt 3.1.2.4.

925 Vgl. Jahresbericht der Exportkreditgarantien 2012, S. 56 f.

926 Vgl. Jahresbericht der Exportkreditgarantien 2012, S. 56 f.

927 Vgl. Jahresbericht der Exportkreditgarantien 2013, S. 60 f.

Tabelle 1: Deckungsquote aufgeteilt nach Ländergruppen[928]

	2009	2010	2011	2012	2013
Schwellen- und Entwicklungsländer					
Afrika	8,3 %	8,2 %	10,1 %	18,9 %	9,8 %
Amerika	15,5 %	18,7 %	11,8 %	16,8 %	13,5 %
Asien	7,5 %	8,0 %	6,1 %	6,5 %	6,5 %
Europa	6,0 %	6,3 %	10,9 %	7,7 %	7,2 %
Industrieländer	1,1 %	1,4 %	0,9 %	0,4 %	0,7 %

Die nachfolgende Abbildung 23 gibt Aufschluss darüber, wie sich das Deckungsvolumen für Exporte in die Schwellen- und Entwicklungsländer regional verteilt. Es wird deutlich, dass der überwiegende Anteil des Deckungsvolumens auf Geschäfte mit Bestellern aus asiatischen und europäischen Schwellen- und Entwicklungsländern entfiel. Weniger häufig wurden die Förderinstrumente für Geschäfte mit Bestellern aus amerikanischen und afrikanischen Schwellen- und Entwicklungsländern nachgefragt.[929]

Auf die asiatischen Schwellen- und Entwicklungsländer entfiel im Jahr 2013 ein Deckungsvolumen von 9,0 Mrd. Euro.[930] Das entspricht einem Anteil von 32,3 % am gesamten Deckungsvolumen des Jahres 2013.[931] Der größte Anteil des Deckungsvolumens der asiatischen Länder wurde für Exportgeschäfte mit China vergeben (1,5 Mrd. Euro).[932] Die Abbildung 23 zeigt, dass auch in den Jahren vor 2013 auf die Schwellen- und Entwicklungsländer Asiens häufig der größte Anteil am gesamten Deckungsvolumen entfallen war.

928 Eigene Darstellung auf Basis der veröffentlichten Daten des Jahresberichts der Exportkreditgarantien 2011, S. 56, sowie des Jahresberichts der Exportkreditgarantien 2013, S. 60.

929 Obwohl das Deckungsvolumen für die Schwellen- und Entwicklungsländer Afrikas niedriger ausfällt als für die Schwellen- und Entwicklungsländer Europas und Asiens, vermitteln die prozentualen Anteile der gedeckten Exporte an den Gesamtausfuhren (Deckungsquoten) nach den jeweiligen Ländergruppen ein anderes Bild (siehe Tabelle 1). Der Grund hierfür sind die geringeren Gesamtausfuhren nach Afrika im Vergleich zu Europa und Asien. Für Näheres über die regionale Verteilung der deutschen Ausfuhren des Jahres 2009 siehe Statistisches Bundesamt 2011, S. 25 ff., der Jahre 2010 bis 2012 siehe Statistisches Bundesamt 2014, S. 35 ff.

930 Vgl. Jahresbericht der Exportkreditgarantien 2013, S. 44.

931 Vgl. Jahresbericht der Exportkreditgarantien 2013, S. 44.

932 Vgl. Jahresbericht der Exportkreditgarantien 2013, S. 44.

Für europäische Schwellen- und Entwicklungsländer wurde im Jahr 2013 ein Deckungsvolumen in Höhe von 6,2 Mrd. Euro vergeben, welches somit über dem Durchschnitt der vergangenen zehn Jahre lag.[933] Das entspricht einem Anteil von 22,4 % am gesamten neu übernommenen Deckungsvolumen des Jahres 2013.[934]Auffällig ist, dass sich das Deckungsvolumen für die europäischen Schwellen- und Entwicklungsländer auf nur wenige Länder verteilt. So entfiel im Berichtsjahr 2013 allein auf die Länder Türkei, Russland, Ukraine, Weißrussland und Serbien ein Deckungsvolumen in Höhe von 6,1 Mrd. Euro.[935]

Für die amerikanischen Schwellen- und Entwicklungsländer wurden hingegen weniger Exportkreditgarantien übernommen als für die asiatischen und europäischen Schwellen- und Entwicklungsländer. Im Jahre 2013 wurden für die amerikanische Ländergruppe Exportkreditgarantien in Höhe von 4,6 Mrd. Euro vergeben.[936] Der Anteil dieser Länder am neu übernommenen Deckungsvolumen belief sich damit im Jahr 2013 auf 16,3 %.[937] Dies stellt das dritthöchste Deckungsvolumen der letzten zehn Jahre dar.

Auch das Deckungsvolumen, welches für Afrika vergeben wurde, lag unter dem Anteil des Deckungsvolumens für asiatische und europäische Schwellen- und Entwicklungsländer. In den Jahren 2004 bis 2013 betrug das durchschnittliche jährliche Volumen der neu übernommenen Deckungen für die afrikanischen Länder rund 2,1 Mrd. Euro. Im Jahr 2013 belief sich der Deckungsanteil auf rund 2,2 Mrd. Euro und lag damit leicht über dem Durchschnitt der vergangenen zehn Jahre.[938] Der größte Anteil des zuvor genannten Deckungsvolumens entfiel auf Ägypten mit rund 444,2 Mio. Euro, gefolgt von Südafrika mit 290,1 Mio. Euro.[939] Insgesamt belief sich im Jahr 2013 der Anteil der für afrikanische Länder vergebenen Exportkreditgarantien am neu übernommenen gesamten Deckungsvolumen auf 7,7 %.[940]

---

933 Vgl. Jahresbericht der Exportkreditgarantien 2013, S. 60.
934 Vgl. Jahresbericht der Exportkreditgarantien 2013, S. 60.
935 Vgl. Jahresbericht der Exportkreditgarantien 2013, S. 50.
936 Vgl. Jahresbericht der Exportkreditgarantien 2013, S. 40.
937 Vgl. Jahresbericht der Exportkreditgarantien 2013, S. 40.
938 Vgl. Jahresbericht der Exportkreditgarantien 2013, S. 42.
939 Vgl. Jahresbericht der Exportkreditgarantien 2013, S. 43.
940 Vgl. Jahresbericht der Exportkreditgarantien 2013, S. 60.

Abbildung 23: Deckungsvolumen aufgeteilt nach Kontinenten[941]

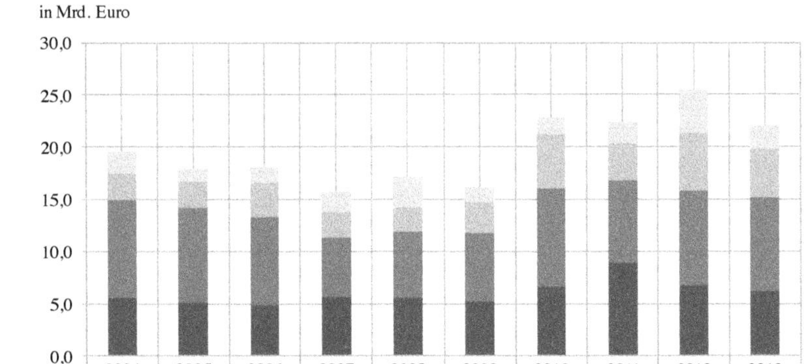

	2004	2005	2006	2007	2008	2009	2010	2011	2012	2013
Afrika	2,0	1,2	1,4	2,0	2,9	1,4	1,6	2,1	4,1	2,2
Amerika	2,6	2,5	3,3	2,4	2,3	2,9	5,2	3,5	5,5	4,6
Asien	9,3	9,1	8,4	5,6	6,3	6,6	9,3	7,9	9,0	9,0
Europa	5,6	5,1	4,9	5,7	5,6	5,2	6,7	8,9	6,8	6,2

Die nachfolgende Abbildung 24 gibt Auskunft über die regionale Verteilung des Deckungsvolumens auf die Länder des afrikanischen Kontinents in den Jahren 2004 bis 2013, wobei zwischen der Republik Südafrika, den nordafrikanischen Ländern Ägypten, Algerien, Libyen, Marokko, Mauretanien und Tunesien sowie allen übrigen Ländern differenziert wurde.[942] Die Abbildung zeigt, dass in den vergangenen zehn Jahren der überwiegende Anteil des jährlich übernommenen Deckungsvolumens für Afrika sich auf die zuvor genannten sechs nordafrikanischen Länder sowie die Republik Südafrika verteilte. Das Gesamtdeckungsvolumen dieser sieben Länder belief sich im Jahr 2013 auf rund 1,2 Mrd. Euro. Das entspricht einem Anteil am gesamten afrikanischen Deckungsvolumen für das Jahr 2013 in Höhe von etwa 56 %. Auf alle übrigen afrikanischen Länder entfiel ein Deckungsvolumen in Höhe

941 In dieser Abbildung wurden nur die Deckungsvolumen für die Schwellen- und Entwicklungsländer berücksichtigt, wobei die Werte auf eine Nachkommastelle gerundet wurden. Darstellung auf Basis der veröffentlichten Daten in den Jahresberichten der Exportkreditgarantien der Jahre 2004 bis 2013. Für nähere Angaben über die Aufgliederung der Länder nach Schwellen- und Entwicklungsländern siehe die jeweiligen Informationen im Anhang der Jahresberichte der Exportkreditgarantien.

942 In den Jahresberichten wird keine detailliertere Länderbetrachtung in Bezug auf den afrikanischen Kontinent vorgenommen. Daher ist es nicht möglich, eine genauere Länderaufschlüsselung hinsichtlich der Deckungsvolumen für die afrikanischen Länder vorzunehmen.

von 943 Mio. Euro. Das entspricht einem Anteil von knapp 44 % des im Jahr 2013 für die Region Afrika übernommenen Deckungsvolumens.[943]

Abbildung 24: Deckungsvolumen für die afrikanischen Länder[944]

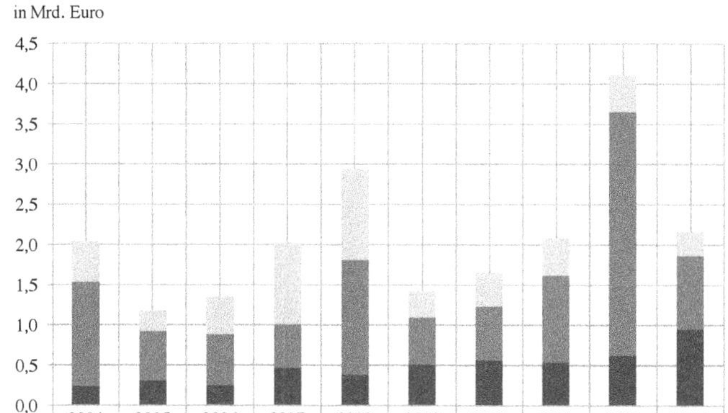

	2004	2005	2006	2007	2008	2009	2010	2011	2012	2013
Republik Südafrika	0,499	0,261	0,478	1,019	1,120	0,332	0,408	0,452	0,461	0,290
Nordafrika*	1,290	0,611	0,619	0,535	1,431	0,584	0,672	1,085	3,019	0,924
alle übrigen Länder Afrikas	0,238	0,309	0,254	0,467	0,378	0,507	0,568	0,535	0,626	0,943

* Summe der Deckungsvolumen für die Länder Ägypten, Algerien, Libyen, Marokko, Mauretanien und Tunesien

5.1.1.2 Aufgliederung nach Kreditlaufzeiten und Deckungsformen

Die Aufgliederung im Bereich der Exportkreditgarantien des Bundes kann auch nach den Kreditlaufzeiten und Deckungsformen vorgenommen werden. In der folgenden Abbildung 25 sind die gedeckten Ausfuhrgeschäfte der Jahre 2004 bis 2013 dargestellt, wobei zwischen Sammel- und Einzeldeckungen differenziert wird.[945]

Die Abbildung zeigt, dass die Ausfuhr-Pauschal-Gewährleistungen und die Einzeldeckungen mit Kreditlaufzeiten von über fünf Jahren zu den am häufigsten

943 Zur Frage, warum die Förderinstrumente der Auslandsgeschäftsabsicherung des Bundes nicht bewirken, dass auch deutsche Unternehmen verstärkt den Markteintritt in die Region Subsahara-Afrika suchen, siehe Experteninterview mit dem BMWi 2011, Anhang E, Frage 12.

944 Die in der Abbildung verarbeiteten Daten wurden von Euler Hermes im Mai 2014 bereitgestellt.

945 Zu beachten ist, dass in den Jahresberichten der Exportkreditgarantien keine Unterscheidung zwischen den einzelnen Deckungsformen vorgenommen wird. Es werden lediglich Angaben zu den Einzel- und Sammeldeckungen im System der deutschen Exportkreditgarantien des Bundes gemacht. Siehe hierzu auch die Ausführungen von Schilling 2008, S. 31.

nachgefragten Deckungsformen gehören.[946] Die revolvierenden Einzeldeckungen spielen hingegen nur eine untergeordnete Rolle.

Abbildung 25: Aufgliederung nach Kreditlaufzeiten / Deckungsformen in Mrd. Euro[947]

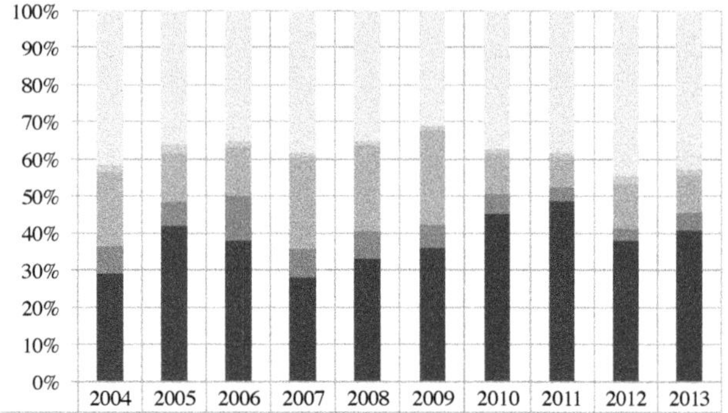

	2004	2005	2006	2007	2008	2009	2010	2011	2012	2013
Ausfuhr-Pauschal-Gewährleistungen	8,8	7,2	7,2	6,5	7,3	7,0	12,1	11,4	13,0	11,9
Revolvierende Einzeldeckungen	0,4	0,4	0,3	0,2	0,2	0,2	0,4	0,4	0,5	0,4
Einzeldeckungen bis 1 Jahr	4,2	2,6	2,7	4,2	4,8	5,7	3,5	2,4	3,6	2,9
Einzeldeckungen 1 bis 5 Jahre	1,5	1,3	2,6	1,3	1,5	1,4	1,8	1,0	1,0	1,3
Einzeldeckungen über 5 Jahre	6,2	8,3	7,8	4,8	6,9	8,1	14,7	14,6	11,0	11,4

Von den 14.901 Neuanträgen im Jahr 2013 (Vorjahr: 16.560) entfielen allein 13.062 Anträge auf die Ausfuhr-Pauschal-Gewährleistung, was die hervorgehobene Stellung dieser Deckungsform im System der Exportkreditgarantien belegt.[948] Die restlichen Neuanträge (1.839) wurden für Einzeldeckungen gestellt. Von Interesse ist in diesem Zusammenhang auch, dass gemäß dem Jahresbericht der Exportkreditgarantien für das Jahr 2013 im entsprechenden Berichtsjahr überwiegend mittelständisch geprägte Unternehmen[949] (72,2 %) die Übernahme einer Exportkreditgarantie beantragten.[950]

---

946 Bezogen auf die Zielregion Afrika wurden überwiegend Exportgeschäfte mit kurzfristigen Zahlungszielen abgesichert. Siehe hierzu auch die Ausführungen im Experteninterview mit Euler Hermes 2011, Anhang F, Frage 2.

947 Die Daten basieren auf den Jahresberichten der Exportkreditgarantien der Jahre 2004 bis 2013 sowie auf eigenen Berechnungen.

948 Vgl. Jahresbericht der Exportkreditgarantien 2013, S. 64.

949 Mittelständisch geprägte Unternehmen weisen gemäß der Definition im Jahresbericht der Exportkreditgarantien für das Jahr 2013 eine Mitarbeiteranzahl von weniger als 500 auf. Mit dieser Definition weicht der Bund von der Empfehlung der Europäischen Kommission zur Definition der Kleinstunternehmen sowie der kleinen und mittleren Unternehmen ab. Vgl. Jahresbericht der Exportkreditgarantien 2013, S. 2. Näheres zur Definition der Kleinstunternehmen sowie der kleinen und mittleren Unternehmen der Europäischen Kommission siehe Fn. 1020.

950 Vgl. Jahresbericht der Exportkreditgarantien 2013, S. 2.

5.1.1.3 Aufgliederung nach Sektoren

Die neu übernommenen Exportkreditgarantien lassen sich zudem nach den verschiedenen Sektoren aufgliedern, wie die nachstehende Tabelle 2 zeigt. Diese sektorale Aufgliederung bezieht sich jedoch nur auf die Einzeldeckungen im Bereich der Exportkreditgarantien.[951] Gemessen an dem Volumen der gedeckten Auftragswerte wurden die meisten Einzeldeckungen in den Jahren 2009 bis 2013 für Schiffs- und Flugzeuggeschäfte sowie für Geschäfte im Bereich der Verarbeitenden Industrie vergeben. Ebenfalls häufiger nachgefragt wurden die Einzeldeckungen für Geschäfte im Energie- sowie im Infrastruktursektor.

Tabelle 2: Aufgliederung der Einzeldeckungen nach Sektoren in Mio. Euro[952]

Sektoren	2009	2010	2011	2012	2013
Flugzeuge	3.244	4.697	4.666	4.763	3.493
Verarbeitende Industrie	3.046	2.884	2.363	1.756	2.432
Energie	1.852	2.400	1.876	1.136	2.223
Schiffe	2.919	3.008	4.766	4.206	1.937
Erdöl- und Erdgasförderung	33	2.134	1.037	89	1.330
Infrastruktur	1.496	2.445	828	1.272	1.153
Chemie	22	120	229	289	783
Bergbau	503	405	328	392	767
Agrarsektor und Nahrungsmittelindustrie	338	266	317	296	527
Dienstleistungen	611	755	597	678	496
Papier-, Holz-, Leder- und Textilindustrie	943	866	974	741	475
Umwelttechnik	149	43	3	0	1
Summe	15.156	20.023	17.984	15.618	15.617

Das Experteninterview mit Euler Hermes hat darüber hinaus aufgezeigt, dass die Unternehmen, die Exportkreditgarantien für die Absicherung ihrer Exportgeschäfte nach Afrika nachfragen, häufig aus der Chemie-, Stahl-, Bau- und Medizinbranche kommen.[953]

951 Auf dem Gebiet der Sammeldeckungen, zu denen auch die wichtigste Deckungsform, die Ausfuhr-Pauschal-Gewährleistung, zählt, werden keine Informationen über eine Aufteilung nach Sektoren veröffentlicht. Siehe in diesem Zusammenhang auch die Ausführungen von Halfen 1991, S. 85.

952 Eigene Darstellung basierend auf den veröffentlichten Daten in den Jahresberichten der Exportkreditgarantien der Jahre 2009 bis 2013 und eigenen Berechnungen.

953 Siehe Experteninterview mit Euler Hermes 2011, Anhang F, Frage 3.

5.1.2 Bestandsentwicklung

Die Entwicklung der Exportkreditgarantien des Bundes lässt sich auch an der Ausweitung des gesetzlichen Ermächtigungsrahmens und dem jeweiligen Stand der Belegung des Ermächtigungsrahmens mit Haftungsbeträgen nachverfolgen (siehe Tabelle 3). Im Jahr 1950 belief sich der Ermächtigungsrahmen auf gerade einmal 0,3 Mrd. Euro.[954] In der Folgezeit wurde, bedingt durch den Nachfrageanstieg bei den Exportkreditgarantien, der Ermächtigungsrahmen weiter erhöht. Im Jahr 2013 wurde er gemäß § 3 Abs. 1 S. 1 Ziff. 1 des Gesetzes über die Feststellung des Bundeshaushaltsplans für das Haushaltsjahr 2013 auf 145 Mrd. Euro festgelegt. Zum Ende des Jahres 2013 war der Ermächtigungsrahmen zu 89,0 % ausgeschöpft.[955] Aufgrund der hohen Ausnutzung hat der Gesetzgeber für das Haushaltsjahr 2014 entschieden, den Ermächtigungsrahmen um 20 Mrd. Euro auf 165 Mrd. Euro anzuheben, um eine vollständige Ausnutzung zu vermeiden.[956] Durch die Anpassung des Ermächtigungsrahmens an die steigende Nachfrage nach Exportkreditgarantien hat der Gesetzgeber bislang sichergestellt, dass der Exportwirtschaft ausreichende Mittel für die staatliche Absicherung ihrer Auslandsgeschäfte zur Verfügung stehen.

954 Vgl. Jahresbericht der Exportkreditgarantien 2013, S. 84.

955 Eigene Berechnungen auf Basis der veröffentlichten Daten im Jahresbericht der Exportkreditgarantien 2013, S. 84.

956 Siehe § 3 Abs. 1 S. 1 Ziff. 1 des Haushaltsgesetzes des Bundes 2014.

Tabelle 3: Ausnutzung des Ermächtigungsrahmens[957]

Jahr	Ermächtigungsrahmen in Mrd. Euro	Ausnutzung des Ermächtigungsrahmens in Mrd. Euro	Ausnutzung des Ermächtigungsrahmens in %
1950	0,3	0,3	100,0 %
1955	3,8	2,5	65,8 %
1960	6,1	5,2	85,2 %
1965	8,7	8,1	93,1 %
1970	13,8	12,9	93,5 %
1975	30,7	25,0	81,4 %
1980	76,7	59,6	77,7 %
1985	99,7	80,9	81,1 %
1990	81,8	68,3	83,5 %
1995	99,7	91,9	92,2 %
2000	112,5	106,1	94,3 %
2001	117,6	102,7	87,3 %
2002	117,6	103,0	87,6 %
2003	117,0	102,9	87,9 %
2004	117,0	103,2	88,2 %
2005	117,0	104,9	89,7 %
2006	117,0	98,4	84,1 %
2007	117,0	96,7	82,6 %
2008	117,0	101,3	86,6 %
2009	117,0	107,8	92,1 %
2010	120,0	107,5	89,6 %
2011	135,0	116,6	86,4 %
2012	135,0	124,9	92,5 %
2013	145,0	129,1	89,0 %

Die in der Tabelle 3 aufgeführten Beträge der Ausnutzung des Ermächtigungsrahmens geben nur den Stand der Belegung des Ermächtigungsrahmens mit Haftungsbeträgen wieder. Diese Werte lassen keine Aussage über das tatsächliche Entschädigungsrisiko[958] zu, da sie auch geleistete Entschädigungen und

957 Tabelle in Anlehnung an den Jahresbericht der Exportkreditgarantien 2013, S. 84, sowie auf Basis eigener Berechnungen.

958 Das Entschädigungsrisiko wird aus den künftigen Fälligkeiten der gedeckten Beträge einschließlich der Zinsen und abzüglich der Selbstbeteiligung des Deckungsnehmers errechnet. Ende des Berichtsjahres 2013 belief sich das Entschädigungsrisiko

Zahlungen für Umschuldungen enthalten, bei denen noch mit einem Rückfluss zu rechnen ist.[959] Die Eintrittswahrscheinlichkeit des Risikos und eine damit einhergehende Inanspruchnahme des Bundes können daraus folglich nicht ermittelt werden.

Auch die regionale Aufgliederung der Höchsthaftungsbeträge zeigt, dass der überwiegende Anteil der Exportkreditgarantien für Exportgeschäfte mit Bestellern aus den Schwellen- und Entwicklungsländern vergeben wurde. Die Tabelle 4 belegt, dass sich die regionale Verteilung der Höchsthaftungsbeträge des Bundes signifikant geändert hat. Noch im Jahr 2000 vereinten die Entwicklungsländer mit 70,5 % den größten Anteil der Höchsthaftungsbeträge auf sich. Im Jahr 2011 lag der Anteil der Entwicklungsländer nur noch bei 58,0 %, da im Zuge der Finanz- und Wirtschaftskrise die Möglichkeit der staatlichen Absicherung vermehrt auch für Exporte in westliche Industrieländer genutzt wurde.

Tabelle 4: Regionale Aufgliederung der Höchsthaftungsbeträge[960]

	1970	**1980**	**1990**	**2000**	**2010**	**2011**
Entwicklungsländer						
europäische	13,2 %	6,0 %	5,9 %	6,4 %	6,1 %	8,5 %
afrikanische	12,0 %	21,5 %	17,4 %	10,6 %	8,2 %	7,7 %
amerikanische	22,5 %	16,7 %	21,7 %	18,6 %	13,0 %	11,9 %
asiatische	28,2 %	33,6 %	29,3 %	34,9 %	33,8 %	29,9 %
Zwischensumme	75,9 %	77,8 %	74,3 %	70,5 %	61,1 %	58,0 %
westliche Industrieländer	6,4 %	3,8 %	5,8 %	3,4 %	19,1 %	23,8 %
mittel- und osteuropäische Länder	14,5 %	15,2 %	12,1 %	20,8 %	14,9 %	14,1 %
nicht aufgegliedert	3,2 %	3,2 %	7,8 %	5,3 %	4,9 %	4,1 %
Summe	100 %	100 %	100 %	100 %	100 %	100 %

auf 87,7 Mrd. Euro. Das Entschädigungsrisiko des Bundes verteilte sich am Ende des Berichtsjahres 2013 zu 68,7 % auf Schwellen- und Entwicklungsländer und zu 31,3 % auf Industrieländer. Dabei war das Risiko unter den Schwellen- und Entwicklungsländern bei den asiatischen Ländern mit 26,5 % am höchsten. Für die afrikanischen Länder wurde das Entschädigungsrisiko auf 8,2 % beziffert und wies damit den niedrigsten Wert unter den Schwellen- und Entwicklungsländern auf. Vgl. Jahresbericht der Exportkreditgarantien 2013, S. 74.

959 Vgl. Jahresbericht der Exportkreditgarantien 2013, S. 84.

960 Tabelle in Anlehnung an Scheibe/Moltrecht/Kuhn 2012, Register F, Tz. 176. Inkludiert sind auch die Zinsen. Die Prozentwerte beziehen sich auf die Anteile am Gesamtobligo.

5.1.3 Finanzielle Auswirkungen auf den Bundeshaushalt

Einen Überblick über die Einnahmen und Ausgaben im Zusammenhang mit den Exportkreditgarantien des Bundes vermittelt die nachfolgende Tabelle 5.

Tabelle 5: Finanzielles Ergebnis der Exportkreditgarantien in Mio. Euro[961]

Zeitraum	vereinnahmte Prämien und Gebühren	Rückflüsse aus Schäden und Umschuldungen*	Auszahlungen für Schäden und Umschuldungen	Ausgaben für Bearbeitung der Exportkreditgarantien	Jahresergebnis ohne Zinsen**
1950–1954	27,6	16,8	25,6	5,3	13,5
1955–1959	85,6	83,2	168,0	10,8	-10,0
1960–1964	141,3	144,7	370,1	14,4	-98,5
1965–1969	247,0	381,4	587,7	22,8	18,0
1970–1974	346,1	421,9	808,1	37,9	-77,9
1975–1979	897,5	468,5	580,6	82,6	702,8
1980–1984	1.437,3	860,9	3.034,5	149,9	-886,1
1985–1989	1.343,3	1.034,6	5.512,6	183,9	-3.318,5
1990–1994	2.022,9	2.028,3	12.121,9	244,3	-8.315,0
1995	591,9	593,2	1.909,9	51,1	-775,9
1996	559,7	451,4	1.405,8	48,4	-443,1
1997	616,8	604,3	1.469,6	49,7	-298,2
1998	565,3	488,8	1.031,1	51,5	-28,5
1999	393,6	584,5	798,0	70,0	110,1
2000	570,0	501,9	972,9	64,5	34,4
2001	574,5	755,4	880,8	61,0	388,1
2002	332,3	821,4	688,9	63,2	401,6
2003	449,6	797,1	514,0	63,3	669,4
2004	472,9	1.029,3	558,5	65,6	878,1
2005	511,2	4.874,7	695,1	66,5	4.624,3
2006	556,0	6.394,4	292,9	65,6	6.591,9
2007	431,8	301,4	240,2	65,1	427,9
2008	440,2	217,0	177,1	67,5	412,6
2009	502,9	226,6	203,6	71,4	454,5
2010	776,5	187,2	282,2	75,8	605,6
2011	778,6	232,3	408,5	83,4	519,0
2012	546,7	199,4	282,5	79,8	383,8
2013	653,9	244,7	232,5	85,2	580,9

* Rückflüsse aus Schäden und Umschuldungen beinhalten Sondereinnahmen und Wechselkursgewinne. Abweichungen ergeben sich aus Rundungen.

** Im Bundeshaushalt vereinnahmte Zinsen werden aus methodischen Gründen nicht berücksichtigt, da auch die Kosten für die Refinanzierung des Bundes für ausgezahlte Schäden nicht in die Ergebnisrechnung einfließen.

961 Tabelle in Anlehnung an den Jahresbericht der Exportkreditgarantien 2013, S. 85, sowie auf Basis eigener Berechnungen.

Der Bund hat mit den Exportkreditgarantien bereits zum 15. Mal in Folge ein positives Jahresergebnis zugunsten des Bundeshaushaltes erzielt.[962] In den Jahren davor fiel das Jahresergebnis allerdings mehrfach negativ aus. Insbesondere die Verschuldungskrise vieler Schwellen- und Entwicklungsländer zu Beginn der 1980er Jahre sowie die zeitweilige Unfähigkeit Russlands zur Bedienung der übernommenen Verbindlichkeiten der ehemaligen Sowjetunion in den 1990er Jahren trugen dazu bei, dass der Bundeshaushalt durch kassenmäßige Defizite belastet war.[963] Aufgrund der positiven finanziellen Ergebnisse der vergangenen Jahre konnte das kumulierte Defizit[964] in Höhe von 13,5 Mrd. Euro im Jahr 2006 vollständig abgebaut werden.[965] Seit Bestehen der Exportkreditgarantien des Bundes hat sich der kumulierte Überschuss auf rund 3,6 Mrd. Euro erhöht.[966]

5.2 Portfoliobetrachtung der Garantien für Ungebundene Finanzkredite

5.2.1 Entwicklung der übernommenen Garantien für Ungebundene Finanzkredite

Im Berichtsjahr 2013 wurden in dem entsprechenden Jahresbericht der Exportkreditgarantien auch einige Schlüsselkennzahlen zu den Garantien für Ungebundene Finanzkredite veröffentlicht. Es wurden im Jahr 2013 UFK-Garantien für Projekte in Höhe von insgesamt 1,5 Mrd. Euro vergeben. Dies war das zweiterfolgreichste Jahr in der mehr als 50-jährigen Geschichte des Förderinstrumentariums.[967]

Auffällig ist, dass seit der Reform der für die UFK-Garantien geltenden Allgemeinen Bedingungen im Jahr 2009 die Nachfrage nach dem Instrument deutlich angestiegen ist. So wurden im Jahre 2010 seit fast einem Jahrzehnt erstmals wieder Rohstoffprojekte im Ausland mit UFK-Garantien unterstützt.[968]

---

962 Vgl. Jahresbericht der Exportkreditgarantien 2013, S. 71.

963 Vgl. Janus 2011, Rn. 21.

964 Informationen dazu, wie sich das Defizit auf die einzelnen Länder verteilte, werden nicht veröffentlicht. Entsprechend liegen keine Informationen zu Schadensfällen bei gedeckten Exporten nach Afrika, die zur Haushaltsbelastung geführt haben, vor.

965 Siehe hierzu auch die Abbildung 5, die das Ergebnis und den Saldo der Exportkreditgarantien des Bundes wiedergibt.

966 Vgl. Jahresbericht der Exportkreditgarantien 2013, S. 71, 85.

967 Vgl. Jahresbericht der Exportkreditgarantien 2013, S. 80.

968 Vgl. Heitzer 2012, 46.

5.2.2 Bestandsentwicklung

Die Höchsthaftung des Bundes bei den Garantien für Ungebundene Finanzkredite belief sich Ende 2013 auf 4,2 Mrd. Euro.[969] Gegenüber dem Vorjahr entspricht das einer Steigerung von 1,5 Mrd. Euro.[970] Für das Jahr 2013 verteilte sich der Garantiebestand wie folgt: 2,4 Mrd. Euro des Bestandes entfielen auf Rohstoffprojekte in Russland, Mauretanien und Großbritannien sowie 1,8 Mrd. Euro auf Förderbankenprojekte in Russland, der Ukraine und Spanien.[971] Insgesamt befanden sich 21 Garantien im Bestand, bestehend aus vier Garantien für Rohstoffprojekte und 17 Garantien für Förderbankenprojekte.[972]

5.2.3 Finanzielle Auswirkungen auf den Bundeshaushalt

Da im Bereich der Garantien für Ungebundene Finanzkredite des Bundes weitaus geringere Transparenzanforderungen bestehen als bei den Exportkreditgarantien, verwundert es nicht, dass nur wenige Informationen über die finanzielle Entwicklung der UFK-Garantien veröffentlicht werden. Dem Jahresbericht der Exportkreditgarantien des Bundes für das Jahr 2013 kann daher nur entnommen werden, dass sich das Förderinstrumentarium in diesem Berichtsjahr im Ergebnis selbst getragen und damit den Bundeshaushalt nicht belastet hat.[973] Zudem ist bekannt, dass im Berichtsjahr 2013 keine Schadensfälle zu verzeichnen waren.[974]

5.3 Portfoliobetrachtung der Investitionsgarantien

5.3.1 Entwicklung der übernommenen Investitionsgarantien

In der nachfolgenden Abbildung ist die Entwicklung des übernommenen Garantievolumens im Bereich der Investitionsgarantien seit den 1960er Jahren dargestellt. Bis einschließlich zum Jahr 1990 lag das jährlich übernommene Garantievolumen bei den Investitionsgarantien unter 1,0 Mrd. Euro. Erst in den Folgejahren wurde ein höheres Garantievolumen vergeben. Der seit den 1990er Jahren zu beobachtende Nachfrageanstieg bei den Investitionsgarantien des Bundes setzte sich, wenngleich auch mit Unterbrechungen, zu Beginn des ersten

969 Vgl. Jahresbericht der Exportkreditgarantien 2013, S. 81.
970 Vgl. Jahresbericht der Exportkreditgarantien 2013, S. 81.
971 Vgl. Jahresbericht der Exportkreditgarantien 2013, S. 81.
972 Vgl. Jahresbericht der Exportkreditgarantien 2013, S. 81.
973 Vgl. Jahresbericht der Exportkreditgarantien 2013, S. 81.
974 Vgl. Jahresbericht der Exportkreditgarantien 2013, S. 81.

Jahrzehnts des 21. Jahrhunderts fort. Das bisher höchste Garantievolumen in der Geschichte des Förderinstrumentariums wurde im Jahr 2008 übernommen und belief sich auf rund 6,6 Mrd. Euro.[975] Allerdings reduzierte sich das Garantievolumen, wie in der Abbildung 26 erkennbar ist, ein Jahr später um mehr als die Hälfte auf rund 3,0 Mrd. Euro.[976] Der Grund für den Nachfrageeinbruch lag jedoch nicht in der fehlenden Bereitschaft der Bundesregierung, deutsche Direktinvestitionen in Schwellen- und Entwicklungsländern abzusichern.[977] Vielmehr wurden im Jahr 2009 aufgrund der globalen Finanz- und Wirtschaftskrise keine Großprojekte durchgeführt, die einer Absicherung bedurft hätten. In den Jahren 2010 bis 2012 nahm das Garantievolumen wieder zu und bewegte sich oberhalb des Niveaus von 5 Mrd. Euro. Im Jahr 2013 hingegen fiel das Garantievolumen erneut unter 3,0 Mrd. Euro.

Abbildung 26: Entwicklung der übernommenen Investitionsgarantien[978]

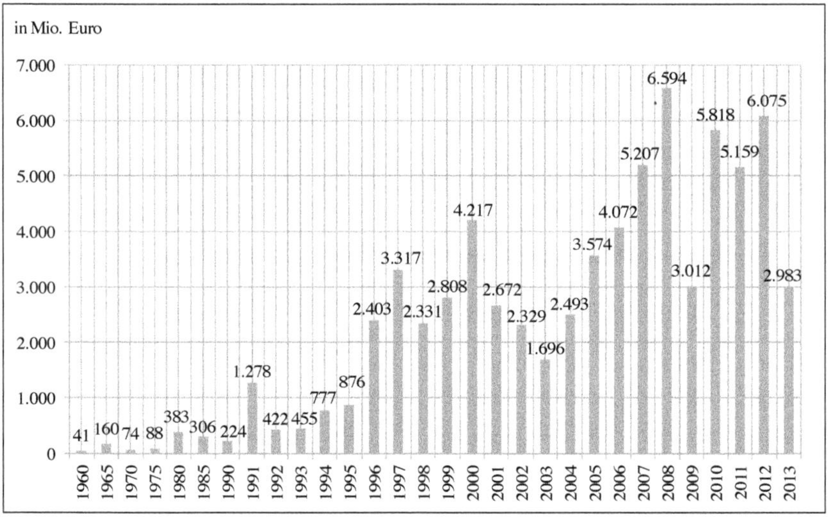

975 Vgl. Jahresbericht der Investitionsgarantien 2008, S. 10.

976 Vgl. Jahresbericht der Investitionsgarantien 2009, S. 10.

977 Vgl. Jahresbericht der Investitionsgarantien 2009, S. 10.

978 Die in der Abbildung aufgeführten Daten sind den Jahresberichten der Investitionsgarantien zu entnehmen. Für eine Übersicht über die übernommenen Deckungen für die Jahre 1960 bis 2002 siehe den Jahresbericht der Investitionsgarantien 2002, S. 52; für die Jahre 2003 bis 2012 siehe den Jahresbericht der Investitionsgarantien 2012, S. 46, und für das Jahr 2013 siehe den Jahresbericht der Investitionsgarantien 2013, S. 45.

Insgesamt wurden seit dem Bestehen des Instrumentariums bis einschließlich 2013 Investitionsgarantien mit einem Volumen von rund 75,4 Mrd. Euro übernommen.[979] 15,5 % der bislang in Deckung genommenen deutschen Direktinvestitionen entfielen dabei auf Afrika.[980] Auffällig ist, dass im Unterschied zu den Exportkreditgarantien im Laufe eines Jahres deutlich weniger Investitionsgarantien übernommen wurden. So belief sich die Zahl der genehmigten Anträge im Jahr 2013 auf gerade einmal 116 (Vorjahr: 123); dies entspricht gemäß dem Jahresbericht der Investitionsgarantien für das Jahr 2013 in etwa dem Mittelwert der letzten zehn Jahre.[981] Von Interesse ist auch, dass der überwiegende Anteil der übernommenen Investitionsgarantien im Jahr 2013 (91 Investitionsgarantien) auf große Unternehmen[982] entfiel.[983] Gerade einmal 25 Investitionsgarantien wurden in dem genannten Berichtsjahr an kleine und mittlere Unternehmen[984] vergeben.[985]

Anders als bei den Exportkreditgarantien des Bundes lassen sich Aussagen darüber, wie viel Prozent der deutschen Gesamtinvestitionen durch Investitionsgarantien des Bundes jährlich gedeckt werden, nicht ohne Weiteres treffen. Dies liegt darin begründet, dass die deutschen Investitionen, die jährlich durch eine Investitionsgarantie abgesichert werden, nicht für den gleichen Zeitraum in der von der Bundesbank erhobenen Statistik über die deutschen Gesamtinvestitionen abgebildet sein müssen.[986]

---

979 Vgl. Jahresbericht der Investitionsgarantien 2013, S. 48.

980 Die Länder Ägypten, Libyen, Algerien, Südafrika und Marokko gehören bislang, gemessen an der Anzahl der übernommenen Garantien und dem Antragsvolumen, zu den wichtigsten Ländern des afrikanischen Kontinents. Siehe hierzu auch die Übersicht im Jahresbericht der Investitionsgarantien 2013, S. 48.

981 Vgl. Jahresbericht der Investitionsgarantien 2013, S. 10.

982 Gemäß der Definition im Jahresbericht der Investitionsgarantien verfügen große Unternehmen über mehr als 2.000 Arbeitskräfte oder Umsätze von mehr als 500 Mio. Euro. Vgl. Jahresbericht der Investitionsgarantien 2013, S. 54.

983 Vgl. Jahresbericht der Investitionsgarantien 2013, S. 45.

984 Gemäß der Definition im Jahresbericht der Investitionsgarantien gehören zu den kleinen und mittleren Unternehmen solche mit maximal 2.000 Arbeitskräften oder Umsätzen von bis zu 500 Mio. Euro. Große Unternehmen sind demzufolge solche mit mehr als 2.000 Arbeitskräften oder Umsätzen von mehr als 500 Mio. Euro. Vgl. Jahresbericht der Investitionsgarantien 2013, S. 54.

985 Vgl. Jahresbericht der Investitionsgarantien 2013, S. 45.

986 Siehe das Experteninterview mit PricewaterhouseCoopers 2010, Anhang G, Frage 10.

5.3.1.1 Aufgliederung nach Ländergruppen

Der regionale Schwerpunkt bei den Investitionsgarantien des Bundes lag in den vergangenen zehn Jahren, wie die Abbildung 27 verdeutlicht, auf Europa und Asien. Das durchschnittliche jährliche Volumen der neu übernommenen Investitionsgarantien betrug in den Jahren 2004 bis 2013 für Europa 2.063 Mio. Euro, gefolgt von Asien mit 1.543 Mio. Euro.[987] Mit einem geringeren Deckungsvolumen waren hingegen die Länder aus Afrika und Amerika vertreten. In den Jahren 2004 bis 2013 belief sich das durchschnittliche jährliche Volumen der neu übernommenen Investitionsgarantien für Afrika auf 761 Mio. Euro und für Amerika auf 132 Mio. Euro.[988]

Auffällig ist, dass die jährlich übernommenen Deckungsvolumen in dem hier betrachteten Zeitraum 2004 bis 2013 für Projekte in Afrika deutlich schwanken (siehe Abbildung 27). Während im Jahr 2010 Projekte mit einem Volumen von 2.991 Mio. Euro mit Investitionsgarantien abgesichert wurden, belief sich das Deckungsvolumen im Jahr 2013 auf gerade einmal 24 Mio. Euro. Die Erklärung hierfür ist, dass im Jahr 2010 überwiegend Investitionsgarantien für große Erdöl- und Erdgasprojekte in Nordafrika übernommen wurden.[989]

Abbildung 27: Deckungsvolumen aufgeteilt nach Kontinenten[990]

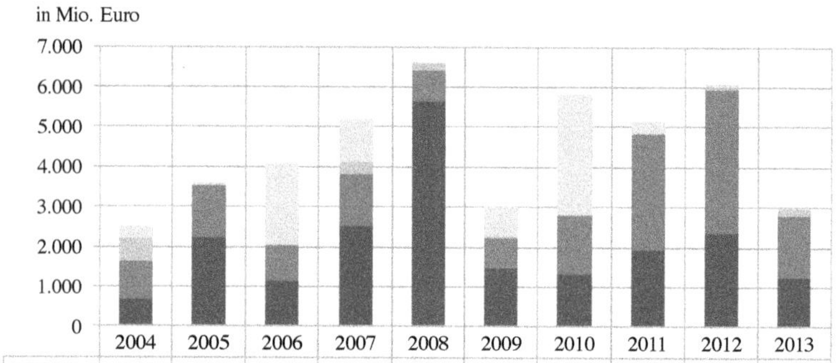

	2004	2005	2006	2007	2008	2009	2010	2011	2012	2013
Afrika	298	16	2.033	1.091	31	754	2.991	316	58	24
Amerika	541	27	19	302	139	21	25	8	61	174
Asien	957	1.300	861	1.286	770	764	1.469	2.888	3.583	1.552
Europa	697	2.231	1.159	2.528	5.654	1.473	1.333	1.947	2.373	1.233

987 Eigene Berechnung auf Basis der veröffentlichten Daten in den Jahresberichten der Investitionsgarantien der Jahre 2004 bis 2013.

988 Eigene Berechnung auf Basis der veröffentlichten Daten in den Jahresberichten der Investitionsgarantien der Jahre 2004 bis 2013.

989 Vgl. Jahresbericht der Investitionsgarantien 2010, S. 10.

990 Abbildung in Anlehnung an den Jahresbericht der Investitionsgarantien 2013, S. 45. Detailliertere Angaben über die jährlich übernommenen Investitionsgarantien aufgeteilt nach Ländern werden in dem Jahresbericht der Investitionsgarantien nicht veröffentlicht.

Der Abbildung 28 ist zu entnehmen, dass sich der regionale Schwerpunkt im Bereich der Investitionsgarantien des Bundes seit 1959 verändert hat. Während in den 1950er und 1960er Jahren Projekte in Lateinamerika und Afrika im Vordergrund standen, sind es heute überwiegend Vorhaben in Mittel- und Osteuropa sowie Asien.[991] Eine zunehmende Nachfrage nach Absicherungen für Direktinvestitionen in Afrika ist ebenfalls deutlich zu erkennen, wenngleich diese hinter der Nachfrage nach Investitionsgarantien für Auslandsvorhaben in Europa und Asien zurückbleibt.

Abbildung 28: Deckungsvolumen ab 1959 aufgeteilt nach Kontinenten[992]

	1959-1969	1970-1979	1980-1989	1990-1999	2000-2009
Afrika	259	260	1.067	1.542	5.238
Amerika	208	503	831	2.851	2.383
Asien	92	426	1.068	3.753	10.017
Europa	40	167	329	6.698	18.228

5.3.1.2 Aufgliederung nach Sektoren

Gemäß der nachstehenden Tabelle 6 wurden die meisten Investitionsgarantien im Berichtsjahr 2013 in der chemischen und pharmazeutischen Industrie vergeben.[993] Insgesamt war der sekundäre Sektor mit 75 % der neu übernommenen Garantien führend.[994] Der Anteil des tertiären Sektors (vorrangig Dienstleistungs- und Finanzierungsgesellschaften) belief sich auf 22 %.[995]

991 Vgl. BMWi Monatsbericht Juli 2010, S. 22 f.

992 Abbildung in Anlehnung an den Jahresbericht der Investitionsgarantien 2009, S. 39.

993 Vgl. Jahresbericht der Investitionsgarantien 2013, S. 10.

994 Vgl. Jahresbericht der Investitionsgarantien 2013, S. 10.

995 Vgl. Jahresbericht der Investitionsgarantien 2013, S. 10.

Tabelle 6: Übernommene Investitionsgarantien nach Branchen und Sektoren[996]

Branchen und Sektoren	2013
chemische und pharmazeutische Industrie	37 %
sonstiger sekundärer Sektor (z. B. Energiewirtschaft)	17 %
sonstiger tertiärer Sektor (z. B. Dienstleistungen, Handel)	15 %
Bauindustrie	8 %
Banken und Versicherungen	7 %
Maschinenbau	7 %
Kraftfahrzeugindustrie	6 %
Land-, Forst- und Wasserwirtschaft	3 %
gesamt	100 %

5.3.2 Bestandsentwicklung

Die zunehmende Nachfrage nach den mehr als 50 Jahre bestehenden Investitionsgarantien des Bundes spiegelt sich auch in dem Garantiebestand wider (siehe Abbildung 29).

Die Höchsthaftung der Bundesrepublik Deutschland aus dem valutierenden Garantiebestand stieg von 56,2 Mio. Euro Ende 1960 auf den Rekordwert von über 33,4 Mrd. Euro Ende 2013.[997] Der Garantiebestand hat sich alleine in den letzten zehn Jahren, im Zeitraum 2004 bis 2013, mehr als verdoppelt.

996 Tabelle in Anlehnung an den Jahresbericht der Investitionsgarantien 2013, S. 12. Die Prozentwerte beziehen sich auf die Anzahl der im Jahr 2013 übernommenen Investitionsgarantien nach Branchen und Sektoren. Für Näheres zur Aufteilung der übernommenen Investitionsgarantien nach Branchen und Sektoren in früheren Jahren wird auf die jeweiligen Jahresberichte der Investitionsgarantien verwiesen.

997 Vgl. Jahresbericht der Investitionsgarantien 2013, S. 52.

Abbildung 29: Höchsthaftung aus dem valutierenden Garantiebestand[998]

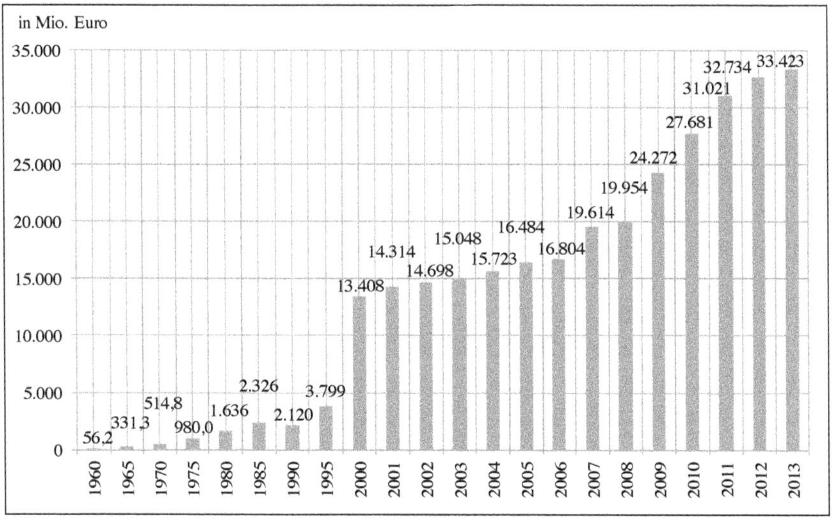

Die Haftung der Bundesrepublik Deutschland verteilte sich gemäß dem Jahresbericht der Investitionsgarantien für das Jahr 2013 auf Projekte in 63 Ländern.[999] Die Anzahl der Investitionsgarantien im Bestand belief sich Ende 2013 auf 803.[1000] Die meisten Investitionsgarantien im Garantiebestand entfielen auf China mit einer Stückzahl von 244, gefolgt von Russland mit 174 und Indien mit 44.[1001] Unter den zehn wichtigsten Ländern im Garantiebestand, bezogen auf die Anzahl der Investitionsgarantien, befanden sich auch zwei afrikanische Länder – Ägypten mit 23 und Algerien mit 14 Investitionsgarantien.[1002]

Darüber hinaus informiert der Jahresbericht der Investitionsgarantien für das Jahr 2013 über die Anzahl der Investitionsgarantien im Garantiebestand,

998 Eigene Abbildung auf Basis der veröffentlichten Jahresberichte der Investitionsgarantien des Bundes. Für die Jahre 1960 bis 2003 siehe den Jahresbericht der Investitionsgarantien 2003, S. 38. Für die Jahre 2004 bis 2013 siehe den Jahresbericht der Investitionsgarantien 2013, S. 52. Bei dem valutierenden Garantiebestand handelt es sich um Investitionsgarantien, aus denen die Bundesrepublik Deutschland noch in Anspruch genommen werden kann. Siehe hierzu auch Definition und Erläuterungen im Jahresbericht der Investitionsgarantien 2013, S. 54.

999 Vgl. Jahresbericht der Investitionsgarantien 2013, S. 53.

1000 Vgl. Jahresbericht der Investitionsgarantien 2013, S. 53.

1001 Vgl. Jahresbericht der Investitionsgarantien 2013, S. 46.

1002 Vgl. Jahresbericht der Investitionsgarantien 2013, S. 46.

aufgegliedert nach Branchen und Sektoren. Die meisten Investitionsgarantien im Garantiebestand entfielen dabei auf den sekundären Sektor (72,1 %), gefolgt von dem tertiären Sektor mit 21,1 %.[1003]

Gemäß Abschnitt II Ziff. 2 S. 2 der Richtlinien für die Übernahme von Garantien für Direktinvestitionen im Ausland sollen die Investitionsgarantien in erster Linie für Kapitalanlagen in Form von Beteiligungen übernommen werden. Dies trifft nach Angaben des Jahresberichts der Investitionsgarantien für das Berichtsjahr 2013 zu. So lagen die Beteiligungen als Garantiegegenstand sowohl gemessen an der Anzahl (77,6 %) als auch am Volumen (62,2 %) im Obligo vorn.[1004]

Die Höchsthaftungsbeträge verteilten sich überwiegend auf Europa und Asien, wie die nachstehende Abbildung 30 deutlich macht. Danach belief sich der Garantiebestand für die europäischen Länder im Jahr 2013 auf 13.656 Mio. Euro, gefolgt von den asiatischen Ländern mit 13.066 Mio. Euro. Zu den Ländern mit dem höchsten Garantiebestand aus Europa und Asien zählten Russland und China.[1005] Auf Russland entfiel ein Garantiebestand in Höhe von 9,8 Mrd. Euro, auf China ein Garantiebestand in Höhe von 7,8 Mrd. Euro.[1006]

1003 Vgl. Jahresbericht der Investitionsgarantien 2013, S. 49. Nähere Angaben zu den Investitionsgarantien im Garantiebestand Ende 2013, aufgegliedert nach Branchen und Sektoren, siehe den Jahresbericht der Investitionsgarantien 2013, S. 46. Für Näheres zur Aufteilung der Investitionsgarantien im Garantiebestand nach Branchen und Sektoren in vorangegangenen Jahren wird auf die jeweiligen Jahresberichte der Investitionsgarantien verwiesen.

1004 Vgl. Jahresbericht der Investitionsgarantien 2013, S. 47.

1005 Vgl. Jahresbericht der Investitionsgarantien 2013, S. 53.

1006 Vgl. Jahresbericht der Investitionsgarantien 2013, S. 53.

Abbildung 30: Entwicklung der regionalen Verteilung der Höchsthaftungsbeträge[1007]

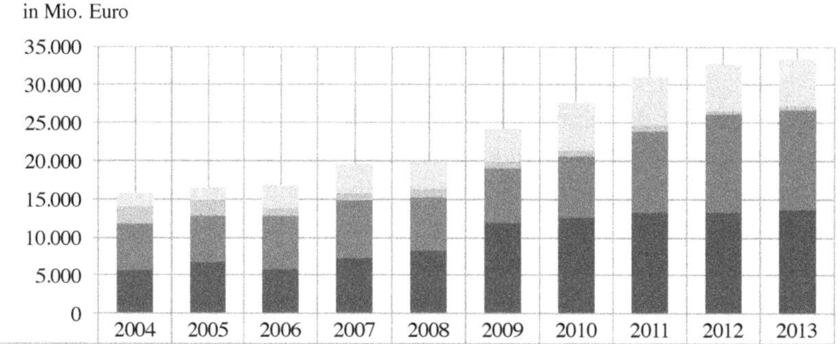

	2004	2005	2006	2007	2008	2009	2010	2011	2012	2013
Afrika	1.675	1.654	3.010	3.817	3.753	4.330	6.333	6.450	6.274	6.218
Amerika	2.274	2.037	1.067	972	944	824	721	605	357	483
Asien	6.171	6.019	6.858	7.607	6.900	7.137	8.054	10.581	12.714	13.066
Europa	5.603	6.774	5.869	7.218	8.357	11.981	12.573	13.385	13.389	13.656

Der Anteil Afrikas am Garantiebestand hat sich in dem Zeitraum 2004 bis 2013 mehr als verdreifacht. Noch im Jahr 2004 belief sich der Garantiebestand auf gerade einmal 1.675 Mio. Euro. Die wachsende Nachfrage nach Investitionsgarantien des Bundes für deutsche Direktinvestitionen in Afrika hat bewirkt, dass der Garantiebestand im Jahr 2013 auf 6.218 Mio. Euro angestiegen ist. Der Garantiebestand betraf insgesamt 14 afrikanische Länder.[1008] Der größte Anteil des Garantiebestandes entfiel dabei auf die Länder Ägypten und Algerien. Ägypten wies gemäß dem Jahresbericht der Investitionsgarantien für das Berichtsjahr 2013 einen Garantiebestand in Höhe von 3,4 Mrd. Euro auf, gefolgt von Algerien mit 1,1 Mrd. Euro.[1009]

Die Nachfrage nach staatlichen Absicherungen von Direktinvestitionen in den Ländern des amerikanischen Kontinents entwickelte sich in dem betrachteten Zeitraum 2004 bis 2013 dagegen rückläufig. Der Garantiebestand für die abgesicherten Direktinvestitionen in Amerika belief sich im Jahr 2013 auf nur 483 Mio. Euro.

1007 Eigene Darstellung in Anlehnung an den Jahresbericht der Investitionsgarantien 2013, S. 52. Eine detailliertere Aufschlüsselung der Höchsthaftungsbeträge nach einzelnen Ländern wird im Jahresbericht der Investitionsgarantien nicht veröffentlicht.

1008 Neben Ägypten und Algerien wurden Investitionsgarantien für Direktinvestitionen in Angola, Äthiopien, Ghana, Kenia, Libyen, Marokko, Namibia, Nigeria, Ruanda, Sierra Leone, Südafrika und Tunesien übernommen. Vgl. Jahresbericht der Investitionsgarantien 2013, S. 52.

1009 Vgl. Jahresbericht der Investitionsgarantien 2013, S. 46.

5.3.3 Finanzielle Auswirkungen auf den Bundeshaushalt

Der Bund veröffentlicht, wie im Bereich der Garantien für Ungebundene Finanzkredite, keine detaillierten Informationen zu den finanziellen Auswirkungen der Investitionsgarantien auf den Bundeshaushalt. In dem Jahresbericht der Investitionsgarantien für das Jahr 2013 heißt es hinsichtlich der finanziellen Auswirkungen auf den Bundeshaushalt lediglich, dass die Zahlungsverpflichtungen der Bundesrepublik Deutschland im Zusammenhang mit dem Förderinstrumentarium durch Gebühren- und Entgelteinnahmen sowie Rückflüsse aufgrund von Regressansprüchen bisher erfüllt werden konnten.[1010] Zudem ist bekannt, dass die Investitionsgarantien des Bundes sich selbst tragen.[1011]

1010 Vgl. Jahresbericht der Investitionsgarantien 2013, S. 53.
1011 Vgl. Jahresbericht der Investitionsgarantien 2013, S. 53.

6 Umfrage zur Auslandsgeschäftsabsicherung des Bundes

In dem vorherigen Kapitel wurde deutlich, dass die Förderinstrumente der Auslandsgeschäftsabsicherung des Bundes in den vergangenen Jahren vorwiegend von Unternehmen für Auslandsgeschäfte in Asien und Osteuropa in Anspruch genommen worden sind. Diese aufstrebenden Regionen stehen im Fokus der deutschen Wirtschaft. In Afrika sind hingegen nur wenige deutsche Unternehmen überhaupt tätig. Entsprechend ist auch die Nachfrage nach den drei Förderinstrumenten der Auslandsgeschäftsabsicherung des Bundes gering. Hinzu kommt, dass im Bereich der Exportkreditgarantien gegenüber der Mehrheit der afrikanischen Länder nur eingeschränkte Deckungsmöglichkeiten bestehen.[1012]

Um weiterführende Informationen über die tatsächliche Bedeutung der Förderinstrumente der Auslandsgeschäftsabsicherung des Bundes aus der Sicht von in Afrika tätigen deutschen Unternehmen zu gewinnen, ist im Rahmen dieser Arbeit eine Unternehmensumfrage durchgeführt worden.

6.1 Auswahl der zu befragenden Unternehmen

Die Umfrage, die von Anfang April bis Ende Mai 2011 stattfand, wurde unter Mitgliedern der Deutschen Industrie- und Handelskammer für das südliche Afrika sowie unter Mitgliedern des Afrika-Vereins durchgeführt.[1013] Die Deutsche Industrie- und Handelskammer für das südliche Afrika ist Mitglied des weltweiten Kammernetzwerkes und firmiert offiziell unter dem Namen „Southern African-German Chamber of Commerce and Industry“. Sie unter-

1012 Siehe hierzu die Ausführungen zur Deckungspolitik unter Gliederungspunkt 3.2.2.

1013 Im Gegensatz zu anderen empirischen Untersuchungen hatte diese Umfrage nicht das Ziel, dass die ausgewählte Stichprobe die Grundgesamtheit (alle Unternehmen beziehungsweise Kreditinstitute, die das Förderinstrumentarium nachfragen können) repräsentativ abbildet. Da die Stichprobenziehung eine Verzerrung („bias“) zugunsten der Unternehmen mit geschäftlichen Beziehungen in Afrika aufweist, sind Rückschlüsse von der Stichprobe auf die Grundgesamtheit nicht möglich. Um die Stichprobenrepräsentativität bei der Umfrage zu erreichen, hätte eine Auswahl der Unternehmen nach dem Zufallsprinzip erfolgen müssen. Ziel der Umfrage war vielmehr, Antworten auf die in Gliederungspunkt 1.3 aufgeworfene Forschungsfrage zu finden. Zur Repräsentativität bei der quantitativen Befragung siehe unter anderem Mayer 2009, S. 59 ff.

stützt insbesondere deutsche Unternehmen bei ihrem Markteintritt oder ihrer Marktexpansion in die Republik Südafrika und die Staaten der Entwicklungsgemeinschaft des südlichen Afrika.[1014] Der Afrika-Verein steht ebenfalls im Dienste der deutsch-afrikanischen Wirtschaftsbeziehungen. Er informiert Unternehmen über Länder und Märkte des afrikanischen Kontinents, stellt Kontakte her und vertritt die Interessen seiner Mitglieder im In- und Ausland.[1015]

Durch die schriftliche Befragung von Mitgliedern der Deutschen Industrie- und Handelskammer für das südliche Afrika und des Afrika-Vereins konnte sichergestellt werden, dass in erster Linie Unternehmen befragt werden, die in der Zielregion Afrika bereits wirtschaftlich aktiv sind. Der Fragebogen[1016] wurde an insgesamt 600 Unternehmen und Banken als E-Mail verschickt. Es wurden nur diejenigen Mitglieder der Deutschen Industrie- und Handelskammer für das südliche Afrika und des Afrika-Vereins berücksichtigt, an die sich auch das Angebot der Instrumente der Auslandsgeschäftsabsicherung des Bundes richtet.

6.2 Aufbau und Versendung des Fragebogens

Der Aufbau des Fragebogens ist zweigeteilt. Im ersten Teil wurden die Unternehmen befragt, wie sie ihre Geschäftstätigkeit in Afrika einschätzen und inwieweit sie ihren Unternehmenserfolg durch ausgewählte Länder- und Geschäftsrisiken im Afrika-Geschäft betroffen sehen.[1017] Im zweiten Teil geht es im Wesentlichen um die Förderinstrumente der Auslandsgeschäftsabsicherung des Bundes. Auf diesen Fragenkomplex beziehen sich auch die nachfolgenden Ausführungen.

1014 Nähere Informationen über das Dienstleistungsangebot der Deutschen Industrie- und Handelskammer für das südliche Afrika lassen sich der nachfolgenden Internetseite entnehmen. URL: <http://suedafrika.ahk.de/> (zuletzt geprüft am 06.07.2014).

1015 Nähere Informationen über das Dienstleistungsangebot des Afrika-Vereins finden sich auf der nachfolgenden Internetseite. URL: <http://www.afrikaverein.de> (zuletzt geprüft am 06.07.2014).

1016 Der Fragebogen ist in Anhang B abgedruckt.

1017 Die statistische Auswertung der Einführungsfragen zur Beurteilung der Geschäftstätigkeit in Afrika sowie zur Einschätzung ausgewählter Risiken im Afrika-Geschäft (Fragen 4 bis 8) ist in Anhang C, Tabellen 23 bis 25, zu finden.

Der Fragebogen wurde als Pdf-Dokument an die Mitglieder der Deutschen Industrie- und Handelskammer für das südliche Afrika und des Afrika-Vereins verschickt. Es bestand die Möglichkeit, nach der Ausfüllung des Fragebogens die Antworten unmittelbar zurückzusenden.

Im Folgenden werden die zentralen Ergebnisse der Unternehmensumfrage dargestellt. Aufgrund der Beschaffenheit der erhobenen Daten beschränkt sich die nachfolgende Datenanalyse auf die deskriptive Statistik.[1018]

6.3 Ergebnisse der Befragung

Insgesamt nahmen 87 Unternehmen an der Umfrage teil. Unter den Antworten mussten allerdings 10 Fragebögen aufgrund inkonsistenter Daten als ungültig aussortiert werden. Im Rahmen der Auswertung sind daher 77 Fragebögen berücksichtigt worden. Bezogen auf die Anzahl der angeschriebenen Unternehmen belief sich die Rücklaufquote auf 12,8 %.

6.3.1 Allgemeine Angaben

Der überwiegende Anteil der befragten Unternehmen, insgesamt 72 Unternehmen (93,5 %), gab an, geschäftliche Beziehungen in Afrika zu unterhalten.[1019] Nur 5 Unternehmen (6,5 %), die an der Umfrage teilnahmen, ließen mitteilen, dass sie noch nicht in Afrika geschäftlich tätig seien, aber innerhalb der nächsten zwei Jahre den Markteintritt in die Region planten. Die folgende Tabelle gibt die Größenverteilung der Unternehmen an, die an der Umfrage teilnahmen.

1018 Näheres zur deskriptiven Statistik siehe unter anderem Mayer 2009, S. 113 ff.

1019 Siehe Fragebogen, Anhang B, Frage 1.

Tabelle 7: Größenverteilung der befragten Unternehmen[1020]

Unternehmensgröße	**absolute Häufigkeit**	**relative Häufigkeit in %**
Großunternehmen	43	55,8 %
mittlere Unternehmen	17	22,1 %
kleine Unternehmen	11	14,3 %
Kleinstunternehmen	6	7,8 %
gesamt	77	100 %

Danach gaben 55,8 % der befragten Unternehmen an, dass sie der Gruppe der Großunternehmen angehörten. Zu der Gruppe der kleinsten sowie der kleinen und mittleren Unternehmen[1021] konnten insgesamt 44,2 % der befragten Unternehmen gezählt werden. Darunter befanden sich 7,8 % Kleinstunternehmen, 14,3 % kleine Unternehmen und 22,1 % Unternehmen mit mittlerer Größe.

Darüber hinaus wurden die Unternehmen im Rahmen der Umfrage gefragt, in welchem Sektor sie hauptsächlich tätig seien.[1022]

1020 Die Einteilung der Unternehmen in Größenklassen erfolgte nach der Empfehlung der Europäischen Kommission vom 6. Mai 2003: Die Europäische Kommission verwendet den Begriff KMU als Oberbegriff für Kleinstunternehmen, kleine und mittlere Unternehmen. Kleinstunternehmen haben bis neun Beschäftigte und bis 2 Mio. Euro Jahresumsatz; kleine Unternehmen haben bis 49 Beschäftigte und bis 10 Mio. Euro Jahresumsatz und zählen nicht zu den Kleinstunternehmen; mittlere Unternehmen haben bis 249 Beschäftigte und bis 50 Mio. Euro Jahresumsatz und zählen nicht zu den kleinen oder Kleinstunternehmen; Großunternehmen haben mehr als 249 Beschäftigte oder über 50 Mio. Euro Jahresumsatz. Siehe ABl L 124 vom 20.05.2003. Für nähere Angaben und Erläuterungen zur KMU-Definition siehe auch KMU-Benutzerhandbuch 2006, S. 5 ff. Auch die amtliche Statistik in Deutschland orientiert sich an der Empfehlung der Kommission vom 6. Mai 2003. Siehe die Internetseite des Statistischen Bundesamtes: URL: <https://www.destatis.de/DE/ZahlenFakten/GesamtwirtschaftUmwelt/UnternehmenHandwerk/KleineMittlereUnternehmenMittelstand/KMUBegriffserlaeuterung.html> (zuletzt geprüft am 06.07.2014).

1021 Nachfolgende Bezeichnung für die kleinsten sowie die kleinen und mittleren Unternehmen auch KMU.

1022 Die im Fragebogen verwendete „Klassifikation der Wirtschaftszweige" orientiert sich an den Vorgaben des Statistischen Bundesamtes. Im Rahmen der Klassifikation wurden die Abschnitte A bis K berücksichtigt. Vgl. Klassifikation der Wirtschaftszweige 2008, S. 54 f. Zudem bestand für die Teilnehmer der Umfrage die Möglichkeit, unter der Rubrik „sonstige" den Wirtschaftszweig ihres Unternehmens selbst anzugeben.

Tabelle 8: Aufteilung nach Sektoren[1023]

Sektoren	absolute Häufigkeit	relative Häufigkeit in %
Verarbeitendes Gewerbe	28	36,4 %
Energie- und Wasserversorgung	14	18,2 %
Handel	9	11,7 %
Finanz- und Versicherungsdienstleistungen	6	7,8 %
Bergbau und Gewinnung von Steinen und Erden	6	7,8 %
Ingenieurdienstleistungen	4	5,2 %
Informations- und Kommunikationstechnologien	4	5,2 %
Gesundheitswesen	3	3,9 %
Transport und Logistik	2	2,6 %
Baugewerbe	1	1,3 %
gesamt	77	100 %

Es fällt auf, dass keines der antwortenden Unternehmen im Bereich Land-, Forstwirtschaft und Fischerei geschäftlich tätig war. Der überwiegende Anteil der befragten Unternehmen gab an, im Verarbeitenden Gewerbe (36,4 %) und im Bereich der Energie- und Wasserversorgung (18,2 %) tätig zu sein (siehe Tabelle 8). Zum Handel gehörende Unternehmen machten einen Anteil von 11,7 % unter den befragten Unternehmen aus.[1024] Zudem nahmen an der Umfrage Kreditinstitute teil (7,8 %), die neben den deutschen Unternehmen ebenfalls die Förderinstrumente der Auslandsgeschäftsabsicherung des Bundes in Anspruch nehmen können.

Des Weiteren wurden die Unternehmen befragt, welche Internationalisierungsform sie bei ihren Afrika-Geschäften wählten und in welcher Zielregion

1023 Da die Teilnehmer der Umfrage in dem Fragebogen unter der Rubrik „sonstige" den Wirtschaftszweig ihres Unternehmens auch selbst angeben konnten, entspricht die Aufteilung nach Sektoren nicht exakt der Klassifikation der Wirtschaftszweige, die im Fragebogen vorgegeben war. Des Weiteren wurden in der Tabelle 8 die beiden Wirtschaftszweige Energieversorgung (11 Unternehmen) und Wasserversorgung, Abwasser- und Abfallentsorgung und Beseitigung von Umweltverschmutzungen (3 Unternehmen) zu dem Sektor Energie- und Wasserversorgung zusammengefasst.

1024 Die befragten Unternehmen, die angaben, im Bereich „Handel" tätig zu sein, waren ausschließlich Unternehmen, die im internationalen Handel (Export/Import) tätig sind.

beziehungsweise in welchem Land sie ihre Auslandsaktivität durchführten.[1025] Sowohl die Formen der Internationalisierung[1026] als auch die Zielregionen und -länder[1027] wurden vorgegeben.

Bevorzugte Internationalisierungsform der 72 befragten Unternehmen, die geschäftliche Beziehungen in Afrika unterhielten, war das Exportgeschäft (siehe Tabelle 9). Andere Markteintrittsformen, wie die vertragliche Kooperation, das

---

1025 Siehe Fragebogen, Anhang B, Frage 2.

1026 Die in der Umfrage aufgelisteten Internationalisierungsformen unterscheiden sich hinsichtlich des Ressourcentransfers und der Kapitalbeteiligung. Der Export erfolgt ohne Kapitalbeteiligung und ohne wesentlichen Ressourcentransfer. Dies impliziert grundsätzlich ein relativ „geringes" Risiko. Mit einem höheren Risiko verbunden ist die vertragliche Kooperation mit dem ausländischen Geschäftspartner. Beispiele hierfür sind Franchising und die Lizenzvergabe. Im Unterschied zum Exportgeschäft kommt es in diesem Fall zu einem Ressourcentransfer, der in der Regel aber ohne Kapitalbeteiligung einhergeht. Ferner besteht für Unternehmen die Möglichkeit, im Rahmen des Markteintritts im Ausland sich mit Kapital an einem Unternehmen zu beteiligen. Denkbar ist auch die Beteiligung an einem Gemeinschaftsunternehmen, einem so genannten Joint Venture, oder die Gründung einer eigenen Tochtergesellschaft im Ausland. Direktinvestitionen im Ausland stellen üblicherweise die mit den höchsten Risiken verbundene Internationalisierungsform dar. Näheres zu den verschiedenen Markteintrittsformen siehe unter anderem Holtbrügge/Welge 2010, S. 103 ff.

1027 Im Fragebogen (Anhang B) wurde eine Länderauswahl getroffen. Gemäß der vom Statistischen Bundesamt am 24.01.2011 veröffentlichten Rangfolge der Handelspartner im Außenhandel der Bundesrepublik Deutschland für das Jahr 2009 wurden, gemessen an den Ausfuhren, die fünf wichtigsten afrikanischen Länder im Norden (Ägypten, Algerien, Marokko, Tunesien und Libyen) vorgegeben. Für die Region südlich der Sahara wurden die Länder Südafrika, Nigeria, Angola, Ghana und Kenia ausgewählt. Obwohl gemäß der Statistik zur Rangfolge der Handelspartner im Außenhandel der Sudan, gemessen an den Ausfuhren, vor Kenia rangierte, wurde aufgrund des Referendums über die Unabhängigkeit des Südsudans im Januar 2011 das Land nicht berücksichtigt. Stattdessen wurde Kenia als ein weiterer wichtiger afrikanischer Handelspartner der Bundesrepublik Deutschland ausgewählt. Im Rahmen der Umfrage sollten die Unternehmen angeben, in welchem der aufgelisteten Länder sie tätig seien. Sofern ein Teilnehmer der Umfrage auch in anderen afrikanischen Ländern geschäftliche Beziehungen zu Bestellern unterhielt, sollte das Unternehmen mitteilen, ob das Land in der Region Nordafrika oder in der Region Afrika südlich der Sahara liege. Hinsichtlich der Rangfolge der Handelspartner im Außenhandel der Bundesrepublik Deutschland vgl. Statistisches Bundesamt 2011, S. 35 ff.

Joint Venture und die Gründung einer Tochtergesellschaft, spielten hingegen eine untergeordnete Rolle.

Tabelle 9: Markteintrittsformen nach Unternehmensgröße[1028]

Markteintrittsformen	**KMU**		**Großunternehmen**		**gesamt**	
	absolute Werte	in %	absolute Werte	in %	absolute Werte	in %
Export	23	79,3 %	32	74,4 %	55	76,4 %
100%-ige Tochtergesellschaft	12	41,4 %	19	44,2 %	31	43,1 %
vertragliche Kooperation	10	34,5 %	18	41,9 %	28	38,9 %
Joint Venture	4	13,8 %	11	25,6 %	15	20,8 %

Bezogen auf das Exportgeschäft gaben die befragten Unternehmen mehrheitlich an, in Südafrika, dem wichtigsten afrikanischen Außenhandelspartner Deutschlands, sowie in den Ländern Marokko, Algerien und Ägypten tätig zu sein (siehe Tabelle 10). Vertragliche Kooperationen wurden am häufigsten mit afrikanischen Geschäftspartnern aus Algerien, Ägypten und Südafrika abgeschlossen. Zudem ist auffällig, dass Unternehmen, die eine Tochtergesellschaft in den Ländern des afrikanischen Kontinents gründeten, sich vornehmlich für den Standort Südafrika entschieden.

1028 Mehrfachnennungen waren möglich. Insgesamt gaben 72 Unternehmen im Rahmen der Umfrage an, in Afrika geschäftlich tätig zu sein. Davon gehörten 29 Unternehmen zu der Gruppe der KMU und 43 Unternehmen zu den Großunternehmen. In der ersten Spalte sind die absoluten Werte angegeben. So gaben 23 Unternehmen der Gruppe der KMU an, Exportgeschäfte mit Afrika zu tätigen. Die prozentualen Werte der zweiten Spalte beziehen sich auf die Anzahl der KMU (insgesamt 29 Unternehmen). Entsprechendes gilt für die befragten Großunternehmen. In den letzten beiden Spalten wurde keine Differenzierung zwischen KMU und Großunternehmen vorgenommen. Danach gaben insgesamt 55 Unternehmen an, nach Afrika zu exportieren. Die prozentualen Werte beziehen sich auf die Gesamtzahl der befragten Unternehmen (insgesamt 72 Unternehmen), die angaben, in Afrika geschäftlich tätig zu sein.

Tabelle 10: Geschäftliche Beziehungen in Afrika[1029]

Zielregionen/-länder	Export	vertragliche Kooperation	Joint Venture	100 %-ige Tochtergesellschaft
Nordafrika*	25,0 %	11,1 %	1,4 %	2,8 %
Ägypten	37,5 %	16,7 %	2,8 %	4,2 %
Algerien	40,3 %	20,8 %	9,7 %	8,3 %
Libyen	26,4 %	12,5 %	5,6 %	–
Marokko	41,7 %	15,3 %	6,9 %	2,8 %
Tunesien	30,6 %	11,1 %	4,2 %	2,8 %
Afrika südlich der Sahara**	33,3 %	12,5 %	4,2 %	4,2 %
Angola	25,0 %	6,9 %	5,6 %	2,8 %
Ghana	36,1 %	11,1 %	4,2 %	2,8 %
Kenia	37,5 %	9,7 %	5,6 %	2,8 %
Nigeria	37,5 %	12,5 %	9,7 %	8,3 %
Südafrika	41,7 %	16,7 %	9,7 %	19,4 %

* Nordafrika ohne Ägypten, Algerien, Libyen, Marokko, Tunesien
** Afrika südlich der Sahara ohne Angola, Ghana, Kenia, Nigeria, Südafrika

Die Unternehmen wurden außerdem gefragt, wie lange sie bereits in Afrika geschäftlich aktiv seien (siehe Tabelle 11).[1030] Auffällig ist, dass viele der befragten Unternehmen bereits über eine langjährige Erfahrung im Afrika-Geschäft verfügten. So gaben insgesamt 43,1 % der Unternehmen an, seit mehr als zehn Jahren in Südafrika geschäftlich tätig zu sein. Auch in Ägypten (33,3 %) sowie Algerien und Nigeria (jeweils 30,6 %) waren die Unternehmen bereits seit mehr als zehn Jahren geschäftlich aktiv.

1029 Mehrfachnennungen waren sowohl hinsichtlich der Internationalisierungsform als auch bezüglich der Zielregion beziehungsweise des Ziellandes möglich. Die prozentualen Werte in der Tabelle beziehen sich auf die Anzahl der befragten Unternehmen, die im Rahmen der Umfrage angaben, in Afrika tätig zu sein (insgesamt 72 Unternehmen).

1030 Siehe Fragebogen, Anhang B, Frage 3.

Tabelle 11: Dauer der Geschäftsbeziehungen in Afrika[1031]

Zielregionen/-länder	weniger als fünf Jahre	zwischen fünf und zehn Jahre	mehr als zehn Jahre
Nordafrika*	1,4 %	5,6 %	22,2 %
Ägypten	6,9 %	5,6 %	33,3 %
Algerien	6,9 %	11,1 %	30,6 %
Libyen	6,9 %	9,7 %	19,4 %
Marokko	12,5 %	8,3 %	22,2 %
Tunesien	5,6 %	4,2 %	25,0 %
Afrika südlich der Sahara**	9,7 %	4,2 %	26,4 %
Angola	5,6 %	4,2 %	20,8 %
Ghana	16,7 %	4,2 %	23,6 %
Kenia	15,3 %	1,4 %	23,6 %
Nigeria	8,3 %	8,3 %	30,6 %
Südafrika	9,7 %	6,9 %	43,1 %

* Nordafrika ohne Ägypten, Algerien, Libyen, Marokko, Tunesien
** Afrika südlich der Sahara ohne Angola, Ghana, Kenia, Nigeria, Südafrika

6.3.2 Bedeutung der Risikoabsicherung im Afrika-Geschäft

Um herauszufinden, welche Bedeutung die Risikoabsicherung von Auslandsgeschäften für in Afrika tätige deutsche Unternehmen grundsätzlich hat, wurden die Unternehmen befragt, welchen Stellenwert die Risikoabsicherung in ihrem Afrika-Geschäft habe. Im Rahmen dieser Frage wurde einerseits zwischen der Risikoabsicherung von Außenhandels- und Investitionsgeschäften im Ausland und andererseits zwischen den privaten und den staatlichen Risikoabsicherungsmöglichkeiten unterschieden.[1032] Auf einer fünfstufigen Rating-Skala[1033] mit den Ausprägungen von „sehr wichtig“ bis „gar nicht wichtig“ konnten die Unternehmen angeben, welche Bedeutung der Absicherung von Risiken bei ihren Auslandsgeschäften in Afrika zukomme. Die nachfolgende Tabelle 12 zeigt,

1031 Mehrfachnennungen waren möglich. Die prozentualen Werte in der Tabelle beziehen sich auf die Anzahl der Unternehmen, die im Rahmen der Umfrage angaben, in Afrika tätig zu sein (insgesamt 72 Unternehmen).

1032 Siehe Fragebogen, Anhang B, Fragen 9 a und 9 b.

1033 Näheres über die im Rahmen der Umfrage verwendete Rating-Skala siehe Mayer 2009, S. 83 f.

dass die Risikoabsicherung von Handelsgeschäften mit Hilfe des privaten Versicherungsmarktes für die in Afrika tätigen Unternehmen eine zentrale Rolle spielt. So gaben 55,6 % der befragten Unternehmen an, dass die Risikoabsicherung von Außenhandelsgeschäften mit Hilfe des privaten Versicherungsmarktes sehr wichtig sei. Die staatlichen Absicherungsmöglichkeiten, wie die Exportkreditgarantien des Bundes, bewerteten 26,4 % der befragten Unternehmen als sehr wichtig.

Tabelle 12: Bedeutung der Risikoabsicherung von Außenhandelsgeschäften I[1034]

Bewertung der befragten Unternehmen	Risikoabsicherung ohne staatliche Unterstützung	Risikoabsicherung mit staatlicher Unterstützung
sehr wichtig	55,6 %	26,4 %
wichtig	18,1 %	13,9 %
teilweise wichtig	8,3 %	25,0 %
nicht wichtig	5,6 %	15,3 %
gar nicht wichtig	8,3 %	13,9 %

Berücksichtigt man nur die Antworten der Unternehmen, die auch ein staatliches Förderinstrument zur Absicherung von Außenhandelsgeschäften in Anspruch genommen haben, meinten 51,9 % der Nutzer, dass die Risikoabsicherung von Außenhandelsgeschäften mit staatlicher Unterstützung sehr wichtig sei (siehe Tabelle 13). Aber auch unter den Nutzern, also den befragten Unternehmen, die bereits die Förderinstrumente zur Absicherung von Handelsgeschäften in Anspruch genommen haben, wird die Bedeutung der privatwirtschaftlichen Absicherungsinstrumente höher eingeschätzt als die Risikoabsicherung mit staatlicher Unterstützung (71,4 %).

1034 Es wurden alle befragten Unternehmen berücksichtigt, die angaben, in Afrika geschäftlich tätig zu sein. Die Prozentangaben beziehen sich demnach auf einen Grundwert von 72 Unternehmen.

Tabelle 13: Bedeutung der Risikoabsicherung von Außenhandelsgeschäften II[1035]

Bewertung der befragten Unternehmen	Risikoabsicherung ohne staatliche Unterstützung	Risikoabsicherung mit staatlicher Unterstützung
sehr wichtig	71,4 %	51,9 %
wichtig	14,3 %	18,5 %
teilweise wichtig	7,1 %	29,6 %
nicht wichtig	3,6 %	3,7 %
gar nicht wichtig	–	–

Darüber hinaus wurden die Unternehmen gefragt, wie wichtig die Absicherung von Direktinvestitionen in Afrika für sie sei (siehe Tabelle 14). Dazu gaben 20,8 % der befragten Unternehmen an, die staatlichen Absicherungsmöglichkeiten für sehr wichtig zu halten. Die privatwirtschaftlichen Instrumente zur Absicherung von Risiken von Auslandsinvestitionen wurden von 18,1 % der befragten Unternehmen für sehr wichtig erachtet.

Tabelle 14: Bedeutung der Risikoabsicherung von Investitionsgeschäften I[1036]

Bewertung der befragten Unternehmen	Risikoabsicherung ohne staatliche Unterstützung	Risikoabsicherung mit staatlicher Unterstützung
sehr wichtig	18,1 %	20,8 %
wichtig	12,5 %	15,3 %
teilweise wichtig	16,7 %	15,3 %
nicht wichtig	9,7 %	11,1 %
gar nicht wichtig	15,3 %	11,1 %

1035 Es wurden nur Unternehmen berücksichtigt, die auch die Förderinstrumente des Bundes zur Absicherung von Außenhandelsgeschäften in Anspruch genommen haben. Dabei wurden alle Nutzer der Exportkreditgarantien des Bundes berücksichtigt, wobei dazu auch diejenigen Unternehmen zählten, die neben den Exportkreditgarantien auch die UFK-Garantien des Bundes in Anspruch genommen haben. Die Prozentangaben beziehen sich auf einen Grundwert von 28 Unternehmen.

1036 Es wurden alle befragten Unternehmen berücksichtigt, die angaben, in Afrika geschäftlich tätig zu sein. Die Prozentangaben beziehen sich folglich auf einen Grundwert von 72 Unternehmen.

Die nachfolgende Tabelle berücksichtigt nur die Antworten der befragten Unternehmen, die auch die Förderinstrumente des Bundes zur Absicherung von Auslandsinvestitionen in Afrika, namentlich die Investitionsgarantien, in Anspruch genommen haben (siehe hierzu auch Tabelle 15). Von diesen Unternehmen gaben 50,0 % an, die privatwirtschaftlichen Angebote zur Risikoabsicherung von Auslandsinvestitionen für sehr wichtig zu halten. Insgesamt hielten 30,0 % dieser Unternehmen die staatliche Unterstützung im Bereich der Risikoabsicherung von Direktinvestitionen für sehr wichtig.

Tabelle 15: Bedeutung der Risikoabsicherung von Investitionsgeschäften II[1037]

Bewertung der befragten Unternehmen	Risikoabsicherung ohne staatliche Unterstützung	Risikoabsicherung mit staatlicher Unterstützung
sehr wichtig	50,0 %	30,0 %
wichtig	10,0 %	20,0 %
teilweise wichtig	–	30,0 %
nicht wichtig	10,0 %	–
gar nicht wichtig	–	–

6.3.3 Nutzung der Instrumente der Auslandsgeschäftsabsicherung des Bundes

Die Teilnehmer der Umfrage wurden des Weiteren gefragt, ob sie die Instrumente der Auslandsgeschäftsabsicherung des Bundes bereits in Anspruch genommen haben.[1038] Zur Auswahl standen die Exportkreditgarantien, die Investitionsgarantien und die Garantien für Ungebundene Finanzkredite.[1039] Insgesamt gaben von den 77 antwortenden Unternehmen 32 Unternehmen (41,6 %) an, bereits eines der drei Förderinstrumente der Auslandsgeschäftsabsicherung des Bundes genutzt zu haben.

1037 Es wurden nur diejenigen befragten Unternehmen berücksichtigt, die bereits eine Investitionsgarantie zur Absicherung ihrer Direktinvestition in Afrika in Anspruch genommen haben. Die Prozentangaben beziehen sich dementsprechend auf einen Grundwert von 10 Unternehmen.

1038 Siehe Fragebogen, Anhang B, Frage 10 a.

1039 Die Umfrage beschränkte sich ausschließlich auf die Förderinstrumente der Auslandsgeschäftsabsicherung des Bundes. Obgleich die Garantien für Ungebundene Finanzkredite nur von Kreditinstituten beantragt werden können, wurde das Förderinstrument als Bestandteil der Auslandsgeschäftsabsicherung im Rahmen der Umfrage berücksichtigt.

Die Exportkreditgarantien des Bundes gehörten unter den befragten Unternehmen zu den am häufigsten in Anspruch genommenen Förderinstrumenten. Es gaben 28 Unternehmen (36,4 %) an, die Exportkreditgarantien des Bundes bereits genutzt zu haben. Von dem Förderangebot der Garantien für Ungebundene Finanzkredite und der Investitionsgarantien des Bundes hatten nur wenige der befragten Unternehmen Gebrauch gemacht. 10 Unternehmen (13,0 %) teilten mit, die Investitionsgarantien des Bundes zur Absicherung von Direktinvestitionen im Ausland bereits in Anspruch genommen zu haben. Die Garantien für Ungebundene Finanzkredite sind von 5 befragten Unternehmen (6,5 %) genutzt worden.

Die nachfolgende Abbildung 31 macht deutlich, dass die Nutzer der Förderinstrumente der Auslandsgeschäftsabsicherung des Bundes überwiegend der Gruppe der Großunternehmen zuzuordnen sind. So zählten 60,7 % der befragten Nutzer der Exportkreditgarantien zu der Gruppe der Großunternehmen. Besonders auffällig ist auch die Dominanz der Großunternehmen bei den Investitionsgarantien und den Garantien für Ungebundene Finanzkredite des Bundes.[1040]

1040 Die Dominanz der Großunternehmen wird auch in den publizierten Jahresberichten der Investitionsgarantien des Bundes deutlich. Gemäß dem Jahresbericht der Investitionsgarantien 2013 entfielen von den 116 genehmigten Anträgen 91 auf die Gruppe der Großunternehmen. Hinzu kommt, dass der Bund einer eigenen Definition hinsichtlich der Größeneinteilung von Unternehmen folgt. Danach gehören zu den großen Unternehmen gemäß dem Jahresbericht der Investitionsgarantien 2013 diejenigen Unternehmen, die mehr als 2.000 Arbeitskräfte oder einen Umsatz von über 500 Mio. Euro aufweisen. Unternehmen, die maximal 2.000 Arbeitskräfte oder einen Umsatz von bis zu 500 Mio. Euro aufweisen, zählen zur Gruppe der kleinen und mittleren Unternehmen. Vgl. Jahresbericht der Investitionsgarantien 2013, S. 45, 54. Mit dieser Definition weicht der Bund deutlich von der Empfehlung der Europäischen Kommission zur Definition der Kleinstunternehmen sowie der kleinen und mittleren Unternehmen ab. Vgl. Fn. 1020.

Abbildung 31: Nutzer der Förderinstrumente aufgeteilt nach Unternehmensgröße[1041]

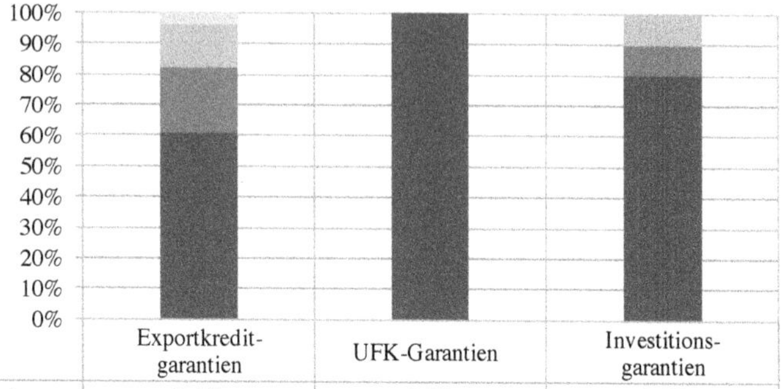

	Exportkredit-garantien	UFK-Garantien	Investitions-garantien
Kleinstunternehmen	3,6%	0,0%	0,0%
kleine Unternehmen	14,3%	0,0%	10,0%
mittlere Unternehmen	21,4%	0,0%	10,0%
Großunternehmen	60,7%	100,0%	80,0%

Bei der sektoralen Betrachtung fällt auf, dass die Nutzer der Exportkreditgarantien und der Investitionsgarantien des Bundes insbesondere im Verarbeitenden Gewerbe tätig waren. Die einseitige sektorale Verteilung bei den Garantien für Ungebundene Finanzkredite liegt darin begründet, dass die Förderinstrumente ausschließlich von Kreditinstituten beantragt werden können.[1042]

1041 Die in der Abbildung dargestellten Prozentwerte beziehen sich auf die Anzahl der Nutzer. Im Bereich der Exportkreditgarantien gehörten insgesamt 28 Unternehmen zu den Nutzern; darunter ein Kleinstunternehmen, 4 kleine Unternehmen, 6 mittlere Unternehmen und 17 Großunternehmen. Die Garantien für Ungebundene Finanzkredite wurden von 5 Großunternehmen (Kreditinstitute) genutzt. Die Investitionsgarantien wurden von 10 Unternehmen in Anspruch genommen; darunter ein kleines Unternehmen, ein Unternehmen mittlerer Größe und 8 Großunternehmen.

1042 Siehe Gliederungspunkt 4.2.4.1.

Tabelle 16: Nutzer der Förderinstrumente aufgeteilt nach Sektoren[1043]

Sektoren	Exportkredit-garantien	UFK-Garantien	Investitions-garantien
Verarbeitendes Gewerbe	32,1 %	–	40,0 %
Energie- und Wasserversorgung	17,9 %	–	30,0 %
Handel	17,9 %	–	10,0 %
Finanz- und Versicherungsdienstleistungen	14,3 %	100,0 %	–
Bergbau und Gewinnung von Steinen und Erden	7,1 %	–	20,0 %
Ingenieurdienstleistungen	3,6 %	–	–
Informations- und Kommunikations-technologien	3,6 %	–	–
Gesundheitswesen	3,6 %	–	–
gesamt	100 %	100 %	100 %

Zudem sollten diejenigen Unternehmen, die nicht eines oder mehrere der Förderinstrumente der Auslandsgeschäftsabsicherung des Bundes bereits genutzt hatten, die Gründe für die fehlende Inanspruchnahme angeben (siehe Tabelle 17). Bei dieser Frage wurden die aufgelisteten Antworten vorgegeben. Ferner konnten die Unternehmen ihre individuellen Gründe angeben, wobei diese zusätzliche Option nur von einem Unternehmen genutzt wurde. Dieses Unternehmen gab an, die Exportkreditgarantien des Bundes nicht zu benötigen, da seine Lieferungen nur gegen Vorkasse erfolgen würden.

Auffällig ist, dass die meisten der Unternehmen, die die Instrumente der Auslandsgeschäftsabsicherung des Bundes nicht genutzt hatten, in erster Linie angaben, dass die Förderinstrumente nicht ihren Bedürfnissen entsprechen würden. Weiter teilten einige der befragten Unternehmen mit, die Förderinstrumente aufgrund fehlender Kenntnis von deren Existenz nicht genutzt zu haben. Die Kenntnis im Rahmen der drei Förderinstrumente fehlte in erster Linie bei den Investitionsgarantien und den UFK-Garantien des Bundes. So

1043 Die Prozentwerte beziehen sich auf die Anzahl der Nutzer, wobei zwischen den drei Förderinstrumenten der Auslandsgeschäftsabsicherung des Bundes differenziert wurde. Im Rahmen der Umfrage zählten im Bereich der Exportkreditgarantien insgesamt 28 Unternehmen zu den Nutzern. Die Garantien für Ungebundene Finanzkredite wurden von 5 Unternehmen in Anspruch genommen und die Investitionsgarantien von 10 Unternehmen.

gaben 19,5 % der Unternehmen an, die Investitionsgarantien nicht zu kennen. Die Garantien für Ungebundene Finanzkredite waren 22,1 % der Unternehmen nicht bekannt. Die Exportkreditgarantien des Bundes, die zu den bekanntesten Förderinstrumenten der Außenwirtschaftsförderung zählen,[1044] waren 11,7 % der befragten Unternehmen nicht bekannt. Auch die Höhe der zu entrichtenden Entgelte und Bearbeitungsgebühren war für einige Unternehmen ein Grund, die Förderinstrumente der Auslandsgeschäftsabsicherung nicht in Anspruch zu nehmen. Gemäß der nachfolgenden Tabelle 17 gaben 15,6 % der befragten Unternehmen an, die Exportkreditgarantien aufgrund der zu hohen Kosten nicht zu nutzen. Bei den Investitionsgarantien waren dies 9,1 % und bei den UFK-Garantien 6,5 % der Unternehmen. Einige Unternehmen teilten außerdem mit, dass die Informationsbeschaffung für sie zu aufwendig sei und aus diesem Grund die Förderinstrumente nicht genutzt würden. Die Ablehnung eines Antrags durch den Interministeriellen Ausschuss hatte dagegen keine große Bedeutung. Nur ein Unternehmen gab an, dass aufgrund der Ablehnung des Antrags die Exportkreditgarantie nicht in Anspruch genommen worden sei. Die Umweltauflagen, die es bei der Inanspruchnahme der drei Instrumente unter Umständen zu beachten gilt, waren für keines der befragten Unternehmen ein Hinderungsgrund.

1044 Zur Bekanntheit und Nutzung von ausgewählten Instrumenten der Außenwirtschaftsförderung siehe in diesem Zusammenhang auch die Ergebnisse einer Unternehmensumfrage von Haunschild/Hauser/Günterberg/Müller/Sölter 2007, S. 178 ff.

Tabelle 17: Gründe für die Nichtnutzung der Förderinstrumente[1045]

Gründe dafür, dass die Förderinstrumente der Auslandsgeschäftsabsicherung des Bundes nicht in Anspruch genommen wurden:	**Exportkreditgarantien**	**UFK-Garantien**	**Investitionsgarantien**
Förderinstrumente entsprechen nicht unseren Bedürfnissen	29,9 %	14,3 %	32,5 %
Förderinstrumente sind nicht bekannt	11,7 %	22,1 %	19,5 %
Kosten für die Absicherung sind zu hoch	15,6 %	6,5 %	9,1 %
Informationsbeschaffung über die Förderinstrumente ist zu aufwendig	10,4 %	9,1 %	7,8 %
Förderantrag wurde vom Interministeriellen Ausschuss abgelehnt	1,3 %	-	-
Umweltauflagen konnten im Zielland nicht erfüllt werden	-	-	-
sonstige, und zwar: Lieferung erfolgt nur gegen Vorkasse	1,3 %	-	-

6.3.4 Bewertung der Auslandsgeschäftsabsicherung des Bundes

Die Nutzer der Förderinstrumente der Auslandsgeschäftsabsicherung des Bundes sollten darüber hinaus angeben, ob sie mit der Durchführung und der Bearbeitung der Förderinstrumente zufrieden seien. Bei dieser Frage wurde den Teilnehmern der Umfrage eine fünfstufige Antwortskala von „sehr zufrieden" bis „sehr unzufrieden" vorgegeben.[1046] Insgesamt gab die Mehrheit der befragten Nutzer an, mit der Durchführung und Bearbeitung der Förderinstrumente der Auslandsgeschäftsabsicherung des Bundes zufrieden zu sein (siehe Tabelle 18).

1045 Siehe Fragebogen, Anhang B, Frage 10 b. Mehrfachnennungen der vorgegebenen Gründe für die Nichtnutzung der Förderinstrumente waren möglich. Die Prozentangaben beziehen sich auf einen Grundwert von 77 Unternehmen. Siehe Fragebogen, Anhang B, Frage 10 b.

1046 Siehe hierzu auch Fragebogen, Anhang B, Frage 11.

Tabelle 18: Bewertung der Auslandsgeschäftsabsicherung des Bundes[1047]

Bewertung der befragten Unternehmen	**Exportkreditgarantien**	**UFK-Garantien**	**Investitionsgarantien**
sehr zufrieden	21,4 %	20,0 %	20,0 %
zufrieden	42,9 %	20,0 %	20,0 %
neutral	7,1 %	–	10,0 %
unzufrieden	7,1 %	–	10,0 %
sehr unzufrieden	3,6 %	20,0 %	–

Zudem wurden die Nutzer der Förderinstrumente der Auslandsgeschäftsabsicherung des Bundes gefragt, inwiefern die Fördermaßnahmen ihre unternehmerischen Auslandsaktivitäten in Afrika unterstützt hätten.[1048] Diesbezüglich gaben 21,9 % der Nutzer an, die Inanspruchnahme der Förderinstrumente der Auslandsgeschäftsabsicherung habe die Auslandsaktivitäten in Afrika überhaupt erst ermöglicht (siehe Tabelle 19).

Tabelle 19: Unterstützungsgrad der Auslandsgeschäftsabsicherung des Bundes[1049]

Die Auslandsaktivitäten unseres Unternehmens in Afrika wurden durch die Inanspruchnahme der Förderinstrumente der Auslandsgeschäftsabsicherung …		
Anzahl der Nutzer	**in %**	**Unterstützungsgrad**
7	21,9 %	... überhaupt erst ermöglicht.
17	53,1 %	... nicht aufgrund dessen ermöglicht, sondern lediglich unterstützt.
4	12,5 %	... nicht beeinflusst.

1047 Die Prozentwerte beziehen sich auf die Summe der Anzahl der Nutzer der jeweiligen Förderinstrumente. Antworten der Nutzer der Exportkreditgarantien des Bundes: sehr zufrieden: 6 Unternehmen (21,4 %); zufrieden: 12 Unternehmen (42,9 %); neutral: 2 Unternehmen (7,1 %); unzufrieden: 2 Unternehmen (7,1 %); sehr unzufrieden: 1 Unternehmen (3,6 %). Antworten der Nutzer der UFK-Garantien des Bundes: sehr zufrieden: 1 Unternehmen (20,0 %); zufrieden: 1 Unternehmen (20,0 %); neutral: kein Unternehmen; unzufrieden: kein Unternehmen; sehr unzufrieden: 1 Unternehmen (20,0 %). Antworten der Nutzer der Investitionsgarantien des Bundes: sehr zufrieden: 2 Unternehmen (20,0 %); zufrieden: 2 Unternehmen (20,0 %); neutral: 1 Unternehmen (10,0 %); unzufrieden: 1 Unternehmen (10,0 %); sehr unzufrieden: kein Unternehmen.

1048 Siehe Fragebogen, Anhang B, Frage 12.

1049 Die Prozentwerte beziehen sich auf die Summe der befragten Nutzer des Förderinstrumentariums der Auslandsgeschäftsabsicherung (32 Unternehmen). Da von den 32 Nutzern nur 28 Unternehmen die Frage beantworteten, addieren sich die Prozentwerte nicht auf 100 %.

Eine knappe Mehrheit der befragten Nutzer in Höhe von 53,1 % ließ mitteilen, dass ihre Auslandsaktivitäten nicht erst aufgrund der Inanspruchnahme der Förderinstrumente ermöglicht, diese allerdings unterstützt worden seien. Bei diesen Unternehmen liegt die Vermutung nahe, dass die Auslandsaktivitäten auch ohne eine entsprechende Förderung des Bundes durchgeführt worden wären. Des Weiteren gaben 12,5 % der Nutzer an, ihre Auslandsaktivitäten in Afrika seien durch die Inanspruchnahme der Förderinstrumente der Auslandsgeschäftsabsicherung des Bundes nicht beeinflusst worden.

Darüber hinaus wurden die Unternehmen zu den möglichen Effekten der Förderinstrumente befragt.[1050] Die Unternehmen sollten auf einer fünfstufigen Skala von „trifft voll zu" bis „trifft gar nicht zu" angeben, ob die Förderinstrumente der Auslandsgeschäftsabsicherung des Bundes dazu beitragen: (1) ... die Marktposition weiter festigen und Umsatz ausbauen zu können, (2) ... in Deutschland Arbeitsplätze zu sichern, (3) ... Rohstoffe sichern zu können, (4) ... Finanzierungen leichter beschaffen zu können, (5) … eine erhöhte Rechtssicherheit zu haben, (6) ... Zugang zu günstigem Humankapital zu haben und (7) ... Arbeitsplätze vor Ort in Afrika zu schaffen. Die Ergebnisse sind in der nachfolgenden Tabelle zusammengefasst, wobei wiederum nur die Nutzer der Förderinstrumente der Auslandsgeschäftsabsicherung des Bundes berücksichtigt wurden (siehe hierzu die Tabelle 20).

Die Nutzer der Förderinstrumente waren überwiegend der Meinung, dass sich durch deren Inanspruchnahme die Marktposition festigen lasse und der Umsatz ausgebaut werden könne. Auch ist auffällig, dass nach Auffassung der Mehrheit der befragten Unternehmen von den Förderinstrumenten sowohl in Deutschland als auch in den Ländern des afrikanischen Kontinents eine positive beschäftigungspolitische Entwicklung ausgehe. Zudem bestätigt die große Mehrheit der befragten Nutzer, dass durch die Inanspruchnahme der Förderinstrumente die Finanzierungen leichter zu beschaffen seien. Eine erhöhte Rechtssicherheit gehe ebenfalls nach Meinung mehrerer der befragten Nutzer von den Förderinstrumenten aus. Dass die Förderinstrumente der Auslandsgeschäftsabsicherung den Zugang zu günstigem Humankapital ermöglichen würden, trifft nach Ansicht der Mehrheit der befragten Nutzer der Förderinstrumente hingegen nicht zu.

1050 Siehe Fragebogen, Anhang B, Frage 13.

Tabelle 20: Effekte der Auslandsgeschäftsabsicherung des Bundes[1051]

Die Förderinstrumente der Auslandsgeschäftsabsicherung der Bundesrepublik Deutschland tragen dazu bei, dass deutsche Unternehmen in Afrika …

	trifft voll zu	**trifft zu**	**trifft teilweise zu**	**trifft nicht zu**	**trifft überhaupt nicht zu**
… die Marktposition weiter festigen und Umsatz ausbauen können.	21,9 %	53,1 %	12,5 %	9,4 %	3,1 %
… in Deutschland Arbeitsplätze sichern.	6,3 %	50,0 %	25,0 %	9,4 %	3,1 %
… Rohstoffe sichern können.	3,1 %	25,0 %	18,8 %	21,9 %	3,1 %
… Finanzierungen leichter beschaffen können.	25,0 %	28,1 %	18,8 %	15,6 %	6,3 %
… eine erhöhte Rechtssicherheit haben.	9,4 %	28,1 %	34,4 %	15,6 %	6,3 %
… Zugang zu günstigem Humankapital haben.	–	6,3 %	18,8 %	43,8 %	12,5 %
… Arbeitsplätze vor Ort in Afrika schaffen.	6,3 %	31,3 %	40,6 %	9,4 %	3,1 %

6.3.5 Verbesserungswünsche der befragten Unternehmen

Die Unternehmen wurden außerdem gefragt, ob sie Ansätze der Verbesserung des bestehenden Förderinstrumentariums der Auslandsgeschäftsabsicherung des Bundes sähen.[1052] Insgesamt gaben 42,9 %[1053] der Teilnehmer der Umfrage an, dass sie sich eine Verbesserung des Förderinstrumentariums wünschten. Berücksichtigt man ausschließlich die Unternehmen, die bereits eines der Förderinstrumente der Auslandsgeschäftsabsicherung in Anspruch genommen haben, steigt der Wert auf 59,4 %[1054].

1051 Die Prozentwerte beziehen sich auf die Anzahl der Nutzer des Förderinstrumentariums der Auslandsgeschäftsabsicherung (32 Unternehmen).

1052 Siehe Fragebogen, Anhang B, Frage 14.

1053 33 von 77 antwortenden Unternehmen (42,9 %) wünschten sich eine Verbesserung der bestehenden Förderinstrumente der Auslandsgeschäftsabsicherung der Bundesrepublik Deutschland.

1054 19 von 32 antwortenden Unternehmen (59,4 %), die bereits die Förderinstrumente der Auslandsgeschäftsabsicherung des Bundes in Anspruch genommen hatten, wünschten sich eine Verbesserung des bestehenden Förderinstrumentariums.

Die Unternehmen wurden zudem gefragt, wie genau die bestehenden Förderinstrumente der Auslandsgeschäftsabsicherung des Bundes verbessert werden könnten. Die Frage nach den Verbesserungsmöglichkeiten der Förderinstrumente der Auslandsgeschäftsabsicherung wurde bewusst in offener Form[1055] gestellt, um den Unternehmen die Möglichkeit zu geben, ihren individuellen Bedarf zu konkretisieren.[1056] Im Rahmen dieser Frage sollten die Unternehmen ihre drei wichtigsten Vorschläge der Reihe nach angeben. Diejenigen Unternehmen, die sich gegen eine Verbesserung des bestehenden Förderinstrumentariums aussprachen, konnten ebenfalls ihre Gründe darlegen.[1057]

Mehrfach äußerten die befragten Unternehmen den Wunsch nach einer besseren Förderung für kleine und mittlere Unternehmen sowie nach mehr Information über die Förderinstrumente. Auch wurde mehrfach vorgeschlagen, die bürokratischen Hürden im Hinblick auf die Förderinstrumente zu reduzieren.[1058]

Darüber hinaus wurde von den Unternehmen eine Vielzahl von weiteren Verbesserungsvorschlägen genannt. Dazu zählten Forderungen nach einer Änderung der Gebührenstruktur sowie nach einer Reduktion der Prämien. Zudem teilten die Unternehmen Verbesserungsempfehlungen mit, die nicht unmittelbar im Zusammenhang mit dem Instrumentarium der Auslandgeschäftsabsicherung des Bundes stehen, wie den Wunsch nach einer weitergehenden Harmonisierung der Förderinstrumente der Auslandsgeschäftsabsicherung mit den Instrumenten aus dem Bereich der Entwicklungszusammenarbeit.

1055 Aufgrund der offenen Fragestellung waren die Antworten der Unternehmen zum Teil breit gestreut. Siehe Anhang C, Tabelle 26 und Tabelle 27.

1056 Siehe Fragebogen, Anhang B, Frage 14 a.

1057 Siehe Fragebogen, Anhang B, Frage 14 b.

1058 Zur Bewertung der in der Umfrage genannten Verbesserungsvorschläge siehe Experteninterview mit dem BMWi 2011, Anhang E, Frage 13 ff.; Experteninterview mit Euler Hermes 2011, Anhang F, Frage 10.

7 Empfehlungen zur Verbesserung der Auslandsgeschäftsabsicherung des Bundes

Angesichts der Vielzahl der von den Unternehmen bei der Umfrage genannten Verbesserungsvorschläge wurde im Rahmen dieser Arbeit eine Auswahl getroffen. Dabei wurden die drei mehrfach genannten Vorschläge näher beleuchtet, bei denen, abgesehen von ihrer Relevanz für die Unternehmen, eine praktische Umsetzung am ehesten möglich erscheint. Untersucht wurden die Wünsche nach einer Intensivierung der Informationspolitik, nach einer weitergehenden Förderung für kleine und mittlere Unternehmen sowie nach einer Reduzierung der bürokratischen Hürden im Bereich der Instrumente der Auslandsgeschäftsabsicherung des Bundes.

Um die in der Umfrage von den Unternehmen geäußerten Vorschläge[1059] zur Verbesserung der Förderinstrumente umfassend untersuchen zu können, wurden zudem verschiedene Expertengespräche[1060] geführt. Besonders hervorzuheben sind die „vor-Ort-Interviews“[1061] mit Vertretern der für die Förderinstrumente der Auslandsgeschäftsabsicherung des Bundes zuständigen Mandatare, Euler Hermes und PricewaterhouseCoopers, und mit Vertretern des BMWi. In diesen Gesprächen wurden die Experten einerseits gebeten, die Verbesserungsvorschläge der befragten Unternehmen zu bewerten. Andererseits wurden sie gefragt, wo sie selbst Ansätze für eine Verbesserung des bestehenden Förderinstrumentariums des Bundes sehen. Solche Ansätze sahen die Interviewpartner vor allem in der Anpassung der Deckungspolitik für die afrikanischen Länder. Ebenfalls bestand nach Auffassung der Experten eine Möglichkeit der Verbesserung in einer weiterführenden Verzahnung der Förderinstrumente der Auslandsgeschäftsabsicherung des Bundes mit den Instrumenten der Entwicklungszusammenarbeit.

1059 Zu den einzelnen Verbesserungsvorschlägen, die im Rahmen der durchgeführten Umfrage unter in Afrika tätigen deutschen Unternehmen von diesen genannt wurden, siehe Anhang C, Tabelle 26.

1060 Eine Liste der Gesprächspartner findet sich in Anhang D.

1061 Die „vor-Ort-Interviews“, die im Anschluss an die Umfrage unter in Afrika tätigen deutschen Unternehmen (Kapitel 6) durchgeführt wurden, finden sich in Anhang E und F.

7.1 Gezieltere Informationsbereitstellung

Nach Meinung der befragten Unternehmen besteht Verbesserungsbedarf bei der Informationsbereitstellung zu den vom Bund angebotenen drei Förderinstrumenten der Auslandsgeschäftsabsicherung. In diesem Zusammenhang ist von Bedeutung, dass unabdingbare Voraussetzung für die Wirksamkeit von Maßnahmen der Außenwirtschaftsförderung deren Akzeptanz und Inanspruchnahme durch den entsprechenden Adressatenkreis ist.[1062] Beides ist jedoch unmittelbar an die Bekanntheit der Förderinstrumente bei den potentiellen Nutzern gebunden.[1063]

Um den Bekanntheitsgrad dieser Förderinstrumente zu erhöhen, werden daher auf Initiative des BMWi sowie der Mandatare, Euler Hermes und PricewaterhouseCoopers, diverse Veranstaltungen und Konferenzen abgehalten, auf denen sich Unternehmen über die verschiedenen Förderinstrumente informieren können. Gemäß dem Jahresbericht der Exportkreditgarantien fanden allein im Jahr 2013 insgesamt 167 Veranstaltungen auf Messen oder in Kooperation mit Verbänden, Banken und Sparkassen sowie Industrie- und Handelskammern und deutschen Außenhandelskammern statt, auf denen über die Exportkreditgarantien, die Investitionsgarantien und die Garantien für Ungebundene Finanzkredite informiert wurde.[1064] Eine wichtige Veranstaltung, die zuletzt im Mai 2014 stattfand, ist die Dialogveranstaltung mit der Wirtschaft. Im Rahmen dieser vom BMWi abgehaltenen Konferenz haben die Teilnehmer die Gelegenheit, in Workshops ihre Ideen und Erfahrungen im Zusammenhang mit den Förderinstrumenten der Auslandsgeschäftsabsicherung des Bundes einzubringen und sich untereinander auszutauschen. Neben solchen Veranstaltungen besteht für Unternehmen die Möglichkeit, sich im Internet über die Förderinstrumente zu informieren. Ausführliche Informationen über die Förderinstrumente des Bundes erhalten interessierte Unternehmen auf der von Euler Hermes und PricewaterhouseCoopers betriebenen Internetseite AGA-Portal. Im Unterschied zu dem Außenwirtschaftsportal iXPOS, welches über verschiedene Fördermaßnahmen im Bereich der Außenwirtschaft informiert, enthält das AGA-Portal ausschließlich Informationen über die Exportkreditgarantien, die Garantien für Ungebundene Finanzkredite und die Investitionsgarantien des Bundes.

Um die nach wie vor bestehenden Informationsdefizite hinsichtlich der Förderinstrumente der Auslandsgeschäftsabsicherung abzubauen, ist es erforderlich,

---

1062 Vgl. Engelhard 1992, S. 70.
1063 Vgl. Engelhard 1992, S. 70.
1064 Vgl. Jahresbericht der Exportkreditgarantien 2013, S. 35.

die Unternehmen noch zielgerichteter über die Fördermaßnahmen des Bundes zu unterrichten.[1065] Der Bekanntheitsgrad der Förderinstrumente könnte weiter erhöht werden, wenn die vom Bund beauftragten Mandatare verstärkt mit den wichtigsten Institutionen der Außenwirtschaftsförderung – den staatlichen Auslandsvertretungen des Auswärtigen Amtes, der staatlichen GTAI sowie den deutschen Außenhandelskammern – kooperieren würden.

So hat Euler Hermes im Jahr 2011 im Auftrag des Bundes die Kooperation mit anderen Institutionen der Außenwirtschaftsförderung bereits intensiviert.[1066] Unter anderem arbeitet der Mandatar verstärkt mit den Außenhandelskammern zusammen. Diese Kooperation hat für Euler Hermes den Vorteil, dass so zusätzliche Informationen über Auslandsmärkte gewonnen werden können. Die Außenhandelskammern profitieren ebenfalls von dieser Kooperation, da ihre Mitarbeiter ihr durch diese Zusammenarbeit erworbenes Wissen über die staatlichen Instrumente zur Absicherung von Auslandsgeschäften an die Mitgliedsunternehmen der Kammern weitergeben können. Des Weiteren hat Euler Hermes die Zusammenarbeit mit dem Auswärtigen Amt sowie der GTAI intensiviert.[1067] Von beiden Kooperationspartnern erhält der Mandatar Informationen über Auslandsmärkte. Solche auf diese Weise erlangten Informationen sind insbesondere im Hinblick auf die Einschätzung der Länderrisiken im Rahmen der Deckungspolitik des für die Exportkreditgarantien zuständigen Interministeriellen Ausschusses von Bedeutung.[1068]

Durch verstärkte Kooperation der im Bereich der Außenwirtschaftsförderung aktiven Institutionen wäre es letztlich möglich, dass die Unternehmen noch umfassender über die Außenwirtschaftsfördermaßnahmen im Allgemeinen und die Förderinstrumente der Auslandsgeschäftsabsicherung des Bundes im Besonderen informiert würden.[1069] Ein Anstieg des Bekanntheitsgrades der

1065 Siehe hierzu auch die Ausführungen im Experteninterview mit Euler Hermes 2011, Anhang F, Frage 8.

1066 Siehe Experteninterview mit Euler Hermes 2011, Anhang F, Frage 8.

1067 Siehe Experteninterview mit Euler Hermes 2011, Anhang F, Frage 8; Jahresbericht der Exportkreditgarantien 2013, S. 35.

1068 Siehe Experteninterview mit Euler Hermes 2011, Anhang F, Frage 8.

1069 Für eine bessere Informationslage der Förderinstrumente spricht sich auch der Afrika-Verein der deutschen Wirtschaft e. V. aus. Siehe hierzu das Positionspapier des Afrika-Vereins zur Außenwirtschafts- und Entwicklungspolitik, ohne Angabe eines Erstellungsdatums, S. 5.

Förderinstrumente könnte schließlich auch dazu führen, dass vermehrt Unternehmen den Markteintritt in schwierige Auslandsmärkte, wie in der Region Afrika, wagen.[1070]

Die Zusammenarbeit der Institutionen müsste sich dabei nicht zwangsläufig auf den Bereich der Außenwirtschaftsförderung beschränken. Gerade mit Blick auf die Aktivitäten deutscher Unternehmen in Afrika ist es auch denkbar, dass die Unternehmen von einer engeren Kooperation der Mandatare des Bundes, Euler Hermes und PricewaterhouseCoopers, mit den Institutionen der Entwicklungszusammenarbeit, wie der Deutschen Gesellschaft für Internationale Zusammenarbeit GmbH, profitieren könnten.[1071] In diesem Fall würden die Unternehmen nicht nur über das vielfältige Angebot an Instrumenten der Außenwirtschaftsförderung informiert, sondern auch über Fördermaßnahmen aus dem Bereich der Entwicklungszusammenarbeit, die für die Umsetzung des Auslandsgeschäftes möglicherweise von Nutzen sein könnten.

7.2 Besondere Begünstigung von kleinen und mittleren Unternehmen

Die befragten Unternehmen äußerten auch den Wunsch nach einer besseren Förderung für kleine und mittlere Unternehmen. Eine besondere Begünstigung der kleinen und mittleren Unternehmen ist aber nicht nur für die Teilnehmer der Umfrage wünschenswert, sondern auch – im Hinblick auf Beschäftigungseffekte – für den deutschen Arbeitsmarkt. So hat die ifo-Studie über die Beschäftigungseffekte der Exportkreditgarantien des Bundes ergeben, dass bei mittelständischen Unternehmen, die eine solche Deckung in Anspruch nehmen, die positive Beschäftigungswirkung besonders hoch ist.[1072] Daher kommen die Autoren der Studie zu dem Schluss, dass eine besondere Begünstigung dieser Unternehmen bei der Vergabe der Exportkreditgarantien des Bundes sinnvoll wäre.[1073]

Aufgrund der größenbedingten Nachteile stellt der Markteintritt in Schwellen- und Entwicklungsländern für die kleinen und mittleren Unternehmen aus

1070 Siehe Experteninterview mit dem BMWi 2011, Anhang E, Frage 18.

1071 Siehe hierzu auch die Ausführungen über eine weiterführende Verzahnung der Instrumente der Auslandsgeschäftsabsicherung des Bundes mit den Instrumenten der Entwicklungszusammenarbeit unter Gliederungspunkt 7.5.

1072 Vgl. Felbermayr/Yalcin/Heiland 2011, S. 21 ff.

1073 Vgl. Felbermayr/Yalcin/Heiland 2011, S. 71.

Deutschland eine besondere Herausforderung dar.[1074] Diese Nachteile zeigen sich nicht nur in der Personal-, sondern auch in der schwächeren Kapitalstruktur, weshalb ein Engagement im Ausland für die kleinen und mittleren Unternehmen mit wesentlich höheren Risiken verbunden ist als für Großunternehmen.[1075] Daher ist es auch ein vorrangiges Ziel der Außenwirtschaftsförderung, die Wettbewerbsposition vor allem der kleinen und mittleren Unternehmen auf den Weltmärkten zu stärken.[1076]

Um insbesondere den Bedürfnissen der kleinen und mittleren Unternehmen besser gerecht zu werden, bieten die Mandatare Euler Hermes und PricewaterhouseCoopers auf der Internetseite AGA-Portal eine spezielle Mittelstandsberatung zu den Exportkredit- und Investitionsgarantien des Bundes an.[1077]

Darüber hinaus hat der Bund auf dem Gebiet der Exportkreditgarantien besondere Deckungsformen für Geschäfte kleiner und mittlerer Unternehmen entwickelt. Die Ausfuhr-Pauschal-Gewährleistung-light wurde gerade für kleine und mittlere Unternehmen konzipiert.[1078] Ebenso kommt die Finanzkreditdeckung-express, die es Banken ermöglicht, Darlehensforderungen abzusichern, die aus der Finanzierung von deutschen Exportgeschäften mit Auftragswerten von bis zu 5 Mio. Euro resultieren, vor allem mittelständisch geprägten Exporteuren zugute.

Damit unterscheidet sich das Förderinstrument der Exportkreditgarantien von den beiden anderen Instrumenten der Auslandsgeschäftsabsicherung, den UFK-Garantien sowie den Investitionsgarantien, für die der Bund keine speziellen Deckungsformen für kleine und mittlere Unternehmen anbietet.

Bei den Garantien für Ungebundene Finanzkredite besteht für eine solche Bildung spezieller Deckungsformen jedoch kaum Bedarf, da sich das Förderinstrumentarium an Kreditinstitute richtet, die mit Hilfe der UFK-Garantien unter anderem ausgereichte Darlehen für Rohstoffprojekte im Ausland absichern

1074 Näheres zu den Gründen, warum kleine und mittlere Unternehmen auf dem Weg ins Ausland Unterstützung benötigen, siehe Schulz/Welge 2006, S. 15 ff.

1075 Zur Bedeutung der Förderung kleiner und mittlerer Unternehmen im Bereich der staatlichen Außenwirtschaftsförderung siehe auch BT-Drs. 14/3174, S. 2.

1076 Siehe Experteninterview mit dem BMWi 2011, Anhang E, Frage 2.

1077 Näheres über die Mittelstandsberatung bei den Exportkredit- und Investitionsgarantien des Bundes ist der Internetseite AGA-Portal zu entnehmen. URL: <http://www.agaportal.de/pages/portal/mittelstand.html> (zuletzt geprüft am 06.07.2014).

1078 Zur Bedeutung der Exportkreditgarantien für mittelständisch geprägte Unternehmen siehe die Ausführungen unter Gliederungspunkt 5.1.1.2.

lassen können. Hinzu kommt, dass bei der Durchführung dieser staatlich gedeckten Rohstoffprojekte in der Regel große Unternehmen beteiligt sind.

Im Bereich der Investitionsgarantien könnten hingegen solche speziell auf kleine und mittlere Unternehmen zugeschnittenen Deckungsformen ohne besondere Schwierigkeiten bereitgestellt werden. Allerdings ist fraglich, ob dadurch auch die kleinen und mittleren Unternehmen vermehrt zu Direktinvestitionen in Schwellen- und Entwicklungsländern bewegt würden. Schließlich bezieht sich der Deckungsschutz der Investitionsgarantien im Unterschied zu den Exportkreditgarantien und den UFK-Garantien allein auf die Absicherung von politischen Risiken. Für die meisten Unternehmen dieser Größenklassen sind jedoch die wirtschaftlichen Risiken von Investitionsvorhaben in Ländern wie denen des afrikanischen Kontinents schlichtweg zu groß, weshalb sie von solchen risikoreichen Märkten in der Regel Abstand nehmen. Insoweit verwundert es auch nicht, dass die Investitionsgarantien überwiegend an Großunternehmen vergeben werden.[1079] Sicherlich könnte die Qualität der Absicherung im Bereich der Investitionsgarantien verbessert werden, indem neben den politischen Risiken auch die wirtschaftlichen Risiken abgesichert würden. Jedoch bestünde dann die Gefahr, dass Direktinvestitionen vorgenommen würden, die ohne öffentliche Förderung unter rein betriebswirtschaftlichen Gesichtspunkten nicht getätigt würden. Dies hätte Wettbewerbsverzerrungen, welche zu Überinvestitionen führen könnten, zur Folge.[1080] Die Absicherung von wirtschaftlichen Risiken im Rahmen der Investitionsgarantien des Bundes ist aus ordnungspolitischen Gründen daher nicht gewollt.[1081]

Nach Ansicht des BMWi ist auch eine weitergehende Begünstigung der kleinen und mittleren Unternehmen im Bereich der Förderinstrumente der Auslandsgeschäftsabsicherung nicht zweckmäßig, um diese Unternehmen verstärkt zu einem Markteintritt in Schwellen- und Entwicklungsländern, wie in Afrika, zu bewegen. Vielmehr ist ein zentrales Hindernis für eine solche Auslandsgeschäftstätigkeit der Unternehmen in diesen Ländern die mangelnde Bereitschaft der Banken, eine Finanzierung für diese Auslandsvorhaben der kleinen und mittleren Unternehmen zu ermöglichen.[1082]

Insbesondere für kleine und mittlere Unternehmen ist es schwer, eine langfristige Finanzierung für ihre Exportgeschäfte zu erhalten. Ein Grund hierfür ist,

---

1079 Zur Dominanz der Großunternehmen bei den Investitionsgarantien siehe auch die Ausführungen unter Gliederungspunkt 5.3.1.

1080 Vgl. Freytag/Voll 2008, S. 300.

1081 Siehe Experteninterview mit PricewaterhouseCoopers 2010, Anhang G, Frage 3.

1082 Siehe Experteninterview mit dem BMWi 2011, Anhang E, Frage 16.

dass sich der Aufwand für die kreditgebenden Banken, eine Finanzierung für das Exportgeschäft bereitzustellen, erst ab einem gewissen zu finanzierenden Geschäftsvolumen lohnt.[1083] Die geringe Bereitschaft der Banken eine Finanzierung bereitzustellen trifft in diesem Zusammenhang nicht nur die kleinen und mittleren Unternehmen. Ebenso betroffen sind auch kapitalstarke Großunternehmen, soweit sie eine Finanzierung für Exportgeschäfte mit einer langen Kreditlaufzeit und einem geringen Auftragswert in einem niedrigen einstelligen Millionenbereich nachfragen. Zu den wenigen Kreditinstituten, die in solchen Fällen Finanzierungen anbieten, zählt die KfW IPEX-Bank, die über den Spezialfinanzierer Northstar Trade Finance für Exportgeschäfte mit einem Volumen ab 500.000 Euro bis etwa 5 Mio. Euro langfristige Finanzierungen zur Verfügung stellt.[1084]

Ebenso verhalten ist die Finanzierungsbereitschaft der Kreditinstitute bei Investitionsvorhaben von Unternehmen in Schwellen- und Entwicklungsländern. Auch in diesem Fall haben die kleinen und mittleren Unternehmen, anders als Großunternehmen, besondere Schwierigkeiten, für ihre Investitionsprojekte in solchen Ländern eine langfristige Finanzierung zu erhalten.

Wenn trotz der vorhandenen staatlichen Absicherungsinstrumente die Kreditinstitute aus Risiko- und Ertragsgesichtspunkten nicht bereit sind, auch für kleinere Export- oder Investitionsvorhaben insbesondere von kleinen und mittleren Unternehmen eine Finanzierung zur Verfügung zu stellen, und aufgrund dieser mangelnden Finanzierungsbereitschaft eine Geschäftstätigkeit dieser Unternehmen in Schwellen- und Entwicklungsländern letztlich unterbleibt, stellt sich jedoch die Frage, ob eine weitergehende staatliche Unterstützung auch im Bereich der Finanzierung erforderlich ist.

Im Rahmen des Experteninterviews mit Vertretern des BMWi teilten die Gesprächspartner mit, dass nach ihrer Auffassung die Finanzierung der Auslandsgeschäfte den Banken überlassen werden solle.[1085] Außerdem sei die staatliche Bereitstellung einer Finanzierung ihrer Ansicht zufolge weder haushaltsrechtlich zulässig noch ordnungspolitisch gewollt.[1086]

Der Ruf nach einer zunehmenden staatlichen Unterstützung wird auch in der Wissenschaft kritisch gesehen, wie das nachfolgende Zitat von Menck (2005b) beispielhaft zeigt:

1083 Siehe Experteninterview mit dem BMWi 2011, Anhang E, Frage 16.

1084 Weitere Einzelheiten zu der Kooperationsvereinbarung der KfW IPEX-Bank und der Northstar Europe S.A. siehe Merkblatt Small Ticket Exporte über Northstar Europe S.A., Stand 28.06.2011.

1085 Siehe Experteninterview mit dem BMWi 2011, Anhang E, Frage 16.

1086 Siehe Experteninterview mit dem BMWi 2011, Anhang E, Frage 16.

„Die öffentliche Unterstützung ist allokationsineffizient, weil sie Vereinbarungen mit Kunden und Lieferanten begünstigt, die bei ausschließlicher betriebswirtschaftlicher Entscheidung nicht ausgewählt worden wären. Signale an die Exportwirtschaft unterbleiben, andere Märkte zu erschließen, die auch ohne öffentliche Förderung einen ausreichenden Ertrag erwarten lassen. Im schlimmsten Fall wenden sich Unternehmen von Absatzgebieten oder von Beschaffungsmärkten ab, die sie bislang mit eigenen Mitteln erschlossen und in denen sie den Erfolg und das geschäftliche Risiko als aus unternehmerischer Sicht tragbar einschätzten."[1087]

Eine an ordnungspolitischen Leitlinien ausgerichtete Außenwirtschaftsförderung sollte nicht bewirken, dass unternehmerische Entscheidungen in die falsche Richtung gelenkt werden.[1088] Der Verzicht auf weitere staatliche Fördermaßnahmen im Bereich der Finanzierung ist deshalb aus ordnungspolitischen Gründen zu begrüßen, auch wenn dadurch kleine und mittlere Unternehmen die wirtschaftlichen Chancen auf dem afrikanischen Kontinent nur in begrenztem Umfang wahrnehmen können und eine solche Geschäftstätigkeit unter entwicklungspolitischen Gesichtspunkten eigentlich wünschenswert ist.

7.3 Abbau von bürokratischen Hindernissen

Im Rahmen der Umfrage unter in Afrika tätigen deutschen Unternehmen wurde auch mehrfach der Wunsch geäußert, die bürokratischen Barrieren im Zusammenhang mit dem Förderinstrumentarium der Auslandsgeschäftsabsicherung des Bundes zu reduzieren. Allerdings ist Kritik an dem hohen Maß an Bürokratie im Bereich der Förderinstrumente nicht erst bei der für diese Arbeit durchgeführten Umfrage aufgekommen. So wurde bei einer von Euler Hermes in Auftrag gegebenen Umfrage im September 2010, an der mehr als 500 Unternehmen, die in den letzten dreieinhalb Jahren eine Exportkreditgarantie genutzt hatten, teilnahmen, zwar ein hoher Grad der Kundenzufriedenheit festgestellt.[1089] Die Befragten äußerten aber auch vermehrt den Wunsch nach einer Beschleunigung der Antragsverfahren und nach einer schlankeren Gestaltung der Prozesse bei der Übernahme von Exportkreditgarantien (beispielsweise die Reduktion der Komplexität der Allgemeinen Bedingungen)

1087 Menck 2005b, S. 4.

1088 Vgl. Menck 2005b, S. 4.

1089 Bei dieser Umfrage gaben 94 % aller befragten Nutzer an, mit den Hermesdeckungen zufrieden zu sein. Vgl. Kundenzufriedenheitsstudie Exportkreditgarantien 2010, S. 1.

sowie beim Entschädigungsverfahren.[1090] Auch im Rahmen der Veranstaltung des BMWi „Im Dialog mit der Wirtschaft – die Exportkredit- und Investitionsgarantien der Bundesrepublik Deutschland" im Jahr 2012 wurde das Problem der zunehmenden Bürokratisierung von den teilnehmenden Unternehmen und Verbänden angesprochen.[1091]

Die Ausführungen über die Förderinstrumente der Auslandsgeschäftsabsicherung des Bundes haben gezeigt, dass insbesondere im Bereich der Exportkreditgarantien diverse nationale und internationale Regelungen zu berücksichtigen sind, die kleine und mittlere, aber auch größere Unternehmen vor besondere Herausforderungen stellen. Während die vereinbarten internationalen Regelungen, wie der OECD-Konsensus, einen wichtigen Beitrag zur Erreichung fairer Wettbewerbsbedingungen („Level Playing Field") leisten und aus diesem Grund zu begrüßen sind, stellt sich die Frage, ob auf nationaler Ebene die hohe Regelungsdichte im Bereich der Förderinstrumente der Auslandsgeschäftsabsicherung des Bundes verringert werden könnte. Aus Sicht der befragten Experten bestehen vor dem Hintergrund der existierenden national und international zu beachtenden Bestimmungen keine konkret umsetzbaren Möglichkeiten, das Antrags- und Entscheidungsverfahren zu optimieren.[1092] Zwar läge es nahe, eine schlankere Organisationsstruktur im Bereich der Förderinstrumente der Auslandsgeschäftsabsicherung zu implementieren und beispielweise neben der Geschäftsführung auch die Entscheidung über die Übernahme der Förderinstrumente ausschließlich in die Hand der Mandatare zu legen.[1093] Neben der grundsätzlich zu klärenden Frage nach der Vereinbarkeit einer solchen Umgestaltung der Organisationsstruktur mit dem nationalen Rechtssystem stellt sich aber auch die Frage, ob diese grundlegende Reform überhaupt notwendig ist und auch tatsächlich zu einer Verbesserung des Instrumentariums beitragen würde. Der Bund hat zuletzt zum 1. Januar 2007 eine erweiterte Mandatarvollmacht zur Beschleunigung des Entscheidungsverfahrens bei Exportkreditgarantien beschlossen.[1094] In diesem Zusammenhang wurde die Entscheidungskompetenz des Kleinen Interministeriellen Ausschusses, bezogen auf Geschäfte mit einem Auftragswert bis 10 Mio. Euro,

---

1090 Vgl. Kundenzufriedenheitsstudie Exportkreditgarantien 2010, S. 2.

1091 Vgl. BMWi-Ergebnisprotokoll Workshop V 2012, S. 2.

1092 Siehe Experteninterview mit dem BMWi 2011, Anhang E, Frage 13.

1093 Näheres zu den Überlegungen einer Verbesserung der Organisationsstruktur im Hinblick auf die beteiligten Institutionen bei den Exportkreditgarantien siehe Schaltegger/Schock/Buttscher 2009, S. 75 ff.

1094 Vgl. Jahresbericht der Exportkreditgarantien 2006, S. 33.

sowie die Entscheidungskompetenz der Mandatare, bezogen auf Geschäfte bis 5 Mio. Euro, erweitert.[1095] Von dieser Neuregelung der Entscheidungskompetenz profitieren vor allem Unternehmen, die kleinere Exportgeschäfte tätigen, da über deren Deckung seitdem schneller entschieden werden kann. Bei größeren Exportgeschäften mit einem Auftragswert von über 10 Mio. Euro liegt die alleinige Entscheidungskompetenz nach wie vor bei dem Interministeriellen Ausschuss für Exportkreditgarantien. Zwar dauert die Entscheidung über die Übernahme einer Deckung für solche Exportgeschäfte mit höheren Auftragswerten oftmals länger. Exportgeschäfte dieser Größenordnung sind aber in der Regel gerade auch im Hinblick auf eine gegebenenfalls zu strukturierende überjährige Finanzierung zeitlich aufwendiger, weshalb eine längere Dauer des staatlichen Entscheidungsverfahrens nicht allzu sehr ins Gewicht fallen dürfte.

Ungeachtet der Überlegung einer organisatorischen Vereinfachung im Bereich der Auslandsgeschäftsabsicherung des Bundes existieren durchaus Vorschriften auf nationaler Ebene, deren Abschaffung zu diskutieren ist, ohne gleich den organisatorischen Aufbau des Instrumentariums in Frage zu stellen.

So würde der Wegfall der nationalen Regelung zur Einbeziehung ausländischer Zulieferungen nicht nur zu einer Vereinfachung des Verfahrens beitragen, sondern auch zu einer Verkürzung der Dauer desselben. Dies würde sich letztlich auch positiv auf die Position der auslandstätigen deutschen Unternehmen im internationalen Wettbewerb auswirken. Seit einigen Jahren fordern zahlreiche Unternehmen eine Vereinfachung der Regelung zur Einbeziehung von ausländischen Zulieferungen.[1096] Auch im Rahmen der Veranstaltungen „Im Dialog mit der Wirtschaft – die Exportkredit- und Investitionsgarantien der Bundesrepublik Deutschland" in den Jahren 2012 sowie 2014 wurde die Frage gestellt, ob die Regelungen zur Einbeziehung von ausländischen Zulieferungen noch zeitgemäß sind.[1097] Die weiterhin zunehmende internationale Arbeitsteilung hat zur Folge, dass die Lieferung von Ausrüstungen für Großprojekte, aber auch für mittelgroße Exportgeschäfte, immer seltener aus einem einzelnen Land stammt.[1098] Schließlich bringen auch aus volkswirtschaftlicher Sicht diese Bestimmungen keinen großen Mehrwert, wie die Vertreter des ifo-Instituts, die ebenfalls an den beiden Workshops teilnahmen, zu verstehen gaben. In dem Ergebnisprotokoll des Workshops des Jahres 2012 heißt es insofern, dass volkswirtschaftliche Ver-

1095 Vgl. Jahresbericht der Exportkreditgarantien 2006, S. 33.

1096 Siehe hierzu unter anderem BMWi-Ergebnisprotokoll Workshop V 2006, S. 1.

1097 Vgl. BMWi-Ergebnisprotokoll Workshop VI 2012, S. 1 ff.; BMWi-Protokoll Workshop I 2014, ohne Angabe von Seitenzahlen.

1098 Siehe hierzu auch die Ausführungen von Herold 2002, S. 34 f.

luste durch das zunehmende Outsourcing letztlich nicht nachgewiesen werden könnten, weshalb die bestehenden Beschränkungen im Rahmen des Instrumentariums bei volkswirtschaftlicher Gesamtbetrachtung nicht geboten seien.[1099]

In anderen Ländern, wie Belgien oder Italien, haben die staatlichen beziehungsweise staatlich unterstützten Exportkreditversicherer von den spezifischen Modellen zur Einbeziehung von ausländischen Zulieferungen bereits Abstand genommen.[1100] Für diese Exportkreditversicherer ist die Herkunft der Ware weniger entscheidend. Vielmehr ist für die Vergabe einer staatlichen Exportkreditversicherung das „nationale Interesse“ ausschlaggebend. Auch die Bundesregierung könnte im Einklang mit den internationalen Regelungen, wie dem OECD-Konsensus, eine derartige Änderung der Förderpolitik umsetzen.

Die Vorschriften zur Einbeziehung von ausländischen Zulieferern im Bereich der Exportkreditgarantien zeigen, dass durchaus Ansätze bestehen, die Regelungsdichte im Interesse der deutschen Exporteure zu verringern. Darüber hinaus wären weitere Maßnahmen möglich, die zu einer Verschlankung der Prozesse und damit zu einer Steigerung der Effizienz des Ausfuhrgewährleistungssystems beitragen könnten. So könnte man die verschiedenen Bestimmungen für die Deckungsformen im Bereich der Exportkreditgarantien, wie für den Selbstbehalt oder die Karenzfristen, harmonisieren.

Letztlich käme die Umsetzung einer weitergehenden Standardisierung der verschiedenen Deckungsformen auf dem Gebiet der Exportkreditgarantien nicht nur den Antragstellern zugute, sondern würde auch den Bearbeitungsaufwand bei den vom Bund beauftragten Mandataren reduzieren.

7.4 Anpassung der Deckungspolitik

Die Ausführungen über die Deckungspolitik haben deutlich gemacht, dass der für die Exportkreditgarantien verantwortliche Interministerielle Ausschuss die Deckungsmöglichkeiten für viele afrikanische Länder eingeschränkt hat.[1101] Nur für wenige afrikanische Länder wie Botswana, Südafrika und Tunesien hat der Ausschuss auf dem Gebiet der Exportkreditgarantien keine formellen Deckungseinschränkungen und keine generellen Sicherheitenerfordernisse festgelegt. Bei

1099 Vgl. BMWi-Ergebnisprotokoll Workshop VI 2012, S. 2.

1100 Vgl. Moltrecht/Kolberg/Kuhn 2014, Register G, Tz. 28.

1101 Siehe hierzu die Ausführungen betreffend die Deckungspolitik bei Exportkreditgarantien des Bundes unter Gliederungspunkt 3.2.2.

der Mehrheit der afrikanischen Länder sieht der Interministerielle Ausschuss dagegen Beschränkungen bei den Deckungsmöglichkeiten vor.[1102]

Zur Einschränkung der Deckungsmöglichkeiten setzt der für die Exportkreditgarantien verantwortliche Interministerielle Ausschuss die verschiedensten Risikosteuerungsmaßnahmen ein. So hat der Ausschuss für zwei afrikanische Länder, Angola und Nigeria, einen Länderplafond für bestimmte Exportgeschäfte mit einer Kreditlaufzeit von über zwölf Monaten eingerichtet. Die Plafonds belaufen sich im Fall Angola auf 300 Mio. Euro und im Fall Nigeria auf 200 Mio. Euro.[1103] Diese Deckungsrahmen geben den Höchstbetrag an, bis zu dem insgesamt Exportkreditgarantien übernommen werden dürfen.[1104] Für eine Reihe von afrikanischen Ländern hat der Interministerielle Ausschuss auch betragsmäßige Begrenzungen des Auftragswertes für Exportgeschäfte mit Kreditlaufzeiten von bis zu zwölf Monaten festgelegt, bis zu denen höchstens Exportkreditgarantien übernommen werden dürfen. Hierzu gehören unter anderem die Länder Madagaskar, Mali, Mosambik und Sambia.[1105] Für andere Länder wiederum hat der Ausschuss die Deckungsmöglichkeiten für Exportgeschäfte teilweise oder vollkommen aufgehoben. So stehen keine Exportkreditgarantien des Bundes für Exportgeschäfte mit öffentlichen Bestellern aus beispielsweise den Ländern Côte d'Ivoire, Kamerun und der Republik Kongo zur Verfügung.[1106] Überhaupt keine Deckungsmöglichkeiten bestehen für die Demokratische Republik Kongo, den Sudan und Sierra Leone.[1107]

Aufgrund der Deckungsbeschränkungen für eine Vielzahl der Länder Afrikas sind die Exporteure daher gehalten, sich im Vorhinein zu erkundigen, ob für das Land, in das sie exportieren wollen, überhaupt die Möglichkeit besteht, die Ausfuhr mittels einer Exportkreditgarantie abzusichern.

Vor diesem Hintergrund der existierenden Deckungsbeschränkungen für viele der afrikanischen Bestellerländer stellt sich grundsätzlich die Frage, ob die

---

1102 Für einen Überblick über die Deckungsmöglichkeiten für Geschäfte mit afrikanischen Ländern, Stand Januar 2014, siehe Anhang A, Tabelle 21.

1103 Vgl. Jahresbericht der Exportkreditgarantien 2013, S. 43.

1104 Nähere Informationen über die Länderbeschlusslagen zu Nigeria und Angola siehe Gliederungspunkt 3.2.2.

1105 Siehe die Deckungsmöglichkeiten für Geschäfte mit afrikanischen Ländern, Stand Januar 2014, Anhang A, Tabelle 21.

1106 Siehe die Deckungsmöglichkeiten für Geschäfte mit afrikanischen Ländern, Stand Januar 2014, Anhang A, Tabelle 21.

1107 Siehe die Deckungsmöglichkeiten für Geschäfte mit afrikanischen Ländern, Stand Januar 2014, Anhang A, Tabelle 21.

derzeitige Deckungspolitik dem im für die deutsche Afrikapolitik richtungsweisenden Afrika-Konzept der Bundesregierung von 2011 beschriebenen Ziel eines zunehmenden wirtschaftlichen Austausches zwischen Deutschland und den afrikanischen Ländern entgegensteht.[1108] So könnte eine mit weniger Beschränkungen behaftete Deckungspolitik die Durchführung von Exportgeschäften mit afrikanischen Vertragspartnern für deutsche Unternehmen erleichtern und auf diese Weise den wirtschaftlichen Austausch zwischen Deutschland und Afrika unterstützen.[1109]

In diesem Sinne spricht sich auch das Bundesministerium für wirtschaftliche Zusammenarbeit und Entwicklung in einem Strategiepapier aus dem Jahre 2011 für einen „Ausbau nachhaltiger Investitionen durch Bundesbürgschaften und -garantien in Schwellen- und Entwicklungsländern für deutsche Exporteure und Investoren, dort, wo der private Versicherungsmarkt die Risiken nicht übernimmt" aus.[1110]

Das Afrika-Konzept der Bundesregierung von 2011, das das Ziel einer verstärkten wirtschaftlichen Zusammenarbeit zwischen Deutschland und Afrika betont, erwähnt in diesem Zusammenhang sogar die Bedeutung der Förderinstrumente der Auslandsgeschäftsabsicherung des Bundes. Auf die Frage, ob mit Blick auf dieses Afrika-Konzept der Bundesregierung irgendwelche Änderungen hinsichtlich des staatlichen Förderinstrumentariums der Auslandsgeschäftsabsicherung geplant seien, antworteten die Vertreter des BMWi im Rahmen des Expertengesprächs: „Das Afrika-Konzept der Bundesregierung ist deshalb so wichtig, weil es die wachsende Bedeutung der wirtschaftlichen Zusammenarbeit mit Afrika hervorhebt und von einer Partnerschaft auf ‚Augenhöhe' spricht. Diese Partnerschaft auf ‚Augenhöhe' hat in gewisser Weise auch Einfluss auf die Deckungspolitik der afrikanischen Länder. Derzeit gibt es aber eine sehr restriktive Deckungspolitik für viele Länder Afrikas. Diese gilt es jedoch zu lockern, sofern eine positive wirtschaftliche und politische Entwicklung erkennbar ist."[1111]

Eine objektive Bewertung der derzeit praktizierten Deckungspolitik ist nicht ohne Weiteres möglich, da die einzelnen Entscheidungskriterien, welche dem Interministeriellen Ausschuss als Grundlage für die Festlegung seiner Deckungspolitik dienen, nicht veröffentlicht werden. Lediglich auf dem Gebiet der Exportkreditgarantien werden die für die Deckungspolitik richtungsweisenden

1108 Vgl. Afrika-Konzept der Bundesregierung 2011, S. 31 ff. Zur Kommentierung des Afrika-Konzepts der Bundesregierung siehe unter anderem Fischer/Buchholz 2012, S. 542 ff.

1109 Zur Forderung nach einer pragmatischeren Handhabung der Deckungspolitik bei den Exportkreditgarantien siehe auch Hichert 1986, S. 206 ff.

1110 BMZ-Strategiepapier 2011, S. 7.

1111 Experteninterview mit dem BMWi 2011, Anhang E, Frage 20.

Länderkategorien publiziert.[1112] Weitere für die Festlegung der Deckungspolitik relevante Aspekte, wie die Zahlungserfahrungen mit afrikanischen Schuldnern oder Informationen über Schadensfälle von in der Vergangenheit gedeckten Geschäften mit Schuldnern aus afrikanischen Bestellerländern, werden hingegen nicht offen gelegt.[1113] Aufgrund dieser fehlenden Informationen ist eine Beurteilung der Deckungspolitik des Interministeriellen Ausschusses nur schwer möglich. Somit kann dem Ausschuss aufgrund der bestehenden Informationsdefizite auch nicht eine übermäßig risikoaverse Deckungspolitik gegenüber afrikanischen Ländern nachgewiesen beziehungsweise vorgeworfen werden. Hierfür wäre erforderlich, dass die Kriterien zur Festlegung der Deckungspolitik öffentlich zugänglich gemacht werden. Erst dann kann auch eine fundierte Bewertung der Deckungspolitik des Interministeriellen Ausschusses erfolgen.

Allerdings sollte in Ländern, in denen sich das wirtschaftliche und politische Umfeld verbessert hat, eine Anpassung der Deckungspolitik erfolgen. Dabei kann der Interministerielle Ausschuss von ihm festgelegte Einschränkungen aufheben oder die Indeckungnahme von Exportgeschäften genehmigen, soweit diese zuvor durch den Ausschuss unterbunden wurde. Auf diese Weise kann der Ausschuss die Auslandstätigkeit deutscher Unternehmen in diesen Ländern erleichtern und den Unternehmen neue Exportchancen ermöglichen. In diesem Sinne hat sich auch die Bundesregierung in ihren Afrikapolitischen Leitlinien[1114] aus dem Jahr 2014 für die schrittweise Ausweitung der Deckungsmöglichkeiten für entschuldete Länder in Afrika ausgesprochen.[1115]

Eine Öffnung der Deckungspolitik für bestimmte wirtschaftlich aufstrebende afrikanische Länder ist aber nur dann zielführend, wenn auch der Zugang zu den Exportkreditgarantien grundsätzlich ermöglicht wird. Die Ausführungen

---

1112 Die jeweiligen Länderkategorien der afrikanischen Staaten können der Liste über die Deckungsmöglichkeiten für Exporte nach Afrika, Stand Januar 2014, Anhang A, Tabelle 21, entnommen werden.

1113 Auch liegen keine Informationen über Ablehnungsquoten betreffend die Anträge auf Übernahme einer Exportkreditgarantie des Bundes für Exportgeschäfte nach Afrika vor. Etwaige Informationen werden weder von den Mandataren noch von dem für die Exportkreditgarantien zuständigen Interministeriellen Ausschuss publiziert. Entsprechendes gilt für die Investitionsgarantien und die UFK-Garantien des Bundes.

1114 Mit den Afrikapolitischen Leitlinien der Bundesregierung, welche im Mai 2014 veröffentlicht wurden, ist das Afrika-Konzept der Bundesregierung von 2011 aktualisiert und an die neue Ausrichtung der Afrikapolitik der Bundesregierung angeglichen worden.

1115 Vgl. Afrikapolitische Leitlinien der Bundesregierung 2014, S. 9.

hierzu haben jedoch deutlich gemacht, dass zur Erfüllung des notwendigen Kriteriums der risikomäßigen Vertretbarkeit eine ausreichende Bonität des ausländischen Geschäftspartners gegeben sein muss. Für den Fall, dass der Importeur als Kreditnehmer auftritt, hat dieser in der Regel nach internationalen Rechnungslegungsstandards erstellte und von Wirtschaftsprüfern testierte Jahresabschlüsse vorzulegen.[1116] Gerade in den afrikanischen Ländern erfüllen aber nur die größten Unternehmen des jeweiligen Landes diese strengen Bonitätsanforderungen für eine direkte Kreditvergabe. In der Regel ist daher die Einschaltung einer lokalen afrikanischen Bank notwendig. Bislang kann aber nur eine geringe Zahl von afrikanischen Banken, wie die African Export-Import Bank, die zu den anerkannten Kreditinstituten gehört, bei mit Exportkreditgarantien des Bundes gedeckten Finanzierungen überhaupt als Vertragspartner eingeschaltet werden.[1117] Die große Mehrheit der lokalen Banken in Afrika weist nur eine geringe Eigenkapitalausstattung auf, weshalb diese auch im Rahmen von Bank-zu-Bank-Finanzierungen nicht eingebunden werden können.[1118]

7.5 Verzahnung mit den Instrumenten der Entwicklungszusammenarbeit

Darüber hinaus könnte man auch die Instrumente der Auslandsgeschäftsabsicherung des Bundes, die Bestandteil der Außenwirtschaftsförderung sind, enger mit den Instrumenten der Entwicklungszusammenarbeit verzahnen.[1119] Bereits seit einigen Jahren wird über ein verstärktes Zusammenwirken der Bereiche „Außenwirtschaftsförderung" und „Entwicklungszusammenarbeit" diskutiert.[1120] So fordert die deutsche Wirtschaft in den letzten Jahren vermehrt,

1116 Zu den Bonitätsanforderungen im Bereich der Exportkreditgarantien des Bundes siehe auch die Ausführungen von Bischoff 2009, S. 853 f.

1117 Siehe hierzu auch die Liste der anerkannten Kreditinstitute, die auf der Internetseite AGA-Portal zur Verfügung gestellt wird. URL: <http://www.agaportal.de/pages/aga/deckungspolitik/banken.html> (zuletzt geprüft am 06.07.2014).

1118 Zur Bedeutung der Einschaltung von lokalen afrikanischen Banken sowie zu den Grenzen des lokalen Bankenmarktes in Afrika siehe die Ausführungen von Sedlacek 2011, S. 14 f.

1119 Zu den entwicklungspolitischen Konsequenzen der staatlichen Absicherung von Export- und Anlagerisiken siehe unter anderem Schüller 1972, S. 103 ff.; Götte 1989, S. 39 ff.; Freytag/Voll 2008, S. 299 ff.

1120 Siehe hierzu auch die Stellungnahmen im Rahmen der öffentlichen Anhörung zum Thema „Entwicklungszusammenarbeit und Außenwirtschaftsförderung" des Ausschusses für wirtschaftliche Zusammenarbeit und Entwicklung: A-Drs. Nr. 16(19)427;

dass die Synergien zwischen Außenwirtschaftsförderung und Entwicklungszusammenarbeit besser genutzt werden.[1121]

In dem Afrika-Konzept der Bundesregierung von 2011 heißt es dazu: „Eine stärkere Verzahnung von Außenwirtschaftsförderung und Entwicklungszusammenarbeit erhöht die Absatzchancen deutscher Unternehmen, kräftigt die wirtschaftliche Entwicklung in Afrika und verhilft zu verbesserten und stabileren Rahmenbedingungen für ein stärkeres unternehmerisches Engagement in Afrika."[1122] Auch in den Afrikapolitischen Leitlinien der Bundesregierung aus dem Jahr 2014 wird das Ziel einer besseren Vernetzung zwischen der Entwicklungszusammenarbeit und der Außenwirtschaftsförderung angesprochen.[1123]

Aus dem Bereich der Wissenschaft kommen ebenfalls Stimmen, die sich für eine weitergehende Verzahnung der beiden Politikbereiche aussprechen, wie das nachfolgende Zitat von Geyer/von Gleich/Menck (2006) beispielhaft belegt: „Je mehr die Entwicklungszusammenarbeit einerseits auf Wirtschaftsförderung und auf die Integration der Entwicklungsländer in die Weltwirtschaft abzielt und die Privatwirtschaft einbezieht, trägt sie auch zur Förderung der Außenwirtschaftsbeziehungen Deutschlands bei. Außenwirtschaftsförderung andererseits soll und kann Entwicklungszusammenarbeit weder verdrängen noch ersetzen. Das Ziel muss sein: Beide sollen sich sinnvoll ergänzen, indem sie arbeitsteilig zusammenarbeiten, zum Nutzen der Entwicklungsländer wie der deutschen Wirtschaft."[1124]

Die Bundesregierung hat in den vergangenen Jahren bereits verschiedene Maßnahmen umgesetzt, um eine engere Verzahnung zwischen den Politikfeldern der Außenwirtschaftsförderung und der Entwicklungszusammenarbeit zu erreichen. In einem Strategiepapier des Bundesministeriums für wirtschaftliche Zusammenarbeit und Entwicklung über die Kooperation mit der Wirtschaft sind die verschiedenen Instrumente aufgelistet, die zu einer stärkeren Verzahnung zwischen den Politikfeldern führen sollen.[1125] Hierzu gehören beispielsweise die Servicestelle des Bundesministeriums für wirtschaftliche Zusammenarbeit und Entwicklung, an die sich Unternehmen mit Fragen und Ideen wenden können, wenn sie ihre Auslandsaktivität auch auf die Schwellen- und Entwicklungslän-

A-Drs. Nr. 16(19)428; A-Drs. Nr. 16(19)429; A-Drs. Nr. 16(19)431; A-Drs. Nr. 16(19)433; A-Drs. Nr. 16(19)435; A-Drs. Nr. 16(19)436.

1121 Vgl. Nitschke/Lau 2009, S. 10 f.

1122 Afrika-Konzept der Bundesregierung 2011, S. 31.

1123 Vgl. Afrikapolitische Leitlinien der Bundesregierung 2014, S. 9.

1124 Geyer/von Gleich/Menck 2006, S. 3.

1125 Vgl. BMZ-Strategiepapier 2011, S. 8 ff.

der erweitern möchten, sowie die Entsendung von Verbindungsreferenten aus dem Bereich der Entwicklungszusammenarbeit („EZ-Scouts") in die Privatwirtschaft.[1126] Bei diesen Referenten handelt es sich um Experten, die unter anderem in den Wirtschaftsverbänden und Industrie- und Handelskammern eingesetzt werden.[1127] Dort bilden sie eine Anlaufstelle für entwicklungspolitische Fragestellungen, beraten Unternehmen über das Angebot der Entwicklungszusammenarbeit und informieren diese in Bezug auf ihre Auslandstätigkeit in Schwellen- und Entwicklungsländern.

Auch bei den Förderinstrumenten der Auslandsgeschäftsabsicherung des Bundes ist eine weitergehende Verzahnung mit der Entwicklungszusammenarbeit denkbar. So existieren bei den Exportkreditgarantien des Bundes bereits heute Schnittstellen zu dem Politikbereich der Entwicklungszusammenarbeit. Ein Beispiel hierfür stellen die Verbund- und Mischfinanzierungen[1128] dar.[1129] Sowohl mit den Verbund- als auch den Mischfinanzierungen können entwicklungspolitisch bedeutsame Infrastrukturprojekte in Schwellen- und Entwicklungsländern gefördert werden. Allerdings werden die Exportkreditgarantien in der Praxis bislang nur selten mit den Instrumenten der Entwicklungszusammenarbeit kombiniert.[1130]

Eine darüber hinausgehende Verzahnung zwischen den Förderinstrumenten der Auslandsgeschäftsabsicherung des Bundes und den Instrumenten der Entwicklungszusammenarbeit ist durchaus möglich, wie beispielhaft das ORIO-Programm des niederländischen Außenministeriums deutlich macht.[1131] Über diesen Entwicklungshilfefonds stellt das Ministerium handelsbezogene Entwicklungshilfekredite zur Verfügung und unterstützt auf diese Weise die Exportgeschäfte von Unternehmen, die ihre Waren an öffentliche Besteller in Entwicklungsländern liefern möchten.[1132] Unterstützt werden Exporte, die sich positiv auf die Infrastrukturentwicklung oder Bauvorhaben in den Entwicklungsländern auswirken.[1133] Bei dem ORIO-Programm handelt es sich um eine Mischfinanzierung, die aus einer Schenkung und einem kommerziellen Kredit

1126 Vgl. Beerfeltz 2011, S. 26 f.
1127 Vgl. Beerfeltz 2011, S. 26 f.
1128 Näheres zur Misch- und Verbundfinanzierung siehe Backhaus/Voeth 2010, S. 393.
1129 Siehe Experteninterview mit dem BMWi 2011, Anhang E, Frage 19.
1130 Siehe Experteninterview mit Euler Hermes 2011, Anhang F, Frage 5.
1131 Siehe auch die Ausführungen von Moltrecht/Kolberg/Kuhn 2014, Register G, Tz. 478.
1132 Siehe Experteninterview mit Euler Hermes 2011, Anhang F, Frage 5.
1133 Vgl. Moltrecht/Kolberg/Kuhn 2014, Register G, Tz. 478.

besteht.[1134] Der Schenkungsanteil[1135] kann unter bestimmten Voraussetzungen von dem ORIO-Entwicklungshilfefonds übernommen werden.[1136] Eine weitere Voraussetzung ist, dass eine internationale Ausschreibung des zu unterstützenden Projektes stattfindet.[1137] Es können sich sowohl niederländische als auch ausländische Unternehmen um das Projekt bewerben. Das Unternehmen, das die Ausschreibung gewinnt, erhält das Schenkungselement von dem ORIO-Programm und kann darüber hinaus das Risiko des geförderten Exportgeschäftes mit Hilfe einer staatlichen Garantie absichern lassen.[1138]

Derartige Fördermaßnahmen sind allerdings unter Wettbewerbsgesichtspunkten umstritten. Denn es besteht die Gefahr, dass die Fördermittel nicht unter Beachtung der entwicklungspolitischen Sinnhaftigkeit des Projektes vergeben werden, sondern vielmehr zur Unterstützung nationaler Lieferinteressen.[1139] Aus diesem Grund unterliegen auch handelsbezogene Entwicklungshilfekredite, die an Exporte aus dem Geberland geknüpft sind, den Regelungen des OECD-Konsensus.[1140]

Ob die begrenzten Haushaltsmittel des Bundes für ähnliche Förderprogramme wie das ORIO-Programm verwendet werden sollten, ist letztlich aber auch eine Frage, die auf politischer Ebene diskutiert und entschieden werden muss.

1134 Vgl. Moltrecht/Kolberg/Kuhn 2014, Register G, Tz. 478.

1135 Der Schenkungsanteil beziehungsweise die Zuschüsse werden als ODA-Mittel qualifiziert. Es finden die verschiedenen Vorschriften des Entwicklungsausschusses der OECD (Development Assistance Committee, DAC) Anwendung. Nähere Informationen über das ORIO-Programm des niederländischen Außenministeriums sowie die Einhaltung von im Zusammenhang mit dem ORIO-Programm stehenden internationalen Vorschriften sind dem Dokument „Policy Rules for the ORIO Grant Facility" zu entnehmen, welches auf der nachfolgenden Internetseite veröffentlicht ist. URL: <http://english.rvo.nl/sites/default/files/2013/12/ORIO%20Policy%20Rules%20English.pdf> (zuletzt geprüft am 06.07.2014).

1136 Siehe Experteninterview mit Euler Hermes 2011, Anhang F, Frage 5.

1137 Siehe Experteninterview mit Euler Hermes 2011, Anhang F, Frage 5.

1138 Siehe Experteninterview mit Euler Hermes 2011, Anhang F, Frage 5.

1139 Vgl. Moltrecht/Kolberg/Kuhn 2014, Register B, Tz. 415.

1140 Zur Kommentierung der Regelungen des OECD-Konsensus in Bezug auf die handelsbezogenen Entwicklungshilfekredite siehe Moltrecht/Kolberg/Kuhn 2014, Register G, Tz. 198 ff.

8 Fazit

Die wirtschaftlichen Aktivitäten deutscher Unternehmen auf dem afrikanischen Kontinent liegen auf einem niedrigen Niveau. Sowohl die Zahlen zum deutsch-afrikanischen Außenhandel als auch der geringe Bestand an deutschen Direktinvestitionen in dieser Region belegen das. Die Geschäftstätigkeit deutscher Unternehmen in Afrika konzentriert sich zudem auf nur wenige Länder – in erster Linie Südafrika sowie einige nordafrikanische Staaten wie Ägypten, Algerien, Marokko und Tunesien.

Eine Vielzahl von Gründen wird zur Erklärung der geringen Außenhandels- und Investitionstätigkeit deutscher Unternehmen in Afrika angeführt. So verfügen die afrikanischen Entwicklungsländer oftmals über ein unterentwickeltes Rechtssystem, schwache institutionelle Rahmenbedingungen und wirtschaftliche Strukturprobleme. Auch tragen die häufigen politischen Konflikte zu einem negativen Gesamtbild Afrikas bei. Diese und weitere Umstände führen in ihrer Gesamtheit bei deutschen Unternehmen zu einem hohen Maß an Unsicherheit. Insoweit ist es nicht verwunderlich, dass nur wenige Unternehmen den Eintritt in afrikanische Märkte wagen und die wirtschaftlichen Chancen auf diesem Kontinent wahrnehmen. Insbesondere kleine und mittlere Unternehmen aus Deutschland meiden aufgrund der instabilen Rahmenbedingungen ein wirtschaftliches Engagement in diesen Ländern.

Um deutsche Unternehmen bei ihrem Schritt in risikoreiche Auslandsmärkte, wie die des afrikanischen Kontinents, zu unterstützen, hat die Bundesrepublik Deutschland im Bereich der Außenwirtschaft die Instrumente der Auslandsgeschäftsabsicherung geschaffen – die Exportkreditgarantien, die Garantien für Ungebundene Finanzkredite und die Investitionsgarantien. Durch die Bereitstellung dieser drei staatlichen Instrumente für deutsche Unternehmen wird die Durchführung von Handelsgeschäften und Direktinvestitionen im Ausland gefördert.

Für Geschäfte mit Afrika heißt dies konkret, dass mit Hilfe der Exportkreditgarantien des Bundes deutsche Exporteure ihre Ausfuhrgeschäfte gegen einen möglichen Zahlungsausfall ihrer afrikanischen Geschäftspartner aus wirtschaftlichen oder politischen Gründen absichern können. Neben den Absicherungsmöglichkeiten für die verschiedensten Formen von Exportgeschäften im Bereich der Exportkreditgarantien bietet die Bundesregierung die Garantien für Ungebundene Finanzkredite an, die unter anderem für rohstoffpolitisch förderungswürdige oder im besonderen staatlichen Interesse der Bundesrepublik Deutschland liegende Vorhaben im Ausland bereitgestellt werden. Durch dieses

Förderinstrument unterstützt die Bundesregierung Lieferungen von Rohstoffen aus afrikanischen Ländern nach Deutschland und leistet auf diese Weise einen Beitrag zur Versorgungssicherheit der Bundesrepublik Deutschland. Des Weiteren stellt die Bundesregierung die Investitionsgarantien zur Absicherung von Direktinvestitionen in Afrika zur Verfügung. Mit Hilfe dieses Instrumentariums lassen sich schwer kalkulierbare politische Risiken im Anlageland absichern. Ergänzend zur Primärfunktion der Risikoabsicherung weisen die Instrumente der Auslandsgeschäftsabsicherung eine wichtige Finanzierungsfunktion auf. So werden die Exportkreditgarantien häufig bei der Finanzierung von Exportgeschäften von den Kreditinstituten vorausgesetzt. Ebenso leisten die UFK-Garantien und die Investitionsgarantien neben der Risikoabsicherung einen wichtigen Beitrag zur Finanzierung des Auslandsvorhabens, da auch die Gewährung von einer dieser Bundesdeckungen oftmals Voraussetzung für eine Kreditgewährung durch die Banken ist.

Obwohl die staatlichen Förderinstrumente ein unternehmerisches Engagement in riskanten Auslandsmärkten wie in Afrika erleichtern, werden sie überwiegend für Geschäfte mit ausländischen Schuldnern in asiatischen und europäischen Schwellen- und Entwicklungsländern in Anspruch genommen. Allerdings könnten die drei Förderinstrumente dazu beitragen, die wirtschaftliche Zusammenarbeit zwischen Deutschland und den afrikanischen Ländern zu intensivieren. Auch im Rahmen ihrer Afrikapolitik betont die Bundesregierung ihr Interesse an einer verstärkten wirtschaftlichen Zusammenarbeit mit den Ländern des afrikanischen Kontinents und sieht in den Instrumenten der Auslandsgeschäftsabsicherung eine Möglichkeit, deutsche Unternehmen in Afrika zu unterstützen.

Damit deutsche Unternehmen einen Anreiz haben, vermehrt auch in Afrika wirtschaftlich tätig zu werden, müsste das Instrumentarium jedoch weiter optimiert werden.

Um herauszufinden, wie in Afrika tätige deutsche Unternehmen die staatlichen Absicherungsmöglichkeiten bewerten und ob sie Optimierungsbedarf in Bezug auf die Förderinstrumente sehen, wurde für diese Arbeit eine Unternehmensumfrage zu den Instrumenten der Auslandsgeschäftsabsicherung des Bundes durchgeführt. Im Rahmen dieser Umfrage wurden die Unternehmen unter anderem aufgefordert, Vorschläge zur Verbesserung der Unterstützungsmaßnahmen zu unterbreiten. Die Frage nach den Verbesserungsmöglichkeiten der Förderinstrumente der Auslandsgeschäftsabsicherung wurde dabei bewusst in offener Form gestellt, um den Unternehmen die Möglichkeit zu geben, ihren individuellen Bedarf zu konkretisieren.

Auffallend ist, dass die Mehrheit der befragten Unternehmen, die bereits eines der Förderinstrumente der Auslandsgeschäftsabsicherung des Bundes genutzt hatten, im Rahmen der Umfrage mitteilte, mit der Durchführung und Bearbeitung der Förderinstrumente zufrieden zu sein. Gleichwohl sprach sich der überwiegende Anteil der Nutzer (59,4 %) für eine weitere Verbesserung dieser Förderinstrumente aus. Als Verbesserungsvorschläge wurden von den befragten Unternehmen unter anderem eine gezieltere Informationsbereitstellung, eine weitergehende Förderung für kleine und mittlere Unternehmen sowie der Abbau von bürokratischen Hindernissen genannt.

Trotz diverser Veranstaltungen, die ebenso wie die Internetseite AGA-Portal zur Information über die Förderinstrumente der Auslandsgeschäftsabsicherung des Bundes beitragen, bestehen bei auslandstätigen Unternehmen in dieser Hinsicht nach wie vor gewisse Informationsdefizite. Diese fehlende Kenntnis und damit einhergehende Nichtinanspruchnahme der Förderinstrumente verhindert oftmals, dass Unternehmen den Markteintritt in risikoreiche Auslandsmärkte wagen. Eine in diesem Zusammenhang erforderliche umfassendere Informationsbereitstellung könnte erzielt werden, indem die vom Bund beauftragten Mandatare Euler Hermes und PricewaterhouseCoopers zukünftig noch enger mit den wichtigsten Institutionen der Außenwirtschaftsförderung – den Auslandsvertretungen des Auswärtigen Amtes und der GTAI sowie den Außenhandelskammern – kooperieren. Durch die verstärkte Kooperation dieser Institutionen dürfte es letztlich möglich sein, die Unternehmen noch weitreichender über die Förderinstrumente der Auslandsgeschäftsabsicherung des Bundes zu informieren.

Bezüglich des Wunsches der befragten Unternehmen nach einer weitergehenden Förderung für kleine und mittlere Unternehmen ist zu konstatieren, dass aufgrund der größenbedingten Nachteile, die für die Gruppe der kleinen und mittleren Unternehmen aus Deutschland eine besondere Herausforderung beim Markteintritt in Schwellen- und Entwicklungsländern darstellen, die Unterstützung dieser Unternehmensgruppe bereits im Mittelpunkt der Außenwirtschaftsförderung der Bundesrepublik Deutschland steht. Dementsprechend stellt der Bund auf dem Gebiet der Exportkreditgarantien besondere Deckungsformen, wie die Ausfuhr-Pauschal-Gewährleistung-light und die Finanzkreditdeckung-express, zur Verfügung, die speziell bei Geschäften von kleinen und mittleren Unternehmen zum Einsatz kommen und daher den Bedürfnissen dieser Unternehmensgruppe angepasst sind.

Zudem bieten die Mandatare des Bundes auf der Internetseite AGA-Portal eine spezielle Mittelstandsberatung zu den Exportkredit- und Investitionsgarantien an. Soweit das BMWi eine weitergehende Unterstützung für kleine und mittlere Unternehmen im Bereich der Auslandsgeschäftsabsicherung als wenig zielführend erachtet und das Problem vielmehr in der mangelnden Bereitschaft der Banken sieht, auch für kleine und mittlere Unternehmen eine Finanzierung für ihre Auslandsvorhaben bereitzustellen, stellt sich die Frage, ob eine weitergehende staatliche Unterstützung im Bereich der Finanzierung erforderlich ist. Dies ist jedoch sowohl aus ordnungspolitischer als auch aus haushaltsrechtlicher Sicht kritisch zu betrachten. Zwar würde eine weitergehende staatliche Förderung beispielsweise im Bereich der Außenhandelsfinanzierung gerade kleinen und mittleren Unternehmen bei ihrem Schritt in Auslandsmärkte zugutekommen und die wirtschaftliche Tätigkeit dieser Unternehmen insbesondere in Schwellen- und Entwicklungsländern erleichtern. Jedoch bestünde die Gefahr, dass sich Unternehmen von einer solchen staatlich unterstützten Finanzierung dazu verleiten lassen würden, Geschäfte zu tätigen, die unter betriebswirtschaftlichen Erwägungen nicht durchgeführt werden sollten. Nicht zuletzt ist auch der Ruf nach einer weitergehenden staatlichen Förderung aufgrund von Schwierigkeiten bei der Finanzierung von Auslandsgeschäften angesichts knapper Haushaltskassen besonders kritisch zu sehen. Schließlich ist die Übernahme der Bundesdeckungen im Bereich der Auslandsgeschäftsabsicherung bereits mit Risiken für den Bundeshaushalt verbunden. Eine zusätzliche Unterstützung im Bereich der Finanzierung von Auslandsgeschäften könnte den Bundeshaushalt weiter belasten. Die Finanzierung der Auslandsvorhaben sollte daher ohne staatliche Intervention auch weiterhin den Kreditinstituten überlassen werden.

Der von den befragten Unternehmen geforderte Abbau bürokratischer Hindernisse im Rahmen der Übernahme der Förderinstrumente der Auslandsgeschäftsabsicherung des Bundes würde vor allem auch den kleinen und mittleren Unternehmen zugutekommen, da diese Unternehmen in der Regel nicht über das entsprechende Fachwissen im Bereich der Finanzierung und Risikoabsicherung von Auslandsvorhaben verfügen. Nach Ansicht des BMWi ist eine weitergehende Vereinfachung des Förderinstrumentariums aufgrund der zu prüfenden nationalen und internationalen Vorschriften jedoch kaum möglich. Dennoch gäbe es Potenzial, die Regelungsdichte im Bereich der Förderinstrumente der Auslandsgeschäftsabsicherung zu reduzieren. Dabei stehen allerdings nicht die verschiedenen internationalen Regelungen im Fokus, die zur Schaffung gleicher Wettbewerbsbedingungen („Level playing field“) konzipiert wurden. Vielmehr könnten bürokratische Hürden auf nationaler Ebene reduziert werden. Ein Beispiel stellt die Abschaffung von spezifischen nationalen Vorschriften, wie die

Regelung zur Einbeziehung von ausländischen Zulieferungen im Bereich der Exportkreditgarantien des Bundes, dar.

Eine Verringerung der bürokratischen Anforderungen und eine damit einhergehende Verfahrenserleichterung würden letztendlich allen Unternehmen, unabhängig von ihrer Größe, zugutekommen. Dabei sollte nicht nur auf eine einfache Nutzbarkeit im Bereich der Exportkreditgarantien geachtet werden. Entsprechendes gilt auch für die Investitionsgarantien und UFK-Garantien.

Die im Anschluss an die Umfrage befragten Experten der Mandatare sowie des BMWi sahen hingegen Verbesserungsbedarf bei der Deckungspolitik des Bundes gegenüber afrikanischen Bestellern auf dem Gebiet der Exportkreditgarantien, soweit eine positive wirtschaftliche und politische Entwicklung der entsprechenden Länder erkennbar ist. Die derzeitige Deckungspolitik gegenüber der Mehrheit der afrikanischen Länder schränkt die staatlichen Absicherungsmöglichkeiten für deutsche Unternehmen ein und erschwert somit tendenziell ein unternehmerisches Engagement in risikoreichen Auslandsmärkten. Insbesondere bei afrikanischen Ländern mit hohen politischen Risiken stehen die Exportkreditgarantien häufig nur begrenzt und teilweise gar nicht zur Verfügung. Falls sich jedoch die wirtschaftlichen und politischen Rahmenbedingungen in einzelnen afrikanischen Bestellerländern verbessern, sollte eine Erweiterung der Deckungsmöglichkeiten im Einklang mit den internationalen Regelungen erfolgen, indem vorhandene Beschränkungen aufgehoben werden beziehungsweise die Indeckungnahme überhaupt erst ermöglicht wird.

Soweit die Experten in der weitergehenden Verzahnung zwischen den Instrumenten der Auslandsgeschäftsabsicherung des Bundes und den Instrumenten der Entwicklungszusammenarbeit eine Möglichkeit der Verbesserung des Förderinstrumentariums sahen, ist zu berücksichtigen, dass zwar bei den Exportkreditgarantien im Bereich der Misch- und Verbundfinanzierung bereits Schnittpunkte zu dem Politikbereich der Entwicklungszusammenarbeit bestehen. Die Förderinstrumente der Auslandsgeschäftsabsicherung des Bundes und die Instrumente der Entwicklungszusammenarbeit könnten und sollten aber noch enger verzahnt werden. Als Beispiel wurde das ORIO-Programm des niederländischen Außenministeriums vorgestellt, das handelsbezogene Entwicklungshilfekredite zur Verfügung stellt. Mit Hilfe des Förderprogrammes werden öffentliche Infrastrukturprojekte in verschiedenen Entwicklungsländern – auch in Afrika – unterstützt. Bei derartigen Förderprogrammen besteht zwar die Gefahr, dass in erster Linie keine entwicklungspolitischen Ziele verfolgt werden, sondern das Instrumentarium zur heimischen Exportförderung genutzt wird. Jedoch werden mögliche Wettbewerbsverzerrungen begrenzt, da im Rahmen der Vergabe von Entwicklungshilfekrediten, die an Exporte aus dem jeweiligen Geberland gebunden sind, ebenfalls die Vorschriften des OECD-Konsensus zur Anwendung kommen. Grundsätzlich könnten auch in Deutschland vergleichbare Förderprogramme wie das ORIO-Programm zum Einsatz kommen. Allerdings müssten für die Implementierung solcher Förderprogramme in Deutschland öffentliche Mittel aus dem Bundeshaushalt in Anspruch genommen werden. Ob die begrenzten Haushaltsmittel hierfür aufgewendet werden sollten, ist aber auch eine auf politischer Ebene zu diskutierende Frage.

Die Ergebnisse der Umfrage sowie die durchgeführten Expertengespräche haben deutlich gemacht, dass diverse Möglichkeiten existieren, das Förderinstrumentarium weiter zu optimieren und auf diese Weise Auslandsgeschäfte deutscher Unternehmen in Schwellen- und Entwicklungsländern, wie in Afrika, zu unterstützen. Insbesondere bei den Exportkreditgarantien des Bundes existieren trotz der bereits weitreichenden internationalen Regulierung diverse Ansätze, das Instrumentarium weiter zu verbessern und auf diese Weise die Nutzbarkeit des Förderinstrumentariums gerade für die Gruppe der kleinen und mittleren Unternehmen zu optimieren.

Maßgeblich für den Erfolg deutscher Unternehmen in Afrika ist aber das Geschäftsumfeld im Zielland. Je günstiger die wirtschaftlichen und politischen Rahmenbedingungen für deutsche Unternehmen im jeweiligen Ausland ausgestaltet sind, desto mehr Unternehmen werden Geschäfte mit afrikanischen Unternehmen tätigen. Auch wenn es diverse Ansätze gibt, die Instrumente der Auslandsgeschäftsabsicherung des Bundes weiter zu verbessern, so kann letztlich eine marktwirtschaftlich ausgerichtete Förderpolitik wie die der Bundesrepublik Deutschland nicht die Eigeninitiative der deutschen Wirtschaft, auch in risikoreichere Auslandsmärkte vorzudringen, ersetzen.

Anhang A: Deckungsmöglichkeiten für Afrika

Tabelle 21: Deckungsmöglichkeiten für Geschäfte mit afrikanischen Bestellern[1141]

DECKUNGSMÖGLICHKEITEN FÜR AFRIKA

EXPORTKREDITGARANTIEN DER BUNDESREPUBLIK DEUTSCHLAND

▶ **Hermesdeckungen**

Land	LK	SL 1) Tab.	Kreditlaufzeit				Sicherheiten	APG
			bis 360 Tage		über 360 Tage			
			Private Besteller	Öffentliche Besteller	Private Besteller	Öffentliche Besteller		
Ägypten	6	–	Für verbundene oder internationale Unternehmen oder mit aussagefähigen Auskünften		Ja	Ja	> 360 Tage: im Zweifel Banksicherheiten[6)]	
Algerien	3	–	Ja	Ja	Ja	Ja	< 360 Tage: Grds. Akkreditiv > 360 Tage: Grds. Banksicherheiten Liste akzeptierter Banken	Sicherheiten wie bei Einzeldeckungen

1141 Die Tabelle über die Deckungsmöglichkeiten wurde von Euler Hermes bereitgestellt, Stand 25.01.2014. Einen aktualisierten Überblick über die Deckungspolitik im Bereich der Exportkreditgarantien des Bundes ist der nachfolgenden Internetseite zu entnehmen. URL: <http://www.agaportal.de/pages/aga/deckungspolitik.html> (zuletzt geprüft am 06.07.2014).

DECKUNGSMÖGLICHKEITEN FÜR AFRIKA

EXPORTKREDITGARANTIEN DER BUNDESREPUBLIK DEUTSCHLAND

▶ Hermesdeckungen

Land	LK	SL 1) Tab.	Kreditlaufzeit				Sicherheiten	APG
			bis 360 Tage		über 360 Tage			
			Private Besteller	Öffentliche Besteller	Private Besteller	Öffentliche Besteller		
Angola	5	–	Bis EUR 500.000 Darüber Infrastrukturprojekte von Fall zu Fall[3)]	Bis EUR 500.000 Darüber Infrastrukturprojekte von Fall zu Fall[3)]	Plafond: EUR 300 Mio. OG: EUR 30 Mio.[2)3)6)]	Plafond: EUR 300 Mio. OG: EUR 30 Mio.[2)3)5)]	< 360 Tage und bis EUR 500.000 im Zweifel Banksicherheiten Über EUR 500.000 oder > 360 Tage: Privat: Banksicherheiten, Garantie von Finanzministerium oder Zentralbank von Fall zu Fall; Öffentlich: Garantie von Finanzministerium oder Zentralbank[6)]	Bis EUR 2,5 Mio. Sicherheiten wie Einzeldeckungen
Äquatorialguinea	7	–	Auf Anfrage	Auf Anfrage	Auf Anfrage	Auf Anfrage	–	

DECKUNGSMÖGLICHKEITEN FÜR AFRIKA

EXPORTKREDITGARANTIEN DER BUNDESREPUBLIK DEUTSCHLAND

▶ Hermesdeckungen

Land	LK	SL 1) Tab.	Kreditlaufzeit				Sicherheiten	APG
			bis 360 Tage		über 360 Tage			
			Private Besteller	Öffentliche Besteller	Private Besteller	Öffentliche Besteller		
Äthiopien	7	1	Bis EUR 1 Mio.	Bis EUR 1 Mio.	von Fall zu Fall[3)]	wenn privatwirtschaftlich organisiert, ohne Rückgriff auf öffentliche Mittel[3)]	> 360 Tage: Banksicherheiten[6)]	APG bis EUR 5 Mio.
Benin	6	1	Bis EUR 500.000	Nein	kleinere devisenwirksame Projekte im Einzelfall[3)]	Nein	im Zweifel Banksicherheiten[6]	Bis EUR 2,5 Mio. Voraussetzungen wie bei Einzeldeckungen
Botswana	2	–	Ja	Ja	Ja	Ja	–[6)]	

DECKUNGSMÖGLICHKEITEN FÜR AFRIKA

EXPORTKREDITGARANTIEN DER BUNDESREPUBLIK DEUTSCHLAND

▶ Hermesdeckungen

Land	LK	SL 1) Tab.	Kreditlaufzeit				Sicherheiten	APG
			bis 360 Tage		über 360 Tage			
			Private Besteller	Öffentliche Besteller	Private Besteller	Öffentliche Besteller		
Burkina Faso	7	1	Ja	Ja	kleinere Geschäfte von Fall zu Fall[3)]	kleinere Geschäfte von Fall zu Fall, wenn privatwirtschaftlich organisiert, ohne Rückgriff auf öffentliche Mittel[3)]	im Zweifel Banksicherheiten[6)]	
Burundi	7	1	Bis EUR 100.000	Nein	Nein	Nein	Banksicherheiten, außer verbundene Unternehmen und internationale Konzerne	Bis EUR 500.000 Voraussetzungen wie bei Einzeldeckungen
Ceuta, Melilla	0	–	Nein, verbunden mit Spanien (marktfähig)		Ja	Ja	–	

DECKUNGSMÖGLICHKEITEN FÜR AFRIKA

EXPORTKREDITGARANTIEN DER BUNDESREPUBLIK DEUTSCHLAND

▶ Hermesdeckungen

Land	LK	SL 1) Tab.	Kreditlaufzeit				Sicherheiten	APG
			bis 360 Tage		über 360 Tage			
			Private Besteller	Öffentliche Besteller	Private Besteller	Öffentliche Besteller		
Côte d'Ivoire	7	1	Ja	Nein	kleinere Geschäfte von Fall zu Fall	Nein	im Zweifel Banksicherheiten[6)]	
Dschibuti	7	2	Auf Anfrage	Auf Anfrage	Auf Anfrage	Auf Anfrage	–	
Eritrea	7	1	Bis EUR 250.000 für verbundene oder internationale Unternehmen oder mit aussagefähigen Auskünften	keine staatlichen Besteller, sonstige öffentliche nur mit aussagefähigen Auskünften	kleinere devisenwirksame Projekte[3)]	kleinere devisenwirksame Geschäfte von Fall zu Fall, wenn privatwirtschaftlich organisiert, ohne Rückgriff auf öffentliche Mittel[3)]	–	Bis EUR 1,25 Mio. Voraussetzungen wie bei Einzeldeckungen

DECKUNGSMÖGLICHKEITEN FÜR AFRIKA

EXPORTKREDITGARANTIEN DER BUNDESREPUBLIK DEUTSCHLAND

▶ Hermesdeckungen

Land	LK	SL 1) Tab.	Kreditlaufzeit				Sicherheiten	APG
			bis 360 Tage		über 360 Tage			
			Private Besteller	Öffentliche Besteller	Private Besteller	Öffentliche Besteller		
Gabun	5	–	Ja	Ja	Ja[3) 5)]	von Fall zu Fall[3) 5)]	Öffentliche > 360 Tage: Garantie von Finanzministerium oder Zentralbank[6)]	
Gambia	7	1	Bis EUR 250.000 für verbundene oder internationale Unternehmen oder mit aussagefähigen Auskünften	Bis EUR 250.000 mit aussagefähigen Auskünften	kleinere devisenwirksame Projekte[3)]	kleinere devisenwirksame Geschäfte von Fall zu Fall, wenn privatwirtschaftlich organisiert, ohne Rückgriff auf öffentliche Mittel[3)]	> 360 Tage: im Zweifel Banksicherheiten[6)]	automatische Aufhebung bei Zahlungsverzug nach 8 Wochen

DECKUNGSMÖGLICHKEITEN FÜR AFRIKA

EXPORTKREDITGARANTIEN DER BUNDESREPUBLIK DEUTSCHLAND

▶ Hermesdeckungen

Land	LK	SL 1) Tab.	Kreditlaufzeit				Sicherheiten	APG
			bis 360 Tage		über 360 Tage			
			Private Besteller	Öffentliche Besteller	Private Besteller	Öffentliche Besteller		
Ghana	5	2	Ja	Ja	kleinere Geschäfte von Fall zu Fall[3)]	kleinere Geschäfte von Fall zu Fall, wenn privatwirtschaftlich organisiert, ohne Rückgriff auf öffentliche Mittel[3)]	im Zweifel Banksicherheiten[6)]	
Guinea	7	1	Bis EUR 125.000	Bis EUR 125.000	Nein	Nein	–[6)]	APG bis EUR 625.000
Guinea-Bissau	7	1	Auf Anfrage	Auf Anfrage	Auf Anfrage	Auf Anfrage	–	
Kamerun	6	1	Ja	Nein	Ja	Nein	–	Voraussetzungen wie bei Einzeldeckungen

DECKUNGSMÖGLICHKEITEN FÜR AFRIKA

EXPORTKREDITGARANTIEN DER BUNDESREPUBLIK DEUTSCHLAND

▶ Hermesdeckungen

Land	LK	SL 1) Tab.	Kreditlaufzeit				Sicherheiten	APG
			bis 360 Tage		über 360 Tage			
			Private Besteller	Öffentliche Besteller	Private Besteller	Öffentliche Besteller		
Kap Verde	6	1	Auf Anfrage	Auf Anfrage	Auf Anfrage	Auf Anfrage	–[6)]	
Kenia	6	1	Ja	Ja	kleinere devisen-wirksame Projekte von Fall zu Fall	kleinere devi-senwirksame Projekte von Fall zu Fall	–[6)]	
Komoren	–	1	Auf Anfrage	Auf Anfrage	Auf Anfrage	Auf Anfrage	–	
Kongo, DR	7	1	Nein	Nein	Nein	Nein	–	Nein
Kongo	6	2	Ja	Nein	Nein	Nein	–	Voraussetzungen wie bei Einzeldeckungen
Lesotho	5	1	Auf Anfrage	Auf Anfrage	Auf Anfrage	Auf Anfrage	–	

EXPORTKREDITGARANTIEN DER BUNDESREPUBLIK DEUTSCHLAND

▶ Hermesdeckungen

Land	LK	SL 1) Tab.	Kreditlaufzeit				Sicherheiten	APG
			bis 360 Tage		über 360 Tage			
			Private Besteller	Öffentliche Besteller	Private Besteller	Öffentliche Besteller		
Liberia	7	1	Bis 90 Tage und bis EUR 250.000 für verbundene oder internationale Unternehmen oder mit aussagefähigen Auskünften	Bis 90 Tage und bis EUR 250.000 mit aussagefähigen Auskünften	kleinere devisenwirksame Projekte[3)]	Nein	> 360 Tage: im Zweifel Banksicherheiten	automatische Aufhebung bei Zahlungsverzug nach 8 Wochen
Libyen	7	–	Auf Anfrage	Auf Anfrage	Auf Anfrage	Auf Anfrage	–	Voraussetzungen wie bei Einzeldeckungen
Madagaskar	7	1	Bis EUR 500.000	Bis EUR 500.000	kleinere Geschäfte von Fall zu Fall[3)]	kleinere Geschäfte von Fall zu Fall, wenn privatwirtschaftlich organisiert, ohne Rückgriff auf öffentliche Mittel[3)]	staatliche Besteller: Garantie von Finanzministerium, sonst im Zweifel Banksicherheiten	Bis EUR 2,5 Mio.

DECKUNGSMÖGLICHKEITEN FÜR AFRIKA

EXPORTKREDITGARANTIEN DER BUNDESREPUBLIK DEUTSCHLAND

Hermesdeckungen

Land	LK	SL 1) Tab.	Kreditlaufzeit				Sicherheiten	APG
			bis 360 Tage		über 360 Tage			
			Private Besteller	Öffentliche Besteller	Private Besteller	Öffentliche Besteller		
Malawi	7	1	Ja	Ja	kleinere devisenwirksame Projekte im Einzelfall	kleinere devisenwirksame Projekte im Einzelfall	–[6]	Bei D/P-Geschäften Aushändigung der Dokumente gegen Landeswährungsdepot mit Nachschussverpflichtung
Mali	7	1	Bis EUR 500.000	Bis EUR 500.000	von Fall zu Fall[3]	Nein	–[6]	Bis EUR 2,5 Mio.
Marokko	3	–	Ja	Ja	Bis EUR 10 Mio. Darüber[3][5]	Bis EUR 10 Mio. Darüber[3][5]	–	

EXPORTKREDITGARANTIEN DER BUNDESREPUBLIK DEUTSCHLAND

Hermesdeckungen

Land	LK	SL 1) Tab.	Kreditlaufzeit				Sicherheiten	APG
			bis 360 Tage		über 360 Tage			
			Private Besteller	Öffentliche Besteller	Private Besteller	Öffentliche Besteller		
Mauretanien	7	1	Ja	Ja	Ja	von Fall zu Fall, wenn privatwirtschaftlich organisiert, ohne Rückgriff auf öffentliche Mittel	im Zweifel Banksicherheiten[6]	
Mauritius	3	–	Ja	Ja	Ja	Ja	–[6]	
Mayotte	0	–	Nein, verbunden mit Frankreich (marktfähig)		Ja	Ja	–	
Mosambik	6	1	Bis EUR 100.000	Bis EUR 100.000	von Fall zu Fall[3]	von Fall zu Fall, wenn privatwirtschaftlich organisiert, ohne Rückgriff auf öffentliche Mittel[3]	–[6]	Bis EUR 500.000

DECKUNGSMÖGLICHKEITEN FÜR AFRIKA

EXPORTKREDITGARANTIEN DER BUNDESREPUBLIK DEUTSCHLAND

Hermesdeckungen

Land	LK	SL 1) Tab.	Kreditlaufzeit				Sicherheiten	APG
			bis 360 Tage		über 360 Tage			
			Private Besteller	Öffentliche Besteller	Private Besteller	Öffentliche Besteller		
Namibia	3	–	Ja	Ja	Ja	Ja	–[6]	
Niger	7	1	Auf Anfrage	Auf Anfrage	Auf Anfrage	Auf Anfrage	–[6]	
Nigeria	5	2	Ja	Ja	Plafond: EUR 200 Mio. OG: EUR 20 Mio.[2][3][4]	Nein	< 360 Tage: Privat: im Zweifel Banksicherheiten Öffentlich: Sicherheiten des Finanzministeriums, der Bundesregierung oder Zentralbank > 360 Tage: Banksicherheiten[6]	Voraussetzungen wie bei Einzeldeckungen; automatische Aufhebung bei Zahlungsverzug nach 8 Wochen
Réunion	0	-	Nein, verbunden mit Frankreich (marktfähig)		Ja	Ja	-	

EXPORTKREDITGARANTIEN DER BUNDESREPUBLIK DEUTSCHLAND

▶ Hermesdeckungen

Land	LK	SL 1) Tab.	Kreditlaufzeit				Sicherheiten	APG
			bis 360 Tage		über 360 Tage			
			Private Besteller	Öffentliche Besteller	Private Besteller	Öffentliche Besteller		
Ruanda	7	1	Bis EUR 250.000	Bis EUR 250.000 für Besteller mit privatrechtlicher Organisationsform	Nein	Nein	Banksicherheiten, außer verbundene oder internationale Unternehmen[6)]	Bis EUR 1,25 Mio. Voraussetzungen wie bei Einzeldeckungen
Sambia	5	1	Bis EUR 100.000	Bis EUR 100.000	kleinere Geschäfte von Fall zu Fall[3)]	kleinere Geschäfte von Fall zu Fall, wenn privatwirtschaftlich organisiert, ohne Rückgriff auf öffentliche Mittel[3)]	staatliche Besteller: Garantie von Finanzministerium, sonst im Zweifel Banksicherheiten[6)]	Bis EUR 500.000
São Tomé und Príncipe	7	1	Ja	Ja	von Fall zu Fall	von Fall zu Fall	–	

DECKUNGSMÖGLICHKEITEN FÜR AFRIKA

EXPORTKREDITGARANTIEN DER BUNDESREPUBLIK DEUTSCHLAND

▶ Hermesdeckungen

Land	LK	SL 1) Tab.	Kreditlaufzeit				Sicherheiten	APG
			bis 360 Tage		über 360 Tage			
			Private Besteller	Öffentliche Besteller	Private Besteller	Öffentliche Besteller		
Senegal	6	1	Ja	Ja	kleinere Projekte[3]	kleinere Projekte von Fall zu Fall, wenn privatwirtschaftlich organisiert, ohne Rückgriff auf öffentliche Mittel[3]	im Zweifel Banksicherheiten[6]	
Seychellen	7	–	Auf Anfrage	Auf Anfrage	Auf Anfrage	Auf Anfrage	–	
Sierra Leone	7	1	Nein	Nein	Nein	Nein	–[6]	Nein
Simbabwe	7	2	Ja	Nein	von Fall zu Fall	Nein, außer[3]	–[6]	Voraussetzungen wie bei Einzeldeckungen
Somalia	7	1	Nein	Nein	Nein	Nein	–	Nein

DECKUNGSMÖGLICHKEITEN FÜR AFRIKA

EXPORTKREDITGARANTIEN DER BUNDESREPUBLIK DEUTSCHLAND

▶ Hermesdeckungen

Land	LK	SL 1) Tab.	Kreditlaufzeit				Sicherheiten	APG
			bis 360 Tage		über 360 Tage			
			Private Besteller	Öffentliche Besteller	Private Besteller	Öffentliche Besteller		
St. Helena	–	–	Auf Anfrage	Auf Anfrage	Auf Anfrage	Auf Anfrage	–	
Südafrika	3	–	Ja	Ja	Ja	Ja	–	
Südsudan	7	–	Auf Anfrage	Auf Anfrage	Auf Anfrage	Auf Anfrage	–	
Sudan	7	1	Nein	Nein	Nein	Nein	–[6)]	Nein
Swasiland	6	–	Auf Anfrage	Auf Anfrage	Auf Anfrage	Auf Anfrage	–	Auf Anfrage
Tansania	6	1	Ja	Ja	kleinere Geschäfte von Fall zu Fall, insbesondere devisenbringende Vorhaben	kleinere Geschäfte von Fall zu Fall	–[6)]	strenge Bonitätsprüfung

DECKUNGSMÖGLICHKEITEN FÜR AFRIKA

EXPORTKREDITGARANTIEN DER BUNDESREPUBLIK DEUTSCHLAND

▶ **Hermesdeckungen**

Land	LK	SL 1) Tab.	Kreditlaufzeit				Sicherheiten	APG
			bis 360 Tage		über 360 Tage			
			Private Besteller	Öffentliche Besteller	Private Besteller	Öffentliche Besteller		
Togo	7	1	Ja	Ja	kleinere devisen-bringende Projekte im Einzelfall	Nein	–	
Tschad	7	1	Bis EUR 250.000	Bis EUR 250.000	Nein	Nein	Akkreditiv	Bis EUR 1,25 Mio. gegen Akkreditiv
Tunesien	4	–	Ja	Ja	Ja	Ja	–[6)]	
Uganda	6	1	Ja	Ja	kleinere Ge-schäfte von Fall zu Fall, insbesondere devisen-bringende Vorhaben	kleinere Ge-schäfte von Fall zu Fall, insbesondere devisen-bringende Vorhaben	–[6)]	

DECKUNGSMÖGLICHKEITEN FÜR AFRIKA

EXPORTKREDITGARANTIEN DER BUNDESREPUBLIK DEUTSCHLAND

Hermesdeckungen

Land	LK	SL 1) Tab.	Kreditlaufzeit				Sicherheiten	APG
			bis 360 Tage		über 360 Tage			
			Private Besteller	Öffentliche Besteller	Private Besteller	Öffentliche Besteller		
Zentralafrikanische Republik	7	1	Bis EUR 250.000	Bis EUR 250.000	Nein	Nein	–	Bis EUR 1,25 Mio.

1) Deckungen für öffentliche Besteller unterliegen den OECD-Sustainable Lending Principles.
2) Die Orientierungsgröße (OG) gilt als betragsmäßige Richtgröße für Einzelaufträge.
3) Daneben bestehen Deckungsmöglichkeiten für Projekt-, internationale und sonstige Finanzierungen sowie Gegengeschäfte.
4) Zurückhaltung bei der Deckung von örtlichen Kosten/ausländischen Zulieferungen.
5) Deckungen von Fall zu Fall bei besonderer Förderungswürdigkeit.
6) African Export-Import Bank (Afreximbank), Kairo, als Garant und Darlehensnehmer anerkannt bis zu einem Gesamtobligo von EUR 75 Mio.

Weitere Informationen unter www.agaportal.de Stand: 25.01.2014.

Tabelle 22: Bilaterale Investitionsförderungs- und -schutzverträge[1142]

Afrikanische Vertragspartner	Investitionsförderungs- und -schutzvertrag unterzeichnet am:	Investitionsförderungs- und -schutzvertrag in Kraft seit dem:
Ägypten	16.06.2005	22.11.2009
Algerien	11.03.1996	30.05.2002
Angola	30.10.2003	01.03.2007
Äthiopien	19.01.2004	04.05.2006
Benin	29.06.1978	18.07.1985
Botswana	23.05.2000	06.08.2007
Burkina Faso	22.10.1996	21.11.2009
Burundi	10.09.1984	09.12.1987
Côte d'Ivoire	27.10.1966	10.06.1968
Gabun	15.09.1998	04.07.2007
Ghana	24.02.1995	23.11.1998
Guinea	19.04.1962	13.03.1965
Kamerun	29.06.1962	21.11.1963
Kap Verde	18.01.1990	15.12.1993
Kenia	03.05.1996	07.12.2000
Kongo, Demokratische Republik	18.03.1969	22.07.1971
Kongo, Republik	13.09.1965	14.10.1967
Lesotho	11.11.1982	17.08.1985
Liberia	12.12.1961	22.10.1967
Libyen	15.10.2004	14.07.2010
Madagaskar	21.09.1962	21.03.1966
Mali	28.06.1977	16.05.1980
Marokko	06.08.2001	12.04.2008
Mauretanien	08.12.1982	26.04.1986

1142 In der vorliegenden Tabelle sind nur die Investitionsförderungs- und -schutzverträge zwischen Deutschland und den afrikanischen Staaten aufgelistet. Vgl. BMWi 2014, Stand 14.05.2014.

Afrikanische Vertragspartner	Investitionsförderungs- und -schutzvertrag unterzeichnet am:	Investitionsförderungs- und -schutzvertrag in Kraft seit dem:
Mauritius	25.05.1971	27.08.1973
Mosambik	06.03.2002	15.09.2007
Namibia	21.01.1994	21.12.1997
Niger	29.10.1964	10.01.1966
Nigeria	28.03.2000	20.09.2007
Ruanda	18.05.1967	28.02.1969
Sambia	10.12.1966	25.08.1972
Senegal	24.01.1964	16.01.1966
Sierra Leone	08.04.1965	10.12.1966
Simbabwe	29.09.1995	14.04.2000
Südafrika*	11.09.1995	10.04.1998
Sudan**	07.02.1963	24.01.1967
Swasiland	05.04.1990	07.08.1995
Tansania	30.01.1965	12.07.1968
Togo	16.05.1961	21.12.1964
Tschad	11.04.1967	23.11.1968
Tunesien	20.12.1963	06.02.1966
Uganda	29.11.1966	19.08.1968
Zentralafrikanische Republik	23.08.1965	21.01.1968

* Investitionsförderungs- und -schutzvertrag tritt am 23. Oktober 2014 außer Kraft.

** Ergänzung: Für den Südsudan gilt der Investitionsförderungs- und -schutzvertrag mit Sudan.

Anhang B: Befragung von in Afrika tätigen deutschen Unternehmen, Fragebogen

Allgemeine Fragen zu Ihrem Unternehmen und der Internationalisierungsstrategie in Afrika

1. Unterhält Ihr Unternehmen geschäftliche Beziehungen mit Afrika?
(Zutreffendes bitte ankreuzen)

☐ ja   ☐ nein (Bitte weiter mit Frage 10)   ☐ bislang nicht, ist aber innerhalb der nächsten zwei Jahre geplant (Bitte weiter mit Frage 10)

2. Um welche Form der geschäftlichen Beziehungen handelt es sich?
(Je Antwortreihe/Antwortspalte Mehrfachnennungen möglich)

	Nordafrika ohne Ägypten, Algerien, Libyen, Tunesien, Marokko	Ägypten	Algerien	Libyen	Tunesien	Marokko	Afrika südlich der Sahara ohne Angola, Ghana, Kenia, Nigeria, Südafrika	Angola	Ghana	Kenia	Nigeria	Südafrika
Export	☐	☐	☐	☐	☐	☐	☐	☐	☐	☐	☐	☐
Vertragliche Kooperation mit einem lokalen Partner wie Lizenzvergabe, Franchising	☐	☐	☐	☐	☐	☐	☐	☐	☐	☐	☐	☐
Joint Venture	☐	☐	☐	☐	☐	☐	☐	☐	☐	☐	☐	☐
100 %-Tochter	☐	☐	☐	☐	☐	☐	☐	☐	☐	☐	☐	☐

3. <u>Wie lange ist Ihr Unternehmen bereits in dieser Region aktiv?</u>
(Je Antwortreihe nur <u>eine</u> Antwort möglich)

	< 5 Jahre	5-10 Jahre	> 10 Jahre	weiß nicht
Nordafrika ohne Ägypten, Algerien, Libyen, Tunesien, Marokko	☐	☐	☐	☐
Ägypten	☐	☐	☐	☐
Algerien	☐	☐	☐	☐
Libyen	☐	☐	☐	☐
Tunesien	☐	☐	☐	☐
Marokko	☐	☐	☐	☐
Afrika südlich der Sahara ohne Angola, Ghana, Kenia, Nigeria, Südafrika	☐	☐	☐	☐
Angola	☐	☐	☐	☐
Ghana	☐	☐	☐	☐
Kenia	☐	☐	☐	☐
Nigeria	☐	☐	☐	☐
Südafrika	☐	☐	☐	☐

Fragen zu den Risiken von Auslandsaktivitäten in Afrika

4. <u>Wie beurteilen Sie die aktuelle Lage Ihrer Geschäftstätigkeit in Afrika?</u>
(Je Antwortreihe nur <u>eine</u> Antwort möglich)

	sehr gut	gut	mittel	schlecht	sehr schlecht	weiß nicht
Nordafrika ohne Ägypten, Algerien, Libyen, Tunesien, Marokko	☐	☐	☐	☐	☐	☐
Ägypten	☐	☐	☐	☐	☐	☐
Algerien	☐	☐	☐	☐	☐	☐
Libyen	☐	☐	☐	☐	☐	☐
Tunesien	☐	☐	☐	☐	☐	☐
Marokko	☐	☐	☐	☐	☐	☐
Afrika südlich der Sahara ohne Angola, Ghana, Kenia, Nigeria, Südafrika	☐	☐	☐	☐	☐	☐
Angola	☐	☐	☐	☐	☐	☐
Ghana	☐	☐	☐	☐	☐	☐
Kenia	☐	☐	☐	☐	☐	☐
Nigeria	☐	☐	☐	☐	☐	☐
Südafrika	☐	☐	☐	☐	☐	☐

5. **Inwiefern sehen Sie Ihren Unternehmenserfolg durch die ausgewählten Länderrisiken im Afrika-Geschäft betroffen?**
(Je Antwortreihe nur eine Antwort möglich)

Mögliche Länderrisiken/Ursachen sind vor allem in den politischen und wirtschaftlichen Rahmenbedingungen des Ziellandes zu finden	trifft voll zu	trifft zu	trifft teilweise zu	trifft nicht zu	trifft gar nicht zu	weiß nicht
Kriegerische Auseinandersetzungen, Revolution, Aufruhr o. Ä.	☐	☐	☐	☐	☐	☐
Mangelnde Rechtssicherheit, wie Bruch von staatlichen Zusagen	☐	☐	☐	☐	☐	☐
Verstaatlichung, Enteignung o. Ä.	☐	☐	☐	☐	☐	☐
Staatliche Auflagen, die den unternehmerischen Handlungsspielraum stark einschränken, wie local content-Bestimmungen	☐	☐	☐	☐	☐	☐
Zahlungsverbots-, Moratoriumsrisiko	☐	☐	☐	☐	☐	☐
Transfer-, Konvertierungsrisiko	☐	☐	☐	☐	☐	☐
Zahlungsunfähigkeitsrisiko eines Landes	☐	☐	☐	☐	☐	☐
Handelshemmnisse, wie Zölle, Handelsverbote	☐	☐	☐	☐	☐	☐
Kulturelles Risiko, wie Vetternwirtschaft, Korruption	☐	☐	☐	☐	☐	☐

6. Wie haben sich die einem Auslandsgeschäft inhärenten Länderrisiken seit Ihrem ersten Afrika-Geschäft für Ihr Unternehmen entwickelt?
(Je Antwortreihe nur eine Antwort möglich)

Mögliche Länderrisiken (Ursachen sind vor allem in den politischen und wirtschaftlichen Rahmenbedingungen des Ziellandes zu finden) haben insgesamt …

	… deutlich zugenommen	… leicht zugenommen	… sich nicht verändert	… leicht abgenommen	… deutlich abgenommen	weiß nicht
Nordafrika ohne Ägypten, Algerien, Libyen, Tunesien, Marokko	☐	☐	☐	☐	☐	☐
Ägypten	☐	☐	☐	☐	☐	☐
Algerien	☐	☐	☐	☐	☐	☐
Libyen	☐	☐	☐	☐	☐	☐
Tunesien	☐	☐	☐	☐	☐	☐
Marokko	☐	☐	☐	☐	☐	☐
Afrika südlich der Sahara ohne Angola, Ghana, Kenia, Nigeria, Südafrika	☐	☐	☐	☐	☐	☐
Angola	☐	☐	☐	☐	☐	☐
Ghana	☐	☐	☐	☐	☐	☐
Kenia	☐	☐	☐	☐	☐	☐
Nigeria	☐	☐	☐	☐	☐	☐
Südafrika	☐	☐	☐	☐	☐	☐

7. **Inwiefern sehen Sie Ihren Unternehmenserfolg durch die ausgewählten Geschäftsrisiken im Afrika-Geschäft betroffen?**
(Je Antwortreihe nur eine Antwort möglich)

Mögliche Geschäftsrisiken/unternehmensspezifische Risiken/ Ursachen sind vor allem im Geschäftsbetrieb mit dem ausländischen Geschäftspartner zu finden	trifft voll zu	trifft zu	trifft teilweise zu	trifft nicht zu	trifft gar nicht zu	weiß nicht
Quantitatives Marktrisiko, gemeint ist die Fehleinschätzung der Nachfrageentwicklung im Ausland und des Konkurrenzverhaltens im Ausland	☐	☐	☐	☐	☐	☐
Qualitatives Marktrisiko, gemeint ist, wenn die eigene Produktpalette nicht den Vorstellungen der ausländischen Kunden entspricht	☐	☐	☐	☐	☐	☐
Lokales Marktrisiko, gemeint ist die Auswahl von Zielgruppen, potentiellen Kunden im Ausland	☐	☐	☐	☐	☐	☐
Temporäres Marktrisiko, gemeint ist der Zeitpunkt des Markteintritts	☐	☐	☐	☐	☐	☐
Standortrisiko, gemeint ist die Wahl des Standortes im Ausland	☐	☐	☐	☐	☐	☐
Delkredererisiko, wie Zahlungsunwilligkeit, Zahlungsunfähigkeit oder Zahlungsverzug des ausländischen Vertragspartners	☐	☐	☐	☐	☐	☐
Transport-, Lagerrisiko	☐	☐	☐	☐	☐	☐
Fabrikationsrisiko, wie die Nichtabnahme des produzierten Gutes durch den ausländischen Vertragspartner	☐	☐	☐	☐	☐	☐

8. Wie haben sich die einem Auslandsgeschäft inhärenten Geschäftsrisiken seit Ihrem ersten Afrika-Geschäft für Ihr Unternehmen entwickelt?
(Je Antwortreihe nur eine Antwort möglich)

Mögliche Geschäftsrisiken/unternehmensspezifische Risiken (Ursachen sind vor allem im Geschäftsbetrieb des ausländischen Geschäftspartners zu finden) haben insgesamt …

	… deutlich zugenommen	… leicht zugenommen	… sich nicht verändert	… leicht abgenommen	… deutlich abgenommen	weiß nicht
Nordafrika ohne Ägypten, Algerien, Libyen, Tunesien, Marokko	☐	☐	☐	☐	☐	☐
Ägypten	☐	☐	☐	☐	☐	☐
Algerien	☐	☐	☐	☐	☐	☐
Libyen	☐	☐	☐	☐	☐	☐
Tunesien	☐	☐	☐	☐	☐	☐
Marokko	☐	☐	☐	☐	☐	☐
Afrika südlich der Sahara ohne Angola, Ghana, Kenia, Nigeria, Südafrika	☐	☐	☐	☐	☐	☐
Angola	☐	☐	☐	☐	☐	☐
Ghana	☐	☐	☐	☐	☐	☐
Kenia	☐	☐	☐	☐	☐	☐
Nigeria	☐	☐	☐	☐	☐	☐
Südafrika	☐	☐	☐	☐	☐	☐

Instrumente der deutschen Außenwirtschaftsförderung – Schwerpunkt: Risikoabsicherung von unternehmerischen Auslandsaktivitäten in Afrika

9. Wie wichtig ist Ihnen die Absicherung von Risiken bei Ihren Auslandsgeschäften in Afrika?
(Je Antwortreihe nur eine Antwort möglich)

	sehr wichtig	wichtig	teilweise wichtig	nicht wichtig	gar nicht wichtig	weiß nicht
9 a. Risikoabsicherung von Handelsgeschäften						
Risikoabsicherung ohne staatliche Unterstützung wie mittels Akkreditiven, Forfaitierung, Bankgarantien o. Ä.	☐	☐	☐	☐	☐	☐
Risikoabsicherung mit staatlicher Unterstützung wie die Inanspruchnahme der Exportkreditgarantien der Bundesrepublik Deutschland	☐	☐	☐	☐	☐	☐
9 b. Risikoabsicherung von Investitionsgeschäften						
Risikoabsicherung ohne staatliche Unterstützung mittels des privaten Versicherungsmarktes	☐	☐	☐	☐	☐	☐
Risikoabsicherung mit staatlicher Unterstützung wie die Inanspruchnahme der Investitionsgarantien der Bundesrepublik Deutschland	☐	☐	☐	☐	☐	☐

10 a. Hat Ihr Unternehmen die deutschen staatlichen Förderinstrumente der Auslandsgeschäftsabsicherung der Bundesrepublik Deutschland bereits in Anspruch genommen?
(Je Antwortreihe nur eine Antwort möglich)

	ja	nein	weiß nicht
Exportkreditgarantien der Bundesrepublik Deutschland	☐	☐	☐
Investitionsgarantien der Bundesrepublik Deutschland	☐	☐	☐
Garantien für Ungebundene Finanzkredite (UFK-Garantien) der Bundesrepublik Deutschland	☐	☐	☐

10 b. Falls Sie NICHT eines oder mehrere der Förderinstrumente der Auslandsgeschäftsabsicherung der Bundesrepublik Deutschland in Anspruch genommen haben, warum nicht?
(Je Antwortreihe/Antwortspalte Mehrfachnennungen möglich)

	Exportkreditgarantien der Bundesrepublik Deutschland	Investitionsgarantien der Bundesrepublik Deutschland	UFK-Garantien der Bundesrepublik Deutschland
Förderinstrumente sind nicht bekannt	☐	☐	☐
Förderinstrumente entsprechen nicht unseren Bedürfnissen	☐	☐	☐
Informationsbeschaffung über die Förderinstrumente ist zu aufwendig	☐	☐	☐
Kosten für die Absicherung sind zu hoch	☐	☐	☐
Förderantrag wurde vom Interministeriellen Ausschuss abgelehnt	☐	☐	☐
Umweltauflagen konnten im Zielland nicht erfüllt werden	☐	☐	☐
sonstige, und zwar: ____________________	☐	☐	☐

Danach bitte weiter mit Frage 13, wenn KEINES der Förderinstrumente der Auslandsgeschäftsabsicherung der Bundesrepublik Deutschland in Anspruch genommen wurde.

11. Wie zufrieden sind Sie mit der Durchführung und Bearbeitung der folgenden Förderinstrumente der Auslandsgeschäftsabsicherung der Bundesrepublik Deutschland?
(Je Antwortreihe nur eine Antwort möglich)

	sehr zufrieden	zufrieden	neutral	unzufrieden	sehr unzufrieden	weiß nicht
Exportkreditgarantien der Bundesrepublik Deutschland	☐	☐	☐	☐	☐	☐
Investitionsgarantien der Bundesrepublik Deutschland	☐	☐	☐	☐	☐	☐
UFK-Garantien der Bundesrepublik Deutschland	☐	☐	☐	☐	☐	☐

12. Die Auslandsaktivitäten unseres Unternehmens in Afrika wurden durch die Inanspruchnahme der Förderinstrumente der Auslandsgeschäftsabsicherung …
(Zutreffendes bitte ankreuzen)

☐ **… überhaupt erst ermöglicht.**

☐ **… nicht aufgrund dessen ermöglicht, sondern lediglich unterstützt.**

☐ **… nicht beeinflusst.**

☐ **Keine dieser drei Auswirkungen, sondern: ____________________**

13. Die Förderinstrumente der Auslandsgeschäftsabsicherung der Bundesrepublik Deutschland tragen dazu bei, dass deutsche Unternehmen in Afrika …
(Je Antwortreihe nur eine Antwort möglich)

	trifft voll zu	trifft zu	trifft teilweise zu	trifft nicht zu	trifft überhaupt nicht zu	weiß nicht
… die Marktposition weiter festigen und Umsatz ausbauen können.	☐	☐	☐	☐	☐	☐
… in Deutschland Arbeitsplätze sichern.	☐	☐	☐	☐	☐	☐
… Rohstoffe sichern können.	☐	☐	☐	☐	☐	☐
… Finanzierungen leichter beschaffen können.	☐	☐	☐	☐	☐	☐
… eine erhöhte Rechtssicherheit haben.	☐	☐	☐	☐	☐	☐
… Zugang zu günstigem Humankapital haben.	☐	☐	☐	☐	☐	☐
… Arbeitsplätze vor Ort in Afrika schaffen.	☐	☐	☐	☐	☐	☐

14. Würden Sie sich eine Verbesserung der bestehenden Förderinstrumente der Auslandsgeschäftsabsicherung der Bundesrepublik Deutschland wünschen?

☐ ja ☐ nein (Bitte weiter mit Frage 14 b) ☐ weiß nicht

14 a. Falls ja, inwiefern könnte man die bestehenden Förderinstrumente der Auslandsgeschäftsabsicherung der Bundesrepublik Deutschland verbessern?
(Nennen Sie bitte Ihre wichtigsten drei Vorschläge der Reihe nach)

(1) ______________________________

(2) ______________________________

(3) ______________________________

14 b. Falls nein, warum wünschen Sie sich keine Verbesserung der Förderinstrumente der Auslandsgeschäftsabsicherung der Bundesrepublik Deutschland?
(Nennen Sie bitte Ihre wichtigsten drei Gründe der Reihe nach)

(1) ______________________________

(2) ______________________________

(3) ______________________________

15. Möchten Sie die Ergebnisse der Befragung erhalten (vermutlich im August 2011)?

☐ ja ☐ nein

Falls ja, dann benötigen wir Angaben zu Ihrem Unternehmen, welche für die spätere statistische Auswertung von großer Bedeutung sind. Selbstverständlich werden alle erhobenen Daten streng vertraulich und anonym behandelt.

Angaben zu Ihrem Unternehmen:

Hauptsitz des Unternehmens: ______________________________

Welcher Größenklasse gehört Ihr Unternehmen an?
(Nur eine Antwort möglich)

☐ bis 9 Beschäftigte ☐ bis 49 Beschäftigte ☐ bis 249 Beschäftigte ☐ über 249 Beschäftigte

Welchen Jahresumsatz erzielte Ihr Unternehmen im vergangenen Jahr insgesamt weltweit?
(Nur eine Antwort möglich)

☐ bis € 2 Mio. Jahresumsatz ☐ bis € 10 Mio. Jahresumsatz ☐ bis € 50 Mio. Jahresumsatz ☐ über € 50 Mio. Jahresumsatz

In welchem Wirtschaftszweig ist Ihr Unternehmen hauptsächlich tätig?
(Nur eine Antwort möglich)

☐ Land-, Forstwirtschaft, Fischerei
☐ Bergbau und Gewinnung von Steinen und Erden
☐ Verarbeitendes Gewerbe
☐ Energieversorgung
☐ Wasserversorgung, Abwasser- und Abfallentsorgung und Beseitigung von Umweltverschmutzungen
☐ Baugewerbe
☐ Handel, Instandhaltung und Reparatur von Kraftfahrzeugen
☐ Gastgewerbe
☐ Verkehr und Lagerei
☐ Information und Kommunikation
☐ Erbringung von Finanz- und Versicherungsdienstleistungen
☐ sonstige, und zwar: ______________

Vielen Dank für Ihre wertvolle Mitarbeit

Anhang C: Ergänzende Auswertung der Umfrage

Tabelle 23: Beurteilung der Geschäftstätigkeit in Afrika[1143]

Zielregionen/-länder	sehr gut	gut	mittel	schlecht	sehr schlecht
Nordafrika*	–	1,4 %	13,9 %	9,7 %	1,4 %
Ägypten	2,8 %	18,1 %	13,9 %	6,9 %	5,6 %
Algerien	–	18,1 %	20,8 %	4,2 %	4,2 %
Libyen	1,4 %	2,8 %	2,8 %	6,9 %	20,8 %
Marokko	–	18,1 %	13,9 %	6,9 %	4,2 %
Tunesien	1,4 %	9,7 %	9,7 %	6,9 %	5,6 %
Afrika südlich der Sahara**	1,4 %	11,1 %	15,3 %	6,9 %	2,8 %
Angola	–	6,9 %	19,4 %	2,8 %	1,4 %
Ghana	2,8 %	15,3 %	11,1 %	6,9 %	2,8 %
Kenia	–	9,7 %	19,4 %	5,6 %	2,8 %
Nigeria	1,4 %	13,9 %	18,1 %	8,3 %	4,2 %
Südafrika	11,1 %	23,6 %	13,9 %	6,9 %	2,8 %

* Nordafrika ohne Ägypten, Algerien, Libyen, Marokko, Tunesien
** Afrika südlich der Sahara ohne Angola, Ghana, Kenia, Nigeria, Südafrika

1143 Die Teilnehmer konnten im Rahmen der Umfrage auf der fünfstufigen Antwortskala von „sehr gut“ bis „sehr schlecht“ angeben, wie sie die aktuelle Lage ihrer Geschäftstätigkeit in Afrika bewerten. Insgesamt gaben 72 von 77 Unternehmen an, in Afrika tätig zu sein. Die Prozentangaben beziehen sich daher auf einen Grundwert von 72 Unternehmen. Siehe auch Fragebogen, Anhang B, Frage 4.

Tabelle 24: Beurteilung ausgewählter Länder- und Geschäftsrisiken[1144]

Ausgewählte Länder- und Geschäftsrisiken	trifft voll zu	trifft zu	trifft teilweise zu	trifft nicht zu	trifft gar nicht zu
Kriegerische Auseinandersetzungen	26,4 %	20,8 %	31,9 %	13,9 %	5,6 %
Mangelnde Rechtssicherheit	8,3 %	30,6 %	27,8 %	29,2 %	2,8 %
Verstaatlichung, Enteignung	2,8 %	6,9 %	20,8 %	50,0 %	16,7 %
Staatliche Auflagen, die den unternehmerischen Handlungsspielraum einschränken	5,6 %	20,8 %	44,4 %	23,6 %	4,2 %
Zahlungsverbots-, Moratoriumsrisiko	4,2 %	12,5 %	36,1 %	33,3 %	9,7 %
Transfer- und Konvertierungsrisiko	1,4 %	16,7 %	36,1 %	27,8 %	15,3 %
Zahlungsunfähigkeitsrisiko eines Landes	4,2 %	13,9 %	30,6 %	41,7 %	8,3 %
Handelshemmnisse	5,6 %	25,0 %	37,5 %	23,6 %	6,9 %
Kulturelles Risiko	11,1 %	34,7 %	34,7 %	15,3 %	1,4 %

1144 Die Teilnehmer der Umfrage sollten angeben, inwieweit sie ihren Unternehmenserfolg durch Länder- und Geschäftsrisiken gefährdet sehen. Die ausgewählten Risiken wurden in zwei Gruppen unterteilt. Bei der ersten Gruppe von Risiken handelt es sich um politische Risiken, deren Ursachen vor allem in den politischen und wirtschaftlichen Rahmenbedingungen des Ziellandes zu finden sind. Diese Risiken wurden im Fragebogen als Länderrisiken umschrieben, um mögliche Missverständnisse in Bezug auf die Begrifflichkeit „politische Risiken" zu vermeiden. Die zweite Gruppe von Risiken wurde als Geschäftsrisiken bezeichnet. Bei diesen Risiken handelt es sich um unternehmensspezifische Risiken, deren Ursachen vor allem im Geschäftsbetrieb des ausländischen Geschäftspartners zu finden sind. In dem Fragebogen wurden die einzelnen Risiken kurz erläutert. Auf einer fünfstufigen Antwortskala von „trifft voll zu" bis „trifft gar nicht zu" sollten die Unternehmen dann angeben, ob sie ihren Geschäftserfolg durch die ausgewählten Risiken gefährdet sehen. In der vorliegenden Tabelle sind die Antworten der Teilnehmer der Umfrage zusammengefasst. Insgesamt gaben 72 von 77 Unternehmen an, in Afrika tätig zu sein. Die Prozentangaben beziehen sich daher auf einen Grundwert von 72 Unternehmen. Wichtig ist, dass der zeitliche Kontext, in dem die Umfrage stattfand, beachtet wird. Die Umfrage wurde zwischen April bis Ende Mai 2011 durchgeführt. In dieser Zeit fanden auch die im Dezember 2010 begonnenen Proteste, Aufstände und Revolutionen in Nordafrika und im Nahen Osten statt. Siehe Fragebogen, Anhang B, Fragen 5 und 7.

Ausgewählte Länder- und Geschäftsrisiken	**trifft voll zu**	**trifft zu**	**trifft teilweise zu**	**trifft nicht zu**	**trifft gar nicht zu**
Quantitatives Marktrisiko	4,2 %	16,7 %	37,5 %	29,2 %	5,6 %
Qualitatives Marktrisiko	–	9,7 %	23,6 %	54,2 %	5,6 %
Lokales Marktrisiko	4,2 %	13,9 %	41,7 %	29,2 %	5,6 %
Temporäres Marktrisiko	2,8 %	20,8 %	33,3 %	29,2 %	9,7 %
Standortrisiko	–	15,3 %	29,2 %	34,7 %	15,3 %
Delkredererisiko	16,7 %	16,7 %	40,3 %	23,6 %	1,4 %
Transport-, Lagerrisiko	4,2 %	12,5 %	36,1 %	38,9 %	5,6 %
Fabrikationsrisiko	4,2 %	4,2 %	26,4 %	44,4 %	15,3 %

Tabelle 25: Entwicklung ausgewählter Länder- und Geschäftsrisiken[1145]

Die möglichen Länderrisiken haben insgesamt …

	… deutlich zugenommen	**… leicht zugenommen**	**… sich nicht verändert**	**…leicht abgenommen**	**…deutlich abgenommen**
Nordafrika*	6,9 %	9,7 %	4,2 %	2,8 %	–
Ägypten	18,1 %	16,7 %	9,7 %	–	1,4 %
Algerien	8,3 %	19,4 %	8,3 %	5,6 %	1,4 %
Libyen	25,0 %	4,2 %	1,4 %	–	1,4 %
Marokko	1,4 %	18,1 %	19,4 %	1,4 %	4,2 %
Tunesien	9,7 %	16,7 %	2,8 %	1,4 %	4,2 %
Afrika südlich der Sahara**	–	8,3 %	16,7 %	4,2 %	2,8 %
Angola	–	1,4 %	18,1 %	6,9 %	1,4 %
Ghana	1,4 %	2,8 %	25,0 %	5,6 %	5,6 %
Kenia	1,4 %	5,6 %	26,4 %	2,8 %	1,4 %
Nigeria	6,9 %	11,1 %	19,4 %	4,2 %	2,8 %
Südafrika	2,8 %	11,1 %	29,2 %	5,6 %	9,7 %

1145 Die Teilnehmer der Umfrage sollten darüber hinaus mitteilen, wie sich ausgewählte Länder- und Geschäftsrisiken seit ihrem ersten Afrika-Geschäft entwickelt haben. In der vorliegenden Tabelle sind die Ergebnisse der Fragen 6 und 8 zusammengefasst. Zu beachten ist, dass sich die Prozentangaben auf einen Grundwert von 72 beziehen. Siehe auch Fragebogen, Anhang B, Fragen 6 und 8.

Die möglichen Geschäftsrisiken haben insgesamt …					
	… deutlich zugenommen	**… leicht zugenommen**	**… sich nicht verändert**	**…leicht abgenommen**	**…deutlich abgenommen**
Nordafrika*	2,8 %	5,6 %	11,1 %	1,4 %	1,4 %
Ägypten	8,3 %	22,2 %	12,5 %	2,8 %	–
Algerien	2,8 %	20,8 %	15,3 %	4,2 %	–
Libyen	19,4 %	8,3 %	1,4 %	–	–
Marokko	–	11,1 %	27,8 %	1,4 %	–
Tunesien	5,6 %	13,9 %	12,5 %	–	–
Afrika südlich der Sahara**	–	4,2 %	27,8 %	1,4 %	–
Angola	–	2,8 %	18,1 %	5,6 %	–
Ghana	–	2,8 %	26,4 %	6,9 %	2,8 %
Kenia	–	6,9 %	25,0 %	5,6 %	–
Nigeria	2,8 %	12,5 %	25,0 %	4,2 %	1,4 %
Südafrika	1,4 %	9,7 %	31,9 %	8,3 %	6,9 %

* Nordafrika ohne Ägypten, Algerien, Libyen, Marokko, Tunesien

** Afrika südlich der Sahara ohne Angola, Ghana, Kenia, Nigeria, Südafrika

Tabelle 26: Vorschläge zur Verbesserung des Förderinstrumentariums[1146]

Antworten der befragten Unternehmen	Vorschlag I	Vorschlag II	Vorschlag III
Nutzer von Exportkreditgarantien, UFK-Garantien, Investitionsgarantien	AKA Partner Banken präqualifizieren	Messe + Seminarunterstützung ausbauen	Info Veranstaltungen z. B. bei Hermes
Nutzer von Exportkreditgarantien, UFK-Garantien	schnellere Bearbeitung	höheres Länderlimit bei einigen Ländern	
Nutzer von Exportkreditgarantien, UFK-Garantien	Gebührenstruktur ändern (HERMES)	Länderrisikobewertung anpassen (HERMES)	
Nutzer von Exportkreditgarantien	Kleinkredite (< 1 Mio. Euro) mit angemessenem Papieraufwand	Überprüfung und Reduzierung des Papieraufwandes zur Projektbeschreibung	
Nutzer von Exportkreditgarantien	Projektzyklus verkürzen, von Findung des Projektes über Vorstellung bis zur stehenden Finanzierung	konkrete Unterstützung der privatwirtschaftlichen Unternehmen, durch Schulungsangebot durch die Förderinstitute	
Nutzer von Exportkreditgarantien	angemessene Verlängerung der Risikolaufzeiten	angemessene Erhöhung der Risikobeträge	Vereinfachung der administrativen Bearbeitung

1146 Antworten der befragten Unternehmen. Siehe Fragebogen, Anhang B, Frage 14 a.

Antworten der befragten Unternehmen	Vorschlag I	Vorschlag II	Vorschlag III
Nutzer von Exportkreditgarantien	Erhöhung von Länderplafonds	Erhöhung von Orientierungsgrößen	Verlängerung der möglichen Laufzeiten für Infrastrukturprojekte
Nutzer von Exportkreditgarantien	Ausweitung des Garantievolumens		
Nutzer von Exportkreditgarantien	Bürokratie zu hoch!	keine volle Info über die Mittel und deren Verfügbarkeit	Mangel an Spontanität
Nutzer von Exportkreditgarantien	bessere Informationspolitik über die Angebote für staatliche Unterstützung		
Nutzer von Exportkreditgarantien	Small Ticket Business sollte vereinfacht werden (z. B. 100 % Deckung)	Konkurrenzsituation von Deckungen von Nicht-OECD-Ländern muss berücksichtigt werden	
Nutzer von Exportkreditgarantien	stärkere Konzentration der Kräfte in der Auslandsförderung (GIZ + KfW + …)		
Nutzer von Investitionsgarantien	In Zeiten politischer Unruhe sollte eine stärkere Sicherheit über die Belastbarkeit der Instrumente vermittelt werden.		
Nutzer von Investitionsgarantien	Koordination und Effizienz der bewilligenden Stellen		

Antworten der befragten Unternehmen	Vorschlag I	Vorschlag II	Vorschlag III
Nutzer von Investitionsgarantien	Schaffung von Anreizen, die Föderinstrumente in Anspruch zu nehmen		
Kein Nutzer des Förderinstrumentariums	Verbesserung der Absicherungsmöglichkeit für Consultinggeschäft		
Kein Nutzer des Förderinstrumentariums	Vereinfachung der Formulare	Kostensenkung	
Kein Nutzer des Förderinstrumentariums	bessere Sensibilisierung für die KMUs	politische Flankierung	spezifische Einstiegsangebote und parallele Durchbruchförderinstrumente
Kein Nutzer des Förderinstrumentariums	Abbau der bürokratischen Barrieren	Informationsveranstaltung	progressive Beratung
Kein Nutzer des Förderinstrumentariums	risk sharing and financial support for first steps of projects especially in the infrastructure sector		
Kein Nutzer des Förderinstrumentariums	Exportkreditgarantien über Hausbank abwickeln		
Kein Nutzer des Förderinstrumentariums	alles zu aufwendige Bürokratie – unbürokratischer	weniger Hindernisse beim Genehmigungsverfahren (wenn alles sicher ist, brauche ich keine Versicherung)	

Antworten der befragten Unternehmen	Vorschlag I	Vorschlag II	Vorschlag III
Kein Nutzer des Förderinstrumentariums	more individual passed on the country conditions	lower interest rates	longer payback times
Kein Nutzer des Förderinstrumentariums	bitte mehr Informationen		
Kein Nutzer des Förderinstrumentariums	bessere Einzelfallwürdigung und besserer Zugang für KMU (ähnlich ZIM-Mittel)	Harmonisierung mit anderen Regierungsprogrammen z. B. der Entwicklungszusammenarbeit	Projektabläufen angepasste Finanzierungen, insbesondere im Bereich < 500.000 Euro
Kein Nutzer des Förderinstrumentariums	bessere Information für Kleinunternehmen	einfachere Zugänge	schnellere Abwicklung
Kein Nutzer des Förderinstrumentariums	staatliche Absicherung von Akkreditiven günstiger machen	Länderrisikoeinschätzung unlogisch	

Tabelle 27: Gründe für die fehlende Nennung von Verbesserungsvorschlägen[1147]

Antworten der befragten Unternehmen	Grund I	Grund II	Grund III
Nutzer der Exportkreditgarantien	Die Instrumente sind bereits gut.		
Nutzer der Exportkreditgarantien	Die bestehenden Instrumente sind ausreichend. Der Staat kann nicht alle Unternehmerrisiken übernehmen.		
Kein Nutzer des Förderinstrumentariums	Die uns zur Verfügung stehenden Mittel reichen vollkommen aus.	Private Kreditversicherung, Vorkasse, L/C funktionieren bestens.	Geschäfte ohne die angegebenen Zahlungsmodi werden abgelehnt.
Kein Nutzer des Förderinstrumentariums	Förderinstrumente werden nicht benötigt.		
Kein Nutzer des Förderinstrumentariums	Wird in unserem Unternehmen nicht genutzt.		
Kein Nutzer des Förderinstrumentariums	Wir sichern in der Regel über L/C, Bankgarantie oder Vorauszahlung; heißt Förderinstrumente sind nicht relevant.		

1147 Antworten der befragten Unternehmen. Siehe Fragebogen, Anhang B, Frage 14 b.

Anhang D: Liste der Gesprächspartner

Andreas Wenzel	Afrika-Verein	Stellvertretender Geschäftsführer
Matthias Boddenberg	AHK Südliches Afrika	Geschäftsführer
Harald Buchholz	BMWi	/
Dr. Thomas Solbach	BMWi	Regierungsdirektor
Nikolaus Roloff	Como Consult GmbH	Berater & Trainer
Christoph Witte	Delcredere NV	Director Germany
Karsten Großimlinghaus	Euler Hermes	Senior Manager
Martin Schmerbach	Euler Hermes	Economic Research
Mareike Hahr	GIZ	Business Unit Private Sector Cooperation
Arno Tomowski	GIZ	Head of Private Secto Cooperation
Dr. Karl Wolfgang Menck	HWWi	Research Associate
Nicole Haubold	PricewaterhouseCoopers	Senior Consultant
Herwig Maaßen	PricewaterhouseCoopers	Senior Manager

Anhang E: Protokoll des Gesprächs mit Vertretern des BMWi

Gesprächsprotokoll vom 24.11.2011
Ort: BMWi, Berlin
Teilnehmer: Herr Dr. Solbach (BMWi), Herr Buchholz (BMWi) und Herr Groß-imlinghaus (Mandatar-Konsortium Euler Hermes/PricewaterhouseCoopers)
Thema: Das Instrumentarium der politischen und wirtschaftlichen Risikoabsicherung zur Investitions- und Handelsförderung in Afrika

1. Könnten Sie zunächst kurz skizzieren, welche Bedeutung und welche Aufgaben das BMWi in Bezug auf die staatlichen Förderinstrumente der Auslandsgeschäftsabsicherung hat?

Das BMWi ist innerhalb der Bundesregierung federführend für die staatlichen Förderinstrumente der Auslandsgeschäftsabsicherung zuständig. Unter dem Vorsitz des BMWi entscheiden die in den Interministeriellen Ausschüssen (IMA) vertretenen Mitarbeiter des Bundesministeriums der Finanzen, des Auswärtigen Amtes und des Bundesministeriums für wirtschaftliche Zusammenarbeit und Entwicklung über die Deckungsanträge, die Festlegung der Deckungspolitik und über die Weiterentwicklung der einzelnen Instrumente der Auslandsgeschäftsabsicherung. Insgesamt gibt es drei verschiedene IMA, einen IMA für Exportkreditgarantien, einen für Investitionsgarantien und einen für UFK-Garantien. Aufgrund der Vielzahl von Anträgen auf Übernahme einer Exportkreditgarantie gibt es neben dem IMA noch einen Kleinen Interministeriellen Ausschuss. Dieser Ausschuss entscheidet über Anträge auf Übernahme von Exportkreditgarantien mit einem kleineren Deckungsvolumen. An den Sitzungen der verschiedenen IMA nehmen auch die vom Bund beauftragten Mandatare Euler Hermes Kreditversicherungs-Aktiengesellschaft[1148] (Euler Hermes) und PricewaterhouseCoopers Aktiengesellschaft Wirtschaftsprüfungsgesellschaft (PwC) teil. Diese prüfen im Vorfeld die Deckungsanträge, stellen die Deckungsanträge im Rahmen von Entscheidungsvorlagen/Prüfberichten vor und setzen die Entscheidungen des IMA um. Die Vertreter der zuständigen Bundesministerien und der Mandatare ziehen darüber hinaus Sachverständige aus der Export- und Bankenwirtschaft als beratende Mitglieder zu den Sitzungen hinzu.

1148 Seit dem 3. Februar 2014 ist die Euler Hermes Aktiengesellschaft verantwortlich. Vgl. AGA-Report 2014, Nr. 237, S. 1.

2. Welche wirtschaftspolitischen Ziele verfolgt die Bundesregierung mit der Bereitstellung der staatlichen Förderinstrumente der Auslandsgeschäftsabsicherung?

Mit der Bereitstellung der staatlichen Instrumente der Auslandsgeschäftsabsicherung beabsichtigt die Bundesregierung, die Auslandsaktivitäten der deutschen Unternehmen zu stärken. Das Angebot der Auslandsgeschäftsabsicherung dient der Verbesserung der internationalen Wettbewerbsfähigkeit deutscher Unternehmen und der Sicherung und Schaffung von Arbeitsplätzen in Deutschland. Im Fokus der Förderung steht dabei besonders die Unterstützung der kleinen und mittleren Unternehmen, da diese bei der Erschließung von Auslandsmärkten eine Reihe von Wettbewerbsnachteilen aufweisen, die sich im Wesentlichen aus der Unternehmensgröße ergeben. Nicht zuletzt wird mit dem Angebot der Förderinstrumente die Chancengleichheit deutscher Unternehmen im internationalen Wettbewerb gewährleistet.

3. Dienen die Instrumente der staatlichen Auslandsgeschäftsabsicherung ausschließlich der Förderung des Außenhandels sowie der Förderung von deutschen Investitionen im Ausland oder werden auch andere Ziele verfolgt?

Die Instrumente der staatlichen Auslandsgeschäftsabsicherung dienen primär dazu, die deutsche Wirtschaft zu unterstützen. Aber natürlich entfalten die Bundesdeckungen auch ihre Wirkung im Ausland. So profitieren insbesondere die Schwellen- und Entwicklungsländer von einem gütergebundenen Technologietransfer. Diese entwicklungspolitischen Effekte, die durch die staatlichen Förderinstrumente ausgelöst werden, sind aber von sekundärer Bedeutung. Schließlich handelt es sich bei den Instrumenten der staatlichen Auslandsgeschäftsabsicherung um ein Instrument der Außenwirtschaftsförderung und nicht um ein Instrument der Entwicklungszusammenarbeit.

4. Gibt es einen Zielkonflikt zwischen den genannten wirtschaftspolitischen Zielen?

Ein Zielkonflikt zwischen den wirtschaftspolitischen Zielen ist grundsätzlich nicht gegeben, wenngleich die Instrumente im Einzelfall auch konkurrierend zum Tragen kommen können. Die Förderinstrumente der Auslandsgeschäftsabsicherung entfalten insgesamt eine positive Wirkung sowohl im In- als auch im Ausland.

5. Haben sich die genannten wirtschaftspolitischen Ziele im Zeitverlauf verändert?

Die grundlegenden Ziele der Auslandsgeschäftsabsicherung, die Sicherung der internationalen Wettbewerbsfähigkeit deutscher Unternehmen im Ausland sowie die Schaffung von einheimischen Arbeitsplätzen, haben nach wie vor Bestand. Allerdings steht auch fest, dass die entwicklungspolitischen sowie ökologischen Aspekte an Bedeutung gewonnen haben. Deutlich wird das zum Beispiel an den OECD-Umweltleitlinien für staatlich gedeckte Exportgeschäfte – einer für die OECD-Mitgliedstaaten verbindlichen Regelung, nach der die ökologischen und sozialen Auswirkungen eines Exportgeschäftes geprüft werden.

6. Gibt es eine offizielle Begründung/Rechtfertigung seitens der Bundesregierung in Bezug auf die Bereitstellung der staatlichen Instrumente der Auslandsgeschäftsabsicherung?

Eine offizielle Begründung oder Rechtfertigung seitens der Bundesregierung für die Bereitstellung des Förderinstrumentariums der Auslandsgeschäftsabsicherung gibt es nicht. Die rechtliche Grundlage bildet auf nationaler Ebene das Haushaltsrecht des Bundes. Demnach trägt die Bundesregierung die haushaltsrechtliche Verantwortung für die Instrumente der Auslandsgeschäftsabsicherung. Darüber hinaus ist für die Übernahme von Gewährleistungen im Zusammenhang mit den Instrumenten der Auslandsgeschäftsabsicherung des Bundes im jährlichen Haushaltsgesetz ein Ermächtigungsrahmen festgesetzt. Dieser Ermächtigungsrahmen gibt den Höchstbetrag an, bis zu dem im Bundeshaushalt eine Haftungsübernahme für die Gewährleistungen im Rahmen der Auslandsgeschäftsabsicherung zulässig ist. In den vom BMWi erlassenen Richtlinien ist das Verfahren der Gewährleistungsübernahme geregelt. Dem Gewährleistungsvertrag liegen ferner Allgemeine Bedingungen zugrunde. Darüber hinaus gilt es, im Rahmen der Deckungsentscheidungen auch weitere Regelungen auf internationaler Ebene, wie den OECD-Konsensus für staatlich unterstützte Exportkredite, zu beachten.

7. Aus ordnungspolitischer Sicht gibt es kritische Stimmen zu den Förderinstrumenten der Auslandsgeschäftsabsicherung, wie die folgenden Äußerungen mit Blick auf die staatlichen Exportkreditgarantien deutlich machen. Wie bewerten Sie diese Äußerungen?
   - Karl-Wolfgang Menck vom HWWI konstatiert, dass die öffentliche Unterstützung allokationsineffizient ist, „[…] weil sie Vereinbarungen mit Kunden und Lieferanten begünstigt, die bei betriebswirtschaftlicher Entscheidung nicht ausgewählt worden wären. Signale an die Exportwirtschaft

unterbleiben, andere Märkte zu erschließen, die auch ohne öffentliche Förderung einen ausreichenden Ertrag erwarten lassen. Im schlimmsten Fall wenden sich Unternehmen von Absatzgebieten oder von Beschaffungsmärkten ab, die sie bislang mit eigenen Mitteln erschlossen und in denen sie den Erfolg und das geschäftliche Risiko als aus unternehmerischer Sicht tragbar einschätzten."[1149]

- Martin Nell, Geschäftsführender Direktor des Instituts für Versicherungsbetriebslehre an der Universität Hamburg, äußert sich ebenfalls kritisch zu der Vergabe von staatlichen Exportkreditgarantien: „[...] das Motiv [besteht] nicht in einer Korrektur eines vermeintlichen Marktversagens, sondern direkt in der Subventionierung von bestimmten Aktivitäten und/oder Wirtschaftszweigen. [...] So wird bei den staatlichen Hermes-Bürgschaften das Ausfallrisiko von Exporteuren gerade in Ländern mit besonders hohem Kreditrisiko teilweise sozialisiert, indem die Prämien nicht risikogerecht kalkuliert, sondern nach politischen Opportunitäten festgelegt werden. Es besteht daher der Verdacht, dass Hermes-Bürgschaften häufig nicht so sehr als Versicherungsinstrument denn als ein Mittel zur Exportförderung eingesetzt werden."[1150]

Das Instrumentarium greift dort, wo die Privatwirtschaft nicht mehr bereit ist, das Risiko der auslandstätigen Unternehmen zu decken. Man kann im übertragenen Sinne auch von einem „Last Lender of Ressort" sprechen. Nur mit dem Unterschied, dass der Bund kein Kreditgeber letzter Instanz ist, sondern die Auslandsgeschäfte der Unternehmen unter Beachtung der Subsidiarität absichert. Dieses subsidiäre Angebot der staatlichen Auslandsgeschäftsabsicherung verhindert den Wettbewerb mit privaten Anbietern und trägt zur Schaffung und Erhaltung von Arbeitsplätzen in Deutschland bei. Eine erst kürzlich vom BMWi in Auftrag gegebene Evaluierungsstudie hat die positiven Beschäftigungs- und Wertschöpfungseffekte der staatlichen Exportkreditgarantien in Deutschland erneut bestätigt. Insofern wird hierdurch die Meinung, dass die Exportkreditgarantien zu Allokationsineffizienzen führen, widerlegt. Zwar werden die Unternehmen bei dem Eintritt in schwierige Märkte mit Hilfe des Förderinstrumentariums unterstützt. Das bedeutet aber nicht zwangsläufig, dass die Unternehmen, wie in der ersten Äußerung behauptet wird, von profitablen Absatzgebieten oder von Beschaffungsmärkten in schwierige Märkte gelenkt werden. Das Motiv der staatlichen Auslandsgeschäftsabsicherung liegt

1149 Menck 2005b, S. 4.
1150 Nell 2001, S. 4.

nicht in der Subventionierung von bestimmten Aktivitäten und/oder Wirtschaftszweigen. Vielmehr gibt es den staatlichen Deckungsschutz nur dann, wenn ein Marktversagen auf den privaten Versicherungsmärkten festgestellt wird, und nicht etwa bei unzureichender Bonität des Käufers. Nicht zuletzt handelt es sich insbesondere bei den Exportkreditgarantien des Bundes auch um ein ausgeklügeltes Prämiensystem, das sehr wohl risikogerecht kalkuliert wird. Insofern ist die Aussage, dass die Prämien nach politischen Opportunitäten festgelegt werden, nicht zutreffend.

8. Inwieweit wird gewährleistet, dass der staatliche Eingriff mittels der Instrumente der Auslandsgeschäftsabsicherung nicht zu Wettbewerbsverzerrungen führt und die genannten wirtschaftspolitischen Ziele konterkariert?

Die Instrumente der Auslandsgeschäftsabsicherung führen aus Sicht des Bundes nicht zu Wettbewerbsverzerrungen, da diese nur subsidiär angeboten werden. Das bedeutet, dass die drei Förderinstrumente der Auslandsgeschäftsabsicherung nur dann angeboten werden dürfen, wenn der private Versicherungsmarkt keinen vergleichbaren Deckungsschutz für das betreffende Auslandsgeschäft zur Verfügung stellt. Darüber hinaus stellen verschiedene internationale Vereinbarungen, wie der OECD-Konsensus für öffentlich unterstützte Exportkredite, sicher, dass der Wettbewerb der Unternehmen in erster Linie über den Preis und die Qualität der Produkte geführt wird und nicht über den Umfang der staatlichen Förderung.

9. Unter welchen Voraussetzungen ist eine staatliche Intervention im Bereich der Außenwirtschaft aus Sicht der Bundesregierung gerechtfertigt?

Die Voraussetzungen für die Übernahme von staatlichen Gewährleistungen für Handelsgeschäfte oder Direktinvestitionen im Ausland sind in den jeweiligen Richtlinien beschrieben. Besonders hervorzuheben ist, dass die Bundesregierung nur förderungswürdige Geschäfte und risikomäßig vertretbare Geschäfte im Ausland in Deckung nimmt. Wichtige Aspekte der Förderungswürdigkeit sind eine positive arbeitsmarktpolitische Auswirkung im Inland, aber auch entwicklungspolitische und umweltbezogene Aspekte im Ausland. Die risikomäßige Vertretbarkeit besagt, dass die Deckungszusage nur erfolgen darf, wenn eine positive Aussicht auf einen schadensfreien Verlauf des Auslandsgeschäftes unterstellt werden kann. Im Rahmen der Prüfung der risikomäßigen Vertretbarkeit werden sowohl das Länderrisiko als auch die Bonität des ausländischen Bestellers beurteilt.

10. Die Daten, die im Rahmen der Unternehmensumfrage[1151] erhoben wurden, zeigen, dass insgesamt 28 von 72 von in Afrika tätigen deutschen Unternehmen (38,9 %) staatliche Exportkreditgarantien zur Absicherung ihres Auslandsgeschäftes in Anspruch genommen haben. Bei den staatlichen Investitionsgarantien sind es lediglich 10 von 72 Unternehmen (13,9 %) und bei den staatlichen UFK-Garantien nur 5 von 72 Unternehmen (6,9 %) gewesen. Die Mehrheit der befragten in Afrika tätigen deutschen Unternehmen teilte hingegen mit, bisher keines der staatlichen Instrumente der Auslandsgeschäftsabsicherung in Anspruch genommen zu haben.
    Werden die staatlichen Exportkreditgarantien von deutschen Unternehmen mit geschäftlichen Aktivitäten in Afrika im Vergleich zu den Investitionsgarantien sowie den UFK-Garantien verstärkt genutzt?

Die Exportkreditgarantien des Bundes sind das mit Abstand wichtigste Förderinstrument der Auslandsgeschäftsabsicherung für deutsche Unternehmen mit geschäftlichen Aktivitäten in Afrika. Die Investitionsgarantien des Bundes sind ebenfalls ein bedeutendes Instrument der Auslandsgeschäftsabsicherung, wenngleich die Nachfrage diesbezüglich hinter den staatlichen Exportkreditgarantien zurückbleibt. Der Grund für die geringe Nachfrage nach Investitionsgarantien ist die nicht sehr ausgeprägte Investitionsbereitschaft deutscher Unternehmen in Afrika. Auch die UFK-Garantien nehmen an Bedeutung zu. Aber im direkten Vergleich zu den Exportkredit- und den Investitionsgarantien werden sie am wenigsten nachgefragt. Eine Erklärung hierfür dürfte sein, dass die UFK-Garantien im Wesentlichen für die rohstoffverarbeitenden Unternehmen interessant sind, während die Exportkredit- und Investitionsgarantien von allen deutschen Unternehmen in Anspruch genommen werden können.

11. Handelt es sich bei den Nutzern der staatlichen Förderinstrumente der Auslandsgeschäftsabsicherung um eine heterogene oder um eine homogene Gruppe von Unternehmen (Unternehmensgröße: Mitarbeiteranzahl und Umsatz; Sektoren: Konsumgüter-, Investitionsgüterbereich, Dienstleistungssektor etc.)?
    Wie sieht das bei deutschen Unternehmen aus, die in Afrika tätig sind – gibt es hier Unterschiede?

Die staatlichen Förderinstrumente der Auslandsgeschäftsabsicherung werden überwiegend von kleinen und mittleren Unternehmen in Anspruch genommen, wobei die Mehrheit der Unternehmen dem sekundären Sektor zugeordnet

1151 Zu den Ergebnissen der Umfrage siehe Kapitel 6.

werden kann. Das trifft auch auf Unternehmen zu, die im Rahmen ihrer Auslandsgeschäfte in Afrika die staatliche Auslandsgeschäftsabsicherung nutzen.

12. Auffällig ist, dass die staatlichen Garantien der Auslandsgeschäftsabsicherung – mit Fokus auf den afrikanischen Kontinent – im Wesentlichen für Projekte in Maghreb-Staaten und Südafrika vergeben werden.
    Warum bewirken die Förderinstrumente nicht, dass auch deutsche Unternehmen verstärkt den Markteintritt in Subsahara-Afrika suchen?

Es gibt nur wenige deutsche Unternehmen, die in Subsahara-Afrika überhaupt tätig sind. Aus diesem Grund werden auch nur selten die Förderinstrumente der Auslandsgeschäftsabsicherung für Geschäfte in dieser Region in Anspruch genommen. Zwar würden die staatlichen Instrumente der Auslandsgeschäftsabsicherung auch dort ihre Wirkung entfalten und die deutschen Unternehmen in den Ländern der Region Subsahara-Afrika unterstützen. Aber die bloße Bereitstellung der Förderinstrumente der Auslandsgeschäftsabsicherung motiviert noch nicht zwangsläufig, dass ein Unternehmen auch in dieser Region aktiv wird.

13. Im Rahmen der Umfrage wurden die Unternehmen gefragt, ob sie sich eine Verbesserung des bestehenden Förderinstrumentariums der Auslandsgeschäftsabsicherung wünschen. Die Unternehmensumfrage hat zwar ergeben, dass die Nutzer überwiegend zufrieden mit dem Förderinstrumentarium sind. Zugleich hat sich aber die Mehrheit der Nutzer (59,4 %) für eine Verbesserung der bestehenden Förderinstrumente ausgesprochen. Im Folgenden wurden die Verbesserungsvorschläge der Unternehmen in verschiedenen Clustern zusammengefasst.
    Cluster „mehr Effizienz“; ausgewählte Antworten der befragten Unternehmen:
    - „Weniger Hindernisse beim Genehmigungsverfahren; schnellere Bearbeitung; Koordination und Effizienz der bewilligenden Stellen; Vereinfachung der administrativen Bearbeitung; zu aufwendige Bürokratie – unbürokratischer; Abbau der bürokratischen Barrieren; schnellere Abwicklung; Überprüfung und Reduzierung des Papieraufwandes zur Projektbeschreibung; Projektzyklus verkürzen, von Findung des Projektes über Vorstellung bis zur stehenden Finanzierung; Vereinfachung der Formulare; einfachere Zugänge.“

    Wie bewerten Sie die ausgewählten Antworten der befragten Unternehmen?

Bund und Mandatare arbeiten kontinuierlich an einer Weiterentwicklung und Optimierung des Instruments zum Nutzen der Deckungsnehmer. Die oben genannten Verbesserungsvorschläge sind dem Bund hinreichend bekannt. Allerdings ist die Prüfung der verschiedenen Anträge zum Teil sehr aufwendig, da neben den nationalen Vorschriften auch internationale Regeln zu beachten sind. Das bedeutet zwangsläufig, dass das Antrags- und Entscheidungsverfahren mehr Zeit in Anspruch nimmt, als das bei vergleichbaren Projekten in der Privatwirtschaft der Fall wäre. Insofern sind in puncto „mehr Effizienz" derzeit keine konkret umsetzbaren Anhaltspunkte zu erkennen. Im Übrigen ist die deutsche Exportkreditversicherungsagentur in der jährlichen Leserumfrage des britischen Magazins Trade Finance bereits mehrfach ausgezeichnet worden und gehört im internationalen Vergleich zu den besten ihrer Art.

14. Welche Verbesserungsmaßnahmen sind auf diesem Gebiet in den vergangenen Jahren umgesetzt worden?

In den vergangenen Jahren wurden diverse Maßnahmen ergriffen, die im Ergebnis zu einer Vereinfachung und Beschleunigung des Antrags- und Entscheidungsverfahrens geführt haben. Bei den Exportkreditgarantien, dem mit Abstand wichtigsten Förderinstrument der Auslandsgeschäftsabsicherung, wurde beispielsweise Anfang 2011 ein Schnellverfahren zur Übernahme von gebundenen Finanzkreditdeckungen eingeführt. Mit der so genannten „Finanzkreditdeckungexpress" können Darlehen für einfach strukturierte Exportgeschäfte abgesichert werden, bei denen die maximale Auftragshöhe je nach Länderkategorie des ausländischen Darlehensnehmers auf 5 Mio. Euro beziehungsweise 2,5 Mio. Euro begrenzt ist.

15. Haben die Verbesserungsmaßnahmen die Nachfrage nach den Förderinstrumenten der Auslandsgeschäftsabsicherung positiv beeinflusst, insbesondere mit Blick auf die deutsch-afrikanischen Auslandsgeschäfte?

Die Nachfrageentwicklung hat sich insbesondere bei den Exportkreditgarantien positiv entwickelt. Im Jahr 2010 hat die Bundesregierung deutsche Exporte im Wert von 32,5 Mrd. Euro mit Exportkreditgarantien abgesichert. Damit wurde der im Jahr 2009 erreichte Spitzenwert in Höhe von 22,4 Mrd. Euro erneut übertroffen. Der Anteil der mit Exportkreditgarantien abgesicherten Exporte an den deutschen Gesamtausfuhren erhöhte sich von 2,8 % (2009) auf 3,4 % im Jahr 2010. Allerdings ist dieser positive Effekt im Wesentlichen der Finanz- und Wirtschaftskrise und der daraus resultierenden erhöhten Nachfrage nach staatlichen Instrumenten der Auslandsgeschäftsabsicherung geschuldet. Inwieweit die einzelnen Verbesserungsmaßnahmen zur Vereinfachung und Beschleunigung des administrativen Verfahrens die Nachfrage nach den Förderinstrumenten beeinflusst haben, ist indes nicht bekannt.

16. Cluster „bessere Förderung für kleine und mittlere Unternehmen"; ausgewählte Antworten der befragten Unternehmen:
    - „Small Ticket Business sollte vereinfacht werden; Kleinkredite (< 1 Mio. Euro) mit angemessenem Papieraufwand; bessere Einzelfallwürdigung und besserer Zugang für kleine und mittlere Unternehmen; bessere Sensibilisierung für kleine und mittlere Unternehmen; Projektabläufen angepasste Finanzierungen, insbesondere im Bereich < 500.000 Euro."

    Wie bewerten Sie die ausgewählten Antworten der befragten Unternehmen?

Die außenwirtschaftliche Förderung der kleinen und mittleren Unternehmen liegt im Fokus der Arbeit der Bundesregierung. Allerdings sieht der Bund bei den oben aufgeführten Antworten der Unternehmen kaum einen Spielraum für eine weitere Verbesserung des Förderinstrumentariums. Eine weitergehende Vereinfachung des Förderinstrumentariums ist aufgrund der zu prüfenden nationalen und internationalen Vorschriften kaum möglich. Hinsichtlich der Forderung nach einem besseren Zugang für kleine und mittlere Unternehmen (KMU) belegt die Statistik der Deckungsanträge, dass rund drei Viertel der Anträge auf Übernahme einer Exportkreditgarantie von KMU gestellt werden. Problematischer ist vielmehr, dass die KMU oftmals keine Finanzierungen von den Banken erhalten. Ein wichtiger Grund hierfür ist, dass sich der Aufwand für die Banken nur ab einem gewissen Geschäftsvolumen lohnt. Die Finanzierung kann aber nicht vom Staat übernommen, sondern sollte den Banken überlassen werden. Das ist weder haushaltsrechtlich möglich noch wäre das ordnungspolitisch gewollt.

17. Welche Verbesserungsmaßnahmen sind auf diesem Gebiet in den vergangenen Jahren umgesetzt worden?

Aufgrund der speziellen Anforderungen der KMU ist in der Vergangenheit insbesondere das Informationsangebot verbessert worden. Die Mandatare des Bundes, Euler Hermes und PricewaterhouseCoopers, bieten darüber hinaus eine spezielle Beratung für kleine und mittlere Unternehmen an. Weitere Informationen über die einzelnen Instrumente der Auslandsgeschäftsabsicherung sind auf dem Internetportal, kurz AGA-Portal, zusammengestellt.

18. Cluster „fehlende Kenntnis über das staatliche Förderinstrumentarium der Auslandsgeschäftsabsicherung“; ausgewählte Antworten der befragten Unternehmen:

- „Bessere Informationspolitik über die Angebote der staatlichen Unterstützung; Informationsveranstaltung; bitte mehr Informationen; bessere Information für Kleinunternehmen; keine volle Information über die Mittel und deren Verfügbarkeit; in Zeiten politischer Unruhe sollte eine stärkere Sicherheit über die Belastbarkeit der Instrumente vermittelt werden; konkrete Unterstützung der privatwirtschaftlichen Unternehmen durch Schulungsangebot durch die Förderinstitute, progressive Beratung.“

Wie bewerten Sie die ausgewählten Antworten der befragten Unternehmen und welche Verbesserungsmaßnahmen sind auf diesem Gebiet in den vergangenen Jahren umgesetzt worden?

Es gibt bereits zahlreiche Veranstaltungen und Konferenzen, die über das breite Spektrum an staatlichen Absicherungsmöglichkeiten berichten. Zudem können sich interessierte Unternehmen im Internet über die Förderinstrumente der Auslandsgeschäftsabsicherung ausführlich informieren. Weiterhin berät und informiert der Außendienst der Mandatare Unternehmen über die bestehenden staatlichen Absicherungsmöglichkeiten. Abgesehen davon ist es aber nicht die Aufgabe der Bundesregierung, die Wirtschaft zu organisieren. Vielmehr sind die im Bereich der Außenwirtschaftsförderung tätigen Verbände und Industrie- und Handelskammern gefragt, ihre Mitglieder noch besser und zielgerichteter über die bestehenden Förderinstrumente zu informieren. Auf diese Weise könnte das Förderinstrumentarium sicherlich weiter an Bekanntheit gewinnen und zu einer höheren Nutzerquote führen.

19. Cluster „weiterführende Verbesserungswünsche“; ausgewählte Antworten der befragten Unternehmen:

- „Stärkere Konzentration der Kräfte in der Auslandsförderung (GIZ+KfW+...); Harmonisierung mit anderen Regierungsprogrammen, zum Beispiel der Entwicklungszusammenarbeit.“

Gibt es Synergien zwischen den staatlichen Förderinstrumenten der Auslandsgeschäftsabsicherung und den Instrumenten der Entwicklungszusammenarbeit?

Ein praktiziertes Beispiel für eine Zusammenarbeit zwischen der Entwicklungszusammenarbeit und den Exportkreditgarantien sind die so genannten Verbund- und Mischfinanzierungen. Bei der Mischfinanzierung etwa stellt die KfW Entwicklungsbank die Finanzierung für entwicklungspolitisch relevante

Infrastrukturprojekte und der Bund sichert durch eine staatliche Exportkreditgarantie das Kreditrisiko der KfW-Eigenmittel ab. Allerdings ist die Auslandsgeschäftsabsicherung im Wesentlichen ein Förderinstrument zur Stärkung der Außenwirtschaft. Für die entwicklungspolitischen Aufgaben und Ziele sind vorrangig die Instrumente der Entwicklungszusammenarbeit von Bedeutung und weniger die Förderinstrumente der Auslandsgeschäftsabsicherung.

20. In dem Afrika-Konzept der Bundesregierung heißt es, dass die „[...] Bundesregierung privates Kapital verstärkt für die Entwicklung nutzen und die wirtschaftliche Zusammenarbeit ausbauen möchte. Wesentliche Instrumente dafür sind Exportkreditgarantien und Investitionsschutzabkommen." (Afrika-Konzept der Bundesregierung 2011, S. 31)
    Sind mit Blick auf das Afrika-Konzept der Bundesregierung irgendwelche Änderungen hinsichtlich des staatlichen Förderinstrumentariums der Auslandsgeschäftsabsicherung geplant?

Das Afrika-Konzept der Bundesregierung ist deshalb so wichtig, weil es die wachsende Bedeutung der wirtschaftlichen Zusammenarbeit mit Afrika hervorhebt und von einer Partnerschaft auf „Augenhöhe" spricht. Diese Partnerschaft auf „Augenhöhe" hat in gewisser Weise auch Einfluss auf die Deckungspolitik für die afrikanischen Länder. Derzeit gibt es aber eine sehr restriktive Deckungspolitik für viele Länder Afrikas. Diese gilt es jedoch zu lockern, sofern eine positive wirtschaftliche und politische Entwicklung erkennbar ist. In einigen Ländern der Subsahara-Region, dazu gehören zum Beispiel Ghana und die Republik Kongo, wurde erst kürzlich eine solche Neueinstufung der Länderklassifizierungen vorgenommen. Durch die bessere Klassifizierung dieser Länder wird nicht nur die Entscheidung über die Deckungsanträge grundsätzlich erleichtert, sondern auch die Absicherung der Exportgeschäfte preiswerter. Für andere afrikanische Länder, die weder in den letzten Jahren eine positive wirtschaftliche und politische Entwicklung zu verzeichnen noch in der Vergangenheit ihre Auslandsschulden beglichen haben, ist es aber fraglich, ob die restriktive Länderdeckungspolitik aufgeweicht werden sollte. Schließlich werden nur förderungswürdige Auslandsgeschäfte mit vertretbarem Risiko vom Bund in Deckung genommen.

Neben der Anpassung der Deckungspolitik sind aber im Hinblick auf das Afrika-Konzept keine wesentlichen Änderungen des Förderinstrumentariums der Auslandsgeschäftsabsicherung geplant. Weiteres Verbesserungspotenzial ist im Ausbau und in der Vertiefung der Zusammenarbeit mit multilateralen Institutionen zu sehen. So hat der IMA in diesem Zusammenhang erst kürzlich der Anerkennung der African Export-Import Bank – auch bekannt als Afreximbank – als Garant in 30 afrikanischen Ländern innerhalb eines Obligorahmens von 75 Mio. Euro zugestimmt. Ferner hat die deutsche ECA ein Kooperationsabkommen mit der African Trade Insurance Agency abgeschlossen.

Anhang F: Protokoll des Gesprächs mit einem Vertreter von Euler Hermes

Gesprächsprotokoll vom 16.12.2011
Ort: Euler Hermes Aktiengesellschaft, Hamburg
Teilnehmer: Herr Schmerbach (Euler Hermes)
Thema: Das Instrumentarium der politischen und wirtschaftlichen Risikoabsicherung zur Investitions- und Handelsförderung in Afrika – Schwerpunkt staatliche Exportkreditgarantien

1. Könnten Sie zunächst kurz skizzieren, welche Bedeutung und welche Aufgaben die Euler Hermes Kreditversicherungs-AG in Bezug auf die Vergabe von staatlichen Exportkreditgarantien hat?

Die Euler Hermes Kreditversicherungs-AG (Euler Hermes) ist ein privates Kreditversicherungsunternehmen und bearbeitet neben dem privaten Versicherungsgeschäft im Auftrag und für Rechnung der Bundesrepublik Deutschland zusammen mit dem Konsortialpartner, der PricewaterhouseCoopers Aktiengesellschaft Wirtschaftsprüfungsgesellschaft (PwC), die Förderinstrumente der Auslandsgeschäftsabsicherung des Bundes. In diesem Konsortium ist Euler Hermes federführend für die Exportkreditgarantien zuständig. Die Investitionsgarantien und die UFK-Garantien, die ebenfalls dem staatlichen Instrumentarium der Auslandsgeschäftsabsicherung angehören, werden hingegen von PwC federführend bearbeitet. Die Mandatargesellschaften, Euler Hermes und PwC, prüfen im Wesentlichen die Deckungsanträge nach den üblichen Kriterien und bereiten die Entscheidungsvorlagen für den Interministeriellen Ausschuss (IMA) auf. Euler Hermes und PwC erhalten vom Bund für diese Leistung ein Entgelt. Sämtliche Einnahmen, die im Rahmen der Deckungsübernahme entstehen, werden direkt an den Bund, dem alleinigen Risikoträger, überwiesen.

2. Euler Hermes bietet im staatlichen Auftrag eine Vielzahl von Produkten an. Welche Deckungsformen werden – insbesondere im Afrika-Geschäft – häufig nachgefragt?

Bei den staatlich abgesicherten Exportgeschäften handelt es sich ungefähr zur Hälfte um kurzfristige Geschäfte (Zahlungsziele von weniger als zwei Jahren) und zur Hälfte um mittel- bis langfristige Geschäfte (Zahlungsziele ab zwei Jahre). Für die Zielregion Afrika überwiegen jedoch mit fast 85 % die kurzfristigen Zahlungsziele (Zahlen für 2011). Im Kurzfristbereich entfallen in der Regel rund 80 % der Umsätze auf die Ausfuhr-Pauschal-Gewährleistung als Deckungsform und nur 20 % auf kurzfristige Einzeldeckungen. Für Exportgeschäfte mit Kreditlaufzeiten von mindestens zwei Jahren werden mittel- bis langfristige Einzeldeckungen nachgefragt. Des Weiteren ist festzustellen, dass das jährliche Deckungsvolumen der Ausfuhr-Pauschal-Gewährleistung relativ konstant ist, während das Deckungsvolumen der Einzeldeckungen teilweise erheblich schwanken kann.

3. Handelt es sich bei den Nutzern der staatlichen Exportkreditgarantien – gemeint sind deutsche Unternehmen, die in Afrika tätig sind – um eine heterogene oder homogene Gruppe von Unternehmen (Unternehmensgröße: Mitarbeiteranzahl und Umsatz; Sektoren: Konsumgüter-, Investitionsgüterbereich, Dienstleistungssektor etc.)?

Gemessen an den Antragszahlen handelt es sich bei den Nutzern der staatlichen Exportkreditgarantien überwiegend um kleine und mittlere Unternehmen. Nimmt man aber das Deckungsvolumen als Maßstab, dann dominiert die Gruppe der Großunternehmen unter den Nutzern. Die Unternehmen, die Exportkreditgarantien für Afrika nachfragen, gehören überwiegend der Chemie-, Stahl-, Bau- und Medizinbranche an. Auffällig ist auch, dass es sich bei den staatlich abgesicherten Exporten häufig um Vorprodukte, also Produkte für den Produktionsprozess wie Roh-, Hilfs- und Betriebsstoffe, handelt und weniger um hochwertige Investitionsgüter wie Maschinen und Anlagen. Dieses Bild deckt sich im Übrigen auch mit dem zuvor beschriebenen Nachfragemuster der Deckungsformen. Der Export von Vorprodukten wird in der Regel durch Ausfuhr-Pauschal-Gewährleistungen abgesichert, während die Exportabsicherung von Investitionsgütern in der Regel über Einzeldeckungen erfolgt.

4. Welchen Einfluss haben die Deckungspolitik und die Länderklassifizierungen auf die Vergabe der staatlichen Exportkreditgarantien?
Welche Besonderheiten gibt es hierzu mit Blick auf die afrikanische Zielregion?

Die nationale Deckungspolitik wird vom Interministeriellen Ausschuss für Exportkreditgarantien vorgegeben. Die Länderkategorie wird im Rahmen der OECD von den staatlichen Exportkreditversicherern der Mitglieder gemeinsam festgelegt und mindestens jährlich überprüft. In der Regel gehen mit steigendem Länderrisiko Beschränkungen bei den deckungsfähigen Kreditlaufzeiten und dem deckungsfähigen Umfang der Geschäfte einher. Die Absicherung von Exportgeschäften mit privaten Bestellern aus afrikanischen Ländern und kurzfristigen Zahlungszielen unterliegt meist keinen besonderen Restriktionen. Das bedeutet, dass in diesem Fall die Exportkreditgarantien grundsätzlich angeboten werden. Für kurzfristige Exportgeschäfte mit öffentlichen Bestellern gibt es allerdings Restriktionen. So werden für einige Länder, die von Deutschland einen Schuldenerlass erhalten haben, keine Exportkreditgarantien für Geschäfte mit öffentlichen Bestellern angeboten.

Bei mittel- bis langfristigen Exportgeschäften orientiert sich die Vergabe von staatlichen Garantien für Exportkredite an den Vorgaben des OECD-Konsensus. Dabei sieht das OECD-Entgeltsystem für die meisten Länder Afrikas (ausgenommen hiervon sind Südafrika und die Maghreb-Staaten) die höchsten Länderkategorien vor. Das bedeutet, dass die Exporteure die höchsten Entgelte für die Absicherung ihrer Exportgeschäfte zu entrichten haben. Darüber hinaus gilt es, neben den OECD-Regelungen auch die „Sustainable Lending Auflagen" für Niedrigeinkommensländer zu beachten. Die Auflagen werden von der Weltbank und dem Internationalen Währungsfonds erteilt und dienen im Wesentlichen dazu, den Aufbau einer nicht tragfähigen Verschuldung durch die Vergabe von staatlichen Garantien für Exportkredite zu vermeiden. Eine Möglichkeit, dennoch größere Projekte zu realisieren, bietet die Projektfinanzierung – gemeint sind Projekte, bei denen die Betriebskosten und der Schuldendienst für aufgenommene Fremdmittel aus dem Projekt selbst erwirtschaftet werden. In diesem Fall liegt das Risiko bei der Projektgesellschaft und nicht mehr direkt bei den einzelnen ausländischen Beteiligten. Bisher wird die Projektfinanzierung aber nur selten genutzt; sicher auch weil das Rechtsumfeld in vielen Ländern Afrikas sehr schwierig ist.

5. Besteht die Möglichkeit, die deutschen Förderinstrumente der Auslandsgeschäftsabsicherung mit den Instrumenten der Entwicklungszusammenarbeit zu verbinden?
   Wie könnte man die staatlichen Exportkreditgarantien verstärkt im entwicklungspolitischen Sinne nutzen?

Exportkreditgarantien und Instrumente der Entwicklungszusammenarbeit können kombiniert werden. Durch den unterschiedlichen Fokus ist das in der Praxis jedoch eher selten. Exportkreditgarantien sichern deutschen Exporteuren den Zahlungsausfall bei solchen Geschäften ab, die grundsätzlich als wirtschaftlich tragfähig eingeschätzt werden. Entwicklungshilfe fördert unter anderem den Auf- und Ausbau von Betrieben im Ausland, mit dem Ziel eine wirtschaftliche Tragfähigkeit erst herzustellen. Exportkreditgarantien können beispielsweise mit Finanzierungen der KfW-Entwicklungsbank kombiniert werden oder mit internationalen Finanzierungen zum Beispiel der Weltbank. Deutschen Exporteuren stehen aufgrund von Ausschreibungsverpflichtungen aber auch entwicklungspolitische Finanzierungsangebote der Nachbarländer offen.

In den Niederlanden ist das beispielsweise die so genannte „ORIO-Fazilität". Dieser Entwicklungshilfefonds unterstützt die Exportgeschäfte von Unternehmen, die ihre Waren an öffentliche Besteller in Niedrigeinkommensländern liefern möchten. Da es sich bei der ORIO-Fazilität um ein entwicklungspolitisches Instrumentarium handelt, muss die Leistung mit einem Schenkungselement versehen sein. Dieses Schenkungselement kann von dem ORIO-Entwicklungshilfefonds übernommen werden, sofern das Projekt international ausgeschrieben wird. Dadurch können sich sowohl niederländische als auch ausländische Unternehmen um das Projekt bewerben. Das Unternehmen, das nach der Ausschreibung den Zuschlag erhält, bekommt dann das Schenkungselement von dem besagten niederländischen Entwicklungshilfefonds und kann zudem das Risiko des Liefergeschäftes mit Hilfe einer Exportkreditgarantie staatlich absichern lassen. Auch in Deutschland wäre die Auflegung eines solchen Entwicklungshilfefonds denkbar.

6. Die Daten, die im Rahmen der durchgeführten Umfrage erhoben wurden, zeigen, dass insgesamt 28 von 72 der befragten in Afrika tätigen deutschen Unternehmen (38,9 %) staatliche Exportkreditgarantien zur Absicherung ihres Auslandsgeschäftes in Anspruch genommen hatten. Die befragten Unternehmen, die keine staatliche Exportkreditgarantie in Anspruch genommen hatten, gaben überwiegend an, dass diese nicht ihren Bedürfnissen entsprechen würde.
   Welche Bedeutung hat die staatliche Absicherung des Exportgeschäftes für in Afrika tätige Unternehmen aus Ihrer Sicht?

Die staatlichen Exportkreditgarantien sind für deutsche Unternehmen von Bedeutung, die in schwierigen und risikoreichen Märkten, wie in Schwellen- und Entwicklungsländern, aktiv sind und keinen adäquaten Deckungsschutz für ihre Exportgeschäfte auf dem privaten Versicherungsmarkt erhalten. Insofern stellen die Exportkreditgarantien des Bundes auch für Unternehmen mit geschäftlichen Aktivitäten in Afrika ein wichtiges Förderinstrument dar. Man sollte aber zur Kenntnis nehmen, dass nur wenige deutsche Unternehmen überhaupt in Afrika aktiv sind. Nur etwa 2 % der deutschen Gesamtexporte gehen nach Afrika. Im Hinblick auf die Inanspruchnahme der staatlichen Exportkreditgarantien sei gesagt, dass im Jahr 2010 der Anteil der mit Hermesdeckungen abgesicherten Exporte am deutschen Gesamtexport 3,4 % (Vorjahr: 2,8 %) ausmachte. Für die Zielregion Afrika lag die Deckungsquote im gleichen Jahr bei 8,2 % (Vorjahr: 8,3 %). Die Deckungsquote für die Region Subsahara-Afrika betrug 8,8 % in 2010 (Vorjahr: 8,9 %) beziehungsweise 15,5 %, wenn man nur die Länder der Region Subsahara-Afrika ohne Südafrika berücksichtigt. Der überdurchschnittlich hohe Deckungsanteil für Afrika zeigt also, welche Bedeutung die Exportkreditgarantien des Bundes für diese Zielregion haben.

7. Auffällig ist, dass die staatlichen Exportkreditgarantien – mit Fokus auf den afrikanischen Kontinent – im Wesentlichen für Projekte in Maghrebstaaten und Südafrika vergeben werden.
   Warum bewirken die Förderinstrumente nicht, dass auch deutsche Unternehmen verstärkt den Markteintritt in Subsahara-Afrika suchen?

Man sollte sich vor Augen halten, das nur 1,2 % der deutschen Gesamtexporte in die Länder der Subsahara-Region gehen. Das zeigt, dass die wirtschaftliche Bedeutung der Region für viele deutsche Unternehmen nach wie vor sehr gering ist. Die Wahrnehmung der Chancen, die diese Region mit ihren hohen Wachstumsraten bietet, ist in Deutschland noch nicht besonders ausgeprägt. Die Exportkreditgarantien können den Markteintritt nur erleichtern.

Die Deckungspolitik bei der Vergabe von staatlichen Exportkreditgarantien ist für viele Länder Afrikas – insbesondere im öffentlichen Sektor der HIPC-Länder (Highly Indebted Poor Countries) – restriktiver als für Länder anderer Kontinente. Dennoch wäre eine stärkere Ausnutzung des Angebotes auch unter den gegenwärtigen Voraussetzungen durchaus möglich. Dem häufig angeführten hohen, aber risikoadäquaten Entgelt steht das große Potential der Region Subsahara-Afrika gegenüber, das derzeit eher von ausländischen Mitbewerbern erkannt wird als von deutschen Unternehmen.

8. Wo sehen Sie Verbesserungspotenzial hinsichtlich des Förderinstrumentariums der Auslandsgeschäftsabsicherung der Bundesrepublik Deutschland im Allgemeinen und hinsichtlich der staatlichen Exportkreditgarantien im Besonderen – auch vor dem Hintergrund des kürzlich veröffentlichten Afrika-Konzepts der Bundesregierung?

Gezielte Informationsbereitstellung für Exporteure ist die wichtigste Maßnahme zur Verbesserung der staatlichen Exportkreditgarantien. Als Mandatar des Bundes kann Euler Hermes nicht selbst offensiv für die staatlichen Exportkreditgarantien werben. Was wir aber tun und auch weiter ausbauen werden, ist die Durchführung von Informationsveranstaltungen. Interessante Partner hierfür sind die Industrie- und Handelskammern im Inland. Als weitere Einzelmaßnahme haben wir bereits begonnen, auch deutsche Außenhandelskammern besser über das Angebot der Exportkreditgarantien des Bundes zu informieren. Seit Anfang des Jahres 2011 kooperiert Euler Hermes verstärkt mit dem Auswärtigen Amt sowie mit der GTAI. Von den beiden Kooperationspartnern bekommen wir wichtige Informationen über Auslandsmärkte, die insbesondere für die Einschätzung der Länderrisiken von Bedeutung sind.

Des Weiteren sehen wir Verbesserungspotenzial in einer kontinuierlichen Anpassung der Deckungspolitik. Die so genannten „Länderbeschlusslagen" können aber nur angepasst werden, wenn das Länderrisiko sich in den betreffenden Ländern auch verändert hat. Erst kürzlich erfolgte die Verbesserung der Länderkategorie für einige Staaten der Subsahara-Region, darunter Ghana und Kap Verde. Auch in Ländern wie Gambia und Liberia konnten die restriktiven Deckungsbedingungen im Kurzfristbereich gelockert werden.

9. Inwiefern helfen Kooperationsabkommen, wie das mit der „African Trade Insurance Agency" (ATI), eine deutlich stärkere Förderung des Handels zwischen den afrikanischen Ländern und Deutschland zu erreichen.
   Warum sind diese Kooperationsabkommen wichtig und stärken die Förderung des Handels zwischen den afrikanischen Ländern und Deutschland?

Die neuen Kooperationsabkommen – die man auch noch zu den Verbesserungsmöglichkeiten hinzuzählen sollte – dienen zunächst dazu, die bestehenden Informationsdefizite gegenüber Afrika auszugleichen. Ein lokaler Partner vor Ort kann unserer Meinung nach eine wichtige Ergänzung unserer Risikoeinschätzung sein. Das von Ihnen erwähnte Kooperationsabkommen mit der „African Trade Insurance Agency" geht aber über den reinen Informationsaustausch hinaus und ermöglicht Rückversicherungen sowie Parallel- und Mitversicherungen von konkreten Handelsgeschäften.

Ein weiteres Kooperationsabkommen wurde mit der African Export and Import Bank (Afreximbank) abgeschlossen. Auch dieses Kooperationsabkommen geht über den reinen Informationsaustausch hinaus. Denn im Rahmen des Abkommens wurde die Afreximbank als Garant beziehungsweise Darlehensnehmer in 30 afrikanischen Ländern anerkannt. Als anerkannte Bank kann die Afreximbank, die afrikanische Unternehmen oder Projekte vor Ort finanziert, einfacher in eine Hermesdeckung einbezogen werden.

10. Im Rahmen der Umfrage wurden die Unternehmen gefragt, ob sie sich eine Verbesserung des bestehenden Förderinstrumentariums der Auslandsgeschäftsabsicherung wünschen. Die Unternehmensumfrage hat zwar ergeben, dass die Nutzer überwiegend zufrieden mit dem Förderinstrumentarium sind. Zugleich hat sich aber die Mehrheit der Nutzer (59,4 %) für eine Verbesserung der bestehenden Förderinstrumente ausgesprochen. Die Verbesserungsvorschläge der Unternehmen, die in dem vorliegenden Cluster zusammengefasst sind, betreffen überwiegend die staatlichen Exportkreditgarantien.

- Cluster „spezielle Verbesserungswünsche bezüglich des staatlichen Förderinstrumentariums der Auslandsgeschäftsabsicherung"; ausgewählte Antworten der befragten Unternehmen:

„Kostensenkung; staatliche Absicherung von Akkreditiven günstiger machen; Gebührenstruktur ändern (Hermes); Länderrisikoeinschätzung unlogisch; Länderrisikobewertung anpassen (Hermes); angemessene Verlängerung der Risikolaufzeiten; Verlängerung der möglichen Laufzeiten für Infrastrukturprojekte; Erhöhung von Länderplafonds; Ausweitung des Garantievolumens; höheres Länderlimit bei einigen Ländern; Erhöhung von Orientierungsgrößen; Verbesserung der Absicherungsmöglichkeit für das Consulting-Geschäft; Schaffung von Anreizen, die Förderinstrumente in Anspruch zu nehmen."
Wie sind die oben aufgeführten Anliegen der Unternehmen – insbesondere vor dem Hintergrund der bestehenden nationalen und internationalen wirtschaftspolitischen und wettbewerbsrechtlichen Grenzen/Regeln – zu bewerten?

Verbesserungsvorschläge nehmen wir immer gerne auf, ob durch Umfragen oder im persönlichen Gespräch. Einige der genannten Wünsche konnten in den letzten Jahren aber bereits erfüllt werden. Das ist vielleicht noch nicht allen Exporteuren bekannt. Nur hinsichtlich der Risikoeinstufung und den damit verbundenen Entgelten sind wir unflexibel. Sie werden im Rahmen der OECD festgelegt und sollen einheitliche Wettbewerbsbedingungen herstellen. Die maximalen Kreditlaufzeiten, die ebenfalls von der OECD festgelegt werden, wurden aber gerade für viele Infrastrukturprojekte ausgeweitet. Der übliche Rückzahlungszeitraum von zehn Jahren darf zum Beispiel bei Kraftwerken (zwölf Jahre), allgemein bei Projektfinanzierungen (14 Jahre) und bei erneuerbarer Energieerzeugung (18 Jahre) überschritten werden. Hinsichtlich der Forderung nach einer Erhöhung der Länderplafonds sei gesagt, dass es in Deutschland keinen Länderplafond-Automatismus gibt. Das bedeutet, dass die Länder einer Risikokategorie nicht automatisch einem bestimmten Plafond zugewiesen werden. Zurzeit gibt es in Afrika nur zwei Plafonds zur Übernahme staatlicher Exportkreditgarantien, einen für Geschäfte in Nigeria und einen für Geschäfte in Angola. Beide Plafonds sind im Übrigen noch nicht ausgenutzt. Bei vielen Ländern der höchsten Risikokategorie können allerdings in der Regel nur kleinere, devisenwirksame Projekte übernommen werden. Wir prüfen aber im Einzelfall auch größere Geschäfte. Die Absicherung von Consulting-Geschäften ist inzwischen durch eine neu geschaffene Leistungsdeckung erleichtert und wird nicht gegenüber anderen Exportgeschäften benachteiligt. Einen Anreiz, die Förderinstrumente in Anspruch zu nehmen, hoffen wir letztlich durch kompetente und individuelle Beratung sowie durch zügige Bearbeitung der Anträge zu setzen.

Anhang G: Protokoll des Gesprächs mit Vertretern von PricewaterhouseCoopers

Gesprächsprotokoll vom 11.08.2010
Ort: PricewaterhouseCoopers Aktiengesellschaft Wirtschaftsprüfungsgesellschaft, Hamburg
Teilnehmer: Frau Nicole Haubold und Herr Herwig Maaßen (Pricewaterhouse Coopers)
Thema: Das Instrumentarium der politischen und wirtschaftlichen Risikoabsicherung zur Investitions- und Handelsförderung in Afrika – Schwerpunkt staatliche Investitionsgarantien

1. Die Risiken von im Ausland investierenden deutschen Unternehmen werden in der Regel von der Privatwirtschaft, gemeint sind hier die Banken und Versicherer, gedeckt. Wann ist eine Absicherung der Investitionsrisiken mit Hilfe der Investitionsgarantien des Bundes möglich?

Es gilt grundsätzlich der Subsidiaritätsgrundsatz, welcher der Marktwirtschaft den Vorrang vor staatlichem Handeln einräumt. Infolgedessen übernimmt der Staat nur Deckungen, wenn ausreichende Sicherungsmöglichkeiten am Markt nicht mehr verfügbar sind. Insbesondere bei langfristigen Investitionsprojekten in Schwellen- und Entwicklungsländern sind die Unternehmen aber auf die Investitionsgarantien des Bundes angewiesen, da die Privatwirtschaft unter diesen Bedingungen in der Regel nicht bereit ist, die politischen Risiken von auslandstätigen Unternehmen langfristig und umfänglich zu decken.

2. Welche Risiken werden durch die Investitionsgarantie des Bundes abgesichert?

Die Investitionsgarantie schützt die im Anlageland übernommenen Kapitalanlagen vor Verlusten, die durch Konkretisierung politischer Risiken entstehen – wie Verstaatlichung, Enteignung oder sonstige enteignungsgleiche Eingriffe, Krieg oder politische Gewalt, Revolution oder Aufruhr und Terrorakte. Des Weiteren werden klassische Zahlungsverkehrsrisiken, wie Konvertierungs- und Transferrisiken sowie Zahlungsmoratorien, abgesichert. Auf besonderen Antrag können sich Unternehmen noch gegen die Nichteinhaltung staatlicher Zusagen absichern. Das empfiehlt sich zum Beispiel bei Infrastrukturprojekten, die durch eine besondere Staatsnähe gekennzeichnet sind und wo der Erfolg der geplanten Investition häufig an staatliche Zusagen gebunden ist. Wirtschaftliche Risiken aus dem Projekt muss der Investor in jedem Fall selbst tragen. Das heißt, wenn der Investor aufgrund unternehmerischer Fehlentscheidungen einen Verlust erleidet, ist eine Absicherung mit Hilfe der Investitionsgarantien nicht mehr möglich. Sobald also eines der aufgeführten politischen Risiken ein im Ausland investierendes deutsches Unternehmen beeinflusst, greifen die entsprechenden Schutzmechanismen. Der Bund ist dabei bestrebt, über die Nutzung diplomatischer Kanäle das Investitionsvorhaben des deutschen Unternehmens zu retten. Diese politische Flankierung ist wesentlicher Bestandteil der Schadensvermeidung und einer der entscheidenden Vorteile, die eine Investitionsgarantie beinhaltet.

3. Unternehmen sind Risiken ausgesetzt, die in einem „Graubereich" zwischen einem weiter gefassten Verständnis politischer und rechtlich-regulatorischer sowie wirtschaftlicher Risiken liegen (zum Beispiel Korruption, Durchsetzung vertraglicher Rechte etc.) und die nicht durch das Unternehmen selbst beeinflusst beziehungsweise kontrolliert werden können. Besteht Ihrer Meinung nach ein darüber hinausgehender Bedarf an Risikoabsicherung seitens der Unternehmen?

Es gibt zweifelsohne einen „Graubereich" zwischen einem weiter gefassten Verständnis politischer und rechtlich-regulatorischer sowie wirtschaftlicher Risiken. Aus diesem Grund sind auch die politischen Risiken, die durch die Investitionsgarantie abgesichert werden, klar in den Richtlinien beschrieben. Nun aber zur Ihrer Frage: Natürlich sind mit der Investitionsgarantie des Bundes die Sicherungsbedürfnisse der Wirtschaft nicht umfassend befriedigt. Eine zusätzliche Absicherung von wirtschaftlichen Risiken würde aber bedeuten, dass der Bund den auslandstätigen Unternehmen ihre unternehmerische Verantwortung nimmt. Und das ist ordnungspolitisch nicht gewollt! Abgesehen davon ist es international auch nicht üblich, wirtschaftliche Risiken von im Ausland investierenden Unternehmen abzusichern.

4. Schaut man sich die Definition zu dem Begriff „Direktinvestition" genauer an, fällt auf, dass es sich hierbei um einen weit gefassten Begriff handelt. Welche Formen von Auslandsinvestitionen werden vom Bund überhaupt abgesichert?

Der Bund sichert grundsätzlich Kapitalanlagen ab, die im Ausland getätigt werden. Abzugrenzen davon sind die Vermögens- beziehungsweise Finanzanlagen. Diese werden ausschließlich zu Anlage- und Ertragszwecken (und damit eher aus spekulativen Gründen) ohne eigentliche unternehmerische Betätigung vorgenommen. Diese Anlageform will der Bund nicht mit Garantien unterstützen (die Investitionsförderungs- und -schutzverträge sprechen im Übrigen auch nur von Direktinvestitionen, so dass der Bund hier auch keine Regressposition im Schadensfall hätte). Er möchte vielmehr durch Einsatz dieses Garantieinstruments dauerhafte wirtschaftliche Betätigungen deutscher Unternehmen in Schwellen- und Entwicklungsländern fördern. Kennzeichnend für derartige Engagements ist ein – durch ein Gesamtkonzept ausgewiesenes – unternehmerisches Interesse, das durch Langfristigkeit, investive Verwendung der Mittel und somit einer projektgerechten Kapitalhingabe belegt ist. Als absicherungsfähige Direktinvestitionen gelten also Kapitalanlagen in Form von Anteilen am Gesellschaftskapital rechtlich selbstständiger Unternehmen im Ausland (Neugründungen, Kapitalerhöhungen, Erwerb), ihnen gewährte Darlehen mit beteiligungsähnlichem Charakter (und damit unter bestimmten Voraussetzungen auch Bankdarlehen) sowie Kapitalausstattungen (Dotationskapital) von rechtlich unselbstständigen Niederlassungen oder Betriebsstätten. Darüber hinaus ist darauf hinzuweisen, dass auch die Absicherung anderer vermögenswerter Rechte möglich ist. Unter diesen Rechten sind jene Rechtspositionen zu verstehen, die ebenso wie Beteiligungen, Dotationskapital und beteiligungsähnliche Darlehen langfristig gegen Geld oder geldwerte Leistungen mit dem Ziel einer unternehmerischen Tätigkeit vorgenommen werden. Darunter lassen sich beispielsweise Ansprüche aus Konzessionen und Schuldverschreibungen subsumieren.

5. Welche Garantievoraussetzungen sind von den Unternehmen zu erfüllen?

Investitionsgarantien werden auf Antrag gewährt. Ein Anspruch auf Erteilung einer Garantie besteht nicht. Im Einzelnen müssen die folgenden Voraussetzungen erfüllt sein: Antragsberechtigt sind Unternehmen/Unternehmer mit Sitz/Wohnsitz in Deutschland, wobei das deutsche Interesse an der Durchführung des Projektes zum Ausdruck kommen muss. Der investive Charakter des Projektes sowie die wirtschaftliche Tragfähigkeit des Vorhabens müssen ebenfalls gewährleistet sein. Im Hinblick auf die Förderungswürdigkeit werden die Auswirkungen des Projektes auf das Anlageland im Allgemeinen und die Umwelt im Besonderen sowie die wirtschaftlichen Rückwirkungen auf Deutschland berücksichtigt. Die Investition soll insgesamt zur Vertiefung der Beziehungen der Bundesrepublik Deutschland zum Anlageland beitragen. Eine weitere wichtige Voraussetzung ist der erforderliche Rechtsschutz. Dieser ist grundsätzlich dann gesichert, wenn mit dem Anlageland ein wirksamer Investitionsförderungs- und -schutzvertrag besteht (Regelfall) beziehungsweise die innerstaatliche Rechtsordnung des Anlagelandes hinreichenden Rechtsschutz gewährleistet (Ausnahmefall).

6. Wie sehen der grobe Entscheidungs- und Genehmigungsprozess für eine Investitionsgarantie aus?

Der Investor spricht mit PwC, stellt sein Investitionsprojekt vor und reicht alle wesentlichen Unterlagen des Investitionsprojektes ein. PwC bewertet dann die Unterlagen und erstellt eine interne Entscheidungsvorlage für den Interministeriellen Ausschuss (IMA). Im IMA, der vom BMWi geleitet wird, entscheidet man dann über die Gewährung einer Investitionsgarantie. Ferner ist PwC zuständig für sämtliche nachgelagerten, im Zusammenhang mit der Garantie erforderlichen Verwaltungstätigkeiten und die etwaige Schadensbearbeitung.

7. Für die Inanspruchnahme einer Investitionsgarantie muss ein Unternehmen ein jährliches Garantieentgelt in Höhe von 0,5 % des Höchstbetrages der Garantie und die dazugehörigen Bearbeitungsgebühren bezahlen. Warum ist das Garantieentgelt nicht von der Risikobewertung der verschiedenen Länder abhängig?

Das ist richtig, das Entgelt ist für alle Länder identisch. Obwohl die politischen Risiken von Land zu Land unterschiedlich sein können, wird vom Bund keine Differenzierung vorgenommen. Der Grund für den einheitlichen Prämiensatz liegt in der mangelnden Quantifizierbarkeit des langfristigen politischen Risikos bei Investitionen und der weltweit einheitlichen Regressposition durch die Investitionsförderungs- und -schutzverträge. Insofern hat der Bund auf ein ausgeklügeltes Prämiensystem verzichtet und sich auf die folgenden Deckungskosten verständigt:

Demnach ist die Bearbeitung eines Antrags bis zu einem Deckungsvolumen (aus Kapital und Erträgen) von 5 Mio. Euro gebührenfrei. Für den 5 Mio. Euro übersteigenden Betrag wird eine Bearbeitungsgebühr in Höhe von 0,5 ‰ berechnet, für einen Antrag jedoch höchstens insgesamt 10.000 Euro. Auf die bestehende Kapitaldeckung und die gedeckten jährlichen Erträge ist ein jährliches Garantieentgelt von 0,5 % zu entrichten. Für die noch nicht vorgenommenen Investitionen wird ein vermindertes Entgelt von einem Sechstel des normalen Entgeltes in Rechnung gestellt. Wenn bei Fremdwährungsdarlehen einer beantragten Aufhebung der Kurslimitierung zugestimmt wurde, beträgt das Entgelt 0,55 % jährlich. Isolierte Terrorrisiken können auf Antrag ebenfalls abgesichert werden, was zu einem Anstieg des jährlichen Entgeltes auf 0,6 % führen würde.

8. Für welche Länder wird die Investitionsgarantie am häufigsten von Unternehmen nachgefragt?
   a) Länder mit einem niedrigen politischen Risiko
   b) Länder mit einem mittleren politischen Risiko
   c) Länder mit einem hohen politischen Risiko

Die Länder mit einem mittleren politischen Risiko gehören sicherlich zu der Gruppe, für die die meisten Investitionsgarantien übernommen werden, da hier auch deutlich mehr investiert wird als in Ländern mit hohen politischen Risiken. Für Länder mit niedrigem politischen Risiko werden in der Regel nur wenige Anträge gestellt. Jedoch sei noch einmal darauf hingewiesen, dass sich das politische Risiko bei Auslandsinvestitionen mit einer angedachten Laufzeit von mehreren Jahrzehnten nicht eindeutig mathematisch erfassen lässt. Das bedeutet also, dass der Bund nicht zwischen einem niedrigen, mittleren und hohen politischen Risiko differenziert. Dementsprechend wird auch der Garantiebestand nicht in unterschiedliche politische Länderrisikoklassen unterteilt.

9. Die Investitionsgarantie ist ein bedeutendes Förderinstrument für Unternehmen, die in risikoreichen Regionen, wie etwa dem afrikanischen Kontinent, investieren wollen. Welche Bedeutung hat der afrikanische Kontinent als Investitionsstandort für die deutschen Unternehmen?

Afrika ist natürlich im Vergleich zu Asien oder anderen boomenden Regionen noch nicht so stark im Fokus der Investoren. Jedoch hat die Bedeutung des afrikanischen Kontinents als Investitionsstandort für deutsche Unternehmen in den letzten Jahren stark zugenommen. Dementsprechend ist auch die Nachfrage nach Afrika-Absicherungen überproportional angestiegen. Zwar liegt das unternehmerische Interesse nach wie vor vorrangig in der Sicherung von Rohstoffquellen. Allerdings beobachten wir in letzter Zeit auch eine steigende Nachfrage nach Investitionsgarantien für Projekte, die außerhalb des Rohstoffbereichs (beispielsweise in der Verarbeitenden Industrie, der Infrastruktur oder der Landwirtschaft) liegen.

10. Wie viel Prozent der deutschen Gesamtinvestitionen, die nach Afrika gehen, werden jährlich abgesichert?

Die Frage ist schwierig zu beantworten. Das Problem ist, dass die deutschen Investitionen, die jährlich durch eine Investitionsgarantie abgesichert werden, nicht für den gleichen Zeitraum in der Statistik der deutschen Gesamtinvestitionen der Deutschen Bundesbank abgebildet sein müssen. So ist denkbar, dass eine deutsche Investition in einem afrikanischen Anlageland Ende 2009 abgesichert wurde, aber schon im Jahr 2008 in der Statistik der jährlichen Gesamtinvestitionen in Afrika erfasst wurde. Insofern lassen sich die abgesicherten Investitionen eines bestimmten Jahres nicht ohne Weiteres in Beziehung setzen mit den deutschen Gesamtinvestitionen des gleichen Zeitraums.

11. Mit wie vielen afrikanischen Ländern hat Deutschland einen Investitionsförderungs- und -schutzvertrag abgeschlossen? Gibt es darüber hinaus Informationen über die Inanspruchnahme von Investitionsgarantien, also den Garantiebestand, in den einzelnen afrikanischen Ländern?

Investitionsförderungs- und -schutzverträge wurden mit 43 afrikanischen Ländern im Laufe der Jahrzehnte abgeschlossen. Informationen über die Inanspruchnahme von Investitionsgarantien, also den Garantiebestand, in den einzelnen afrikanischen Ländern werden jedoch nicht veröffentlicht. Der Hintergrund ist, dass, abgesehen von den Großprojekten in Südafrika sowie in einigen nordafrikanischen Ländern wie Algerien, Marokko und Libyen, nur sehr wenige deutsche Investitionen in Afrika getätigt werden. Insbesondere Subsahara-Afrika spielt für deutsche Unternehmen nach wie vor nur eine untergeordnete Rolle. In vielen Ländern der Region sind nur sehr wenige oder im Zweifel sogar nur ein deutsches Unternehmen engagiert. Würde man für diese Länder die Informationen über die Inanspruchnahme von Investitionsgarantien veröffentlichen, wäre es möglich, Rückschlüsse nicht nur auf den jeweiligen Namen, sondern auch auf das Investitionsvolumen des Unternehmens zu ziehen. Aus datenschutzrechtlichen Gründen dürfen wir die Informationen daher nicht veröffentlichen.

12. Welche Förderinstrumente sind Ihnen auf multilateraler Ebene bekannt, die deutsche Unternehmen ebenfalls für die Absicherung von Investitionsprojekten in Anspruch nehmen können, und welche Bedeutung haben diese multilateralen Förderinstrumente für die Unternehmen?

Ad hoc fällt uns natürlich die Multilateral Investment Guarantee Agency (MIGA), eine Tochtergesellschaft der Weltbank, ein, die ebenfalls politische Risiken im Rahmen von Direktinvestitionen in Entwicklungsländern absichert. Darüber hinaus ist uns noch eine kleinere Unterorganisation der Islamic Development Bank namens Islamic Corporation for the Insurance of Investment and Export Credit bekannt. Für deutsche Unternehmen sind die multilateralen Förderinstrumente dann von Bedeutung, wenn eine Absicherung mit Hilfe des deutschen Förderinstruments nicht darstellbar ist. Denkbar ist beispielsweise, dass für ein bestimmtes Land keine Absicherungsmöglichkeit aufgrund eines offenen Schadensfalles besteht. In diesem Fall könnte sich das Unternehmen dann zum Beispiel an die MIGA wenden und eine Absicherung seines Investitionsprojektes beantragen. Auch ist vorstellbar, dass ein internationales Konsortium ein Investitionsprojekt plant und eine Absicherung aus einer Hand wünscht. In diesem Fall würde das Garantieinstrument der MIGA weiterhelfen, währenddessen auf nationaler Ebene eine Absicherung nicht möglich wäre. Wie man sieht, haben die Förderinstrumente der multilateralen Institutionen eine ergänzende Wirkung und laufen nicht gegeneinander.

13. Die Tätigkeit der MIGA ist meines Erachtens nicht auf die Versicherungstätigkeit beschränkt. Zudem ist die MIGA bemüht, die Rahmenbedingungen für Auslandsinvestitionen in Schwellen- und Entwicklungsländern zu verbessern und zu stabilisieren…

Das ist richtig. Nehmen wir die MIGA; die hat einen entwicklungspolitischen Auftrag und stellt sicher, dass die Investitionsprojekte in erster Linie einen Erfolg in den Anlageländern zeigen. In Deutschland ist die Investitionsgarantie hingegen ein Instrument der Außenwirtschaftsförderung. Das bedeutet, dass der Bund zunächst die deutschen Unternehmen bei ihren internationalen Aktivitäten unterstützen möchte. Allerdings befürworten wir auch nur solche Projekte, die eine positive Wirkung im Anlageland erzielen. Insofern erfüllt die Investitionsgarantie indirekt auch einen entwicklungspolitischen Auftrag.

14. Welche weiteren wichtigen Unterschiede zwischen dem Garantieinstrument der MIGA und dem deutschen Förderinstrument sind Ihnen bekannt?

Der Teufel steckt im Detail. So gibt es etwa verschiedene Prämiensätze, die auf unterschiedliche Kriterien, wie Laufzeit, Land, Unternehmensbonität etc., abstellen. Demzufolge ist ein Entgeltvergleich zwischen dem deutschen Garantieinstrument und dem der MIGA nur von Fall zu Fall möglich.

15. Investitionsgarantien decken „nur" das politische Risiko ab. Sind Ihnen Fälle bekannt, in denen aus entwicklungspolitischen Gründen auf multilateraler Ebene auch wirtschaftliche Risiken abgedeckt werden?

Bei der MIGA werden ebenfalls ausschließlich politische Risiken abgesichert. Ob andere multilaterale Institutionen darüber hinaus eine Absicherung von wirtschaftlichen Risiken vornehmen, ist uns nicht bekannt.

16. Welche Vorteile hat das multilaterale Förderinstrument beispielsweise der MIGA gegenüber der Investitionsgarantie des Bundes?

Die Vorteile sind sicherlich sehr ähnlich wie bei der Investitionsgarantie. Die Sicherungsmaßnahmen gegen politische Risiken in den Anlageländern helfen ebenfalls, Bankfinanzierungen zu ermöglichen beziehungsweise zu erleichtern, und können zu günstigeren Kreditkonditionen führen. Auch wird dem Investor ähnlich wie bei der Investitionsgarantie eine stabilere Rechtsbasis im Investitionsland zugesichert. Interessant für die Investoren wird das multilaterale Instrument sicher dann, wenn auf nationaler Ebene keine Absicherungsmöglichkeit besteht. Das ist beispielsweise in Argentinien der Fall, wo wir Projekte in der Pipeline haben, jedoch aufgrund eines Schadensfalles in Argentinien nicht weitere Investitionsgarantien decken dürfen. In diesem Fall wäre es also möglich, dass die Unternehmen ihre Investition durch das Garantieinstrument der MIGA absichern lassen. Bei größeren Projekten mit Investoren aus verschiedenen Ländern kann die Absicherung durch die MIGA ebenfalls von Vorteil sein.

17. Abschließend noch eine letzte Frage: Könnten die Förderinstrumente auf multilateraler Ebene besser mit der deutschen Investitionsgarantie abgestimmt werden? Und welche weiteren Ideen zur Förderung von Investitionen mit Hilfe des hier besprochenen Förderinstruments sehen Sie in Bezug auf den nationalen/multilateralen Vergleich noch?

Eine aktive Zusammenarbeit zwischen der MIGA und PwC findet nur sehr selten statt. Es gibt zwar ein Memorandum of Understanding zwischen der MIGA und PwC und darüber hinaus auch die Möglichkeit, sich im Rahmen der Berner Union, des weltweit größten internationalen Zusammenschlusses privater und staatlicher beziehungsweise im staatlichen Auftrag handelnder Exportkredit- und Investitionsversicherer, auszutauschen. Jedoch sind einfach die entsprechenden Projekte nicht vorhanden. Wir glauben, dass die gegenwärtige Ausgestaltung des nationalen Förderinstruments auch im Vergleich zu den Förderinstrumenten multilateraler Institutionen nicht grundsätzlich reformbedürftig ist. Vielmehr sind Reformanstrengungen in den afrikanischen Anlageländern von Bedeutung, um das Investitionsklima weiter zu verbessern. In diesem Fall wird dann auch das Interesse der deutschen Investoren weiter steigen, in Afrika zu investieren. Mit Blick auf die Investitionsförderungs- und -schutzverträge sind zukünftig Veränderungen denkbar, da im vergangenen Jahr der EU-Reformvertrag (Vertrag von Lissabon) in Kraft getreten ist und infolgedessen das Verhandlungsmandat für die bilateralen Verträge auf die Europäische Union übergegangen ist. In diesem Zusammenhang könnten sich langfristig auch Veränderungen für die Investitionsgarantie ergeben.

Literaturverzeichnis

Afrika-Verein der deutschen Wirtschaft e. V. (zitiert: Positionspapier des Afrika-Vereins zur Außenwirtschafts- und Entwicklungspolitik, ohne Angabe eines Erstellungsdatums): Wachstumsmarkt Afrika – Chancen für die deutsche Wirtschaft nutzen, Positionen des Afrika-Verein der deutschen Wirtschaft e. V. (AV) zur Außenwirtschafts- und Entwicklungspolitik, verfügbar im Internet: URL: <http://www.afrikaverein.de/fileadmin/user_upload/Startseite/Positionspapier%20AV%20-%20Wachstumsmartk%20Afrika.pdf> (zuletzt geprüft am 06.07.2014).

Alsem, K. J., Antufjew, J., Huizingh, K. R. E., Koning, R. H., Sterken, E., Woltil, M. (zitiert: Alsem/Antufjew/Huizingh/Koning/Sterken/Woltil 2003): Insurability of export credit risks, SOM Research Report 03F07, 2003, verfügbar im Internet: URL: <http://som.eldoc.ub.rug.nl/FILES/reports/themeF/2003/03F07/03F07.pdf> (zuletzt geprüft am 06.07.2014).

Andrich, R. (zitiert: Andrich 2012): Grundzüge, in: Hermesdeckungen Spezial, hrsg. von Euler Hermes Aktiengesellschaft, Hamburg März 2012, verfügbar im Internet: URL: <http://www.agaportal.de/pdf/hds/hds_grundz.pdf> (zuletzt geprüft am 06.07.2014).

Arbeitsgemeinschaft Kriegsursachenforschung (zitiert: AKUF 2013): Zahl der kriegerischen Konflikte erneut leicht zurückgegangen, Pressemitteilung der Arbeitsgemeinschaft Kriegsursachenforschung (AKUF) am Institut für Politikwissenschaft der Universität Hamburg, 19.12.2013, verfügbar im Internet: URL: <http://www.wiso.uni-hamburg.de/fileadmin/sowi/akuf/Text_2010/AKUF-Pressemitteilung-2013.pdf> (zuletzt geprüft am 06.07.2014).

Asche, H. (zitiert: Asche 2011): Afrika in der globalen Finanzkrise, in: Wirtschaftliche und soziale Folgen der Finanzkrise für die Entwicklungsländer, Veröffentlichungen des Interdisziplinären Arbeitskreises Dritte Welt, Band 21, hrsg. von G. Meyer, Mainz 2011.

Asche, H., Schüller, M. (zitiert: Asche/Schüller 2008): Chinas Engagement in Afrika – Chancen und Risiken für Entwicklung, Deutsche Gesellschaft für Technische Zusammenarbeit GmbH, Eschborn 2008.

Auswärtiges Amt (zitiert: Afrikapolitische Leitlinien der Bundesregierung 2014): Afrikapolitische Leitlinien der Bundesregierung, 2014, verfügbar im Internet: URL: <http://www.auswaertiges-amt.de/cae/servlet/contentblob/677674/publicationFile/192985/140521_Afrika-Leitlinien-Download.pdf> (zuletzt geprüft am 06.07.2014).

Auswärtiges Amt (zitiert: Afrika-Konzept der Bundesregierung 2011): Deutschland und Afrika: Konzept der Bundesregierung, Berlin 2011, verfügbar im Internet: URL: <http://www.auswaertiges-amt.de/cae/servlet/contentblob/581096/publicationFile/155321/110615-Afrika-Konzept-download.pdf> (zuletzt geprüft am 06.07.2014).

Backhaus, K., Braun, C. (zitiert: Backhaus/Braun 2005): Länderrisikoanalyse bei Direktinvestitionen – Eine systematisierende Beurteilung von Methoden zur Risikoevaluation aus einzelwirtschaftlicher Perspektive, in: Entscheidungsorientierte Volkswirtschaftslehre, Festschrift für Gustav Dieckheuer, hrsg. von M. Göcke / S. Kooths, Frankfurt am Main u. a. 2005.

Backhaus, K., Molter, W. (zitiert: Backhaus/Molter 1989): Internationale Auftragsfinanzierung, in: Handwörterbuch Export und Internationale Unternehmung, Enzyklopädie der Betriebswirtschaftslehre, Band 12, hrsg. von K. Macharzina / M. K. Welge, Stuttgart 1989.

Backhaus, K., Voeth, M. (zitiert: Backhaus/Voeth 2010): Industriegütermarketing, 9. Auflage, München 2010.

Beerfeltz, H.-J. (zitiert: Beerfeltz 2011): Neue Wege in der deutschen Entwicklungspolitik, in: Trade & Finance, hrsg. von PricewaterhouseCoopers Aktiengesellschaft Wirtschaftsprüfungsgesellschaft, Frankfurt am Main Dezember 2011, verfügbar im Internet: URL: <http://www.pwc.co.uk/en_UK/gx/psrc/pdf/trade-finance-dec-2011.pdf> (zuletzt geprüft am 06.07.2014).

Behrendt, S., Erdmann, L., Feil, M. (zitiert: Behrendt/Erdmann/Feil 2011): Kritische Rohstoffe für Deutschland, „Identifikation aus Sicht deutscher Unternehmen wirtschaftlich bedeutsamer mineralischer Rohstoffe, deren Versorgungslage sich mittel- bis langfristig als kritisch erweisen könnte“, Institut für Zukunftsstudien und Technologiebewertung, Kurzfassung, Berlin September 2011, verfügbar im Internet: URL: <http://www.ihk-koblenz.de/linkableblob/1628482/.5./data/KF-data.pdf> (zuletzt geprüft am 06.07.2014).

Bergs, H., Kaiping, C. (zitiert: Bergs/Kaiping 2014): Multisourcing-Projekte, in: Hermesdeckungen Spezial, hrsg. von Euler Hermes Aktiengesellschaft, Hamburg April 2014, verfügbar im Internet: URL: <http://www.agaportal.de/pdf/hds/hds_multisourcing.pdf> (zuletzt geprüft am 06.07.2014).

Berner Union (zitiert: Berne Union Yearbook 2014): Berne Union Yearbook 2014, London 2014, verfügbar im Internet: URL: <http://www.berneunion.org/wp-content/uploads/2012/10/Berne-Union-80-Yearbook-2014.pdf> (zuletzt geprüft am 06.07.2014).

Bernstorff, C. von (zitiert: Bernstorff 2008): Risikomanagement im Auslandsgeschäft: Internationale Geschäfte sicher abschließen, Forderungsausfälle vermeiden, 4. Auflage, Frankfurt am Main 2008.

Bernstorff, C. von (zitiert: Bernstorff 2007): Die Exportfinanzierung mit praxisgerechten Erläuterungen zur Finanzierung von Exportgeschäften, Köln 2007.

Berthold, N., Donges, M. (zitiert: Berthold/Donges 1996): Möglichkeiten und Grenzen staatlicher Beihilfen, in: Wirtschaftswissenschaftliches Studium (WiSt), Band 25, Heft Nr. 10, 1996.

Beyfuß, J. (zitiert: Beyfuß 1989): Exportkreditversicherung, in: Handwörterbuch Export und Internationale Unternehmung, Enzyklopädie der Betriebswirtschaftslehre, Band 12, hrsg. von K. Macharzina / M. K. Welge, Stuttgart 1989.

Bischoff, B. (zitiert: Bischoff 2012): Kommerzielle Finanzierungen in Afrika, in: ExportManager, Ausgabe Nr. 5, hrsg. von F.A.Z.-Institut für Management-, Markt- und Medieninformationen GmbH, Frankfurt am Main Juni 2012, verfügbar im Internet: URL: <http://www.exportmanager-online.de/archiv/258/kommerzielle-finanzierung-in-afrika> (zuletzt geprüft am 06.07.2014).

Bischoff, B. (zitiert: Bischoff 2009): Die Exportkreditgarantien des Bundes in Krisenzeiten, in: Recht der internationalen Wirtschaft, 55. Jahrgang, Heft Nr. 12, 2009.

Bödeker, V. (zitiert: Bödeker 1992): Staatliche Exportkreditversicherungssysteme: ihre Rechtsgrundlagen, Vertragsbedingungen und Funktionsweisen in Deutschland, Frankreich, Großbritannien, den USA und Japan, in: Recht des internationalen Wirtschaftsverkehrs, Band 11, Berlin u. a. 1992.

Böheim, M., Gretschmann, K. (zitiert: Böheim/Gretschmann 1998): Zukunftsperspektiven der österreichischen Wirtschaftsförderung im europäischen Kontext, Studie des Österreichischen Instituts für Wirtschaftsforschung im Auftrag des Bundesministeriums für wirtschaftliche Angelegenheiten, Wien 1998.

Böhmer, M., Hoch, M., Schlesinger, J., Weiß, J., Winter, C. (zitiert: Böhmer/Hoch/Schlesinger/Weiß/Winter 2012): Wachstumsmärkte für die deutsche Industrie – eine Auswahl jenseits der BRICS, hrsg. von Bundesverband der Deutschen Industrie e. V. / Prognos-AG, August 2012, verfügbar im Internet: URL: <http://www.bdi.eu/download_content/Marketing/Broschuere_web.pdf> (zuletzt geprüft am 06.07.2014).

Böll, M., Ehlers, C., Hackenbroch, I., Kalhöfer, M., Stumpf, H. (zitiert: Böll/Ehlers/Hackenbroch/Kalhöfer/Stumpf 2013): Afrika im Fokus 2013 – Chancen und Projekte, hrsg. von Germany Trade and Invest – Gesellschaft für Außenwirtschaft und Standortmarketing mbH, Bonn März 2013, verfügbar im Internet: URL: <http://www.schwaben.ihk.de/linkableblob/2414718/.3./data/Afrika_im_

Fokus_2013_Chancen_und_Projekte-data.pdf;jsessionid=74CF07830ACBE9F08DDF06734BEFFC6A.repl20> (zuletzt geprüft am 06.07.2014).

Brümmerhoff, D. (zitiert: Brümmerhoff 2011): Finanzwissenschaft, 10. Auflage, München 2011.

Büter, C. (zitiert: Büter 2013): Außenhandel, Grundlagen internationaler Handelsbeziehungen, 3. Auflage, Berlin u. a. 2013.

Bundesbank (zitiert: Bundesbank 2014): Bestandserhebung über Direktinvestitionen, Statistische Sonderveröffentlichung 10, Frankfurt am Main April 2014, verfügbar im Internet: URL: <http://www.bundesbank.de/Redaktion/DE/Downloads/Veroeffentlichungen/Statistische_Sonderveroeffentlichungen/Statso_10/statso_10_bestandserhebung_ueber_direktinvestitionen_2014.pdf?__blob=publicationFile> (zuletzt geprüft am 06.07.2014).

Bundesministerium der Finanzen (zitiert: Bundesministerium der Finanzen 2014a): Die Auslandsgewährleistungen des Bundes, Berlin, Stand 17.06.2014, verfügbar im Internet: URL: <http://www.bundesfinanzministerium.de/Content/DE/Standardartikel/Themen/Internationales_Finanzmarkt/Internationale_Finanzpolitik/Auslandsgewaehrleistungen_des_Bundes/2012-06-18-auslands-gewaehrleistungen-des-bundes.html?__act=renderPdf&__iDocId=301288> (zuletzt geprüft am 06.07.2014).

Bundesministerium der Finanzen (zitiert: Bundesministerium der Finanzen 2014b): Vermögensrechnung des Bundes für das Haushaltsjahr 2013, Berlin Mai 2014, verfügbar im Internet: URL: <http://www.bundesfinanzministerium.de/Content/DE/Standardartikel/Themen/Oeffentliche_Finanzen/Bundeshaushalt/Haushalts_und_Vermoegensrechnungen_des_Bundes/2014-06-30-vermoegensrechnung-des-bundes-2013.pdf?__blob=publicationFile&v=3> (zuletzt geprüft am 06.07.2014).

Bundesministerium für Wirtschaft und Energie (zitiert: BMWi 2014): Übersicht über die bilateralen Investitionsförderungs- und -schutzverträge (IFV) der Bundesrepublik Deutschland, Berlin, Stand 14.05.2014, verfügbar im Internet: URL: <http://www.bmwi.de/BMWi/Redaktion/PDF/B/bilaterale-investitionsfoerderungs-und-schutzvertraege-IFV,property=pdf,bereich=bmwi2012,sprache=de,rwb=true.pdf> (zuletzt geprüft am 06.07.2014).

Bundesministerium für Wirtschaft und Energie (zitiert: BMWi-Protokoll Workshop I 2014): Protokoll Workshop I, Globale Wertschöpfungsketten, deutscher Anteil und Ursprungsregeln, Im Dialog mit der Wirtschaft – die Exportkredit- und Investitionsgarantien der Bundesrepublik Deutschland, Berlin 2014, verfügbar im Internet: URL: <http://www.bmwi.de/BMWi/Redaktion/PDF/P-

R/protokoll-1-im-dialog-mit-der-wirtschaft,property=pdf,bereich=bmwi2012,sprache=de,rwb=true.pdf> (zuletzt geprüft am 06.07.2014).

Bundesministerium für Wirtschaft und Technologie (zitiert: BMWi-Ergebnisprotokoll Workshop III 2012): Ergebnisprotokoll Workshop III, Zukunftsmärkte für deutsche Investoren – Chancen und Risiken, Im Dialog mit der Wirtschaft – die Exportkredit- und Investitionsgarantien der Bundesrepublik Deutschland, Berlin 2012.

Bundesministerium für Wirtschaft und Technologie (zitiert: BMWi-Ergebnisprotokoll Workshop V 2012): Ergebnisprotokoll Workshop V, Außenwirtschaft und Zivilgesellschaft, Nachhaltigkeitsanforderungen bei den Garantieinstrumenten des Bundes, Im Dialog mit der Wirtschaft – die Exportkredit- und Investitionsgarantien der Bundesrepublik Deutschland, Berlin 2012.

Bundesministerium für Wirtschaft und Technologie (zitiert: BMWi-Ergebnisprotokoll Workshop VI 2012): Ergebnisprotokoll Workshop VI, Herausforderungen für die Hermesdeckungen durch die globalisierte Arbeitsteilung – German content vs. German interest, Im Dialog mit der Wirtschaft – die Exportkredit- und Investitionsgarantien der Bundesrepublik Deutschland, Berlin 2012.

Bundesministerium für Wirtschaft und Technologie (zitiert: BMWi-Ergebnisprotokoll Workshop I 2008): Ergebnisprotokoll Workshop I, Hermesdeckungen und Finanzierung: Potenzial für mittelständische Unternehmen, Exportkreditgarantien des Bundes im Dialog mit der Wirtschaft, Berlin 2008.

Bundesministerium für Wirtschaft und Technologie (zitiert: BMWi-Ergebnisprotokoll Workshop VII 2008): Ergebnisprotokoll Workshop VII, Direktinvestitionen im Ausland, Exportkreditgarantien des Bundes im Dialog mit der Wirtschaft, Berlin 2008.

Bundesministerium für Wirtschaft und Technologie (zitiert: BMWi-Ergebnisprotokoll Workshop V 2006): Ergebnisprotokoll Workshop V, Exportkreditgarantien für den Mittelstand: Ideen und Impulse für stärkere Förderung, Exportkreditgarantien des Bundes im Dialog mit der Wirtschaft, Berlin 2006.

Bundesministerium für Wirtschaft und Technologie (zitiert: Jahreswirtschaftsbericht des BMWi 2013): Jahreswirtschaftsbericht 2013, Wettbewerbsfähigkeit – Schlüssel für Wachstum und Beschäftigung in Deutschland und Europa, Berlin Januar 2013, verfügbar im Internet: URL: <http://www.bmwi.de/BMWi/Redaktion/PDF/Publikationen/jahreswirtschaftsbericht-2013,property=pdf,bereich=bmwi2012,sprache=de,rwb=true.pdf> (zuletzt geprüft am 06.07.2014).

Bundesministerium für Wirtschaft und Technologie (zitiert: BMWi Monatsbericht Februar 2012): Monatsbericht Februar 2012, in: Schlaglichter der Wirtschaftspolitik, Berlin 2012, verfügbar im Internet: URL: <http://www.bmwi.

de/Dateien/BMWi/PDF/Monatsbericht/schlaglichter-der-wirtschaftspolitik-02-2012,property=pdf,bereich=bmwi,sprache=de,rwb=true.pdf> (zuletzt geprüft am 06.07.2014).

Bundesministerium für Wirtschaft und Technologie (zitiert: BMWi Monatsbericht November 2011): Monatsbericht November 2011, in: Schlaglichter der Wirtschaftspolitik, Berlin 2011, verfügbar im Internet: URL: <http://www.bmwi.de/Dateien/BMWi/PDF/Monatsbericht/schlaglichter-der-wirtschaftspolitik-11-2011,property=pdf,bereich=bmwi,sprache=de,rwb=true.pdf> (zuletzt geprüft am 06.07.2014).

Bundesministerium für Wirtschaft und Technologie (zitiert: BMWi Monatsbericht Juli 2010): Monatsbericht Juli 2010, in: Schlaglichter der Wirtschaftspolitik, Berlin 2010, verfügbar im Internet: URL: <http://www.bmwi.de/Dateien/BMWi/PDF/Monatsbericht/schlaglichter-der-wirtschaftspolitik-07-2010,property=pdf,bereich=bmwi,sprache=de,rwb=true.pdf> (zuletzt geprüft am 06.07.2014).

Bundesministerium für Wirtschaft und Technologie (zitiert: BMWi Monatsbericht September 2007): Monatsbericht September 2007, in: Schlaglichter der Wirtschaftspolitik, Berlin 2007.

Bundesministerium für Wirtschaft und Technologie (zitiert: Rohstoffstrategie der Bundesregierung 2010): Rohstoffstrategie der Bundesregierung, Sicherung einer nachhaltigen Rohstoffversorgung Deutschlands mit nicht-energetischen mineralischen Rohstoffen, Berlin Oktober 2010, verfügbar im Internet: URL: <http://www.bmwi.de/Dateien/BMWi/PDF/rohstoffstrategie-der-bundesregierung> (zuletzt geprüft am 06.07.2014).

Bundesministerium für Wirtschaft und Technologie (zitiert: BMWi 1980): 30 Jahre Interministerieller Ausschuß für Ausfuhrgarantien und Ausfuhrbürgschaften – Bericht über Aufgabe und Arbeit des Ausschusses im Rahmen der staatlichen Exportkreditversicherung anlässlich seiner 750. Sitzung, Bonn 1980, verfügbar im Internet: URL: <http://www.60jahrehermesdeckungen.de/pdf/30jahre.pdf> (zuletzt geprüft am 06.07.2014).

Bundesministerium für wirtschaftliche Zusammenarbeit und Entwicklung (zitiert: BMZ-Strategiepapier 2011): Märkte entwickeln, Wohlstand schaffen, Armut reduzieren, Verantwortung übernehmen – Die Wirtschaft als Partner der Entwicklungspolitik, Politisches Eckpunkte-Papier zur Kooperation mit der Wirtschaft, BMZ-Strategiepapier 3/2011, April 2011, verfügbar im Internet: URL: <http://www.bmz.de/de/publikationen/reihen/strategiepapiere/Strategiepapier302_03_2011.pdf> (zuletzt geprüft am 06.07.2014).

Bundesverband der deutschen Industrie e. V. (zitiert: BDI 2007): Rohstoffsicherheit – Anforderungen an Industrie und Politik, Ergebnisbericht der BDI-Präsidialgruppe für Internationale Rohstofffragen, 2. BDI-Rohstoffkongress am 20. März 2007, BDI-Drucksache Nr. 395, Berlin 2007, verfügbar im Internet: URL: <http://www.braunkohle-forum.de/files/bdi-rohstoffbericht.pdf> (zuletzt geprüft am 06.07.2014).

Bungenberg, M. (zitiert: Bungenberg 2012): Investitionsschutz für Rohstoffkonzessionen und Förderanlagen in Drittstaaten, in: Rechtsfragen des internationalen Rohstoffhandels, Schriften zum Außenwirtschaftsrecht, Tagungsband zum 16. Münsteraner Außenwirtschaftsrechtstag 2011, hrsg. von D. Ehlers / C. Herrmann / H.-M. Wolffgang / U. J. Schröder, Frankfurt am Main 2012.

Burger, A., Ulbrich, P., Ahlemeyer, N. (zitiert: Burger/Ulbrich/Ahlemeyer 2010): Beteiligungscontrolling, 2. Auflage, München u. a. 2010.

Burgmann, I. (zitiert: Burgmann 1998): Die Versicherung von Transport- und Kreditrisiken im Auslandsgeschäft, in: Kompendium der Internationalen Betriebswirtschaftslehre, hrsg. von S. G. Schoppe, 4. Auflage, München u. a 1998.

Cordes, U., Gehring, A. (zitiert: Cordes/Gehring 2012): Einbeziehung von Auslandsanteilen, in: Hermesdeckungen Spezial, hrsg. von Euler Hermes Aktiengesellschaft, Hamburg März 2012, verfügbar im Internet: URL: <http://www.agaportal.de/pdf/hds/hds_auslandsanteile.pdf> (zuletzt geprüft am 06.07.2014).

Dickertmann, D. (zitiert: Dickertmann 1996): Gewährleistungen und Hermes-Bürgschaften des Bundes – eine Kennzeichnung aus subventionstheoretischer und subventionspolitischer Sicht, in: Finanzierungsprobleme der deutschen Einheit IV – Spezielle Finanzierungsaspekte im Zeitablauf, Schriften des Vereins für Socialpolitik, Band 229/IV, hrsg. von A. Oberhauser, Berlin 1996.

Dickertmann, D. (zitiert: Dickertmann 1980): Öffentliche Finanzierungshilfen – Darlehen, Schuldendiensthilfen und Bürgschaften als Instrumente des finanzwirtschaftlichen Interventionismus, in: Schriften zur öffentlichen Verwaltung und öffentlichen Wirtschaft, Band 47, hrsg. von P. Eichhorn / P. Friedrich, Baden-Baden 1980.

Dieckheuer, G. (zitiert: Dieckheuer 2001): Internationale Wirtschaftsbeziehungen, 5. Auflage, München 2001.

Ditté, P. (zitiert: Ditté 2009): Weltwirtschaft und sicherheitspolitische Risiken – Erscheinungsformen, Früherkennung, Prävention, in: Studien zur internationalen Politik, Band 9, hrsg. von J. Schwarz, Frankfurt am Main u. a. 2009.

Donges, J. B., Freytag, A. (zitiert: Donges/Freytag 2009): Allgemeine Wirtschaftspolitik, 3. Auflage, Stuttgart 2009.

Ehlers, D. (zitiert: Ehlers 2004): Zulässigkeiten und Grenzen der Ausfuhrförderung, in: Staat, Wirtschaft, Finanzverfassung, Festschrift für Peter Selmer zum 70. Geburtstag, hrsg. von L. Osterloh / K. Schmidt / H. Weber, Berlin 2004.

Eickhof, N. (zitiert: Eickhof 1995): Marktversagen, Wettbewerbsversagen, staatliche Regulierung und wettbewerbspolitische Bereichsausnahmen, in: Volkswirtschaftliche Diskussionsbeiträge der Wirtschafts- und Sozialwissenschaftlichen Fakultät, Nr. 5, Potsdam 1995.

Engelhard, J. (zitiert: Engelhard 1992): Exportförderung: Exportentscheidungsprozesse und Exporterfolg, Wiesbaden 1992.

Euler Hermes Aktiengesellschaft, PricewaterhouseCoopers Aktiengesellschaft Wirtschaftsprüfungsgesellschaft (zitiert: AGA-Report 2014, Nr. 237): AGA-Report 2014, Nr. 237, Februar 2014, verfügbar im Internet: URL: <http://www.agaportal.de/pdf/aga-report/ar237.pdf> (zuletzt geprüft am 06.07.2014).

Euler Hermes Aktiengesellschaft, PricewaterhouseCoopers Aktiengesellschaft Wirtschaftsprüfungsgesellschaft (zitiert: AGA-Report 2013, Nr. 227): AGA-Report 2013, Nr. 227, April 2013, verfügbar im Internet: URL: <http://www.agaportal.de/pdf/aga-report/ar227.pdf> (zuletzt geprüft am 06.07.2014).

Euler Hermes Aktiengesellschaft, PricewaterhouseCoopers Aktiengesellschaft Wirtschaftsprüfungsgesellschaft (zitiert: AGA-Report 2012, Nr. 223): AGA-Report 2012, Nr. 223, Dezember 2012, verfügbar im Internet: URL: <http://www.agaportal.de/pdf/aga-report/ar223.pdf> (zuletzt geprüft am 06.07.2014).

Euler Hermes Aktiengesellschaft, PricewaterhouseCoopers Aktiengesellschaft Wirtschaftsprüfungsgesellschaft (zitiert: AGA-Report 2012, Nr. 217): AGA-Report 2012, Nr. 217, Juli 2012, verfügbar im Internet: URL: <http://www.agaportal.de/pdf/aga-report/ar218.pdf> (zuletzt geprüft am 06.07.2014).

Euler Hermes Aktiengesellschaft, PricewaterhouseCoopers Aktiengesellschaft Wirtschaftsprüfungsgesellschaft (zitiert: AGA-Report 2011, Nr. 199): AGA-Report 2011, Nr. 199, Januar 2011, verfügbar im Internet: URL: <http://www.agaportal.de/pdf/aga-report/ar199.pdf> (zuletzt geprüft am 06.07.2014).

Euler Hermes Aktiengesellschaft, PricewaterhouseCoopers Aktiengesellschaft Wirtschaftsprüfungsgesellschaft (zitiert: AGA-Report 2010, Nr. 190): AGA-Report 2010, Nr. 190, Mai 2010, verfügbar im Internet: URL: <http://www.agaportal.de/pdf/aga-report/ar190.pdf> (zuletzt geprüft am 06.07.2014).

Euler Hermes Aktiengesellschaft, PricewaterhouseCoopers Aktiengesellschaft Wirtschaftsprüfungsgesellschaft (zitiert: AGA-Report 2010, Nr. 188): AGA-Report 2010, Nr. 188, März 2010, verfügbar im Internet: URL: <http://www.agaportal.de/pdf/aga-report/ar188.pdf> (zuletzt geprüft am 06.07.2014).

Euler Hermes Aktiengesellschaft, PricewaterhouseCoopers Aktiengesellschaft Wirtschaftsprüfungsgesellschaft (zitiert: AGA-Report 2009, Nr. 177): AGA-Report 2009, Nr. 177, Mai 2009, verfügbar im Internet: URL: <http://www.agaportal.de/pdf/aga-report/ar177.pdf> (zuletzt geprüft am 06.07.2014).

Euler Hermes Aktiengesellschaft, PricewaterhouseCoopers Aktiengesellschaft Wirtschaftsprüfungsgesellschaft (zitiert: AGA-Report 2009, Nr. 175): AGA-Report 2009, Nr. 175, März 2009, verfügbar im Internet: URL: <http://www.agaportal.de/pdf/aga-report/ar175.pdf> (zuletzt geprüft am 06.07.2014).

Euler Hermes Aktiengesellschaft, PricewaterhouseCoopers Aktiengesellschaft Wirtschaftsprüfungsgesellschaft (zitiert: AGA-Report 2007, Nr. 149): AGA-Report 2007, Nr. 149, Februar 2007, verfügbar im Internet: URL: <http://www.agaportal.de/pdf/aga-report/ar149.pdf> (zuletzt geprüft am 06.07.2014).

Euler Hermes Aktiengesellschaft, PricewaterhouseCoopers Aktiengesellschaft Wirtschaftsprüfungsgesellschaft (zitiert: AGA-Report 2006, Nr. 147): AGA-Report 2006, Nr. 147, Dezember 2006, verfügbar im Internet: URL: <http://www.agaportal.de/pdf/aga-report/ar147.pdf> (zuletzt geprüft am 06.07.2014).

Euler Hermes Aktiengesellschaft, PricewaterhouseCoopers Aktiengesellschaft Wirtschaftsprüfungsgesellschaft (zitiert: AGA-Report 2006, Nr. 146): AGA-Report 2006, Nr. 146, November 2006, verfügbar im Internet: URL: <http://www.agaportal.de/pdf/aga-report/ar146.pdf> (zuletzt geprüft am 06.07.2014).

Euler Hermes Aktiengesellschaft, PricewaterhouseCoopers Aktiengesellschaft Wirtschaftsprüfungsgesellschaft (zitiert: AGA-Report 2006, Nr. 135): AGA-Report 2006, Nr. 135, April 2006, verfügbar im Internet: URL: <http://www.agaportal.de/pdf/aga-report/ar135.pdf> (zuletzt geprüft am 06.07.2014).

Euler Hermes Aktiengesellschaft, PricewaterhouseCoopers Aktiengesellschaft Wirtschaftsprüfungsgesellschaft (zitiert: AGA-Report 2004, Nr. 111): AGA-Report 2004, Nr. 111, Oktober 2004, verfügbar im Internet: URL: <http://www.agaportal.de/pdf/aga-report/ar111.pdf> (zuletzt geprüft am 06.07.2014).

Euler Hermes Aktiengesellschaft, PricewaterhouseCoopers Aktiengesellschaft Wirtschaftsprüfungsgesellschaft (zitiert: AGA-Report 2004, Nr. 110): AGA-Report 2004, Nr. 110, September 2004, verfügbar im Internet: URL: <http://www.agaportal.de/pdf/aga-report/ar110.pdf> (zuletzt geprüft am 06.07.2014).

Euler Hermes Aktiengesellschaft (zitiert: AGA-Report 2002, Nr. 89): AGA-Report 2002, Nr. 89, März 2002, verfügbar im Internet: URL: <http://www.agaportal.de/pages/portal/aga-report/ar89.html> (zuletzt geprüft am 06.07.2014).

Euler Hermes Aktiengesellschaft (zitiert: AGA-Report 1999, Nr. 76): AGA-Report 1999, Nr. 76, Mai 1999, verfügbar im Internet: URL: <http://www.agaportal.de/pages/portal/aga-report/ar76.html> (zuletzt geprüft am 06.07.2014).

Euler Hermes Aktiengesellschaft (zitiert: AGA-Report 1997, Nr. 67): AGA-Report 1997, Nr. 67, Juni 1997, verfügbar im Internet: URL: <http://www.agaportal.de/pages/portal/aga-report/ar67.html> (zuletzt geprüft am 06.07.2014).

Euler Hermes Aktiengesellschaft (zitiert: AGA-Report 1996, Nr. 61): AGA-Report 1996, Nr. 61, Juni 1996, verfügbar im Internet: URL: <http://www.agaportal.de/pages/portal/aga-report/ar61.html> (zuletzt geprüft am 06.07.2014).

Euler Hermes Aktiengesellschaft (zitiert: AGA-Report 1995, Nr. 58): AGA-Report 1995, Nr. 58, November 1995, verfügbar im Internet: URL: <http://www.agaportal.de/pages/portal/aga-report/ar58.html> (zuletzt geprüft am 06.07.2014).

Euler Hermes Aktiengesellschaft (zitiert: AGA-Report 1995, Nr. 56): AGA-Report 1995, Nr. 56, Juni 1995, verfügbar im Internet: URL: <http://www.agaportal.de/pages/portal/aga-report/ar56.html> (zuletzt geprüft am 06.07.2014).

Euler Hermes Aktiengesellschaft (zitiert: AGA-Report 1995, Nr. 54): AGA-Report 1995, Nr. 54, Februar 1995, verfügbar im Internet: URL: <http://www.agaportal.de/pages/portal/aga-report/ar54.html> (zuletzt geprüft am 06.07.2014).

Euler Hermes Aktiengesellschaft (zitiert: AGA-Report 1994, Nr. 51): AGA-Report 1994, Nr. 51, Juli 1994, verfügbar im Internet: URL: <http://www.agaportal.de/pages/portal/aga-report/ar51.html> (zuletzt geprüft am 06.07.2014).

Euler Hermes Aktiengesellschaft (zitiert: AGA-Report 1994, Nr. 47): AGA-Report 1994, Nr. 47, Hamburg Januar 1994, verfügbar im Internet: URL: <http://www.agaportal.de/pdf/aga-report/ar47.pdf> (zuletzt geprüft am 06.07.2014).

Euler Hermes Aktiengesellschaft (zitiert: AGA-Report 1993, Nr. 43): AGA-Report 1993, Nr. 43, Hamburg Juni 1993, verfügbar im Internet: URL: <http://www.agaportal.de/pdf/aga-report/ar43.pdf> (zuletzt geprüft am 06.07.2014).

Euler Hermes Aktiengesellschaft (zitiert: AGA-Report 1992, Nr. 38): AGA-Report 1992, Nr. 38, Hamburg Juli 1992, verfügbar im Internet: URL: <http://www.agaportal.de/pdf/aga-report/ar38.pdf> (zuletzt geprüft am 06.07.2014).

Euler Hermes Aktiengesellschaft (zitiert: AGA-Report 1991, Nr. 35): AGA-Report 1991, Nr. 35, Hamburg November 1991, verfügbar im Internet: URL: <http://www.agaportal.de/pdf/aga-report/ar35.pdf> (zuletzt geprüft am 06.07.2014).

Euler Hermes Aktiengesellschaft (zitiert: AGA-Report 1990, Nr. 24): AGA-Report 1990, Nr. 24, Hamburg Juni 1990, verfügbar im Internet: URL: <http://www.agaportal.de/pdf/aga-report/ar24.pdf> (zuletzt geprüft am 06.07.2014).

Euler Hermes Aktiengesellschaft (zitiert: AGA-Report 1989, Nr. 13): AGA-Report 1989, Nr. 13, Hamburg Februar 1989, verfügbar im Internet: URL: <http://www.agaportal.de/pdf/aga-report/ar13.pdf> (zuletzt geprüft am 06.07.2014).

Euler Hermes Aktiengesellschaft (zitiert: Grundzüge der erweiterten Lieferantenkreditdeckung 2014): Grundzüge der erweiterten Lieferantenkreditdeckung, Hamburg Juni 2014, verfügbar im Internet: URL: <http://www.agaportal.de/pdf/info/info_erwlieferantenkredit.pdf> (zuletzt geprüft am 06.07.2014).

Euler Hermes Aktiengesellschaft (zitiert: Hermesdeckungen Spezial – Flexible Konsensusvorschriften für Projektfinanzierungen 2014): Flexible Konsensusvorschriften für Projektfinanzierungen, in: Hermesdeckungen Spezial, Hamburg Februar 2014, verfügbar im Internet: URL: <http://www.agaportal.de/pdf/hds/hds_projektf.pdf> (zuletzt geprüft am 06.07.2014).

Euler Hermes Aktiengesellschaft (zitiert: Hermesdeckungen Spezial – Gutachten bei Projektfinanzierungen/Strukturierten Finanzierungen 2012): Gutachten bei Projektfinanzierungen/Strukturierten Finanzierungen, in: Hermesdeckungen Spezial, Hamburg März 2012, verfügbar im Internet: URL: <http://www.agaportal.de/pdf/hds/hds_gutachten.pdf> (zuletzt geprüft am 06.07.2014).

Euler Hermes Aktiengesellschaft (zitiert: Informationsbroschüre für Exportkreditgarantien des Bundes, ohne Angabe eines Erstellungsdatums): Exportförderung mit Hermesdeckungen, Informationsbroschüre, Hamburg, verfügbar im Internet: URL: <http://www.agaportal.de/pdf/info/infobroschuere.pdf> (zuletzt geprüft am 06.07.2014).

Euler Hermes Aktiengesellschaft (zitiert: Jahresbericht der Exportkreditgarantien 2013): Jahresbericht 2013 – Exportkreditgarantien der Bundesrepublik Deutschland, Hamburg Mai 2014, verfügbar im Internet: URL: <http://agaportal.de/pdf/berichte/jb_2013.pdf> (zuletzt geprüft am 06.07.2014).

Euler Hermes Aktiengesellschaft (zitiert: Jahresbericht der Exportkreditgarantien 2012): Jahresbericht 2012 – Exportkreditgarantien der Bundesrepublik Deutschland, Hamburg April 2013, verfügbar im Internet: URL: <http://agaportal.de/pdf/berichte/jb_2012.pdf> (zuletzt geprüft am 06.07.2014).

Euler Hermes Aktiengesellschaft (zitiert: Jahresbericht der Exportkreditgarantien 2011): Jahresbericht 2011 – Exportkreditgarantien der Bundesrepublik Deutschland, Hamburg April 2012, verfügbar im Internet: URL: <http://agaportal.de/pdf/berichte/jb_2011.pdf> (zuletzt geprüft am 06.07.2014).

Euler Hermes Aktiengesellschaft (zitiert: Jahresbericht der Exportkreditgarantien 2010): Jahresbericht 2010 – Exportkreditgarantien der Bundesrepublik Deutschland, Hamburg Mai 2011, verfügbar im Internet: URL: <http://agaportal.de/pdf/berichte/jb_2010.pdf> (zuletzt geprüft am 06.07.2014).

Euler Hermes Aktiengesellschaft (zitiert: Jahresbericht der Exportkreditgarantien 2009): Jahresbericht 2009 – Exportkreditgarantien der Bundesrepublik Deutschland, Hamburg Mai 2010, verfügbar im Internet: URL: <http://agaportal.de/pdf/berichte/jb_2009.pdf> (zuletzt geprüft am 06.07.2014).

Euler Hermes Aktiengesellschaft (zitiert: Jahresbericht der Exportkreditgarantien 2008): Jahresbericht 2008 – Exportkreditgarantien der Bundesrepublik Deutschland, Hamburg Juni 2009, verfügbar im Internet: URL: <http://agaportal.de/pdf/berichte/jb_2008.pdf> (zuletzt geprüft am 06.07.2014).

Euler Hermes Aktiengesellschaft (zitiert: Jahresbericht der Exportkreditgarantien 2007): Jahresbericht 2007 – Exportkreditgarantien der Bundesrepublik Deutschland, Hamburg Juni 2008, verfügbar im Internet: URL: <http://agaportal.de/pdf/berichte/jb_2007.pdf> (zuletzt geprüft am 06.07.2014).

Euler Hermes Aktiengesellschaft (zitiert: Jahresbericht der Exportkreditgarantien 2006): Jahresbericht 2006 – Exportkreditgarantien der Bundesrepublik Deutschland, Hamburg Mai 2007, verfügbar im Internet: URL: <http://agaportal.de/pdf/berichte/jb_2006.pdf> (zuletzt geprüft am 06.07.2014).

Euler Hermes Aktiengesellschaft (zitiert: Jahresbericht der Exportkreditgarantien 2004): Jahresbericht 2004 – Exportkreditgarantien der Bundesrepublik Deutschland, Hamburg Mai 2005, verfügbar im Internet: URL: <http://agaportal.de/pdf/berichte/jb_2004.pdf> (zuletzt geprüft am 06.07.2014).

Euler Hermes Aktiengesellschaft (zitiert: Kundenzufriedenheitsstudie Exportkreditgarantien 2010): Kundenzufriedenheitsstudie Exportkreditgarantien 2010, Zusammenfassung, verfügbar im Internet: URL: <http://www.agaportal.de/pdf/presse/kundenzufriedenheit_2010.pdf> (zuletzt geprüft am 06.07.2014).

Euler Hermes Aktiengesellschaft (zitiert: Produktinformation Ausfuhr-Pauschal-Gewährleistung 2014): Produktinformation Ausfuhr-Pauschal-Gewährleistung, Hamburg Juni 2014, verfügbar im Internet: URL: <http://www.agaportal.de/pdf/produktinfo/pi_apg.pdf> (zuletzt geprüft am 06.07.2014).

Euler Hermes Aktiengesellschaft (zitiert: Produktinformation Ausfuhr-Pauschal-Gewährleistung-light 2013): Produktinformation Ausfuhr-Pauschal-Gewährleistung-light, Hamburg Juni 2013, verfügbar im Internet: URL: <http://www.agaportal.de/pdf/produktinfo/pi_apg_light.pdf> (zuletzt geprüft am 06.07.2014).

Euler Hermes Aktiengesellschaft (zitiert: Produktinformation Fabrikationsrisikodeckung 2013): Produktinformation Fabrikationsrisikodeckung, Hamburg

Oktober 2013, verfügbar im Internet: URL: <http://www.agaportal.de/pdf/produktinfo/pi_fabrikationsrisiko_2013.pdf> (zuletzt geprüft am 06.07.2014).

Euler Hermes Aktiengesellschaft (zitiert: Produktinformation Finanzkreditdeckung 2012): Produktinformation Finanzkreditdeckung, Hamburg März 2012, verfügbar im Internet: URL: <http://www.agaportal.de/pdf/produktinfo/pi_finanzkredit.pdf> (zuletzt geprüft am 06.07.2014).

Euler Hermes Aktiengesellschaft (zitiert: Produktinformation Lieferantenkreditdeckung 2012): Produktinformation Lieferantenkreditdeckung, Hamburg März 2012, verfügbar im Internet: URL: <http://www.agaportal.de/pdf/produktinfo/pi_lieferantenkredit.pdf> (zuletzt geprüft am 06.07.2014).

Euler Hermes Aktiengesellschaft (zitiert: Produktinformation Revolvierende Finanzkreditdeckung 2012): Produktinformation Revolvierende Finanzkreditdeckung, Hamburg März 2012, verfügbar im Internet: URL: <http://www.agaportal.de/pdf/produktinfo/pi_revolv_finanzkredit.pdf> (zuletzt geprüft am 06.07.2014).

Euler Hermes Aktiengesellschaft (zitiert: Produktinformation Revolvierende Lieferantenkreditdeckung 2012): Produktinformation Revolvierende Lieferantenkreditdeckung, Hamburg März 2012, verfügbar im Internet: URL: <http://www.agaportal.de/pdf/produktinfo/pi_revolv_einzeldeckung.pdf> (zuletzt geprüft am 06.07.2014).

Euler Hermes Aktiengesellschaft (zitiert: Produktinformation Vertragsgarantiedeckungen 2012): Produktinformation Vertragsgarantiedeckungen, Hamburg März 2012, verfügbar im Internet: URL: <http://www.agaportal.de/pdf/produktinfo/pi_vertragsgarantie.pdf> (zuletzt geprüft am 06.07.2014).

Euler Hermes Aktiengesellschaft (zitiert: Verzeichnis der Gebühren und Entgelte für Exportkreditgarantien 2013): Verzeichnis der Gebühren und Entgelte – Exportkreditgarantien der Bundesrepublik Deutschland, Hamburg Oktober 2013, verfügbar im Internet: URL: <http://www.agaportal.de/pdf/info/verzeichnis_gebuehren_entgelte_2013.pdf> (zuletzt geprüft am 06.07.2014).

Euler Hermes Gruppe (zitiert: Geschäftsbericht Euler Hermes Gruppe 2013): Geschäftsbericht Euler Hermes Gruppe 2013, Paris Februar 2014, verfügbar im Internet: URL: <http://www.eulerhermes.com/mediacenter/Lists/mediacenter-documents/Euler_Hermes_2013_Registration_Document.pdf> (zuletzt geprüft am 06.07.2014).

Europäische Kommission (zitiert: Konsultationspapier 2011): Konsultationspapier zur Überprüfung der Mitteilung der Kommission über die kurzfristige Exportkreditversicherung, Antwort des Bundesministeriums für Wirtschaft und Technologie auf Fragen der Europäischen Kommission 2011, verfügbar im Internet: URL: <http://ec.europa.eu/competition/consultations/2011_export_credit/germany_de.pdf> (zuletzt geprüft am 06.07.2014).

Europäische Kommission (zitiert: KMU-Benutzerhandbuch 2006): Die neue KMU-Definition, Benutzerhandbuch und Mustererklärung, 2006, verfügbar im Internet: URL: <http://ec.europa.eu/enterprise/policies/sme/files/sme_definition/sme_user_guide_de.pdf> (zuletzt geprüft am 06.07.2014).

Felbermayr, G., Yalcin, E., Heiland, I. (zitiert: Felbermayr/Yalcin/Heiland 2011): Beschäftigungseffekte der Exportkreditgarantien der Bundesrepublik Deutschland „Hermesdeckungen", hrsg. von ifo Institut, München Oktober 2011, verfügbar im Internet: URL: <http://www.bmwi.de/BMWi/Redaktion/PDF/Publikationen/hermesdeckung,property=pdf,bereich=bmwi2012,sprache=de,rwb=true.pdf> (zuletzt geprüft am 06.07.2014).

Fischer, H., Buchholz, A. (zitiert: Fischer/Buchholz 2012): Der gegenwärtige Stand der deutschen Afrikapolitik und zukünftige Entwicklungslinien, in: Zeitschrift für Außen- und Sicherheitspolitik, Jahrgang 5, Ausgabe 4, 2012.

Freytag, A., Voll, S. (zitiert: Freytag/Voll 2008): Privatwirtschaftliche Förderung von Investitionen, in: Zeitschrift für Wirtschaftspolitik, Jahrgang 57, Heft Nr. 32, 2008.

Fritsch, M. (zitiert: Fritsch 2011): Marktversagen und Wirtschaftspolitik, 8. Auflage, München 2011.

Gehring, A. (zitiert: Gehring 2010): Prämienberechnung, in: Hermesdeckungen Spezial, hrsg. von Euler Hermes Aktiengesellschaft, Hamburg Oktober 2010, verfügbar im Internet: URL: <http://www.agaportal.de/pdf/hds/hds_praemienb.pdf> (zuletzt geprüft am 06.07.2014).

Geyer, G., von Gleich, A., Menck, K. (zitiert: Geyer/von Gleich/Menck 2006): Außenwirtschaftsförderung und wirtschaftsnahe Entwicklungszusammenarbeit auf dem Prüfstand, in: HWWI Update Ausgabe 3 2006, hrsg. von Hamburgisches WeltWirtschaftsInstitut, Hamburg März 2006, verfügbar im Internet: URL: <http://www.hwwi.org/uploads/tx_wilpubdb/HWWI_Update_03.06.pdf> (zuletzt geprüft am 06.07.2014).

Göcke, M. (zitiert: Göcke 2007): Verzerrende Auswirkungen staatlicher Subventionen – eine ökonomische Analyse, in: Subventionen im WTO- und EG-Recht, Schriften zum Außenwirtschaftsrecht, Tagungsband zum 11. Münsteraner Außenwirtschaftsrechtstag 2006, hrsg. von D. Ehlers / H.-M. Wolffgang / U. J. Schröder, Frankfurt am Main 2007.

Götte, G. (zitiert: Götte 1989): Exportkreditversicherung im Spannungsfeld zwischen Exportförderung und Entwicklungshilfe, in: 40 Jahre Ausfuhrgewährleistungen des Bundes, hrsg. von Bundesministerium für Wirtschaft, Bonn November 1989, verfügbar im Internet: URL: <http://www.60jahrehermesdeckungen.de/pdf/40jahre.pdf> (zuletzt geprüft am 06.07.2014).

Gordon, K. (zitiert: Gordon 2008): Investment Guarantees and Political Risk Insurance: Institutions, Incentives and Development, OECD Investment Policy Perspectives, 2008, verfügbar im Internet: URL: <http://www.oecd.org/finance/insurance/44230805.pdf> (zuletzt geprüft am 06.07.2014).

Grabowski, J. (zitiert: Grabowski 2013): Entgeltberechnung, in: Hermesdeckungen Spezial, hrsg. von Euler Hermes Aktiengesellschaft, Hamburg Oktober 2013, verfügbar im Internet: URL: <http://www.agaportal.de/pdf/hds/hds_entgelt.pdf> (zuletzt geprüft am 06.07.2014).

Gumpold, J. (zitiert: Gumpold 1996): Internationale Rahmenregelung zur Ausfuhrförderung, IEF Working Paper Nr. 17, hrsg. von Forschungsinstitut für Europafragen der Wirtschaftsuniversität Wien, Juni 1996, verfügbar im Internet: URL: <http://epub.wu.ac.at/630/1/document.pdf> (zuletzt geprüft am 06.07.2014).

Gumpold, J. (zitiert: Gumpold 1995): Nationale bzw. gesamtwirtschaftliche Effekte von Beihilfen - insbesondere Exportbeihilfen, IEF Working Paper Nr. 10, hrsg. von Forschungsinstitut für Europafragen der Wirtschaftsuniversität Wien, April 1995, verfügbar im Internet: URL: <http://epub.wu.ac.at/412/1/document.pdf> (zuletzt geprüft am 06.07.2014).

Habuda, J., Hilpert, H.-G., Martsch, S., Ochel, W. (zitiert: Habuda/Hilpert/Martsch/Ochel 1998a): Außenwirtschaftsförderung im internationalen Vergleich - Implikationen für Deutschland, in: ifo Schnelldienst, Band 51, Heft Nr. 16, 1998.

Habuda, J., Hilpert, H.-G., Martsch, S., Ochel, W. (zitiert: Habuda/Hilpert/Martsch/Ochel 1998b): Neue Ansätze und Instrumente der Außenwirtschaftsförderung in ausgewählten Industrieländern, hrsg. von ifo Institut für Wirtschaftsforschung, München 1998.

Häberle, S. G. (zitiert: Häberle 2002): Handbuch der Außenhandelsfinanzierung: Das große Buch der internationalen Zahlungs-, Sicherungs- und Finanzierungsinstrumente, 3. Auflage, München u. a. 2002.

Halfen, B. (zitiert: Halfen 1991): Gesamtwirtschaftliche Wirkungen staatlicher Ausfuhrgewährleistungen, Studie des Forschungsinstitutes für Wirtschaftspolitik an der Universität Mainz, Band 46, Mainz 1991.

Haniotis, T., Schich, S. (zitiert: Haniotis/Schich 1995): Should Governments Subsidize Exports through Export Credit Insurance Agencies?, UNCTAD Discussion Paper, Nr. 103, Genf 1995.

Hartmann, B. (zitiert: Hartmann 2012): Aktuelle staatliche Beschränkungen des globalen internationalen Rohstoffhandels im Überblick, in: Rechtsfragen des Internationalen Rohstoffhandels, Schriften zum Außenwirtschaftsrecht, Tagungsband zum 16. Münsteraner Außenwirtschaftsrechtstag 2011, hrsg. von D. Ehlers / C. Herrmann / H.-M. Wolffgang / U. J. Schröder, Frankfurt am Main 2012.

Haunschild, L., Hauser, C., Günterberg, B., Müller, K., Sölter, A. (zitiert: Haunschild/Hauser/Günterberg/Müller/Sölter 2007): Die Bedeutung der außenwirtschaftlichen Aktivitäten für den deutschen Mittelstand – Untersuchung im Auftrag des Bundesministeriums für Wirtschaft und Technologie, IfM-Materialien Nr. 171, hrsg. von Institut für Mittelstandsforschung Bonn, Bonn April 2007, verfügbar im Internet: URL: <http://www.ifm-bonn.org//uploads/tx_ifmstudies/IfM-Materialien-171_2007.pdf> (zuletzt geprüft am 06.07.2014).

Hauser, C. (zitiert: Hauser 2006): Außenwirtschaftsförderung für kleine und mittlere Unternehmen in der Bundesrepublik Deutschland – Eine empirische Analyse auf der Basis der ökonomischen Theorie des Föderalismus, in: Schriften zur Mittelstandsforschung Nr. 113 Neue Folge, hrsg. von Institut für Mittelstandsforschung Bonn, Wiesbaden 2006.

Heitzer, B. (zitiert: Heitzer 2012): Im Interesse einer sicheren Versorgung mit Rohstoffen. Die Umsetzung der deutschen Rohstoffstrategie, in: Zeitschrift für Außen- und Sicherheitspolitik, Jahrgang 5, Ausgabe 1, 2012.

Herger, N. (zitiert: Herger 2008): Was garantieren Exportrisiko-Garantien, UniPress, Nr. 136, 2008, verfügbar im Internet: URL: <http://www.kommunikation.unibe.ch/unibe/rektorat/kommunikation/content/e80/e1425/e4697/e4698/e4700/linkliste5106/up_136_s_25_herger.pdf> (zuletzt geprüft am 06.07.2014).

Herold, H. (zitiert: Herold 2002): AKA 2002 – Ein Ausblick, in: 50 Jahre AKA – Von einer Liquiditäts- und Risikogemeinschaft zum modernen Anbieter von Finanzierungen und Dienstleistungen, hrsg. von AKA Ausfuhrkredit-Gesellschaft m.b.H., Frankfurt am Main, verfügbar im Internet: URL: <https://www.akabank.de/downloads/aka_50_de.pdf> (zuletzt geprüft am 06.07.2014).

Hichert, I. (zitiert: Hichert 1986): Staatliche Exportabsicherung, Die HERMES-Deckung vor dem Hintergrund der internationalen Verschuldungskrise, Köln 1986.

Holtbrügge, D., Welge, M. K. (zitiert: Holtbrügge/Welge 2010): Internationales Management, 5. Auflage, Stuttgart 2010.

Hombach, H. (zitiert: Hombach 1984): Exportkreditversicherung und Exportfinanzierung – Wettbewerbsverzerrung durch Subventionierung, in: Arbeitspapiere zur Betriebswirtschaftslehre des industriellen Anlagengeschäfts, hrsg. von K. Backhaus, Mainz 1984.

Janus, H. (zitiert: Janus 2011): Exportkreditgarantien des Bundes: Exportförderung mit Hermesdeckungen auch in Zeiten der globalen Wirtschaftskrise, in: Bankrechts-Handbuch, hrsg. von H. Schimansky / H.-J. Bunte / H.-J. Lwowski, 4. Auflage, München 2011.

Janus, H. (zitiert: Janus 2010a): Exportkreditgarantien des Bundes: Exportförderung mit Hermesdeckungen auch in Zeiten der globalen Wirtschaftskrise, in: Zeitschrift für die gesamte Versicherungswissenschaft, Band 99, Ausgabe 3, 2010.

Janus, H. (zitiert: Janus 2010b): Exportkreditgarantien des Bundes: Staatliche Exportförderung in Zeiten der weltweiten Rezession, in: Brennpunkt Exportrecht – 12. Hamburger Wirtschaftsrechtstag am 3. Juni 2009, hrsg. von C. Graf / M. Paschke, Hamburg 2010.

Janus, H. (zitiert: Janus 1999): Der Bund und die Mandatare – eine zukunftsweisende Public Private Partnership, in: 50 Jahre Ausfuhrgewährleistungen der Bundesrepublik Deutschland, hrsg. von Bundesministerium für Wirtschaft und Technologie, Berlin Dezember 1999, verfügbar im Internet: URL: <http://www.60jahrehermesdeckungen.de/pdf/50jahre.pdf> (zuletzt geprüft am 06.07.2014).

Johannsen, S. L. E. (zitiert: Johannsen 2009): Die Kompetenz der Europäischen Union für ausländische Direktinvestitionen nach dem Vertrag von Lissabon, in: Beiträge zum Transnationalen Wirtschaftsrecht, Heft Nr. 90, hrsg. von C. Tietje / G. Kraft / M. Lehmann, Halle-Wittenberg August 2009, verfügbar im Internet: URL: <http://www.wirtschaftsrecht.uni-halle.de/sites/default/files/altbestand/Heft_90.pdf> (zuletzt geprüft am 06.07.2014).

Kageneck, W. von (zitiert: Kageneck 1991): Hermes-Deckungen: Entschädigungen im Schadensfall. Eine Kommentierung anhand der Allgemeinen Bedingungen, Heidelberg 1991.

Kappel, R., Pfeiffer, B. (zitiert: Kappel/Pfeiffer 2013): Performanzanalyse Subsahara-Afrika, Studie im Auftrag der Deutschen Bundesbank Hauptverwaltung, GIGA German Institute of Global and Area Studies, Hamburg 2013, verfügbar im Internet: URL: <http://www.bundesbank.de/Redaktion/DE/Downloads/Bundesbank/Hauptverwaltungen_Filialen/studie_performanzanalyse_subsahara_afrika.pdf?__blob=publicationFile> (zuletzt geprüft am 06.07.2014).

KfW IPEX-Bank (zitiert: Merkblatt ERP-Exportfinanzierungsprogramm, Stand Februar 2012): Merkblatt ERP-Exportfinanzierungsprogramm, Frankfurt am Main Februar 2012, verfügbar im Internet: URL: <https://www.kfw-ipex-bank.de/PDF/%C3%9Cber-die-KfW-IPEX-Bank/Unsere-Rolle-in-der-Au%C3%9Fenwirtschaftsf%C3%B6rderung/ERP-Exportfinanzierungsprogramm/Merkblatt_KFW_ERP-Exportfinanzierungsprogramm.pdf> (zuletzt geprüft am 06.07.2014).

KfW IPEX-Bank (zitiert: Merkblatt Small Ticket Exporte über Northstar Europe S.A., Stand 28.06.2011): Merkblatt Small Ticket Exporte über Northstar Europe S.A., Luxembourg, Stand 28.06.2011, verfügbar im Internet: URL: <https://www.kfw-ipex-bank.de/PDF/%C3%9Cber-die-KfW-IPEX-Bank/Unsere-Rolle-in-der-Au%C3%9Fenwirtschaftsf%C3%B6rderung/Finanzierungsangebote-f%C3%BCr-kleinere-Exportgesch%C3%A4fte/Merkblatt-Small-Ticket-Exporte.pdf> (zuletzt geprüft am 06.07.2014).

Kindler, S. (zitiert: Kindler 2012): Refinanzierung hermesgedeckter Exportforderungen, in: Hermesdeckungen Spezial, hrsg. von Euler Hermes Aktiengesellschaft, Hamburg März 2012, verfügbar im Internet: URL: <http://www.agaportal.de/pdf/hds/hds_refinanz.pdf> (zuletzt geprüft am 06.07.2014).

Klasen, A. (zitiert: Klasen 2011): The Role of Export Credit Agencies in Global Trade, in: Global Policy Journal, Volume 2, Issue 2, May 2011.

Koch, E. (zitiert: Koch 2006): Internationale Wirtschaftsbeziehungen, 3. Auflage, München 2006.

Kruse, M. (zitiert: Kruse 2003): Förderung der deutschen Außenwirtschaftsförderung im internationalen Wettbewerb, in: Rechtsfragen der Ausfuhrförderung, Schriften zum Außenwirtschaftsrecht, Tagungsband zum 7. Münsteraner Außenwirtschaftsrechtstag 2002, hrsg. von D. Ehlers / H.-M. Wolffgang / H. Pünder, Heidelberg 2003.

Kruse, N., Krink, C. (zitiert: Kruse/Krink 2014): Obliegenheiten, in: Hermesdeckungen Spezial, hrsg. von Euler Hermes Aktiengesellschaft, Hamburg Februar 2014, verfügbar im Internet: URL: <http://www.agaportal.de/pdf/hds/hds_obliegenheiten.pdf> (zuletzt geprüft am 06.07.2014).

Kulhawy, A. (zitiert: Kulhawy 2010): Bestellerkredite erleichtern das Exportgeschäft, in: ExportManager, Ausgabe Nr. 4, hrsg. von F.A.Z.-Institut für Management-, Markt- und Medieninformationen GmbH, Frankfurt am Main Juni 2010, verfügbar im Internet: URL: <http://www.exportmanager-online.de/archiv/97/bestellerkredite-erleichtern-das-exportgeschaeft> (zuletzt geprüft am 06.07.2014).

Lefèvre, D. (zitiert: Lefèvre 1977): Staatliche Ausfuhrförderung und das Verbot wettbewerbsverfälschender Beihilfen im EG-Vertrag, Baden-Baden 1977.

Maaßen, H. (zitiert: Maaßen 2012): Kombination von Exportkredit- und Investitionsgarantien, in: Hermesdeckungen Spezial, hrsg. von Euler Hermes Aktiengesellschaft, Hamburg März 2012, verfügbar im Internet: URL: <http://www.agaportal.de/pdf/hds/hds_ekg_dia.pdf> (zuletzt geprüft am 06.07.2014).

Mair, S., Tull, D. M. (zitiert: Mair/Tull 2009): Deutsche Afrikapolitik – Eckpunkte einer strategischen Neuausrichtung, hrsg. von Stiftung Wissenschaft und Politik – Deutsches Institut für Internationale Politik und Sicherheit, Berlin März 2009, verfügbar im Internet: URL: <http://www.swp-berlin.org/fileadmin/contents/products/studien/2009_S10_mrs_tll_ks.pdf> (zuletzt geprüft am 06.07.2014).

Martinius, H. (zitiert: Martinius 1996): Staatliche Exportkreditversicherungen und Gemeinschaftsrecht: die Unterschiede der nationalen Systeme am Beispiel Deutschlands und Frankreichs und deren gemeinschaftsrechtliche Bewertung, in: Europarecht – Völkerrecht, Band 58, hrsg. von M. Schweitzer / B. Simma, München 1996.

Matschke, M., Olbrich, O. (zitiert: Matschke/Olbrich 2000): Internationale und Außenhandelsfinanzierung, München u. a. 2000.

Mayer, H. O. (zitiert: Mayer 2009): Interview und schriftliche Befragung, Entwicklung, Durchführung und Auswertung, 5. Auflage, München u. a. 2009.

Mbeng Mezui, C. A., Hundal, B. (zitiert: Mbeng Mezui/Hundal 2013): Structured Finance – Conditions for Infrastructure Project Bonds in African Markets, NEPAD Regional Integration and Trade Department, hrsg. von African Development Bank Group, Tunis 2013, verfügbar im Internet: URL: <http://www.afdb.org/fileadmin/uploads/afdb/Documents/Project-and-Operations/Structured_Finance_-_Conditions_for_Infrastructure_Project_Bonds_in_African_Markets.pdf> (zuletzt geprüft am 06.07.2014).

Meckl, R. (zitiert: Meckl 2010): Internationales Management, 2. Auflage, München 2010.

Meißner, T. (zitiert: Meißner 1997): Wachsende deutsche Direktinvestitionen in Mittel- und Osteuropa und deren Unterstützung durch den deutschen Staat, in: Wirtschaft im Wandel, Heft Nr. 14, 1997, verfügbar im Internet: URL: <http://www.iwh-halle.de/d/publik/wiwa/14-97-2.pdf> (zuletzt geprüft am 06.07.2014).

Menck, K. (zitiert: Menck 2005a): Exportkreditgarantien und -bürgschaften in der Diskussion, in: Wirtschaftsdienst, Band 85, Heft Nr. 1, 2005.

Menck, K. (zitiert: Menck 2005b): Staatliche Außenwirtschaftsförderung allokationsineffizient, in: HWWI Update Ausgabe 3 2005, hrsg. von Hamburgisches WeltWirtschaftsInstitut, Hamburg Juni 2005, verfügbar im Internet: URL: <http://www.hwwi.org/uploads/tx_wilpubdb/HWWI_Update_03.05.pdf> (zuletzt geprüft am 06.07.2014).

Mendler, P. (zitiert: Mendler 1992): Zur ökonomischen und politisch-institutionellen Analyse öffentlicher Kredithilfen, in: Hohenheimer Volkswirtschaftliche

Schriften, Band 12, hrsg. von C. Folkers / H. Hagemann / K. Herdzina / R. Ohr / W. Piesch / I. Schmidt / H. Walter / J. Werner, Frankfurt am Main u. a. 1992.

Mildner, S. (zitiert: Mildner 2007): Staatliches Handeln in der Exportkreditversicherung. Die US-amerikanische Export-Import Bank, in: Nordamerikastudien, Band 25, hrsg. von John F.-Kennedy-Institut, Frankfurt am Main u. a. 2007.

Mildner, S., Regier, T. (zitiert: Mildner/Regier 2012): Kritische Metalle für die deutsche Industrie, in: Rechtsfragen des internationalen Rohstoffhandels, Schriften zum Außenwirtschaftsrecht, Tagungsband zum 16. Münsteraner Außenwirtschaftsrechtstag 2011, hrsg. von D. Ehlers / C. Herrmann / H.-M. Wolffgang / U. J. Schröder, Frankfurt am Main 2012.

Moltrecht, E., Kolberg, T., Kuhn, S. (zitiert: Moltrecht/Kolberg/Kuhn 2014): Garantien und Bürgschaften, Exportkreditgarantien des Bundes und Rechtsverfolgung im Ausland, 75. Ergänzungslieferung, Köln 2014.

Moser, R. (zitiert: Moser 1989): Exportkreditfinanzierung, in: Handwörterbuch Export und Internationale Unternehmung, Enzyklopädie der Betriebswirtschaftslehre, Band 12, hrsg. von K. Macharzina / M. K. Welge, Stuttgart 1989.

Nell, M. (zitiert: Nell 2001): Staatshaftung für Terrorrisiken?, Working Papers on Risk and Insurance, Hamburg University, Nr. 4, Hamburg Dezember 2001, verfügbar im Internet: URL: <http://www.hzv-uhh.de/fileadmin/Versicherungsbetriebslehre/Publikationen/WorkingPapers/WP_R_I_04.pdf> (zuletzt geprüft am 06.07.2014).

Neumair, S. M. (zitiert: Neumair 2006): Länderrisiken und deren Bewertung, in: Internationale Wirtschaft: Rahmenbedingungen, Akteure, räumliche Prozesse, hrsg. von H.-D. Haas / S. M. Neumair, München 2006.

Nitschke, A., Lau, A. (zitiert: Nitschke/Lau 2009): Außenwirtschaft als Motor des Aufschwungs – Deutschlands Chancen in der Globalisierung ausbauen!, Die Forderungen der Deutschen Wirtschaft an die Außenwirtschaftspolitik der neuen Bundesregierung in der 17. Legislaturperiode, Berlin Oktober 2009, verfügbar im Internet: URL: <http://www.bdi.eu/download_content/GlobalisierungMaerkteUndHandel/Verbaendepapier_Aussenwirtschaft_2009.pdf> (zuletzt geprüft am 06.07.2014).

Osinski, J. (zitiert: Osinski 2003): Die Absicherung außenwirtschaftlicher Risiken durch private Versicherer, in: Rechtsfragen der Ausfuhrförderung, Schriften zum Außenwirtschaftsrecht, Tagungsband zum 7. Münsteraner Außenwirtschaftsrechtstag 2002, hrsg. von D. Ehlers / H.-M. Wolffgang / H. Pünder, Heidelberg 2003.

Pitschas, C. (zitiert: Pitschas 2012): Internationaler Rohstoffhandel aus der Sicht des WTO-Rechts, in: Rechtsfragen des Internationalen Rohstoffhandels, Schriften zum Außenwirtschaftsrecht, Tagungsband zum 16. Münsteraner Außenwirtschaftsrechtstag 2011, hrsg. von D. Ehlers / C. Herrmann / H.-M. Wolffgang / U. J. Schröder, Frankfurt am Main 2012.

Prechtl, T. (zitiert: Prechtl 2008): Die Absicherung von Investitionsprojekten, in: International Investment Protection and Arbitration, Theoretical and Practical Perspectives, Band 10, hrsg. von C. Tietje, Berlin 2008.

PricewaterhouseCoopers Aktiengesellschaft Wirtschaftsprüfungsgesellschaft (zitiert: Jahresbericht der Investitionsgarantien 2013): Jahresbericht 2013 – Investitionsgarantien der Bundesrepublik Deutschland, Hamburg April 2014, verfügbar im Internet: URL: <http://www.agaportal.de/pdf/dia_ufk/berichte/dia_jb2013.pdf> (zuletzt geprüft am 06.07.2014).

PricewaterhouseCoopers Aktiengesellschaft Wirtschaftsprüfungsgesellschaft (zitiert: Jahresbericht der Investitionsgarantien 2012): Jahresbericht 2012 – Investitionsgarantien der Bundesrepublik Deutschland, Hamburg April 2013, verfügbar im Internet: URL: <http://www.agaportal.de/pdf/dia_ufk/berichte/dia_jb2012.pdf> (zuletzt geprüft am 06.07.2014).

PricewaterhouseCoopers Aktiengesellschaft Wirtschaftsprüfungsgesellschaft (zitiert: Jahresbericht der Investitionsgarantien 2010): Jahresbericht 2010 – Investitionsgarantien der Bundesrepublik Deutschland, Hamburg April 2011, verfügbar im Internet: URL: <http://www.agaportal.de/pdf/dia_ufk/berichte/dia_jb2010.pdf> (zuletzt geprüft am 06.07.2014).

PricewaterhouseCoopers Aktiengesellschaft Wirtschaftsprüfungsgesellschaft (zitiert: Jahresbericht der Investitionsgarantien 2009): Jahresbericht 2009 – Investitionsgarantien der Bundesrepublik Deutschland, Hamburg April 2010, verfügbar im Internet: URL: <http://www.agaportal.de/pdf/dia_ufk/berichte/dia_jb2009.pdf> (zuletzt geprüft am 06.07.2014).

PricewaterhouseCoopers Aktiengesellschaft Wirtschaftsprüfungsgesellschaft (zitiert: Jahresbericht der Investitionsgarantien 2008): Jahresbericht 2008 – Investitionsgarantien der Bundesrepublik Deutschland, Hamburg Mai 2009, verfügbar im Internet: URL: <http://www.agaportal.de/pdf/dia_ufk/berichte/dia_jb2008.pdf> (zuletzt geprüft am 06.07.2014).

PricewaterhouseCoopers Aktiengesellschaft Wirtschaftsprüfungsgesellschaft (zitiert: Jahresbericht der Investitionsgarantien 2007): Jahresbericht 2007 – Investitionsgarantien der Bundesrepublik Deutschland, Hamburg Mai 2008, verfügbar im Internet: URL: <http://www.agaportal.de/pdf/dia_ufk/berichte/dia_jb2007.pdf> (zuletzt geprüft am 06.07.2014).

PricewaterhouseCoopers Aktiengesellschaft Wirtschaftsprüfungsgesellschaft (zitiert: Jahresbericht der Investitionsgarantien 2004): Jahresbericht 2004 – Investitionsgarantien der Bundesrepublik Deutschland, Hamburg Juli 2005, verfügbar im Internet: URL: <http://www.agaportal.de/pdf/dia_ufk/berichte/dia_jb2004.pdf> (zuletzt geprüft am 06.07.2014).

PricewaterhouseCoopers Aktiengesellschaft Wirtschaftsprüfungsgesellschaft (zitiert: Jahresbericht der Investitionsgarantien 2003): Jahresbericht 2003 – Investitionsgarantien der Bundesrepublik Deutschland, Hamburg Mai 2004, verfügbar im Internet: URL: <http://www.agaportal.de/pdf/dia_ufk/berichte/dia_jb2003.pdf> (zuletzt geprüft am 06.07.2014).

PricewaterhouseCoopers Aktiengesellschaft Wirtschaftsprüfungsgesellschaft (zitiert: Jahresbericht der Investitionsgarantien 2002): Jahresbericht 2002 – Investitionsgarantien der Bundesrepublik Deutschland, Hamburg August 2003, verfügbar im Internet: URL: <http://www.agaportal.de/pdf/dia_ufk/berichte/dia_jb2002.pdf> (zuletzt geprüft am 06.07.2014).

PricewaterhouseCoopers Aktiengesellschaft Wirtschaftsprüfungsgesellschaft (zitiert: Jahresbericht der Investitionsgarantien 2001): Jahresbericht 2001 – Investitionsgarantien der Bundesrepublik Deutschland, Hamburg Juli 2002, verfügbar im Internet: URL: <http://www.agaportal.de/pdf/dia_ufk/berichte/dia_jb2001.pdf> (zuletzt geprüft am 06.07.2014).

PricewaterhouseCoopers Aktiengesellschaft Wirtschaftsprüfungsgesellschaft (zitiert: Merkblatt Besonderheiten bei Betreibermodellen 2006): Merkblatt Besonderheiten bei Betreibermodellen – Investitionsgarantien der Bundesrepublik Deutschland, Hamburg Juli 2006, verfügbar im Internet: URL: <http://www.agaportal.de/pdf/dia_ufk/info/dia_merkblatt_betreiber.pdf> (zuletzt geprüft am 06.07.2014).

PricewaterhouseCoopers Aktiengesellschaft Wirtschaftsprüfungsgesellschaft (zitiert: Merkblatt Bruch von Zusagen staatlicher Stellen 2008): Merkblatt Bruch von Zusagen staatlicher Stellen – Investitionsgarantien der Bundesrepublik Deutschland, Hamburg April 2008, verfügbar im Internet: URL: <http://www.agaportal.de/pdf/dia_ufk/info/dia_bruch_zusagen.pdf> (zuletzt geprüft am 06.07.2014).

PricewaterhouseCoopers Aktiengesellschaft Wirtschaftsprüfungsgesellschaft (zitiert: Merkblatt UFK-Garantien 2002): Merkblatt Garantien / Bürgschaften für Ungebundene Finanzkredite, Januar 2002, redaktionell überarbeitet: Juli 2005, verfügbar im Internet: URL: <http://www.agaportal.de/pdf/dia_ufk/info/ufk_merkblatt.pdf> (zuletzt geprüft am 06.07.2014).

PricewaterhouseCoopers Aktiengesellschaft Wirtschaftsprüfungsgesellschaft (zitiert: Merkblatt Gebühren und Entgelte für Investitionsgarantien 2003): Merkblatt Gebühren und Entgelte – Investitionsgarantien der Bundesrepublik Deutschland,

Hamburg April 2003, verfügbar im Internet: URL: <http://www.agaportal.de/pdf/dia_ufk/info/dia_merkblatt_entgelt.pdf> (zuletzt geprüft am 06.07.2014).

PricewaterhouseCoopers Aktiengesellschaft Wirtschaftsprüfungsgesellschaft (zitiert: Merkblatt Holding 2008): Merkblatt Holding – Investitionsgarantien der Bundesrepublik Deutschland, Hamburg April 2008, verfügbar im Internet: URL: <http://www.agaportal.de/pdf/dia_ufk/info/dia_merkblatt_holding.pdf> (zuletzt geprüft am 06.07.2014).

PricewaterhouseCoopers Aktiengesellschaft Wirtschaftsprüfungsgesellschaft (zitiert: Merkblatt Übernahme von Bundesgarantien für Direktinvestitionen im Ausland 2006): Merkblatt Übernahme von Bundesgarantien für Direktinvestitionen im Ausland, Hamburg Juli 2006, verfügbar im Internet: URL: <http://www.agaportal.de/pdf/dia_ufk/info/dia_merkblatt.pdf> (zuletzt geprüft am 06.07.2014).

PricewaterhouseCoopers Aktiengesellschaft Wirtschaftsprüfungsgesellschaft (zitiert: Merkblatt Verzeichnis der Gebühren und Entgelte für UFK-Garantien 2012): Merkblatt Verzeichnis der Gebühren und Entgelte – UFK-Garantien der Bundesrepublik Deutschland, Hamburg Januar 2012, verfügbar im Internet: URL: <http://www.agaportal.de/pdf/dia_ufk/info/ufk_merkblatt_praemien.pdf> (zuletzt geprüft am 06.07.2014).

PricewaterhouseCoopers Aktiengesellschaft Wirtschaftsprüfungsgesellschaft (zitiert: Produktinformation UFK-Garantien 2012): Produktinformation Übernahme von Bundesgarantien für Ungebundene Finanzkredite, Hamburg Januar 2012, verfügbar im Internet: URL: <http://www.agaportal.de/pdf/dia_ufk/info/ufk_produktinformationen.pdf> (zuletzt geprüft am 06.07.2014).

PricewaterhouseCoopers Aktiengesellschaft Wirtschaftsprüfungsgesellschaft (zitiert: 50 Jahre UFK-Garantien 2011): 50 Jahre UFK-Garantien – Rohstoffsicherung für Deutschland, Hamburg Juli 2011, verfügbar im Internet: URL: <http://www.agaportal.de/pdf/dia_ufk/berichte/ufk_50jahre.pdf> (zuletzt geprüft am 06.07.2014).

Proelß, A. (zitiert: Proelß 2012): Die Kompetenzen der Europäischen Union für die Rohstoffversorgung, in: Rechtsfragen des Internationalen Rohstoffhandels, Schriften zum Außenwirtschaftsrecht, Tagungsband zum 16. Münsteraner Außenwirtschaftsrechtstag 2011, hrsg. von D. Ehlers / C. Herrmann / H.-M. Wolffgang / U. J. Schröder, Frankfurt am Main 2012.

Ramsteck, W. (zitiert: Ramsteck 2009): Die Germany Trade and Invest – GmbH und die Reformen der Außenwirtschaftsförderung des Bundes: Eine Kopie des britischen Ansatzes?, in: Beiträge zum Transnationalen Wirtschaftsrecht, Heft Nr. 86, hrsg. von C. Tietje / G. Kraft, Halle-Wittenberg März 2009, verfügbar im Internet: URL: <http://www.telc.uni-halle.de/sites/default/files/altbestand/Heft86.pdf> (zuletzt geprüft am 06.07.2014).

Richter, F. W., Schneider, K. (zitiert: Richter/Schneider 1996): Staatliche Exportkreditversicherung, Eine theoretische Analyse, in: Finanzierungsprobleme der deutschen Einheit IV – Spezielle Finanzierungsaspekte im Zeitablauf, Schriften des Vereins für Socialpolitik, Band 229/IV, hrsg. von A. Oberhauser, Berlin 1996.

Riese, J. (zitiert: Riese 2004): Wie können Investitionen in Afrika durch nationale, regionale und internationale Abkommen gefördert werden?, in: Berichte aus dem Weltwirtschaftlichen Colloquium der Universität Bremen, Nr. 88, Institut für Weltwirtschaft und Internationales Management, hrsg. von A. Knorr / A. Lemper / A. Sell / K. Wohlmuth, Bremen 2004, verfügbar im Internet: URL: <http://www.iwim.uni-bremen.de/publikationen/pdf/b088.pdf> (zuletzt geprüft am 06.07.2014).

Rindler, G. (zitiert: Rindler 1999): Der Schutz von Auslandsinvestitionen durch MIGA: Unter besonderer Berücksichtigung der Beteiligungsgarantie des Bundes und des völkerrechtlichen Investitionsschutzes, in: Recht – Wirtschaft – Aussenhandel, Band 18, hrsg. von P. Doralt / H. Haschek, Wien 1999.

Roth, M. (zitiert: Roth 2010): Korruptionsbekämpfung durch staatliche Exportförderungsagenturen, Die OECD-Empfehlung im Gesamtzusammenhang der Verhinderung von Bestechung, in: Recht der internationalen Wirtschaft, 56. Jahrgang, Heft Nr. 11, November 2010, verfügbar im Internet: URL: <http://www.uni-marburg.de/fb01/lehrstuehle/zivilrecht/roth/veroeffentlichungenroth/rothinrwi1110.pdf> (zuletzt geprüft am 06.07.2014).

Salow, J. (zitiert: Salow 1984): Bundesgarantien für Kapitalanlagen im Ausland und internationaler Investitionsschutz, in: Rechtswissenschaftliche Forschung und Entwicklung, Band 44, hrsg. von M. Lehmann, München 1984.

Schaltegger, S., Schock, M., Buttscher, C. (zitiert: Schaltegger/Schock/Buttscher 2009): Nachhaltigkeit als Herausforderung für Exportwirtschaft und Exportkreditversicherung – Bedeutung und Rolle von Finanzierung und Umweltprüfung im B2B-Geschäft, Centre for Sustainability Management, Lüneburg 2009.

Schaper, M. (zitiert: Schaper 2004): Internationale Harmonisierung von Umweltstandards im OECD Rahmen: Standards für Exportkreditagenturen – Ausgewählte Dokumente, hrsg. von Stiftung Wissenschaft und Politik – Deutsches Institut für Internationale Politik und Sicherheit, Reihe D, Nr. 41, Berlin Februar 2004, verfügbar im Internet: URL: <http://works.bepress.com/cgi/viewcontent.cgi?article=1003&context=schaper> (zuletzt geprüft am 06.07.2014).

Scheibe, R. (zitiert: Scheibe 2011): Die Staatliche Exportkreditversicherung – Hermesdeckungen, in: Handbuch des Fachanwalts Versicherungsrecht, hrsg. von W. Halm / A. Engelbrecht / F. Krahe, 4. Auflage, Köln 2011.

Scheibe, R., Moltrecht, E., Kuhn, S. (zitiert: Scheibe/Moltrecht/Kuhn 2012): Garantien und Bürgschaften, Exportkreditgarantien des Bundes und Rechtsverfolgung im Ausland, 67. Ergänzungslieferung, Köln 2012.

Scheper, C., Feldt, H. (zitiert: Scheper/Feldt 2010): Außenwirtschaftsförderung und Menschenrechte – Eine Bestandsaufnahme deutscher Investitions- und Exportkreditdeckungen aus menschenrechtlicher Perspektive, hrsg. von Institut für Entwicklung und Frieden, Universität Duisburg-Essen, Duisburg 2010, verfügbar im Internet: URL: <http://www.humanrights-business.org/files/aussenwirtschaftsfoerderung_und_menschenrechte.pdf> (zuletzt geprüft am 06.07.2014).

Schickinger, C. (zitiert: Schickinger 1999): Die weltwirtschaftspolitische Problematik staatlicher Exportkreditversicherungen, in: Aktuelle Probleme der Weltwirtschaftsordnung: Festgabe für Josef Molsberger zum 65. Geburtstag, hrsg. von B. Duijm, Hamburg 1999.

Schilling, M. (zitiert: Schilling 2008): Die Instrumente der Hermes Exportkreditversicherung: Ein Leitfaden für deutsche Exporteure, Bremen 2008.

Schöne-Alaluf, E., Bittner, V., von Waldenfels, P. (zitiert: Schöne-Alaluf/Bittner/von Waldenfels 2011): Global Standards for Officially Supported Export Credits: Development, Status and Future Perspectives of Sustainability Standards in Export Credits, in: Zeitschrift für Wirtschafts- und Unternehmensethik, Jahrgang 12, Heft Nr. 1, 2011, verfügbar im Internet: URL: <http://www.zfwu.de/fileadmin/pdf/1_2011/zfwu_12_1_16_Schoene_Bittner_Waldenfels_Praxisbeitrag.pdf> (zuletzt geprüft am 06.07.2014).

Schüller, A. (zitiert: Schüller 1972): Entwicklungshilfe durch staatliche Absicherung von Export- und Anlagerisiken?, in: ORDO – Jahrbuch für die Ordnung von Wirtschaft und Gesellschaft, Band 23, 1972.

Schuhmacher, R. (zitiert: Schuhmacher 2009): Nichtregierungsorganisationen als gesellschaftliche Stakeholder im Export- und Projektfinanzierungsgeschäft – Eine Untersuchung zum strategischen Vorgehen bei der Durchsetzung ökologischer und sozialer Interessen, Kassel 2009, verfügbar im Internet: URL: <http://www.uni-kassel.de/upress/online/frei/978-3-89958-916-0.volltext.frei.pdf> (zuletzt geprüft am 06.07.2014).

Schultes, N. (zitiert: Schultes 2011): Deutsche Außenwirtschaftsförderung, in: Deutsche Außenpolitik – Sicherheit, Wohlfahrt, Institutionen und Normen, hrsg. von T. Jäger / A. Höse / K. Oppermann, 2. Auflage, Wiesbaden 2011.

Schultes, N. (zitiert: Schultes 2003): Deutsche Außenwirtschaftsförderung – Ökonomische Analyse unter Berücksichtigung der Aktivitäten und Programme in Japan, in: Wirtschaft & Raum, hrsg. von H.-D. Haas, München 2003, verfügbar im Internet: URL: <http://edoc.ub.uni-muenchen.de/9049/1/Schultes_Norbert.pdf> (zuletzt geprüft am 06.07.2014).

Schulz, A., Welge, M. K. (zitiert: Schulz/Welge 2006): Internationalisierung von kleinen und mittleren Unternehmen: Unterstützungsangebote auf dem Weg ins Ausland, Eschborn 2006.

Schwab, S. (zitiert: Schwab 1989): Risikomanagement durch staatliche Exportkreditversicherung: eine versicherungswirtschaftliche Analyse der HERMES-Deckungen, in: Europäische Hochschulschriften, Reihe 5, Band 1050, Frankfurt am Main u. a. 1989.

Sedlacek, S. (zitiert: Sedlacek 2011): Finanzieren mit panafrikanischen Banken, in: ExportManager, Ausgabe Nr. 5, hrsg. von F.A.Z.-Institut für Management-, Markt- und Medieninformationen GmbH, Frankfurt am Main Juni 2011, verfügbar im Internet: URL: <http://www.exportmanager-online.de/archiv/155/finanzieren-mit-panafrikanischen-banken> (zuletzt geprüft am 06.07.2014).

SERV Schweizerische Exportrisikoversicherung 2012 (zitiert: Geschäftsbericht SERV Schweizerische Exportrisikoversicherung 2012): Geschäftsbericht 2012, Zürich 2013, verfügbar im Internet: URL: <http://www.serv-ch.com/fileadmin/serv-dateien/Ueber_uns/gb/SERV_GB12_d.pdf> (zuletzt geprüft am 06.07.2014).

Siebold, T. (zitiert: Siebold 2012): Ein Jahr „Arabischer Frühling“: internationale, regionale und nationale Entwicklungen und Tendenzen, in: dok-line Nahost – Annotierte Online-Bibliographie, hrsg. von GIGA Informationszentrum, März 2012, verfügbar im Internet: URL: <http://www.giga-hamburg.de/dl/download.php?d=/content/bibliothek/bibliographien/pdf/dok-line_nahost_2012_1.pdf> (zuletzt geprüft am 06.07.2014).

Sievers, H. (zitiert: Sievers 2012): Kritische Rohstoffe – Langfristig betrachtet, in: Rechtsfragen des internationalen Rohstoffhandels, Schriften zum Außenwirtschaftsrecht, Tagungsband zum 16. Münsteraner Außenwirtschaftsrechtstag 2011, hrsg. von D. Ehlers / C. Herrmann / H.-M. Wolffgang / U. J. Schröder, Frankfurt am Main 2012.

Statistisches Bundesamt (zitiert: Statistisches Bundesamt 2014): Außenhandel, Zusammenfassende Übersichten für den Außenhandel (endgültige Ergebnisse), Fachserie 7 Reihe 1, Jahr 2012, Wiesbaden 27.01.2014, verfügbar im Internet: URL: <https://www.destatis.de/DE/Publikationen/Thematisch/Aussenhandel/Gesamtentwicklung/ZusammenfassendeUebersichtenJendgueltig2070100127004.pdf?__blob=publicationFile> (zuletzt geprüft am 06.07.2014).

Statistisches Bundesamt (zitiert: Statistisches Bundesamt 2011): Außenhandel, Zusammenfassende Übersichten für den Außenhandel (endgültige Ergebnisse), Fachserie 7 Reihe 1, Jahr 2009, Wiesbaden 24.01.2011, verfügbar im Internet: URL:

<https://www.destatis.de/DE/Publikationen/Thematisch/Aussenhandel/Gesamtentwicklung/ZusammenfassendeUebersichtenJendgueltig2070100097004.pdf?__blob=publicationFile> (zuletzt geprüft am 06.07.2014).

Statistisches Bundesamt (zitiert: Klassifikation der Wirtschaftszweige 2008): Klassifikation der Wirtschaftszweige, Wiesbaden Dezember 2008, verfügbar im Internet: URL: <https://www.destatis.de/DE/Methoden/Klassifikationen/GueterWirtschaftklassifikationen/klassifikationwz2008_erl.pdf?__blob=publicationFile> (zuletzt geprüft am 06.07.2014).

Stern, T. (zitiert: Stern 1989): Nationale Kapitalanlagegarantien und die Multilaterale Investitions-Garantie-Agentur (MIGA), in: Zeitschrift für die gesamte Versicherungswissenschaft, Band 78, Ausgabe 1-2, 1989.

Stöckl-Pukall, E. (zitiert: Stöckl-Pukall 2012): Wirtschaftliche Risiken, in: Hermesdeckungen Spezial, hrsg. von Euler Hermes Aktiengesellschaft, Hamburg März 2012, verfügbar im Internet: URL: <http://www.agaportal.de/pdf/hds/hds_wirt_risiken.pdf> (zuletzt geprüft am 06.07.2014).

Strunz, H., Dorsch, M. (zitiert: Strunz/Dorsch 2009): Management im internationalen Kontext, 2. Auflage, München 2009.

Stumpenhusen, U. (zitiert: Stumpenhusen 2014): Zulässige Zahlungsbedingungen bei der Übernahme von Exportkreditgarantien, in: Hermesdeckungen Spezial, hrsg. von Euler Hermes Aktiengesellschaft, Hamburg Februar 2014, verfügbar im Internet: URL: <http://www.agaportal.de/pdf/hds/hds_zahlungsbed.pdf> (zuletzt geprüft am 06.07.2014).

Testorf, R. (zitiert: Testorf 2002): Ausgewählte Probleme im Zusammenhang mit der staatlichen Exportkreditversicherung, in: Liber discipulorum für Gerrit Winter, hrsg. von G. W. Bähr / H. W. Labes / T. S. Pataki, Karlsruhe 2002.

Tietje, C. (zitiert: Tietje 2009): Die Außenwirtschaftsverfassung der EU nach dem Vertrag von Lissabon, Beiträge zum Transnationalen Wirtschaftsrecht, Heft Nr. 83, Halle Januar 2009, verfügbar im Internet: URL: <http://www.wirtschaftsrecht.uni-halle.de/sites/default/files/altbestand/Heft83.pdf> (zuletzt geprüft am 06.07.2014).

Tietje, C. (zitiert: Tietje 2003): Ausfuhrförderung aus der Sicht des WTO-Rechts, in: Rechtsfragen der Ausfuhrförderung, Schriften zum Außenwirtschaftsrecht, Tagungsband zum 7. Münsteraner Außenwirtschaftsrechtstag 2002, hrsg. von D. Ehlers / H.-M. Wolffgang / H. Pünder, Heidelberg 2003.

United Nations Development Programme (zitiert: Africa Human Development Report 2012): Africa Human Development Report 2012 – Towards a Food Secure Future, New York 2012, verfügbar im Internet: URL: <http://www.undp.

org/content/dam/undp/library/corporate/HDR/Africa%20HDR/UNDP-Africa%20HDR-2012-EN.pdf> (zuletzt geprüft am 06.07.2014).

Völckers, J. (zitiert: Völckers 2012): Entschädigung, in: Hermesdeckungen Spezial, hrsg. von Euler Hermes Aktiengesellschaft, Hamburg März 2012, verfügbar im Internet: URL: <http://www.agaportal.de/pdf/hds/hds_entschaedigung.pdf> (zuletzt geprüft am 06.07.2014).

Walz, N. (zitiert: Walz 2013): Umwelt- und Sozialprüfung gedeckter Exportgeschäfte: Die Common Approaches, in: Hermesdeckungen Spezial, hrsg. von Euler Hermes Aktiengesellschaft, Hamburg November 2013, verfügbar im Internet: URL: <http://www.agaportal.de/pdf/hds/hds_umweltpruefung.pdf> (zuletzt geprüft am 06.07.2014).

Weidig, I., Jens, S., Haker, K., Mohr, H. (zitiert: Weidig/Jens/Haker/Mohr 2000): Endbericht: Evaluierung der Arbeitsplatzeffekte der Hermes-Ausfuhrgewährleistungen des Bundes (Proj. Nr. 7/00) im Auftrag des Bundesministeriums für Wirtschaft und Technologie, Prognos-AG, Basel 2000, verfügbar im Internet: URL: <http://www.agaportal.de/pdf/presse/studie_arbeitsplatz_lang.pdf> (zuletzt geprüft am 06.07.2014).

Wendland, O. (zitiert: Wendland 2012): Grundzüge der Projektfinanzierung, in: Hermesdeckungen Spezial, hrsg. von Euler Hermes Aktiengesellschaft, Hamburg März 2012, verfügbar im Internet: URL: <http://www.agaportal.de/pdf/hds/hds_projektf_grundz.pdf> (zuletzt geprüft am 06.07.2014).

Wohlmuth, K. (zitiert: Wohlmuth 2012): Die Auswirkungen der globalen Finanz- und Wirtschaftskrise 2008/2009 in Afrika, Lehren für die nationale, regionale und internationale Wirtschaftspolitik, in: Berichte aus dem Weltwirtschaftlichen Colloquium der Universität Bremen, Nr. 122, hrsg. von A. Knorr / A. Lemper / A. Sell / K. Wohlmuth, Bremen 2012, verfügbar im Internet: URL: <http://www.iwim.uni-bremen.de/Siakeu/Wohlmuth-Orientierungen.pdf> (zuletzt geprüft am 06.07.2014).

Wolfram, F. (zitiert: Wolfram 2004): Staatliche Exportkreditförderung: Ein deutsch-amerikanischer Vergleich im Lichte des WTO-Subventionsübereinkommens, in: Europäisches Wirtschaftsrecht, Band 34, hrsg. von J. Basedow / E. Grabitz / K. J. Hopt / W.-H. Roth, München 2004.

Woolcock, S. (zitiert: Woolcock 2010): Das Konzept für die Auslandsinvestitionspolitik der EU nach dem Inkrafttreten des Vertrags von Lissabon, hrsg. von Europäisches Parlament, Brüssel 2010, verfügbar im Internet: URL: <http://www.europarl.europa.eu/committees/de/inta/studiesdownload.html?languageDocument=DE&file=33994> (zuletzt geprüft am 06.07.2014).

www.ingramcontent.com/pod-product-compliance
Ingram Content Group UK Ltd.
Pitfield, Milton Keynes, MK11 3LW, UK
UKHW021917290926
8980IPUK00015B/1317

9 783631 655108